gong.conects.com

김용재 세무사 · 회계사

1차 **회계학**

연도별 기출문제집

김 용 재 편저

재무, 원가, 정부를 모두 포함한
실제 연도별 기출문제집

- **회계사 수석 합격**을 만든
  패턴별 **풀이법을 적용한 해설**
- **2019년부터 최근 회계학
  기출문제** 수록

https://hmstory.kr

 PREFACE

1. 김용재 회계학 연도별 기출문제집의 특징

(1) 회계학 연도별 기출문제를 영역별로 구분하지 않고 통째로 수록

본서는 2019년부터 최근 회계사, 세무사 1차 회계학 연도별 기출문제를 담고 있습니다. 기존의 회계학 기출문제집은 재무회계, 원가관리회계, 정부회계 각각 다른 저자에 의해 출간되다 보니 다른 교재로 출간되어 실전 연습을 하기에 매우 부적합했습니다. 그래서 이런 문제를 해결하고자 본서는 **연도별 기출문제를 영역별로 구분하지 않고 통째로 수록**하였습니다. 회계사 수험생은 50문제, 세무사 수험생은 40문제를 끊기지 않고 실제 시간에 맞추어 실전 연습을 할 수 있기에 실전 연습을 하는데 큰 도움이 될 것입니다.

(2) 연도별 기출문제 풀이의 중요성

수험생분들 중에서, '기출문제는 객관식 재무회계에서 풀었으니, 연도별 기출문제집은 생략하고 모의고사를 풀면 안 돼요?'라고 질문해주시는 분들이 많습니다. 안 됩니다. **객관식 재무회계를 풀고 나서도 여유가 있다면 모의고사보다는 연도별 기출문제집을 풀 것**을 추천합니다. 모의고사보다 연도별 기출문제를 추천하는 이유는 크게 두 가지가 있습니다.

첫째, 같은 기출문제라고 하더라도 주제별로 모여있는 것과, 여러 주제가 한 문제씩 나오는 것은 푸는 입장에서 천지 차이입니다. 단원별로 문제가 모여있으면 문제를 읽기도 전에 어떤 문제가 나올지 예상이 되고, 그에 맞는 풀이법을 의식하고 있기 때문에 푸는 것이 상대적으로 쉽습니다. 처음 보는 문제를 맞닥뜨렸을 때 1)요구사항을 읽고 어느 유형인지 파악하고, 2)그에 맞는 풀이법을 떠올린 후, 3)답을 구하는 것까지가 실력입니다. 객관식 재무회계에서는 3)을 연습한 것입니다. 반드시 연도별 기출문제를 통해 1)과 2)도 연습하시기 바랍니다.

둘째, 연도별 기출문제는 적중률 100%인 모의고사입니다. 해당 기출문제가 각 연도별로 실제로 출제된 문제이기 때문에 당연한 것입니다. 기출문제보다 더 실전에 가까운 모의고사는 세상에 존재하지 않습니다. 실제 연도별 기출문제를 풀어봄으로써 '실제 시험이 이 정도로 출제되는구나'라는 감을 키울 수 있습니다. 이 감이 있는 것과 없는 것은 큰 차이를 가져옵니다. 그동안 수험생들이 시험에 출제되지도 않는 지엽적인 주제, 어려운 문제들을 풀면서 시간을 허비 했던 것은 바로 이 실전 감각이 없었기 때문입니다. 연도별 기출문제를 통해 중요 주제와 지엽적 주제, 좋은 문제와 좋지 않은 문제를 고를 수 있는 눈을 기른다면 쓸데 없는 모의고사를 푸는데 시간을 허비하지 않을 수 있습니다.

2. 김용재 연도별 기출문제집 공부법

Step 0. 패턴 회계학을 선수강하고 기출문제를 풀기 (추천)

제 강의를 처음 수강하시는 분이라면 **패턴 회계학을 먼저 완강한 뒤에 연도별 기출문제를 푸는 것이 효율적입니다.** 제 풀이법은 기존에 존재했던 다른 풀이법에 비해 효율적이지만, 완전히 다른 경우가 많으므로 제 풀이법을 배워야 기출문제 풀이 시에 적용할 수 있습니다. 패턴 회계학 시리즈는 다음과 같이 4종이 있습니다. 패턴 회계학 정부회계편 은 회계사 수험생만 수강하시면 됩니다.

> 패턴 회계학 중급회계편
> 패턴 회계학 고급회계편
> 패턴 회계학 원가관리회계편
> 패턴 회계학 정부회계편

도별 기출문제집도 풀어야 하는데, 패턴 회계학까지 보기에는 시간이 부족하다고 느낄 수도 있을 것입니다. 하지만 여러분이 기본강의, 객관식 강의 등에 걸쳐 회계학 전범위를 배우긴 했지만, '배우기만 했을 뿐' 이를 완벽히 '기억'하지는 못할 가능성이 큽니다. 기존 과정은 오랜 시간에 걸쳐서 개별 주제를 하나씩 자세히 배우지만, 기출문제는 회계학 전범위에서 40-50문제가 출제되기 때문에 어느 주제가 출제되더라도 능숙하게 푸는 것이 현실적으로 쉽지 않습니다.

따라서 기출문제를 더욱 수월하게 풀 수 있도록 만드는 과정이 패턴 회계학입니다. 재무, 원가, 정부에 걸쳐서 가장 많이 출제되었던 패턴을 다시 한 번 복습하고 난다면 전 범위에 대한 자신감이 생기면서 연도별 기출문제를 쉽게 풀 수 있을 겁니다. 패턴 회계학은 제 수많은 교재들 중에서 가장 수험생들의 만족도가 높고, 판매량도 많은 교재입니다. 패턴 회계학을 보지 않으신 분은 꼭 보고 연도별 기출문제집을 풀기를 추천합니다.

Step 1. 강의를 듣기 전에 시간을 재고 기출문제를 먼저 풀기

이미 전 범위를 배우고 나서 푸는 기출문제 강의이기 때문에 강의를 듣기 전에 문제를 먼저 풀어주세요. 본인의 실력을 점검할 수 있는 좋은 기회입니다. 이때 시간을 재고 다음과 같이 문제를 풀어주세요.

첫 번째, **회계사 수험생은 90분, 세무사 수험생은 55분을 재고 문제를 풀어보세요.** 회계사, 세무사 시험은 시간 압박이 굉장히 심하므로, 모든 문제를 다 풀기 쉽지 않습니다. 연도별 기출문제집을 통해 '풀 문제와 안 풀 문제를 골라내는 눈'을 기르셔야 합니다. 회계사 1차 시험 회계학은 25년부터 시험시간이 90분으로 증가되었습니다. 세무사 1차는 2교시에 회계학개론과 법과목 80문제를 80분 안에 풀어야 합니다. 법과목은 전부 말문제가 출제되어 상대적으로 빨리 풀 수 있으므로, 회계학개론을 푸는데 55분을 투자해도 괜찮습니다.

이때, OMR카드를 구입하여 제한 시간 안에 마킹까지 해주세요. 만약 제한 시간 내에 모든 문제를 풀지 못했다면, 못 푼 문제는 찍어서라도 마킹을 완료해주세요. 마킹하는 것도 연습이 필요합니다. 실전에서 교시별로 50문제에서 80문제씩 마킹을 해야 하는데, 마킹이 익숙하지 않은 상태에서 시험 당일날 마킹을 하려고 하면 손이 떨리고, 마킹하다가 OMR 칸이 삐져나갈 수 있습니다. 제한 시간 안에 '문제를 풀고, 마킹하는 것'까지 연습이 되어야 합니다. OMR카드 마킹과 관련하여 컴퓨터용 싸인펜 추천 등 꿀팁을 네이버 카페에 업로드해두었으니, 공지사항의 'OMR 카드 마킹 빨리하는 법' 게시글을 참고바랍니다.

두 번째, **못 푼 나머지 문제를 시간제한 없이 모두 푸세요.** 시간에 쫓겨 제대로 검토하지 못하고 대충 찍은 문제도 천천히 풀어보세요. 만약 최초 정답과 답이 다르다면 컴퓨터용 싸인펜 뒷면에 있는 빨간색으로 마킹을 해주세요.

세 번째, 채점을 두 번 합니다. 제한 시간 내에 풀었을 때의 점수와 시간제한 없이 풀었을 때의 점수를 확인합니다.

Step 2. 문제 풀이 시간에 따른 대처법

만약 위처럼 시간을 재고 풀었을 때의 점수가 생각보다 안 나왔을 때에는 해결 방법이 두 가지입니다. 여러분이 처한 상황이 무엇이냐에 따라서 사용해야 하는 해결 방법이 달라집니다.

첫째, 시간을 재고 풀었을 때는 점수가 낮지만, 시간을 무한대로 두었을 때는 점수가 많이 올랐다면 내용은 알고 있지만 '시간이 없어서' 못 푼 것입니다. 시간이 없어서 못 풀었다면 문제 풀이 속도를 빠르게 만들어야 합니다. 따라서 **문제를 더 많이** 푸는 것에 중점을 두고 문제 풀이를 많이 하시길 바랍니다. 객관식 재무회계를 여러 번 풀어주세요.

둘째, 시간을 제한하지 않았을 때에도 점수가 여전히 낮다면 '내용을 몰라서' 못 푼 것입니다. 내용을 몰라서 못 풀었다면 문제를 많이 풀기보다는, 내용을 더 보셔야 됩니다. 기본서나 패턴 회계학을 주로 보시면서 각 주제별 풀이법을 숙지하는 것을 목표로 하세요.

Step 3. 점수대에 따른 대처법

(1) 정답률이 70% 이상인 경우: 안정권-요약노트 반복

해마다 문제가 조금 쉬운 해도 있고, 어려운 해도 있습니다. 제한 시간 안에 평균적으로 **70점(회계사는 105점) 이상을 받으셨다면 실전에서도 70점 이상을 받으실 가능성이 높습니다.** 이 경우 남은 기간동안 회계학은 크게 걱정하지 않으셔도 됩니다. 본인이 약한 다른 과목을 위주로 보시면서, 회계학은 감을 잃지 않는 수준에서 보시면 됩니다.

요약노트를 이용하여 말문제, 'A vs B'로 구분할 내용 등 암기 사항을 다시 보고, 계산문제 풀이법을 읽어보면서 머릿속으로 주제별 문제 유형을 생각하고, 어떤 식으로 풀지 이미지트레이닝을 해주세요. 실제로 저는 수험생 시절, 시험 직전에 상법, 세법 등 약한 과목을 위주로 보면서 회계학은 제가 만든 요약노트만 여러번 회독하였습니다. 이렇게 양이 적은 요약노트를 활용해야 남들 1번 볼 때 10번 이상 보면서 남들과의 격차를 벌릴 수 있습니다.

(2) 정답률이 60%~70%(세무사 수험생은 50%~70%)인 경우: 객관식 재무회계 풀이

안타깝게도, 제한 시간 안에 정답률이 70%에 도달하지 못한 분들은 요약노트만 보기에는 실력이 부족해 보입니다. 내용을 알긴 하지만, 문제 풀이가 익숙하지는 않은 상태입니다. 객관식 재무회계를 통해 문제 풀이를 많이 하시길 바랍니다.

(3) 정답률 60%(세무사 수험생은 50%) 이하: 패턴 회계학 회독

첫 두 연도의 기출문제에서 평균 정답률이 60% 이하인 분들은 틀린 주제를 복습하지 말고, **패턴 회계학을 반복해서 회독**하시기 바랍니다. 틀린 문제가 너무 많기 때문에 부족한 부분을 하나씩 메우는 방식으로 공부하면 두서없이 공부할 가능성이 굉장히 높습니다. 따라서 패턴 회계학을 이용해 시험에 자주 나오는 중요 패턴에 대한 풀이법을 확실히 숙지한 다음에, 기출문제를 계속해서 푸는 것이 낫습니다. 끝날 때까진 끝난 게 아닙니다. 시험을 보는 그날까지 포기하지 마시길 바랍니다.

3. 정부회계 학습 전략

정부회계는 회계사 1차 시험에서 5문제가 출제됩니다. 기존에는 정부회계 5문제 중 4문제를 맞히는 것을 목표로 공부했습니다. 정부회계의 주요 출제 범위는 '국가회계기준에 관한 규칙', '지방자치단체회계기준에 관한 규칙'입니다. 기존에는 5문제 중 4문제 정도가 이 두 규칙에서 출제되고, 나머지 1문제 정도가 이외의 범위에서 출제되었습니다. 그래서 4문제를 맞히는 것이 그리 어렵지 않았습니다.

하지만 2020년대 들어서 정부회계의 출제 범위가 갑자기 대폭 넓어졌습니다. 최근에는 3문제 이상이 두 규칙을 벗어난 'OO회계법', 'OO회계예규', 'OO에 대한 지침' 등에서 출제되고 있습니다. 이 규정들은 앞에서 언급한 2개 규칙에 비해 양이 훨씬 많습니다. (두 규칙을 합한 것의 족히 10배는 될 겁니다.) 그래서 규칙을 제외한 범위에서 문제가 출제되면 현실적으로 맞히기 어렵습니다.

만약 제가 회계사 수험생이라면 정부회계는 두 규칙을 공부하는 선에서 간략하게 대비하고, 재무회계나 원가관리회계에서 더 많은 득점을 하려고 할 것입니다. 정부회계가 2차 과목도 아니고, 문제 수도 많지 않기 때문입니다. **정부회계에서는 2문제만 맞혀도 괜찮다**는 마인드로 접근하시길 바랍니다. 학습 범위의 60%를 넘겼음에도 틀리는 문제가 3문제밖에 안 됩니다. 패턴 회계학 정부회계편만 공부하더라도 두 규칙의 중요 내용은 충분히 대비가 될 것입니다.

목 차 CONTENTS

제1부

기출문제편

1장

CTA 회계학개론 기출문제

김용재 회계사, 세무사 1차 회계학 연도별 기출문제집

2024

기출문제

2024년 CTA 회계학개론 기출문제

2024년 CTA 회계학개론 기출문제

01. 한국채택국제회계기준에서 인정하는 회계정책의 변경에 해당하는 것을 모두 고른 것은?

> ㄱ. 과거에 발생한 거래와 실질이 다른 거래, 기타 사건 또는 상황에 대하여 다른 회계정책을 적용하는 경우
> ㄴ. 한국채택국제회계기준의 요구에 따라 회계정책을 변경하는 경우
> ㄷ. 회계정책의 변경을 반영한 재무제표가 거래, 기타 사건 또는 상황이 재무상태, 재무성과 또는 현금흐름에 미치는 영향에 대하여 신뢰성 있고 더 목적적합한 정보를 제공하는 경우
> ㄹ. 과거에 발생하지 않았거나 발생하였어도 중요하지 않았던 거래, 기타 사건 또는 상황에 대하여 새로운 회계정책을 적용하는 경우
> ㅁ. 한국채택국제회계기준에서 인정되지 않는 회계정책을 적용하다가 이를 한국채택국제회계기준에서 허용하는 방법으로 변경하는 경우

① ㄱ, ㄴ   ② ㄱ, ㅁ   ③ ㄴ, ㄷ
④ ㄷ, ㄹ   ⑤ ㄹ, ㅁ

02. ㈜세무는 20X1년 초에 상품매매업을 영위할 목적으로 현금 ₩100,000을 납입받아 설립되었다. 회사는 20X1년 초에 상품 40단위를 단위당 ₩2,000에 현금으로 구입하였으며, 20X1년 말까지 단위당 ₩3,000에 모두 현금 판매하였다. 동 상품은 20X1년 말 단위당 ₩2,500에 구입가능하다. 20X1년 초 물가지수를 100이라고 할 때 20X1년 말 물가지수는 120이다. 실물자본유지개념을 적용하여 산출한 20X1년 말에 인식할 이익과 자본유지조정 금액은?

	이익	자본유지조정
①	₩10,000	₩30,000
②	₩15,000	₩25,000
③	₩20,000	₩20,000
④	₩25,000	₩15,000
⑤	₩30,000	₩10,000

03. ㈜세무의 기계장치와 관련된 내역은 다음과 같다. 기계장치는 원가모형을 적용한다.

계정과목	기초금액	기말금액
기계장치	₩400,000	₩410,000
감가상각누계액	55,000	65,000

한편, 당기 중에 기계장치를 ₩100,000에 취득하였으며, 포괄손익계산서에는 기계장치처분이익 ₩10,000과 감가상각비(기계장치) ₩40,000이 보고되었다. 당기 중 취득 및 처분거래는 모두 현금거래이다. ㈜세무의 당기 중 기계장치 관련 거래가 현금흐름표상 투자활동 현금흐름에 미치는 순효과는?

① 현금유출 ₩30,000   ② 현금유출 ₩60,000   ③ 현금유출 ₩70,000
④ 현금유입 ₩30,000   ⑤ 현금유입 ₩70,000

04. ㈜세무는 20X1년 초 상각후원가로 측정하는 금융부채에 해당하는 사채(액면금액 ₩1,000,000, 표시이자율 8%, 만기 5년, 매년 말 원금 ₩200,000씩 연속 상환, 매년 말 이자지급)를 발행하였다. 20X1년 말과 20X2년 말 원금과 이자는 정상적으로 지급하였으나 20X3년 초 재무위기가 발생하여 채권자들의 동의를 받아 사채의 조건을 변경(무이자로 20X5년 말 원금 ₩600,000 일시 상환)하였다. 시장이자율이 각각 20X1년 초 10%, 20X3년 초 12%이고 조건변경과 관련한 수수료는 발생하지 않았을 때, 동 사채에 관한 설명으로 옳은 것은? (단, 사채발행시 거래원가는 발생하지 않았으며, 현재가치 계산 시 다음에 제시된 현가계수표를 이용한다.)

기간	단일금액 ₩1의 현재가치			정상연금 ₩1의 현재가치		
	8%	10%	12%	8%	10%	12%
1	0.9259	0.9091	0.8929	0.9259	0.9091	0.8929
2	0.8573	0.8265	0.7972	1.7833	1.7355	1.6901
3	0.7938	0.7513	0.7118	2.5771	2.4869	2.4018
4	0.7350	0.6830	0.6355	3.3121	3.1699	3.0374
5	0.6806	0.6209	0.5674	3.9927	3.7908	3.6048

① 20X1년 초 사채의 발행금액은 ₩924,164이다.
② 20X2년도 인식할 이자비용은 ₩96,681이다.
③ 20X3년 초 조건 변경 시 제거될 사채의 장부금액은 ₩601,920이다.
④ 20X3년 초 조건 변경 시 새로 인식할 사채의 장부금액은 ₩450,780이다.
⑤ 20X3년 초 조건 변경으로 인해 인식될 조정이익은 ₩152,401이다.

05. ㈜세무는 20X1년 초 다음과 같은 조건의 비분리형 신주인수권부사채를 액면발행하였다.

- 액면금액: ₩1,000,000
- 표시이자율: 5%(매년 말 지급)
- 사채발행시 신주인수권이 부여되지 않은 일반사채의 시장이자율: 10%
- 만기상환일: 20X3년 말
- 행사가격: 사채액면금액 ₩20,000당 보통주 1주(액면금액 ₩10,000)를 ₩20,000에 인수
- 행사기간: 발행일로부터 12개월이 경과한 날부터 상환기일 30일 전까지
- 상환조건: 신주인수권 미행사시 상환기일에 액면금액의 115%를 일시상환
- 신주인수권(지분상품에 해당)이 행사된 부분은 주식발행초과금으로 대체되며, 만기 때까지 신주인수권부사채는 상환되지 않음

20X2년 초 상기 신주인수권의 40%가 행사되었으며, 이후 신주인수권이 행사되지 않았을 때, 동 사채에 관한 설명으로 옳은 것은? (단, 현재가치 계산이 필요한 경우 다음에 제시된 현가계수표를 이용한다.)

기간	단일금액 ₩1의 현재가치		정상연금 ₩1의 현재가치	
	5%	10%	5%	10%
1	0.9524	0.9091	0.9524	0.9091
2	0.9070	0.8265	1.8594	1.7355
3	0.8638	0.7513	2.7233	2.4869

① 20X1년 초 인식된 신주인수권대가는 ₩124,355이다.

② 20X1년도 이자비용은 ₩87,565이다.

③ 20X2년 초 신주인수권 행사시 자본 증가액은 ₩454,254이다.

④ 20X2년 초 신주인수권 행사 직후 상환할증금을 포함한 사채의 장부금액은 ₩1,037,174이다.

⑤ 20X2년도 이자비용은 ₩98,758이다.

06. ㈜세무는 20X1년 초 종업원 100명에게 각각 주식선택권을 10개씩 부여하였다. 주식선택권은 3년간 종업원이 용역을 제공하는 조건으로 부여되었으며, 주식선택권의 만기는 6년이다. 주식의 주당 액면금액은 ₩40이고, 주식선택권의 행사가격은 ₩50, 부여일 현재 기업의 주가도 주당 ₩50이다. ㈜세무는 부여일 현재 종업원으로부터 제공받는 근로용역의 공정가치와 주식선택권의 공정가치를 신뢰성 있게 측정할 수 없다고 판단하여 내재가치법을 적용하기로 하였다. 행사된 주식선택권은 모두 회계연도 말에 행사되었으며, 주식선택권과 관련된 자료가 다음과 같을 때, ㈜세무가 (A)20X3년도에 인식할 보상비용과 (B)20X4년 말 재무상태표에 보고할 주식선택권은?

- 20X1년 중 실제퇴사자는 5명이며, 20X1년 말 추정한 미래 예상퇴사자는 12명이다.
- 20X2년 중 실제퇴사자는 8명이며, 20X2년 말 추정한 미래 예상퇴사자는 7명이다.
- 20X3년 중 실제퇴사자는 15명이며, 주식선택권 최종 가득자는 72명이다.
- 매 연도말 ㈜세무의 주가와 행사된 주식선택권의 수량은 다음과 같다.

연도	연도 말 주가	행사된 주식선택권 수량
20X1년	₩53	–
20X2년	55	–
20X3년	60	–
20X4년	70	400개
20X5년	65	100
20X6년	80	220

	(A)	(B)
①	₩3,000	₩6,400
②	₩4,533	₩6,400
③	₩4,533	₩7,200
④	₩7,200	₩10,400
⑤	₩7,200	₩14,400

07. 투자자의 피투자자에 대한 지배력을 설명한 것으로 옳지 않은 것은?

① 투자자는 피투자자에 관여함에 따라 변동이익에 노출되거나 변동이익에 대한 권리가 있고, 피투자자에 대한 자신의 힘으로 변동이익에 영향을 미치는 능력이 있을 때 피투자자를 지배한다.

② 둘 이상의 투자자가 관련 활동을 지시하기 위해 함께 행동해야 하는 경우 어떠한 투자자도 다른 투자자의 협력 없이 관련 활동을 지시할 수 없으므로 어느 누구도 개별적으로 피투자자를 지배하지 못한다.

③ 투자자가 피투자자의 이익에 유의적으로 영향을 미치는 활동 등 관련 활동을 지시하는 현재의 능력을 갖게 하는 현존 권리를 보유하고 있을 때, 투자자는 피투자자에 대한 힘이 있다.

④ 투자자는 피투자자에 대한 힘이 있거나 투자자의 이익금액에 영향을 미치기 위하여 피투자자에 대한 자신의 힘을 사용하는 능력이 있을 때 피투자자를 지배한다.

⑤ 둘 이상의 투자자 각각이 다른 관련 활동을 지시하는 일방적인 능력을 갖게 하는 현존 권리를 보유하는 경우, 피투자자의 이익에 가장 유의적으로 영향을 미치는 활동을 지시하는 현재의 능력이 있는 투자자는 피투자자에 대한 힘이 있다.

08. ㈜세무는 제품 A를 ₩2,000에 판매하기로 계약을 체결하였으며, 이 계약의 일부로 앞으로 30일 이내에 ₩2,000 한도의 구매에 대해 30% 할인권을 고객에게 주었다. ㈜세무는 계절 판촉활동을 위해 앞으로 30일 동안 모든 판매에 대해 10% 할인을 제공할 계획인데, 10% 할인은 30% 할인권에 추가하여 사용할 수 없다. ㈜세무는 고객의 80%가 할인권을 사용하고 추가 제품을 평균 ₩1,500에 구매할 것이라고 추정하였을 때, 제품 판매 시 배분될 계약부채(할인권)는? (단, 제시된 거래의 효과만을 반영하기로 한다.)

① ₩214 ② ₩240 ③ ₩305
④ ₩400 ⑤ ₩500

09. 재고자산 회계처리에 관한 설명으로 옳은 것은?

① 재고자산의 매입원가는 매입가격에 수입관세와 제세금, 매입운임, 하역료 그리고 완제품, 원재료 및 용역의 취득과정에 직접 관련된 기타 원가, 리베이트 및 기타 유사한 항목을 가산한 금액이다.

② 재고자산을 후불조건으로 취득할 때 그 계약이 실질적인 금융요소를 포함하고 있다면, 정상신용조건의 매입가격과 실제 지급액간의 차이는 재고자산의 취득원가에 가산한다.

③ 확정판매계약 또는 용역계약만을 이행하기 위하여 보유하는 재고자산의 순실현가능가치는 일반 판매가격에 기초하여 추정한다.

④ 원재료 가격이 하락하여 원재료 원가가 순실현가능가치를 초과할 것으로 예상된다면 완성될 제품이 원가 이상으로 판매되더라도 해당 원재료를 현행대체원가로 측정된 순실현가능가치로 감액한다.

⑤ 재고자산의 감액을 초래했던 상황이 해소되거나 경제상황의 변동으로 순실현가능가치가 상승한 명백한 증거가 있는 경우 최초의 장부금액을 초과하지 않는 범위 내에서 평가손실을 환입한다.

10. 20X1년 초 설립된 ㈜세무는 단일상품만 판매하고 있으며, 재고자산에 대하여 가중평균법(실지재고조사법)을 적용하고 있고, 기말 장부상재고와 실제재고를 함께 확인한다. ㈜세무의 20X1년도 재고자산에 관한 자료는 다음과 같다.

일자	적요	수량	단위당 원가
1월 10일	매입	300개	₩100
3월 20일	매출	200	–
6월 15일	매입	300	120
10월 16일	매입	400	130
12월 7일	매출	400	–

20X1년 말 재고자산의 단위당 순실현가능가치는 ₩110이며, 20X1년도 재고자산평가손실은 ₩2,960일 때, ㈜세무가 20X1년도 재무제표에 보고할 매출원가는? (단, 감모의 80%는 정상감모이며, 정상감모손실과 재고자산평가손실은 매출원가에 반영하고, 비정상감모손실은 기타비용으로 처리한다.)

① ₩70,800   ② ₩71,508   ③ ₩73,632

④ ₩76,592   ⑤ ₩77,300

11. ㈜세무는 20X1년 12월 말에 다음의 자산집단을 매각방식으로 처분하기로 하였고, 이는 매각예정의 분류기준을 충족한다. 처분자산집단에 속한 자산은 다음과 같이 측정한다.

구분	매각예정으로 분류하기 전 12월 말의 장부가액	매각예정으로 분류하기 직전에 재측정한 장부가액
재고자산	₩1,100	₩1,000
기타포괄손익-공정가치 측정 금융자산	1,300	1,000
유형자산 Ⅰ(재평가액으로 표시)	1,200	1,000
유형자산 Ⅱ(원가로 표시)	3,400	3,000
영업권	1,000	1,000
합 계	₩8,000	₩7,000

한편, ㈜세무는 매각예정으로 분류하는 시점에서 처분자산집단의 순공정가치를 ₩4,000으로 추정하였다. 20X1년 12월 말 손상차손 배분 후, 재고자산과 유형자산 Ⅱ의 장부금액은?

	재고자산	유형자산 Ⅱ
①	₩500	₩1,500
②	₩500	₩2,500
③	₩500	₩3,000
④	₩1,000	₩1,500
⑤	₩1,000	₩2,500

12. 투자부동산의 회계처리에 관한 설명으로 옳지 않은 것은?

① 투자부동산의 손상, 멸실 또는 포기로 제3자에게서 받는 보상은 받을 수 있게 되는 시점에 당기손익으로 인식한다.

② 투자부동산을 후불조건으로 취득하는 경우의 원가는 취득시점의 현금가격상당액으로 하고, 현금가격상당액과 실제 총지급액의 차액은 신용기간 동안의 이자비용으로 인식한다.

③ 지배기업이 보유하고 있는 건물을 종속기업에게 리스하여 종속기업의 본사 건물로 사용하는 경우 그 건물은 지배기업의 연결재무제표상에서 투자부동산으로 분류할 수 없다.

④ 부동산 중 일부는 시세차익을 얻기 위하여 보유하고, 일부분은 재화의 생산에 사용하기 위하여 보유하고 있으나, 이를 부분별로 나누어 매각할 수 없다면, 재화의 생산에 사용하기 위하여 보유하는 부분이 중요하다고 하더라도 전체 부동산을 투자부동산으로 분류한다.

⑤ 투자부동산을 공정가치로 측정해 온 경우라면 비교할만한 시장의 거래가 줄어들거나 시장가격 정보를 쉽게 얻을 수 없게 되더라도, 당해 부동산을 처분할 때까지 또는 자가사용부동산으로 대체하거나 통상적인 영업과정에서 판매하기 위하여 개발을 시작하기 전까지는 계속하여 공정가치로 측정한다.

13. 무형자산의 회계처리에 관한 설명으로 옳지 않은 것은?

① 무형자산의 미래경제적효익은 제품의 매출, 용역수익, 원가절감 또는 자산의 사용에 따른 기타 효익의 형태로 발생할 수 있다.

② 내부적으로 창출한 영업권은 원가를 신뢰성 있게 측정할 수 없고 기업이 통제하고 있는 식별가능한 자원이 아니기 때문에 자산으로 인식하지 아니한다.

③ 자산의 사용에서 발생하는 미래경제적효익의 유입에 대한 확실성 정도에 대한 평가는 무형자산을 최초로 인식하는 시점에서 이용 가능한 증거에 근거하며, 외부 증거에 비중을 더 크게 둔다.

④ 계약상 권리 또는 기타 법적 권리로부터 발생하는 무형자산의 내용연수는 그러한 계약상 권리 또는 기타 법적 권리의 기간을 초과할 수는 없지만, 자산의 예상사용기간에 따라 더 짧을 수는 있다.

⑤ 개별 취득하는 무형자산의 원가는 그 자산을 경영자가 의도하는 방식으로 운용될 수 있는 상태에 이를 때까지 인식하므로 무형자산을 사용하거나 재배치하는 데 발생하는 원가도 자산의 취득원가에 포함한다.

14. 도소매업을 영위하는 ㈜세무는 20X1년 1월 1일 기계장치를 ₩2,000(잔존가치 ₩200, 내용연수 5년, 정액법 상각)에 취득하고 재평가모형을 적용한다. 기계장치의 20X1년 말 공정가치와 회수가능액은 각각 ₩1,800으로 동일하였으나, 20X2년 말 공정가치는 ₩1,300이고 회수가능액은 ₩1,100으로 자산손상이 발생하였다. 동 기계장치와 관련하여 ㈜세무가 20X2년도 포괄손익계산서에 당기비용으로 인식할 금액은? (단, 재평가잉여금은 이익잉여금으로 대체하지 아니하며, 처분부대원가는 무시할 수 없는 수준이다.)

① ₩360   ② ₩420   ③ ₩460

④ ₩540   ⑤ ₩640

15. 도소매업을 영위하는 ㈜세무는 20X1년 1월 1일 지방자치단체로부터 자금을 전액 차입하여 기계장치를 ₩50,000에 구입하였다. 지방자치단체로부터 수령한 차입금은 20X5년 12월 31일에 상환해야 하며, 매년 말에 연 1% 이자율로 계산한 액면이자를 지급하는 조건이다. ㈜세무가 구입한 기계장치에 원가모형을 적용하고, 추정내용연수는 5년, 잔존가치는 ₩0이며 정액법으로 감가상각한다. 20X1년 1월 1일 구입당시의 시장이자율은 10%이다. ㈜세무가 20X3년도 포괄손익계산서에 당기비용으로 인식할 금액은? (단, 현재가치 계산 시 다음에 제시된 현가계수표를 이용한다. 정부보조금은 전액 기계장치의 구입에만 사용하여야 하며, 자산의 취득원가에서 차감하는 원가(자산)차감법을 사용하여 표시한다.)

기간	단일금액 ₩1의 현재가치 (할인율=10%)	정상연금 ₩1의 현재가치 (할인율=10%)
5	0.6209	3.7908

① ₩10,469   ② ₩10,607   ③ ₩11,194

④ ₩12,807   ⑤ ₩13,294

16. ㈜세무는 20X1년 4월 1일부터 공장건물 신축공사를 실시하여 20X2년 10월 31일에 해당 공사를 완료하였다. 동 공장건물은 차입원가를 자본화하는 적격자산이다. ㈜세무의 신축공사와 관련된 자료는 다음과 같다.

구분	20X1.4.1.	20X1.11.1.	20X2.2.1.	20X2.7.1.
공사대금 지출액	₩100,000	₩30,000	₩20,000	₩20,000

종류	차입금액	차입기간	이자율
특정차입금A	₩90,000	20X1.4.1.~20X2.10.31.	3%
일반차입금B	60,000	20X1.5.1.~20X2.8.30.	5%
일반차입금C	30,000	20X1.9.1.~20X2.4.30.	10%

㈜세무는 특정차입금 중 ₩30,000을 연 2% 이자지급조건의 정기예금에 20X1년 5월 1일부터 20X1년 7월 31일까지 예치하였다. ㈜세무가 20X1년도와 20X2년도에 자본화할 차입원가는? (단, 연평균지출액과 이자비용은 월할 계산하며, 자본화한 차입원가는 연평균지출액 계산 시 포함하지 아니한다.)

	20X1년	20X2년
①	₩3,075	₩5,250
②	₩3,075	₩5,550
③	₩4,875	₩4,875
④	₩4,875	₩5,250
⑤	₩4,875	₩5,550

17. ㈜세무는 20X1년 초에 한정 생산·판매한 제품에 대하여 3년 동안 품질을 보증하기로 하였다. 20X1년 중 실제 발생한 품질보증비는 ₩10,000이다. ㈜세무는 기대가치를 계산하는 방식으로 최선의 추정치 개념을 사용하여 충당부채를 인식한다. ㈜세무는 이 제품의 품질보증과 관련하여 20X1년 말에 20X2년 및 20X3년에 발생할 것으로 예상되는 품질보증비 및 예상확률을 다음과 같이 추정하였다.

20X2년		20X3년	
품질보증비	예상확률	품질보증비	예상확률
₩1,800	20%	₩3,000	30%
3,000	50%	4,000	60%
7,000	30%	5,000	10%

㈜세무는 20X2년 및 20X3년에 발생할 것으로 예상되는 품질보증비에 대해 설정하는 충당부채를 10%의 할인율을 적용하여 현재가치로 측정하기로 하였다. 또한 ㈜세무는 20X2년도에 ₩1,000의 영업손실이 발생할 것으로 예상하고 있다. ㈜세무의 20X1년 말 재무상태표에 보고될 제품보증충당부채는? (단, 현재가치 계산 시 다음에 제시된 현가계수표를 이용한다. 20X2년과 20X3년에 발생할 것으로 예상되는 품질보증비는 각 회계연도말에 발생한다고 가정한다.)

기간	단일금액 ₩1의 현재가치 (할인율=10%)
1	0.9091
2	0.8264
3	0.7513

① ₩6,360   ② ₩6,740   ③ ₩7,360
④ ₩7,740   ⑤ ₩8,360

18. ㈜세무는 20X1년 7월 1일에 순장부금액이 ₩7,000인 기계장치를 ㈜국세의 기계장치(순장부금액 ₩8,000, 공정가치 ₩9,000)와 교환하면서 현금 ₩500을 추가로 지급하였으며, 유형자산처분손실로 ₩1,000을 인식하였다. ㈜세무는 20X1년 7월 1일에 교환으로 취득한 기계장치와 관련하여 설치장소 준비원가 ₩500과 설치원가 ₩500을 지출하고 즉시 사용하였다. 한편, ㈜세무는 취득한 기계장치의 잔존가치와 내용연수를 각각 ₩500과 3년으로 추정하였으며, 연수합계법으로 감가상각하고 원가모형을 적용한다. ㈜세무의 20X2년도 기계장치 감가상각비는? (단, 동 자산의 교환은 상업적 실질이 있으며, ㈜세무의 기계장치 공정가치는 신뢰성 있게 측정가능하고 ㈜국세의 기계장치 공정가치보다 명백하다고 가정한다. 감가상각은 월할 계산한다.)

① ₩1,750   ② ₩2,000   ③ ₩2,333
④ ₩2,917   ⑤ ₩3,500

19. ㈜세무의 20X1년도 당기순이익은 ₩10,000,000이며, 주당이익과 관련된 자료는 다음과 같다.

> - 20X1년 초 유통보통주식수는 10,000주(주당 액면금액 ₩5,000)이고, 유통우선주식수는 5,000주(주당 액면금액 ₩5,000)이다.
> - 상기 우선주는 전환우선주로서 누적적이며 배당률은 10%이다.
> - 3월 1일 주주총회에서 보통주 8,000주의 주식배당을 의결하고 즉시 발행하였다.
> - 4월 1일에 유상증자를 실시하여 보통주 4,000주가 증가하였다. 동 유상증자에 대한 주당 발행금액은 ₩5,000이며, 유상증자 직전 공정가치는 주당 ₩10,000이다. 발행금액 전액이 발행일에 납입완료되었다.
> - 9월 1일에 자기주식 4,350주를 취득하여 20X1년 말까지 보유하고 있다.
> - 12월 31일 상기 전환우선주 전액이 주식으로 전환청구되어 보통주 5,000주를 발행하였다.
> - 기중에 전환된 전환우선주에 대해서는 전환일까지의 기간에 대해 우선주 배당금을 지급한다.

㈜세무의 20X1년도 기본주당이익은? (단, 가중평균유통보통주식수는 월할 계산한다.)

① ₩375 ② ₩384 ③ ₩405
④ ₩500 ⑤ ₩512

20. 중간재무보고에 관한 설명으로 옳지 않은 것은?

① 직전 연차재무보고서를 연결기준으로 작성하였다면 중간재무보고서도 연결기준으로 작성해야 한다.

② 중간재무보고서에 포함해야 하는 최소한의 구성요소는 요약재무상태표, 요약된 하나 또는 그 이상의 포괄손익계산서, 요약자본변동표, 요약현금흐름표이다.

③ 중간재무보고서에는 직전 연차보고기간말 후 발생한 재무상태와 경영성과의 변동을 이해하는 데 유의적인 거래나 사건에 대한 설명을 포함한다.

④ 중요성을 평가하는 과정에서 중간기간의 측정은 연차재무자료의 측정에 비하여 추정치에 의존하는 정도가 크다는 점을 고려하여야 한다.

⑤ 계절적, 주기적 또는 일시적으로 발생하는 수익은 연차보고기간말에 미리 예측하여 인식하거나 이연하는 것이 적절하지 않은 경우 중간보고기간말에도 미리 예측하여 인식하거나 이연하여서는 아니된다.

21. ㈜세무는 20X1년 1월 1일 ㈜대한리스로부터 기계장치(기초자산)를 리스하는 해지금지조건의 금융리스계약을 체결하였다. 계약상 리스개시일은 20X1년 1월 1일, 리스기간은 20X1년 1월 1일부터 20X3년 12월 31일, 내재이자율은 연 10%, 고정리스료는 매년 말 일정금액을 지급한다. ㈜대한리스의 동 기계장치 취득금액은 ₩2,000,000으로 리스개시일의 공정가치이다. 동 기계장치의 내용연수는 4년, 내용연수 종료시점의 잔존가치는 없고, 정액법으로 감가상각한다. ㈜세무는 리스기간 종료시점에 매수선택권을 ₩400,000에 행사할 것이 리스약정일 현재 상당히 확실하다. ㈜대한리스가 리스기간 동안 매년 말 수취하는 연간 고정리스료는? (단, 리스계약은 소액자산리스 및 단기리스가 아니라고 가정하며, 현재가치 계산 시 다음에 제시된 현가계수표를 이용한다.)

기간	단일금액 ₩1의 현재가치 (할인율=10%)	정상연금 ₩1의 현재가치 (할인율=10%)
3	0.7513	2.4869
4	0.6830	3.1699

① ₩544,749 ② ₩630,935 ③ ₩683,373
④ ₩804,214 ⑤ ₩925,055

22. 법인세회계에 관한 설명으로 옳지 않은 것은?

① 이연법인세자산은 차감할 일시적차이, 미사용 세무상결손금의 이월액, 미사용 세액공제 등의 이월액과 관련하여 미래 회계기간에 회수될 수 있는 법인세 금액이다.

② 매 보고기간말에 인식되지 않은 이연법인세자산에 대하여 재검토하며, 미래 과세소득에 의해 이연법인세자산이 회수될 가능성이 높아진 범위까지 과거 인식되지 않은 이연법인세자산을 인식한다.

③ 당기법인세자산과 부채는 기업이 인식된 금액에 대한 법적으로 집행가능한 상계권리를 가지고 있는 경우 또는 순액으로 결제하거나, 자산을 실현하고 부채를 결제할 의도가 있는 경우에 상계한다.

④ 과세대상수익의 수준에 따라 적용되는 세율이 다른 경우에는 일시적차이가 소멸될 것으로 예상되는 기간의 과세소득(세무상결손금)에 적용될 것으로 기대되는 평균세율을 사용하여 이연법인세 자산과 부채를 측정한다.

⑤ 사업결합에서 발생한 영업권을 최초로 인식하는 경우에는 이연법인세부채를 인식하지 않는다.

23. 일반목적재무보고에 관한 설명으로 <u>옳지 않은</u> 것은?

① 일반목적재무보고의 목적은 현재 및 잠재적 투자자, 대여자와 그 밖의 채권자가 기업에 자원을 제공하는 것과 관련된 의사결정을 할 때 유용한 보고기업 재무정보를 제공하는 것이다.

② 일반목적재무보고서는 보고기업의 가치를 보여주기 위해 고안된 것이 아니지만 현재 및 잠재적 투자자, 대여자와 그 밖의 채권자가 보고기업의 가치를 추정하는 데 도움이 되는 정보를 제공한다.

③ 한 기간의 보고기업의 재무성과에 투자자와 채권자에게서 직접 추가 자원을 획득한 것이 아닌 경제적 자원 및 청구권의 변동이 반영된 정보는 기업의 과거 및 미래 순현금유입 창출 능력을 평가하는 데 유용하다.

④ 많은 현재 및 잠재적 투자자, 대여자 및 그 밖의 채권자는 정보를 제공하도록 보고기업에 직접 요구하고, 그들이 필요로 하는 재무정보의 많은 부분을 일반목적재무보고서에 의존하는 것은 아니다.

⑤ 재무보고서는 정확한 서술보다는 상당 부분 추정, 판단 및 모형에 근거한다.

24. ㈜세무는 20X1년 초 보통주와 우선주를 발행하여 영업을 개시하였으며, 영업개시 이후 자본금의 변동은 없었다. 20X3년 말 현재 ㈜세무의 자본금 구성은 다음과 같다.

구분	1주당 액면금액	배당률	자본금	비고
보통주	₩1,000	2%	₩8,000,000	
우선주	₩1,000	3%	₩2,000,000	누적적, 5% 부분참가적

20X4년 3월 말 주주총회에서 ₩600,000의 현금배당이 결의되었다. ㈜세무의 보통주에 배분될 배당금은? (단, 과거에 배당을 실시하지 않았고, 배당가능이익은 충분하다.)

① ₩360,000 ② ₩380,000 ③ ₩400,000

④ ₩420,000 ⑤ ₩440,000

25. ㈜세무의 20X1년 재고자산 및 원가자료는 다음과 같다.

(1) 재고자산

	원재료	재공품	제품
20X1.1.1.	₩40,000	₩90,000	₩80,000
20X1.12.31.	60,000	100,000	120,000

(2) 원가자료

• 생산직근로자 급여	₩110,000	• 생산설비 보험료	₩50,000
• 생산직관리자 급여	30,000	• 영업사원 급여	20,000
• 공장건물 감가상각비	70,000	• 본사건물 재산세	10,000

20X1년 매출원가가 ₩480,000일 때, 원재료 매입액은?

① ₩280,000 ② ₩290,000 ③ ₩330,000
④ ₩340,000 ⑤ ₩530,000

26. ㈜세무는 두 개의 보조부문(S1, S2)과 두 개의 제조부문(P1, P2)을 운영하고 있고, 보조부문의 원가를 상호배분법에 의해 배부하고 있다. 각 보조부문의 용역제공비율과 부문에서 발생한 원가는 다음과 같다.

사용 제공	보조부문		제조부문	
	S1	S2	P1	P2
S1	–	20%	40%	40%
S2	20%	–	?	?
부문원가	₩250,000	₩400,000	₩600,000	₩500,000

제조부문 P1과 P2가 보조부문으로부터 배부받은 금액이 각각 ₩231,250과 ₩418,750일 때 보조부문 S2가 제조부문인 P1과 P2에 제공한 용역비율은 각각 얼마인가?

	P1	P2
①	20%	60%
②	22.5%	57.5%
③	40%	40%
④	57.5%	22.5%
⑤	60%	20%

27. ㈜세무는 정상원가계산을 사용하고 있으며, 제조간접원가는 직접노무원가의 50%를 예정배부한다. ㈜세무의 20X1년 매출액은 ₩100,000이며, 공장에서 20X1년에 발생한 원가관련 자료는 다음과 같다.

- 재고자산 현황

	기초	기말
원 재 료	₩5,000	₩10,000
재 공 품	10,000	25,000
제 품	15,000	20,000

- 당기 중 원재료 구입액은 ₩40,000이다.
- 미지급임금의 기초잔액은 ₩10,000이며, 기말잔액은 ₩20,000이다.
- 20X1년에 지급한 임금은 ₩40,000이다.
- 공장에서 발생한 임금의 80%는 직접노무원가이다.
- 20X1년에 발생한 제조경비는 ₩15,000이며, 전액 제조간접원가이다.
- 20X1년의 배부차이 조정전 매출원가는 ₩70,000이다.

㈜세무가 20X1년 말에 제조간접원가 배부차이를 전액 매출원가에서 조정할 경우, 배부차이 조정후 매출총이익은?

① ₩15,000   ② ₩20,000   ③ ₩25,000
④ ₩30,000   ⑤ ₩35,000

28. ㈜세무는 제품 A와 B를 생산하고 있으며 직접노무원가를 기준으로 제조간접원가를 배부하고 있다. 배부해야 할 제조간접원가는 ₩81,600이고, 제품 A와 B에 대한 자료는 다음과 같다.

	제품 A	제품 B
단위당 직접재료원가	₩150	₩250
단위당 직접노무원가	60	90
단위당 직접노무시간	1시간	1시간

㈜세무는 활동기준원가계산의 도입을 고려하고 있으며, 다음은 원가담당자가 분석한 활동원가에 관한 내용이다.

활동	활동원가	원가동인	원가동인 사용량	
			제품 A	제품 B
재료이동	₩21,000	이동횟수	50회	20회
작업준비	21,600	작업준비시간	80시간	100시간
검사	39,000	생산량	200단위	400단위

㈜세무가 활동기준원가계산을 도입할 경우, 기존의 제조간접원가 배부방법에 비해 제품 A의 단위당 제조간접원가는 얼마나 증가하는가?

① ₩24.8   ② ₩52   ③ ₩86
④ ₩4,960   ⑤ ₩17,200

29. ㈜세무는 단일제품을 생산하고 있으며 가중평균법으로 종합원가계산을 적용하고 있다. 전환원가는 공정 전반에 걸쳐 균등하게 발생하며 당기 생산관련 자료는 다음과 같다.

- 기초재공품: 1,000단위 (전환원가 완성도 20%)
- 당기착수량: 7,000
- 당기완성량: 6,000
- 기말재공품: 2,000 (전환원가 완성도 40%)

기초 및 기말재공품에 포함된 전환원가가 각각 ₩65,000 및 ₩260,000일 때, 당기에 발생한 전환원가는?

① ₩1,950,000 ② ₩2,080,000 ③ ₩2,145,000

④ ₩2,210,000 ⑤ ₩2,275,000

30. ㈜세무는 단일제품을 생산하고 있으며, 선입선출법에 의한 종합원가계산을 사용하고 있다. 제품제조를 위해 원재료 A와 원재료 B가 사용되는데 원재료 A는 공정 초에 전량 투입되며, 원재료 B는 공정 완료시점에 전량 투입된다. 전환원가는 공정 전반에 걸쳐 균등하게 발생한다. 품질검사는 공정의 50% 시점에서 이루어지며, 당기 검사를 통과한 합격품의 10%를 정상공손으로 간주한다. 공손품의 처분가치는 없다. 당기 생산 및 원가 자료는 다음과 같다.

구 분	물량 (전환원가 완성도)
기초재공품	1,000단위(60%)
당기 착수	9,000
기말재공품	1,000(60%)

구 분	재료원가		전환원가
	원재료 A	원재료 B	
기초재공품	₩30,000	₩0	₩33,500
당기발생원가	180,000	80,000	255,000

당기에 착수하여 당기에 완성된 제품이 7,000단위일 때, ㈜세무의 정상공손원가 배분 후 당기 완성품원가는?

① ₩466,500 ② ₩523,500 ③ ₩530,000

④ ₩533,500 ⑤ ₩540,000

31. ㈜세무는 결합공정을 통하여 주산품 X, Y와 부산품 B를 생산하고 있다. 당기 중 발생한 결합원가는 ₩20,000이며, 결합원가는 분리점에서 순실현가능가치(NRV)를 기준으로 각 제품에 배부한다. 부산품 B는 생산기준법(생산시점에서 순실현가능가치로 인식)을 적용하며, 부산품 B의 단위당 판매비는 ₩5이다. 당기의 생산 및 판매 자료는 다음과 같다.

제품	분리점 이후 추가가공원가(총액)	단위당 최종 판매가격	생산량	판매량
X	₩4,000	₩60	200단위	180단위
Y	2,000	40	250	200
B	–	15	200	150

㈜세무의 기말재고자산 금액은? (단, 기초재고와 기말재공품은 없다.)

① ₩3,500   ② ₩3,750   ③ ₩4,000

④ ₩4,100   ⑤ ₩4,250

32. ㈜세무는 표준원가계산제도를 도입하고 있으며, 직접노무시간을 기준으로 제조간접원가를 배부하고 있다. 변동제조간접원가 고정예산은 ₩12,750,000, 고정제조간접원가 고정예산은 ₩17,100,000이고 기준조업도는 3,000직접노무시간이다. 당기에 실제 투입된 직접노무시간은 3,200시간이고 변동제조간접원가 능률차이가 ₩1,275,000 불리한 것으로 계산되었다면, 고정제조간접원가 조업도차이는?

① ₩425,000(유리)   ② ₩425,000(불리)   ③ ₩570,000(유리)

④ ₩570,000(불리)   ⑤ ₩1,140,000(불리)

33. ㈜세무는 당기에 신제품을 개발하여 지금까지 2,000단위를 생산 및 판매하였으며, 처음 1,000단위 생산에 소요된 원가는 다음과 같다.

• 직접재료원가	₩400,000
• 직접노무원가(1,000시간×₩2,000)	2,000,000
• 변동제조간접원가(직접노무원가의 50%)	1,000,000
• 고정제조간접원가	3,200,000

㈜세무의 제품 생산은 80%의 누적평균시간 학습곡선을 따른다고 가정한다. 최근 공공기관으로부터 신제품 2,000단위를 주문받았다. 이 주문에 대해 발생할 것으로 예상되는 변동제조원가 총액은?

① ₩1,920,000 ② ₩2,880,000 ③ ₩3,280,000
④ ₩3,680,000 ⑤ ₩5,600,000

34. ㈜세무는 제품 X와 Y를 생산 및 판매하고 있으며, 제품에 관한 자료는 다음과 같다.

	제품 X	제품 Y
판매량 배합비율	20%	80%
단위당 공헌이익	₩300	₩200
손익분기점 판매량	600단위	2,400단위

㈜세무는 신제품 Z를 개발하여 생산 및 판매할 계획을 수립하고 있다. 제품 Z의 단위당 공헌이익은 ₩220이며 제품 X, Y, Z의 판매량 배합비율은 각각 30%, 20%, 50%일 것으로 예상된다. 제품 Z를 추가 생산할 경우 제품 Y의 손익분기점 판매량은? (단, 제품 Z를 생산하더라도 제품 X와 제품 Y의 단위당 공헌이익, 고정원가 총액은 변하지 않는다.)

① 550단위 ② 825단위 ③ 1,375단위
④ 2,400단위 ⑤ 2,750단위

35. ㈜세무는 고급생수를 단위당 ₩2,000에 판매하려 한다. 단위당 변동원가는 ₩1,000이며, 월간 고정원가는 ₩3,000,000이다. 고급생수의 수요량은 불확실하지만 월간 기대판매량이 4,200개, 표준편차는 800개의 정규분포를 따른다고 가정할 때, 월간 목표영업이익이 ₩400,000 이상 발생할 확률은? (단, 다음의 표준정규분포표를 이용하여 계산한다.)

z	$P(Z \leq z)$	z	$P(Z \leq z)$	z	$P(Z \leq z)$
0.5	0.691	1.0	0.841	1.5	0.933
2.0	0.977	2.5	0.994	3.0	0.999

① 69.1% ② 84.1% ③ 93.3%
④ 97.7% ⑤ 99.4%

36. 20X1년 초 설립된 ㈜세무의 20X1년부터 20X3년까지의 영업활동 결과는 다음과 같다.

구분	20X1년	20X2년	20X3년
생산량	2,000단위	2,400단위	2,200단위
판매량	?	?	?
변동원가계산에 의한 영업이익	₩44,000	₩50,000	₩46,000
전부원가계산에 의한 영업이익	80,000	42,000	54,000
고정제조간접원가	240,000	336,000	264,000

20X2년과 20X3년의 판매량은 각각 몇 단위인가? (단, ㈜세무는 기초 및 기말 재공품이 없고, 재고자산은 선입선출법에 의해 평가되며 세 기간의 단위당 판매가격, 단위당 변동제조원가, 단위당 변동판매관리비, 고정판매관리비는 동일하다.)

	20X2년	20X3년
①	1,700단위	2,100단위
②	1,700단위	2,500단위
③	2,100단위	2,500단위
④	2,500단위	2,100단위
⑤	2,500단위	2,400단위

37. ㈜세무는 계산기를 생산하여 판매하고 있으며, 최대생산능력은 10,000대이다. ㈜세무는 정규시장에 계산기 1대당 ₩200에 8,000대를 판매하고 있다. 한 번에 50대씩 묶음(batch) 생산하며, 8,000대 생산에 대한 원가는 다음과 같다.

생산량에 따라 변하는 변동원가	₩480,000
묶음수에 따라 변하는 변동원가	160,000
고정원가	800,000
	₩1,440,000

㈜세무는 특별주문에 대해 전량을 수락하거나 거절해야 하며, 특별주문 수락시 정규시장 판매를 일부 포기하여야 한다. ㈜세무는 ㈜대한으로부터 계산기 3,000대를 구입하겠다는 특별주문을 받았으며, 이 특별주문에 대해서는 100대씩 묶음 생산한다. ㈜세무가 이 특별주문과 관련하여 손실을 발생시키지 않기 위해 요구해야 하는 계산기 1대당 최소금액은?

① ₩110 ② ₩115 ③ ₩120
④ ₩125 ⑤ ₩130

38. ㈜세무는 신제품 생산을 위해 새로운 기계를 구입하려고 한다. 새로운 기계와 관련된 자료는 다음과 같다.

- 구입원가: ₩1,200,000
- 추정내용연수: 5년
- 추정잔존가액: ₩200,000
- 감가상각방법: 정액법

새로운 기계로부터 예상되는 세전영업현금흐름은 매년 ₩300,000이다. 다음 설명으로 옳은 것은? (단, 법인세율은 30%이다.)

① 매년 예상되는 순현금유입액은 ₩210,000이다.
② 회수기간은 3.84년이다.
③ 평균투자액은 ₩600,000이다.
④ 매년 예상되는 법인세차감전순이익은 ₩70,000이다.
⑤ 평균투자액에 대한 회계적이익률은 10%이다.

39. ㈜세무는 상품매매기업으로 20X4년 3분기 월별 매출액 예산은 다음과 같다.

	7월	8월	9월
매출액	₩300,000	₩400,000	?

㈜세무는 월말재고로 그 다음 달 매출원가의 20%를 보유하는 정책을 실시하고 있다. ㈜세무의 월별 예상매출총이익률은 30%이다. ㈜세무의 매월 상품매입 중 40%는 현금매입이며, 60%는 외상매입이다. 외상매입대금은 매입한 달의 다음 달에 전액 지급된다. 매입에누리, 매입환출, 매입할인 등은 발생하지 않는다. ㈜세무의 20X4년 8월 상품매입과 관련하여 예상되는 현금지출액이 ₩254,800일 때, 9월 예상되는 매출액은?

① ₩450,000　　　　② ₩475,000　　　　③ ₩500,000

④ ₩525,000　　　　⑤ ₩550,000

40. ㈜세무는 사업부의 성과를 평가하기 위해 각 사업부의 경제적 부가가치(EVA)를 계산하고자 한다. 사업부 중 한 곳인 중부사업부와 관련된 자료는 다음과 같다.

- 총자산: ₩400,000
- 투자수익률(ROI): 30%
- 유동부채: ₩100,000

㈜세무의 두 가지 자금원천 중 하나인 타인자본의 시장가치는 ₩400,000이고, 그에 대한 이자율은 10%이다. 나머지 원천인 자기자본의 시장가치는 ₩600,000이고 그에 대한 자본비용은 15%이다. 투자수익률 계산시 총자산과 세전영업이익을 사용하였다. 각 사업부의 경제적 부가가치 계산은 기업전체의 가중평균자본비용을 적용하며, 경제적 부가가치를 계산하기 위한 세전영업이익은 투자수익률 계산시의 영업이익과 동일하였다. ㈜세무에게 적용되는 법인세율이 20%일 때, 중부사업부의 경제적 부가가치는?

① ₩57,400　　　　② ₩58,000　　　　③ ₩58,400

④ ₩59,000　　　　⑤ ₩59,400

김용재 회계사, 세무사 1차 회계학 연도별 기출문제집

2023

기출문제

2023년 CTA 회계학 기출문제

01. ㈜세무는 20X1년 초 ₩100,000을 지급하고 토지를 취득하였다. 취득당시 거래원가 ₩20,000이 추가로 발생하였다. 20X1년 말 현재 동 토지와 동등한 토지를 취득하기 위해서는 ₩110,000을 지급하여야 하며, 추가로 취득관련 거래원가 ₩5,000을 지급하여야 한다. 한편 ㈜세무는 20X1년 말 현재 시장참여자 사이의 정상거래에서 동 토지를 매도할 경우 거래원가 ₩20,000을 차감하고 ₩98,000을 수취할 수 있다. 20X1년 말 현재 토지의 역사적원가, 공정가치, 현행원가를 금액이 큰 순으로 옳게 나열한 것은?

① 역사적원가 〉 현행원가 〉 공정가치   ② 역사적원가 〉 공정가치 〉 현행원가

③ 현행원가 〉 공정가치 〉 역사적원가   ④ 현행원가 〉 역사적원가 〉 공정가치

⑤ 공정가치 〉 역사적원가 〉 현행원가

02. ㈜세무는 20X1년 초 영업부에서 사용할 차량운반구(취득원가 ₩2,000,000, 내용연수 3년, 잔존가치 ₩200,000, 정액법 상각, 재평가모형 적용)를 취득하였으며, 자산의 총장부금액에서 감가상각누계액을 제거하는 방법으로 재평가회계처리를 한다. 차량운반구와 관련하여 20X2년 말에 손상이 발생하였으며, 차량운반구의 20X1년과 20X2년 말 공정가치와 회수가능액은 다음과 같다. 차량운반구 관련 회계처리가 ㈜세무의 20X2년도 당기순이익에 미치는 영향은? (단, 재평가잉여금은 이익잉여금으로 대체하지 아니하며, 처분부대원가는 무시할 수 없는 수준이다.)

구분	20X1년 말	20X2년 말
공정가치	₩1,600,000	₩500,000
회수가능액	1,600,000	300,000

① ₩400,000 감소   ② ₩600,000 감소   ③ ₩900,000 감소

④ ₩1,100,000 감소   ⑤ ₩1,300,000 감소

03. ㈜세무는 20X1년 초 ㈜한국이 동 일자로 발행한 사채(액면금액 ₩1,000,000, 표시이자율 연 10%, 만기 4년, 매년 말 이자지급)를 ₩939,240에 취득하고 상각후원가측정금융자산으로 분류하였다. 취득 시 유효이자율은 연 12%이며, 취득당시 손상은 없었다. ㈜세무는 20X1년 말 ㈜한국으로부터 20X1년도 이자는 정상적으로 수취하였으나, 20X1년 말 동 금융자산에 신용손상이 발생하였다. ㈜세무는 채무불이행 발생확률을 고려하여 20X2년부터 만기까지 매년 말 이자 ₩70,000과 만기에 원금 ₩700,000을 수취할 것으로 추정하였다. 금융자산의 회계처리가 ㈜세무의 20X1년도 당기순이익에 미치는 영향은? (단, 현재가치 계산 시 다음에 제시된 현가계수표를 이용한다.)

기간	단일금액 ₩1의 현재가치		정상연금 ₩1의 현재가치	
	10%	12%	10%	12%
1	0.9091	0.8929	0.9091	0.8929
2	0.8265	0.7972	1.7355	1.6901
3	0.7513	0.7118	2.4869	2.4018
4	0.6830	0.6355	3.1699	3.0374

① ₩139,247 감소 ② ₩164,447 감소 ③ ₩172,854 감소
④ ₩181,772 감소 ⑤ ₩285,597 감소

04. ㈜세무는 20X1년 초 정부보조금으로 ₩500,000을 수취하여 기계설비(취득원가 ₩2,000,000, 내용연수 5년, 잔존가치 ₩0, 정액법 상각, 원가모형 적용)를 취득하였다. 20X2년 초 ㈜세무는 동 기계설비에 자산의 인식요건을 충족하는 ₩1,000,000의 지출을 하였으며, 이로 인하여 기계설비의 잔존가치는 ₩100,000 증가하고, 내용연수는 1년 연장되었다. 기계설비와 관련하여 ㈜세무가 20X2년도에 인식할 감가상각비는? (단, 정부보조금은 자산에서 차감하는 방법으로 회계처리한다.)

① ₩360,000 ② ₩380,000 ③ ₩400,000
④ ₩420,000 ⑤ ₩440,000

05. 재고자산의 회계처리에 관한 설명으로 옳지 않은 것은?

① 재료원가, 노무원가 및 기타 제조원가 중 비정상적으로 낭비된 부분은 재고자산의 취득원가에 포함할 수 없다.

② 성격과 용도 면에서 유사한 재고자산에는 동일한 단위원가 결정방법을 적용하여야 하며, 성격이나 용도 면에서 차이가 있는 재고자산에는 서로 다른 단위원가 결정방법을 적용할 수 있다.

③ 순실현가능가치를 추정할 때 재고자산의 보유 목적은 고려하지 않는다.

④ 자가건설한 유형자산의 구성요소로 사용되는 재고자산처럼 재고자산의 원가를 다른 자산계정에 배분하는 경우, 다른 자산에 배분된 재고자산 원가는 해당 자산의 내용연수 동안 비용으로 인식한다.

⑤ 통상적으로 상호 교환될 수 없는 재고자산항목의 원가와 특정 프로젝트별로 생산되고 분리되는 재화 또는 용역의 원가는 개별법을 사용하여 결정한다.

06. 투자부동산의 회계처리에 관한 설명으로 옳지 않은 것은?

① 지배기업 또는 다른 종속기업에게 부동산을 리스하는 경우, 이러한 부동산은 연결재무제표에 투자부동산으로 분류한다.

② 부동산의 용도가 변경되는 경우에만 다른 자산에서 투자부동산으로 또는 투자부동산에서 다른 자산으로 대체한다.

③ 투자부동산의 손상, 멸실 또는 포기로 제3자에게서 받는 보상은 받을 수 있게 되는 시점에 당기손익으로 인식한다.

④ 재고자산을 공정가치로 평가하는 투자부동산으로 대체하는 경우, 재고자산의 장부금액과 대체시점의 공정가치의 차액은 당기손익으로 인식한다.

⑤ 부동산 보유자가 부동산 사용자에게 부수적인 용역을 제공하는 경우, 전체 계약에서 그러한 용역의 비중이 경미하다면 부동산 보유자는 당해 부동산을 투자부동산으로 분류한다.

07. ㈜세무는 20X1년 초 상각후원가로 측정하는 금융부채에 해당하는 사채(액면금액 ₩2,000,000, 표시이자율 연 8%, 만기 3년, 매년 말 이자지급)를 ₩1,900,504에 발행하고, 사채발행비 ₩92,604을 현금으로 지출하였다. 발행당시 시장이자율은 연 10%이며, ㈜세무는 동 사채와 관련하여 20X1년도 이자비용으로 ₩216,948을 인식하였다. 20X2년 말 ㈜세무가 경과이자를 포함하여 ₩2,000,000에 사채 전부를 조기상환하였다면, 사채의 상환으로 인식할 사채상환이익은? (단, 현재가치 계산 시 다음에 제시된 현가계수표를 이용한다.)

기간	단일금액 ₩1의 현재가치		정상연금 ₩1의 현재가치	
	8%	10%	8%	10%
1	0.9259	0.9091	0.9259	0.9091
2	0.8573	0.8265	1.7833	0.8265
3	0.7938	0.7513	2.5771	0.7513

① ₩51,325   ② ₩61,345   ③ ₩88,630
④ ₩123,656   ⑤ ₩160,000

08. 유통업을 영위하고 있는 ㈜세무는 저가기준으로 가중평균 소매재고법을 적용하고 있다. ㈜세무의 재고자산과 관련된 자료가 다음과 같을 때, 매출총이익은? (단, 정상파손은 매출원가로 처리하고, 비정상파손은 기타비용으로 처리한다.)

구분	원가	판매가
기초재고	₩80,000	₩100,000
총매입액	806,000	1,000,000
매입할인	50,000	–
총매출액	–	1,050,000
매출환입	–	24,000
순인상액	–	95,000
순인하액	–	50,000
정상파손	–	50,000
비정상파손	10,000	15,000

① ₩221,000   ② ₩227,800   ③ ₩237,800
④ ₩245,000   ⑤ ₩261,800

09. 프랜차이즈를 운영하는 ㈜세무가 20X1년 11월 초 고객과 체결한 계약과 관련된 정보가 다음과 같을 때, ㈜세무가 20X1년도에 인식할 수익은? (단, 라이선스를 부여하기로 하는 것과 설비를 이전하기로 하는 것은 구별되며, 변동대가와 고정대가는 모두 개별 판매금액을 반영한 것이다.)

- ㈜세무는 계약일로부터 5년 동안 고객이 ㈜세무의 상호를 사용하고 제품을 판매할 권리를 제공하는 프랜차이즈 라이선스를 부여하기로 하였으며, 라이선스에 추가하여 상점을 운영하기 위해 필요한 장비를 제공하기로 약속하였다.
- ㈜세무는 라이선스를 부여하는 대가로 고객의 월 매출액 중 3%(변동대가)를 판매기준 로열티로 다음달 15일에 수령하기로 하였다.
- ㈜세무는 설비가 인도되는 시점에 설비의 대가로 ₩1,500,000(고정대가)을 받기로 하였다.
- 계약과 동시에 설비를 고객에게 이전하였으며, 고객의 20X1년 11월과 12월의 매출액은 각각 ₩7,000,000과 ₩8,000,000이다.

① ₩210,000 ② ₩450,000 ③ ₩500,000
④ ₩1,710,000 ⑤ ₩1,950,000

10. 재무제표 표시에 관한 설명으로 옳은 것은?

① 포괄손익계산서에 기타포괄손익의 항목은 관련 법인세 효과를 차감한 순액으로 표시할 수 있다.

② 한국채택국제회계기준은 재무제표 이외에도 연차보고서 및 감독기구 제출서류에 반드시 적용한다.

③ 서술형 정보의 경우에는 당기 재무제표를 이해하는 데 목적적합 하더라도 비교정보를 포함하지 않는다.

④ 재무상태표에 자산과 부채는 유동자산과 비유동자산, 그리고 유동부채와 비유동부채로 구분하여 표시하며, 유동성순서에 따른 표시방법은 허용하지 않는다.

⑤ 한국채택국제회계기준의 요구에 따라 공시되는 정보가 중요하지 않더라도 그 공시를 제공하여야 한다.

11. ㈜세무는 20X1년 7월 1일에 본사사옥으로 사용하기 위하여 토지와 건물을 ₩14,000,000에 일괄취득하고, 공통으로 발생한 취득 관련 직접원가 ₩1,000,000을 지출하였다. 취득당시 토지와 건물의 공정가치는 각각 ₩9,600,000과 ₩6,400,000이었다. 건물의 내용연수는 4년, 잔존가치는 ₩1,000,000, 연수합계법으로 감가상각한다. 건물과 관련하여 ㈜세무가 20X2년도에 인식할 감가상각비는? (단, 감가상각은 월할 계산하고 건물에 대해 원가모형을 적용한다.)

① ₩1,380,000　　　② ₩1,500,000　　　③ ₩1,610,000

④ ₩1,750,000　　　⑤ ₩1,890,000

12. ㈜세무는 20X1년 초 상각후원가로 측정하는 금융부채에 해당하는 사채(액면금액 ₩1,000,000, 표시이자율 연 8%, 만기 3년, 매년 말 이자지급)를 ₩950,252(유효이자율 연 10%)에 발행하였다. ㈜세무는 20X2년 초에 표시이자율을 연 5%(매년 말 이자지급)로, 만기를 20X5년 말로 조건을 변경하는 것에 사채권자와 합의하였다. 조건변경과 관련한 수수료는 발생하지 않았으며, 20X2년 초 시장이자율은 연 12%이다. 동 사채의 회계처리가 ㈜세무의 20X2년도 당기순이익에 미치는 영향은? (단, 현재가치 계산 시 다음에 제시된 현가계수표를 이용한다.)

기간	단일금액 ₩1의 현재가치				정상연금 ₩1의 현재가치			
	5%	8%	10%	12%	5%	8%	10%	12%
1	0.9524	0.9259	0.9091	0.8929	0.9524	0.9259	0.9091	0.8929
2	0.9070	0.8573	0.8265	0.7972	1.8594	1.7833	0.8265	1.6901
3	0.8638	0.7938	0.7513	0.7118	2.7233	2.5771	0.7513	2.4018
4	0.8227	0.7350	0.6830	0.6355	3.5460	3.3121	3.1699	3.0374
5	0.7835	0.6806	0.6209	0.5674	4.3295	3.9927	3.7908	3.6048

① ₩207,932 감소　　　② ₩272,391 감소　　　③ ₩39,637 증가

④ ₩53,212 증가　　　⑤ ₩83,423 증가

13. ㈜세무의 20X1년도 주당이익과 관련된 자료는 다음과 같다. ㈜세무의 20X1년도 희석주당이익은?

- 20X1년 초 유통보통주식수는 10,000주이고, 유통우선주식수는 5,000주이다.
- 우선주(누적적 비참가적, 주당 액면금액 ₩1,000, 배당률 연 10%)는 전환우선주로 우선주 5주당 보통주 1주로 전환이 가능하다.
- 20X1년도 당기순이익은 ₩993,600이다.
- 4월 1일 신주인수권 10,000개(신주인수권 1개당 보통주 1주 인수, 행사가격 개당 ₩3,000)를 발행하였다.
- 7월 1일 우선주 2,000주가 보통주로 전환되었다.
- 보통주식의 4월 1일 종가는 주당 ₩4,000, 12월 31일 종가는 주당 ₩6,000이고, 당기 평균주가는 주당 ₩5,000이다.
- 기중에 전환된 전환우선주에 대해서 우선주배당금을 지급하지 않으며, 가중평균주식수는 월할 계산한다.

① ₩50 ② ₩53 ③ ₩57
④ ₩68 ⑤ ₩71

14. ㈜세무는 20X1년 초 순자산 장부금액이 ₩1,000,000인 ㈜한국의 의결권 있는 보통주 80%를 ₩900,000에 취득하여 지배력을 획득하였다. 취득일 현재 ㈜한국의 자산과 부채의 장부금액과 공정가치는 건물을 제외하고 모두 일치하였다. 건물의 장부금액과 공정가치는 각각 ₩500,000과 ₩600,000이고, 정액법(잔존내용연수 10년, 잔존가치 ₩0)으로 상각한다. ㈜한국은 원가에 25%의 이익을 가산하여 ㈜세무에 상품을 판매하고 있으며, 20X1년 ㈜세무가 ㈜한국으로부터 매입한 상품 중 ₩50,000이 기말상품재고액으로 계상되어 있다. 20X1년도 ㈜세무의 별도재무제표에 보고된 당기순이익은 ₩250,000이고, ㈜한국의 당기순이익이 ₩120,000이라고 할 때, ㈜세무의 20X1년도 연결포괄손익계산서 상 지배기업소유주 귀속 당기순이익은? (단, ㈜세무는 별도재무제표 상 ㈜한국의 주식을 원가법으로 회계처리하고 있으며, 비지배지분은 종속기업의 식별가능한 순자산 공정가치에 비례하여 결정한다.)

① ₩328,000 ② ₩330,000 ③ ₩338,000
④ ₩346,000 ⑤ ₩350,000

15. 주식기준보상에 관한 설명으로 옳은 것은?

① 현금결제형 주식기준보상거래의 경우에 제공받는 재화나 용역과 그 대가로 부담하는 부채를 부채의 공정가치로 측정하며, 부채가 결제될 때까지 매 보고기간 말과 결제일에 부채의 공정가치를 재측정하지 않는다.

② 주식결제형 주식기준보상거래로 가득된 지분상품이 추후 상실되거나 주식선택권이 행사되지 않은 경우에는 종업원에게서 제공받은 근무용역에 대해 인식한 금액을 환입하여 당기손익으로 인식한다.

③ 부여한 지분상품의 공정가치를 신뢰성 있게 추정할 수 없어 내재가치로 측정한 경우에는 부여일부터 가득일까지 내재가치 변동을 재측정하여 당기손익으로 인식하고, 가득일 이후의 내재가치 변동은 수정하지 않는다.

④ 시장조건이 있는 지분상품을 부여한 때에는 그 시장조건이 충족되는 시점에 거래상대방에게서 제공받는 재화나 용역을 인식한다.

⑤ 거래상대방이 결제방식을 선택할 수 있는 주식기준보상거래의 경우, 기업이 결제일에 현금을 지급하는 대신 지분상품을 발행하면 부채를 발행되는 지분상품의 대가로 보아 자본으로 직접 대체한다.

16. ㈜세무는 20X1년 1월 1일 액면금액 ₩1,000,000의 전환사채를 액면발행하였다. 다음 자료를 이용할 경우, 전환사채 상환 회계처리가 ㈜세무의 20X2년도 당기순이익에 미치는 영향은? (단, 현재가치 계산 시 다음에 제시된 현가계수표를 이용한다.)

- 표시이자율 연 5%, 매년 말 이자지급
- 만기상환일 : 20X3년 12월 31일
- 일반사채의 유효이자율 : 20X1년 1월 1일 연 10%, 20X2년 1월 1일 연 12%
- 상환조건 : 상환기일에 액면금액의 115%를 일시상환
- 전환조건 : 사채액면 ₩1,000당 보통주식 1주(주당액면 ₩500)로 전환
- 20X2년 1월 1일에 전환사채 중 50%를 동 일자의 공정가치 ₩550,000에 상환

기간	단일금액 ₩1의 현재가치		정상연금 ₩1의 현재가치	
	10%	12%	10%	12%
1	0.9091	0.8929	0.9091	0.8929
2	0.8265	0.7972	1.7355	1.6901
3	0.7513	0.7118	2.4869	2.4018

① ₩25,583 감소
② ₩31,413 감소
③ ₩55,830 감소
④ ₩17,944 증가
⑤ ₩25,456 증가

17. ㈜세무는 확정급여제도를 채택하여 시행하고 있으며, 관련 자료는 다음과 같다. ㈜세무가 20X2년도에 인식할 퇴직급여와 기타포괄손익은?

> • 20X1년 말 사외적립자산 잔액은 ₩300,000이며, 확정급여채무 잔액은 ₩305,000이다.
> • 20X2년 초에 현금 ₩180,000을 사외적립자산에 출연하였다.
> • 20X2년도의 당기근무원가는 ₩190,000이다.
> • 20X2년 말에 사외적립자산 ₩150,000이 퇴직종업원에게 현금으로 지급되었다.
> • 20X2년 말 현재 확정급여채무의 현재가치와 사외적립자산의 공정가치는 각각 ₩373,000과 ₩375,000이며, 자산인식상한은 ₩1,000이다.
> • 순확정급여부채(자산) 계산 시 적용한 할인율은 연 10%로 변동이 없다.

	퇴직급여	기타포괄손익
①	₩172,500 손실	₩500
②	₩172,500 손실	₩1,500
③	₩172,500 이익	₩1,500
④	₩190,500 손실	₩16,500
⑤	₩190,500 이익	₩16,500

18. 법인세회계에 관한 설명으로 옳지 않은 것은?

① 자산의 세무기준액은 자산의 장부금액이 회수될 때 기업에 유입될 과세대상 경제적효익에 세무상 가산될 금액을 말한다.

② 과거기간에 이미 납부한 법인세 금액이 그 기간 동안 납부하여야 할 금액을 초과하였다면 그 초과금액은 자산으로 인식한다.

③ 사업결합에서 발생한 영업권을 최초로 인식하는 경우에는 이연법인세부채를 인식하지 않는다.

④ 이연법인세자산의 일부 또는 전부에 대한 혜택이 사용되기에 충분한 과세소득이 발생할 가능성이 더 이상 높지 않다면 이연법인세자산의 장부금액을 감액시킨다.

⑤ 이연법인세 자산과 부채는 현재가치로 할인하지 않는다.

19. ㈜세무의 20X1년도 현금흐름표 상 영업활동순현금유입액은 ₩100,000이다. 다음 자료를 이용하여 계산한 ㈜세무의 20X1년도 당기순이익은?

> • 법인세비용 ₩50,000
> • 대손상각비 ₩20,000
> • 감가상각비 ₩25,000
> • 사채이자비용 ₩40,000(사채할인발행차금 상각액 ₩10,000 포함)
> • 토지처분이익 ₩30,000
> • 미지급이자 감소액 ₩10,000
> • 매출채권(순액) 증가액 ₩15,000
> • 법인세부채 증가액 ₩5,000
> • ㈜세무는 간접법을 사용하여 영업활동현금흐름을 산출하며, 이자지급 및 법인세납부는 영업활동으로 구분한다.

① ₩105,000　　　　　② ₩115,000　　　　　③ ₩125,000
④ ₩135,000　　　　　⑤ ₩145,000

20. 충당부채와 우발부채에 관한 설명으로 옳지 않은 것은?

① 현재의무를 이행하기 위하여 필요한 지출 금액에 영향을 미치는 미래 사건이 일어날 것이라는 충분하고 객관적인 증거가 있는 경우에는 그 미래 사건을 고려하여 충당부채 금액을 추정한다.

② 우발부채는 의무를 이행하기 위하여 경제적 효익이 있는 자원을 유출할 가능성이 희박하지 않다면 주석으로 공시한다.

③ 충당부채와 관련하여 포괄손익계산서에 인식한 비용은 제삼자의 변제와 관련하여 인식한 금액과 상계하여 표시할 수 있다.

④ 당초에 다른 목적으로 인식된 충당부채를 그 목적이 아닌 다른 지출에 사용할 수 있다.

⑤ 충당부채를 현재가치로 평가하여 표시하는 경우에는 장부금액을 기간 경과에 따라 증액하고 해당 증가 금액은 차입원가로 인식한다.

21. ㈜세무의 20X1년도 법인세 관련 자료가 다음과 같을 때, 20X1년도 법인세비용은?

- 20X1년도 법인세비용차감전순이익은 ₩1,000,000이다.
- 20X1년 10월 말에 자기주식처분이익 ₩20,000이 발생하였다.
- 20X1년 말 재고자산평가손실의 세법상 부인액은 ₩30,000, 접대비 한도초과액은 ₩50,000이다.
- 20X1년 초에 ₩3,000,000에 취득한 토지의 20X1년 말 현재 공정가치는 ₩3,100,000이다. ㈜세무는 토지에 대해 재평가모형을 적용하고 있으나, 세법에서는 이를 인정하지 않는다.
- 차감할 일시적차이가 사용될 수 있는 과세소득의 발생가능성은 매우 높다.
- 법인세율은 20%로 매년 일정하며, 전기이월 일시적차이는 없다고 가정한다.

---

① ₩190,000   ② ₩194,000   ③ ₩210,000

④ ₩220,000   ⑤ ₩234,000

22. 자본항목에 관한 설명으로 옳지 않은 것은?

① 지분상품의 상환이나 차환은 자본의 변동으로 인식하지만, 지분상품의 공정가치 변동은 재무제표에 인식하지 않는다.

② 확정수량의 보통주로 전환되는 조건으로 발행된 전환우선주는 지분상품으로 회계처리한다.

③ 기업이 자기지분상품을 재취득하는 경우에는 자본에서 차감하며, 자기지분상품을 매입, 매도, 발행, 소각하는 경우의 손익은 당기손익으로 인식하지 않는다.

④ 액면주식을 액면발행한 경우, 발생한 주식발행 직접원가는 주식할인발행차금으로 차변에 기록된다.

⑤ 보유자가 발행자에게 특정일이나 그 후에 확정되었거나 결정 가능한 금액으로 상환해줄 것을 청구할 수 있는 권리가 있는 우선주는 지분상품으로 분류한다.

23. ㈜세무의 리스거래 관련 자료는 다음과 같다. ㈜세무의 리스 회계처리가 20X2년도 당기순이익에 미치는 영향은? (단, 현재가치 계산 시 다음에 제시된 현가계수표를 이용한다.)

- 리스기간 : 20X1. 1. 1. ~ 20X4. 12. 31.
- 고정리스료 : 리스기간 매년 말 ₩100,000 지급
- 리스계약 체결시점의 내재이자율은 연 8%이며, 리스기간 종료시 추정 잔존가치는 ₩5,000이고, 보증잔존가치는 없다.
- 리스자산의 경제적 내용연수는 5년, 잔존가치 ₩0, 정액법으로 상각한다.
- 20X1년 말 현재 사용권자산과 리스부채는 각각 ₩248,408과 ₩257,707이다.
- 20X2년 1월 1일 ㈜세무는 잔여 리스기간을 3년에서 2년으로 단축하는 리스계약 조건변경에 합의하였다. 변경된 계약은 별도 리스로 회계처리 할 수 있는 요건을 충족하지 않는다. 리스계약 변경시점의 새로운 내재이자율은 연 10%이다.

기간	단일금액 ₩1의 현재가치		정상연금 ₩1의 현재가치	
	8%	10%	8%	10%
1	0.9259	0.9091	0.9259	0.9091
2	0.8573	0.8265	1.7833	1.7355
3	0.7938	0.7513	2.5771	2.4869
4	0.7350	0.6830	3.3121	3.1699

① ₩62,730 감소 ② ₩74,389 감소 ③ ₩97,770 감소
④ ₩101,194 감소 ⑤ ₩116,357 감소

24. ㈜세무는 20X2년도 장부마감 전에 다음과 같은 중요한 오류를 발견하였다. ㈜세무의 20X2년도 오류수정 전 당기순이익이 ₩500,000일 때, 오류수정 후 당기순이익은?

- 20X1년 기말재고자산을 ₩10,000 과대평가하였으며, 20X2년 기말재고자산을 ₩5,000 과소평가하였다.
- 20X1년 미지급이자를 ₩7,000 과소계상하였으며, 20X2년 미지급이자를 ₩3,000 과소계상하였다.
- 20X2년 초에 취득한 투자주식(지분율 30%)에 대하여 지분법으로 처리해야 하는데 원가법으로 잘못 회계처리하였다. 20X2년 중에 ₩6,000의 중간배당금을 현금으로 수령하였으며, 피투자회사의 20X2년도 당기순이익은 ₩400,000이다.

① ₩595,000 ② ₩601,000 ③ ₩603,000
④ ₩633,000 ⑤ ₩639,000

25. ㈜세무는 정상원가계산을 사용하며, 20X1년 재고자산 및 원가자료는 다음과 같다.

	기초	기말
직접재료	₩20,000	₩30,000
재 공 품	25,000	38,000
제 품	44,000	32,000

- 당기의 직접재료 매입액은 ₩90,000이다.
- 당기의 직접노무원가 발생액은 ₩140,000이다.
- 직접노무시간당 직접노무원가는 ₩40이다.
- 당기의 매출액은 ₩300,000이며, 매출총이익률은 20%이다.

직접노무시간을 기준으로 제조간접원가를 예정배부할 때, 20X1년 제조간접원가 예정배부율은?

① ₩6.0 ② ₩6.6 ③ ₩7.0
④ ₩7.4 ⑤ ₩7.8

26. ㈜세무는 표준원가계산제도를 적용하고 있다. 20X1년 변동제조간접원가와 고정제조간접원가 예산은 각각 ₩540,000과 ₩625,000이다. 20X1년 기준조업도는 1,000직접노무시간이며, 실제직접노무시간은 900시간이다. 제조간접원가의 조업도차이가 ₩110,000(불리)이라면 제조간접원가의 능률차이는?

① ₩20,820(불리) ② ₩41,040(불리) ③ ₩62,680(불리)
④ ₩86,680(불리) ⑤ ₩95,040(불리)

27. ㈜세무는 단일 공정을 통해 제품을 대량으로 생산하고 있으며, 평균법으로 종합원가계산을 적용하고 있다. 원재료는 공정 초에 전량투입되며, 가공원가는 공정 전반에 걸쳐 균등하게 발생한다. 20X1년 당기착수량은 1,250개이며, 당기완성량은 1,210개, 기초재공품 수량은 250개(가공원가 완성도 80%), 기말재공품 수량은 50개(가공원가 완성도 60%)이다. 품질검사는 가공원가 완성도 40%시점에서 이루어진다. 정상공손허용률은 10%이며, 검사시점 통과기준과 도달기준을 각각 적용하였을 때 두 방법간의 비정상공손수량의 차이는 몇 개인가?

① 20개 ② 22개 ③ 24개
④ 26개 ⑤ 28개

28. ㈜세무는 20X1년 초에 설립되었다. 20X1년 생산량과 판매량은 각각 3,200개와 2,900개이다. 동 기간동안 고정제조간접원가는 ₩358,400 발생하였고, 고정판매관리비는 ₩250,000 발생하였다. 전부원가계산을 적용하였을 때 기말제품의 단위당 제품원가는 ₩800이다. 변동원가계산을 적용하였을 때 기말제품재고액은? (단, 재공품은 없다.)

① ₩192,600 ② ₩198,000 ③ ₩206,400

④ ₩224,000 ⑤ ₩232,800

29. ㈜세무는 20X1년 제품 A와 B를 각각 1,800개와 3,000개를 생산·판매하였다. 각 제품은 배치(batch)로 생산되고 있으며, 제품 A와 B의 배치당 생산량은 각각 150개와 200개이다. 활동원가는 총 ₩1,423,000이 발생하였다. 제품생산과 관련된 활동내역은 다음과 같다.

활동	원가동인	활동원가
재료이동	이동횟수	₩189,000
재료가공	기계작업시간	1,000,000
품질검사	검사시간	234,000
합계		₩1,423,000

제품 생산을 위한 활동사용량은 다음과 같다.

- 제품 A와 B 모두 재료이동은 배치당 2회씩 이루어진다.
- 제품 A와 B의 총 기계작업시간은 각각 300시간과 500시간이다.
- 제품 A와 B 모두 품질검사는 배치당 2회씩 이루어지며, 제품 A와 B의 1회 검사시간은 각각 2시간과 1시간이다.

제품 A에 배부되는 활동원가는? (단, 재공품은 없다.)

① ₩405,000 ② ₩477,000 ③ ₩529,000

④ ₩603,000 ⑤ ₩635,000

30. ㈜세무는 제조간접원가를 직접노무시간당 ₩160씩 예정배부하고 있다. 20X1년 실제발생한 제조간접원가는 ₩180,000이다. 제조간접원가 배부차이는 기말재고자산(재공품과 제품)과 매출원가에 비례하여 안분한다. 20X1년의 제조간접원가 배부차이 가운데 30%에 해당하는 ₩6,000을 기말재고자산에서 차감하도록 배분하였다. 20X1년 실제발생한 직접노무시간은?

① 1,000시간 ② 1,100시간 ③ 1,125시간
④ 1,200시간 ⑤ 1,250시간

31. ㈜세무는 제품 A와 B를 생산하고 있으며, 제품 A와 B는 모두 절단공정과 조립공정을 거쳐 완성된다. 20X1년 각 공정에서의 직접노무인력과 관련된 자료는 다음과 같다.

		절단공정	조립공정
직접노무원가 실제발생액		₩30,000	₩40,000
실제직접노무시간	제품 A	1,200시간	600시간
	제품 B	800시간	200시간

제품 A와 B의 직접재료원가는 각각 ₩20,000과 ₩15,000이며, 제조간접원가는 직접노무원가의 120%를 예정배부한다. 제품 A의 당기제품제조원가는? (단, 재공품은 없다.)

① ₩125,600 ② ₩126,000 ③ ₩132,000
④ ₩138,000 ⑤ ₩142,400

32. ㈜세무는 결합공정을 거쳐 분리점에서 주산물 A와 B, 부산물 C를 생산하고 있다. 20X1년 결합공정에 투입된 원재료는 2,200kg이며, 결합원가는 ₩31,960 발생하였다. 제품 A와 부산물 C는 추가가공을 필요로 하지 않지만, 제품 B는 추가가공하여 최종 완성된다. 부산물의 원가는 생산기준법(생산시점의 순실현가치법)을 적용하여 인식한다. 20X1년 생산 및 판매자료는 다음과 같다.

	생산량	추가가공원가	단위당 판매가격	결합원가 배분액
제품 A	1,350kg	–	₩100	₩13,950
제품 B	550	₩11,000	320	?
부산물 C	300	–	?	?
	2,200kg			₩31,960

순실현가치법으로 결합원가를 배분할 때 제품 A에는 ₩13,950이 배분되었다. 부산물 C의 단위당 판매가격은? (단, 재공품은 없다.)

① ₩3.0   ② ₩3.2   ③ ₩3.4

④ ₩3.6   ⑤ ₩3.8

33. ㈜세무의 품질관리 활동원가는 다음과 같다.

활동	원가(또는 비용)	활동	원가(또는 비용)
공손품 재작업	₩400	보증수리원가	₩2,000
납품업체 평가	500	반품 재작업	1,000
불량품 폐기	600	품질교육훈련	1,000
완제품 검사	700	재공품 검사	300

위 원가(비용)를 다양한 유형별로 구분하여 자세히 분석한 결과, 예방원가(prevention cost)를 현재보다 50% 증가시키면 외부실패원가(external failure cost)를 현재보다 40% 절감할 수 있을 것으로 예상하였다. 이를 실행할 경우, 회사의 이익은 얼마나 증가하는가?

① ₩400   ② ₩450   ③ ₩690

④ ₩700   ⑤ ₩850

34. ㈜세무는 단일 제품을 생산·판매한다. 제품 단위당 판매가격은 ₩100, 단위당 변동원가는 ₩60으로 일정하나, 고정원가는 제품 생산범위에 따라 상이하다. 제품 생산범위가 첫 번째 구간(1 ~ 1,000단위)에서 두 번째 구간(1,001 ~ 2,000단위)으로 넘어가면 고정원가가 ₩17,600 증가한다. 첫 번째 구간의 손익분기점이 860단위인 경우, 두 번째 구간의 손익분기점은 몇 단위인가?

① 1,150단위 ② 1,200단위 ③ 1,250단위
④ 1,300단위 ⑤ 1,440단위

35. ㈜세무는 A, B, C 세 종류의 제품을 생산·판매하고 있으며, 관련 자료는 다음과 같다.

	제품 A	제품 B	제품 C
매 출 액	₩100,000	₩200,000	₩150,000
변동원가	70,000	110,000	130,000
고정원가	20,000	40,000	30,000
이 익	10,000	50,000	(10,000)

각 제품별 고정원가는 회사 전체적으로 발생하는 고정원가 ₩90,000을 각 제품의 매출액에 비례하여 배분한 것으로, 제품 생산 여부나 생산 및 판매 수량에 관계없이 일정하게 발생한다. 손실이 발생하고 있는 제품 C의 생산을 중단하는 경우 제품 A의 매출액은 50% 증가하고, 제품 B의 매출액은 변화 없을 것으로 예상된다. 제품 C의 생산을 중단하면 회사 전체 이익은 얼마나 감소하는가?

① ₩1,000 ② ₩3,000 ③ ₩5,000
④ ₩7,000 ⑤ ₩9,000

36. ㈜세무는 사업부 A와 B를 이익중심점으로 두고 있다. 사업부 A는 부품 S를 생산하여 사업부 B에 대체하거나 외부에 판매할 수 있으며, 사업부 B는 완제품 생산을 위해 필요한 부품 S를 사업부 A에서 구입하거나 외부에서 구입할 수 있다. 부품 S 1,000단위를 대체하는 경우 사업부 A의 단위당 최소대체가격은 ₩160이다. 부품 S 1,000단위를 내부대체하면 대체하지 않는 것에 비해 회사 전체 이익이 ₩50,000 증가한다. 이 경우 부품 S 1,000단위에 대한 사업부 B의 단위당 최대대체가격(M)과 대체로 인하여 증가하는 이익을 두 사업부가 균등하게 나눌 수 있는 대체가격(E)의 합(M+E)은?

① ₩370 ② ₩380 ③ ₩385
④ ₩390 ⑤ ₩395

37. ㈜세무는 두 공정을 거쳐 제품을 생산·판매하며, 각 공정별 자료는 다음과 같다.

	제1공정	제2공정
최대생산능력	8,000단위	10,000단위
총 고정원가	₩400,000	₩200,000
단위당 변동원가	₩20	₩10

제1공정 완성품은 외부 판매시장이 존재하지 않지만, 제2공정에서 추가가공 하여 완제품(양품)을 생산한 후 단위당 ₩120에 모두 판매할 수 있다. 제1공정에서는 공손이 발생하지 않지만, 제2공정 투입량의 5%는 제2공정 종점에서 공손이 되며, 공손품의 처분가치는 없다. ₩80,000을 추가 투입하여 제1공정의 최대생산능력을 1,000단위 증가시킬 수 있다면, 회사 이익은 얼마나 증가하는가?

① ₩4,000   ② ₩4,500   ③ ₩10,000
④ ₩10,500   ⑤ ₩14,500

38. ㈜세무는 기계 A, B 중 하나를 구입하고, 이를 사용하여 신제품을 생산하려 한다. 관련 자료를 근거로 작성한 성과표(payoff table)는 다음과 같다. 성과표에서 P(Si)는 확률을 의미하고, 금액은 이익을 의미한다.

상황 대안	S1 = 호황 P(S1) = 0.4	S2 = 불황 P(S2) = 0.6
기계 A	₩9,000	₩1,000
기계 B	7,000	K

기계 A의 기대이익이 기계 B의 기대이익보다 더 크며, 호황일 때는 기계 A의 이익이 더 크고 불황일 때는 기계 B의 이익이 더 크다. 완전정보의 기대가치(EVPI)가 ₩600인 경우, 성과표에서 K는 얼마인가?

① ₩1,500   ② ₩2,000   ③ ₩2,200
④ ₩2,300   ⑤ ₩2,500

39. ㈜세무는 단일 제품을 생산하여 판매한다. 제품 단위당 판매가격은 ₩1,000, 단위당 변동원가는 ₩600, 총 고정원가는 ₩1,900,000으로 예상된다. 세법에 의할 경우 총 고정원가 중 ₩100,000과 단위당 변동원가 중 ₩50은 세법상 손금(비용)으로 인정되지 않을 것으로 예상된다. ㈜세무에 적용될 세율이 20%인 경우 세후순이익 ₩41,000을 얻기 위한 제품의 판매수량은?

① 4,050단위
② 4,450단위
③ 4,750단위
④ 5,000단위
⑤ 5,100단위

40. ㈜세무는 당기에 영업을 처음 시작하였으며, 실제원가계산을 사용한다. 당기 제품 생산량은 2,000단위이다. 제품 단위당 판매가격은 ₩1,000, 단위당 직접재료원가는 ₩280, 단위당 직접노무원가는 ₩320이고, 당기 총 고정제조간접원가는 ₩200,000, 총 고정판매관리비는 ₩300,000이다. 변동제조간접원가와 변동판매관리비는 존재하지 않는다. 변동원가계산에 의한 손익분기점은 전부원가계산에 의한 손익분기점보다 몇 단위 더 많은가?

① 100단위
② 150단위
③ 200단위
④ 250단위
⑤ 300단위

김용재 회계사, 세무사 1차 회계학 연도별 기출문제집

2022

기출문제

2022년 CTA 회계학 기출문제

2022년 CTA 회계학개론 기출문제

01. 유용한 재무정보의 질적 특성에 관한 설명으로 옳지 않은 것은?

① 재무보고서는 경제적 현상을 글과 숫자로 나타내는 것이다.

② 재무정보가 과거 평가에 대해 피드백을 제공한다면(과거 평가를 확인하거나 변경시킨다면) 확인가치를 갖는다.

③ 중립적 정보는 목적이 없거나 행동에 대한 영향력이 없는 정보를 의미한다.

④ 회계기준위원회는 중요성에 대한 획일적인 계량 임계치를 정하거나 특정한 상황에서 무엇이 중요한 것인지를 미리 결정할 수 없다.

⑤ 합리적인 추정치의 사용은 재무정보의 작성에 필수적인 부분이며, 추정이 명확하고 정확하게 기술되고 설명되는 한 정보의 유용성을 저해하지 않는다.

02. 무형자산 회계처리에 관한 설명으로 옳은 것은?

① 내용연수가 비한정인 무형자산의 비한정 내용연수를 유한 내용연수로 변경하는 것은 회계정책의 변경이다.

② 자산을 운용하는 직원의 교육훈련과 관련된 지출은 내부적으로 창출한 내용연수가 비한정인 무형자산의 원가에 포함한다.

③ 내부적으로 창출한 브랜드, 제호, 출판표제, 고객 목록과 이와 실질이 유사한 항목은 내용연수가 비한정인 무형자산으로 인식한다.

④ 내용연수가 유한한 무형자산을 내용연수 종료 시점에 제3자가 구입하기로 약정한 경우, 잔존가치는 영(0)으로 보지 않는다.

⑤ 경제적 효익이 소비될 것으로 예상되는 형태를 신뢰성 있게 결정할 수 없는 내용연수가 비한정인 무형자산은 정액법을 적용하여 상각한다.

㈜세무는 20X1년 1월 1일 상각후원가로 측정하는 금융부채에 해당하는 다음과 같은 조건의 연속상환사채를 발행하였다. 20X2년 말 재무상태표상 동 상각후원가 측정 금융부채의 장부금액은? (단, 현재가치 계산 시 다음에 제시된 현가계수표를 이용한다.)

- 액면금액 : ₩1,200,000
- 이자지급 : 연 5%의 이자율을 적용하여 매년 12월 31일에 지급
- 상 환 : 20X2년부터 20X4년까지 매년 12월 31일에 ₩400,000씩 연속상환
- 발행당시 유효이자율 : 연 6%

구분	단일금액 ₩1의 현재가치		정상연금 ₩1의 현재가치	
	5%	6%	5%	6%
1년	0.9524	0.9434	0.9524	0.9434
2년	0.9070	0.8900	1.8954	1.8334
3년	0.8638	0.8396	2.7232	2.6730
4년	0.8227	0.7921	3.5459	3.4651

① ₩396,221   ② ₩788,896   ③ ₩796,221

④ ₩988,221   ⑤ ₩1,188,896

04. 투자부동산의 분류에 관한 설명으로 옳은 것은?

① 통상적인 영업과정에서 가까운 장래에 개발하여 판매하기 위해 취득한 부동산은 투자부동산으로 분류한다.

② 토지를 자가사용할지 통상적인 영업과정에서 단기간에 판매할지를 결정하지 못한 경우 자가사용부동산으로 분류한다.

③ 호텔을 소유하고 직접 경영하는 경우 투숙객에게 제공하는 용역이 전체 계약에서 유의적인 비중을 차지하므로 투자부동산으로 분류한다.

④ 지배기업 또는 다른 종속기업에게 부동산을 리스하는 경우 당해 부동산을 연결재무제표에 투자부동산으로 분류할 수 없고 자가사용부동산으로 분류한다.

⑤ 사무실 건물의 소유자가 그 건물을 사용하는 리스이용자에게 경미한 비중의 보안과 관리용역을 제공하는 경우 부동산 보유자는 당해 부동산을 자가사용부동산으로 분류한다.

05. ㈜세무는 20X1년 1월 1일 기계장치(내용연수 4년, 잔존가치 ₩0, 정액법 상각, 원가모형 적용)를 ₩240,000에 취득하여 기계장치가 정상적으로 작동되는지 여부를 시험한 후 즉시 사용하고 있다. 시험하는 과정에서 시운전비 ₩40,000이 발생하였고, 시험하는 과정에서 생산된 시제품은 시험 종료 후 즉시 전부 판매하고 ₩20,000을 현금으로 수취하였다. ㈜세무는 20X1년 7월 1일 동 기계장치를 재배치하기 위해 운반비 ₩50,000과 설치원가 ₩50,000을 추가 지출하였다. 20X1년 말 기계장치에 대한 순공정가치와 사용가치는 각각 ₩150,000과 ₩120,000으로 손상이 발생하였으며, 20X2년 말 순공정가치와 사용가치는 각각 ₩160,000과 ₩170,000으로 회복되었다. 위 거래와 관련하여 ㈜세무의 기계장치 회계처리에 관한 설명으로 옳은 것은? (단, 감가상각은 월할 계산한다.)

① 20X1년 손상차손은 ₩45,000이다.
② 20X1년 감가상각비는 ₩65,000이다.
③ 20X2년 감가상각비는 ₩40,000이다.
④ 20X2년 말 장부금액은 ₩140,000이다.
⑤ 20X2년 손상차손환입액은 ₩30,000이다.

06. ㈜세무는 20X1년 7월 1일 공장건물 신축을 시작하여 20X2년 12월 31일에 공사를 완료하였다. 동 공장건물은 차입원가를 자본화하는 적격자산이다. 공장건물 신축을 위해 20X1년 7월 1일에 ₩12,000,000, 그리고 20X2년에 ₩10,000,000을 각각 지출하였다. ㈜세무는 20X1년 7월 1일 공장건물 신축을 위한 특정차입금 ₩2,000,000(이자율 연 5%, 2년 후 일시 상환)을 차입하였다. ㈜세무는 특정차입금 중 ₩1,000,000을 연 2% 이자지급조건의 정기예금에 20X1년 8월 1일부터 20X1년 10월 31일까지 예치하였다. ㈜세무가 20X1년에 공장건물 신축과 관련하여 자본화한 차입원가는 ₩150,000일 때, 20X1년 일반차입금에 대한 자본화이자율은? (단, 특정차입금으로 사용하지 않은 지출액은 일반차입금으로 지출되었으며, 20X1년도에 일반차입금에서 발생한 실제 차입원가는 ₩520,000이다. 연평균 지출액과 이자비용은 월할 계산한다.)

① 2%   ② 3%   ③ 4%
④ 5%   ⑤ 6%

07. 재무제표 표시에 관한 설명으로 <u>옳지 않은</u> 것은?

① 비용을 기능별로 분류하는 기업은 감가상각비, 기타 상각비와 종업원급여비용을 포함하여 비용의 성격에 대한 추가 정보를 공시한다.

② 수익과 비용의 어느 항목도 당기손익과 기타포괄손익을 표시하는 보고서 또는 주석에 특별손익 항목으로 표시할 수 없다.

③ 비용의 기능별 분류 정보가 비용의 성격에 대한 정보보다 미래현금흐름을 예측하는데 유용하다.

④ 동일 거래에서 발생하는 수익과 관련비용의 상계표시가 거래나 그 밖의 사건의 실질을 반영한다면 그러한 거래의 결과는 상계하여 표시한다.

⑤ 기업이 재무상태표에 유동자산과 비유동자산, 그리고 유동부채와 비유동부채로 구분하여 표시하는 경우, 이연법인세자산(부채)은 유동자산(부채)으로 분류하지 아니한다.

08. 20X1년 초 ㈜세무낙농은 우유 생산을 위하여 젖소 5마리(1마리당 순공정가치 ₩5,000,000)를 1마리당 ₩5,200,000에 취득하고 목장운영을 시작하였다. 20X1년 12월 25일에 처음으로 우유를 생산하였으며, 생산된 우유는 전부 1,000리터(ℓ)이다. 생산시점 우유의 1리터(ℓ)당 순공정가치는 ₩10,000이다. 20X1년 12월 27일 ㈜세무낙농은 생산된 우유 중 500리터(ℓ)를 유가공업체인 ㈜대한에 1리터(ℓ)당 ₩9,000에 판매하였다. 20X1년 말 목장의 실제 젖소는 5마리이고, 우유보관창고의 실제 우유는 500리터(ℓ)이다. 20X1년 말 젖소 1마리당 순공정가치는 ₩5,100,000이고 우유 1리터(ℓ)당 순실현가능가치는 ₩11,000이다. 위 거래가 ㈜세무낙농의 20X1년도 포괄손익계산서상 당기순이익에 미치는 영향은?

① ₩9,000,000 증가   ② ₩10,000,000 증가   ③ ₩11,000,000 증가

④ ₩12,000,000 증가   ⑤ ₩13,000,000 증가

09. 다음 중 충당부채를 인식할 수 없는 상황은? (단, 금액은 모두 신뢰성 있게 측정할 수 있다.)

① 법률에 따라 항공사의 항공기를 3년에 한 번씩 정밀하게 정비하도록 하고 있는 경우

② 법적규제가 아직 없는 상태에서 기업이 토지를 오염시켰지만, 이에 대한 법률 제정이 거의 확실한 경우

③ 보고기간 말 전에 사업부를 폐쇄하기 위한 구체적인 계획에 대하여 이사회의 동의를 받았고, 고객들에게 다른 제품 공급처를 찾아야 한다고 알리는 서한을 보냈으며, 사업부의 종업원들에게는 감원을 통보한 경우

④ 기업이 토지를 오염시킨 후 법적의무가 없음에도 불구하고 오염된 토지를 정화한다는 방침을 공표하고 준수하는 경우

⑤ 관련 법규가 제정되어 매연여과장치를 설치하여야 하나, 당해 연도말까지 매연여과장치를 설치하지 않아 법규위반으로 인한 벌과금이 부과될 가능성이 그렇지 않은 경우보다 높은 경우

10. ㈜세무는 20X1년 1월 1일 소유하고 있는 장부금액 ₩1,000,000(공정가치 ₩900,000)인 기계장치를 ㈜대한이 소유하고 있는 기계장치와 교환하면서 ㈜대한의 기계장치와의 공정가치 차이 ₩100,000을 현금으로 수취하였다. 동 자산의 교환은 상업적 실질이 있다. ㈜세무는 ㈜대한과의 교환으로 취득하여 사용하고 있는 기계장치에 대해 내용연수 4년과 잔존가치 ₩0을 적용하여 정액법으로 상각하고 재평가모형(매년 말 평가)을 적용하고 있다. 재평가모형을 적용하여 장부금액을 조정할 때 기존의 감가상각누계액을 전부 제거하는 방법을 사용하며, 재평가잉여금을 이익잉여금으로 대체하지 않는다. 20X1년 말과 20X2년 말의 공정가치는 각각 ₩570,000과 ₩420,000이다. 위 거래가 ㈜세무의 20X2년 포괄손익계산서상 당기순이익에 미치는 영향은? (단, 감가상각은 월할 계산하며 감가상각비 중 자본화한 금액은 없다.)

① ₩130,000 감소 ② ₩160,000 감소 ③ ₩190,000 감소
④ ₩220,000 감소 ⑤ ₩250,000 감소

11. ㈜세무는 사채(사채권면상 발행일 20X1년 1월 1일, 액면금액 ₩1,000,000, 표시이자율 연 8%, 만기 3년, 매년 말 이자지급)를 20X1년 4월 1일에 발행하고 사채발행비용 ₩1,000을 지출하였다. 사채권면상 발행일인 20X1년 1월 1일의 시장이자율은 연 10%이며, 실제 발행일(20X1년 4월 1일)의 시장이자율은 연 12%이다. 동 사채를 당기손익-공정가치 측정 금융부채로 분류했을 경우 20X1년 4월 1일의 장부금액은? (단, 현재가치 계산 시 다음에 제시된 현가계수표를 이용한다.)

구분	단일금액 ₩1의 현재가치			정상연금 ₩1의 현재가치		
	8%	10%	12%	8%	10%	12%
3년	0.7938	0.7513	0.7118	2.5771	2.4868	2.4018

① ₩910,062   ② ₩911,062   ③ ₩953,000

④ ₩954,000   ⑤ ₩1,000,000

12. ㈜세무의 20X1년 초 상품재고액은 ₩100,000(재고자산평가충당금 ₩0)이다. ㈜세무의 20X1년과 20X2년의 상품매입액은 각각 ₩500,000과 ₩600,000이며, 기말상품재고와 관련된 자료는 다음과 같다. ㈜세무는 재고자산평가손실(환입)과 정상적인 재고자산감모손실은 매출원가에 반영하고, 비정상적인 재고자산감모손실은 기타비용에 반영하고 있다. ㈜세무의 20X2년도 매출원가는?

항목	장부수량	실제수량	정상감모수량	단위당 취득원가	단위당 순실현가능가치
20X1년 말	450개	400개	20개	₩300	₩250
20X2년 말	650개	625개	10개	₩350	₩330

① ₩481,000   ② ₩488,500   ③ ₩496,000

④ ₩501,000   ⑤ ₩523,500

13. 다음은 ㈜세무 및 그 종속기업인 ㈜한국과 관련된 자료이다. 다음의 설명 중 옳은 것은?

- ㈜세무는 20X1년 1월 1일 ㈜한국의 의결권 있는 보통주식의 60%를 ₩700,000에 취득하여 지배력을 획득하였다.
- 취득일 현재 ㈜한국의 재무상태표상 자본총액은 ₩1,000,000(자본금 ₩700,000, 이익잉여금 ₩300,000)이다.
- 취득일 현재 공정가치와 장부금액이 서로 다른 자산은 재고자산(장부금액 ₩300,000, 공정가치 ₩350,000)이 유일하고, 부채의 공정가치는 장부금액과 동일하다.
- ㈜한국은 상기 재고자산의 70%를 20X1년도 중 연결실체 외부에 판매하였고, 나머지는 20X1년 말까지 보유하고 있다.
- 20X1년도 ㈜한국의 당기순이익은 ₩50,000이고, 취득 이후 ㈜세무와 ㈜한국 간의 내부거래는 없다.
- ㈜세무가 20X1년도 연결포괄손익계산서에 표시한 연결당기순이익은 ₩100,000이다.
- 영업권과 관련된 손상차손은 고려하지 않으며, 비지배지분은 종속기업의 식별가능한 순자산 공정가치에 비례하여 결정하기로 한다.
- 20X1년 말 현재 ㈜한국은 ㈜세무의 유일한 종속기업이다.

① ㈜세무가 20X1년 말 연결재무상태표에 표시할 영업권은 ₩100,000이다.

② ㈜세무가 20X1년도 연결포괄손익계산서에 표시할 연결당기순이익 중 비지배주주에 귀속되는 부분은 ₩15,000이다.

③ ㈜세무가 20X1년도 연결포괄손익계산서에 표시할 연결당기순이익 중 지배기업소유주에 귀속되는 부분은 ₩85,000이다.

④ ㈜세무가 종속기업에 대한 투자를 원가법을 적용하여 표시한 20X1년도의 별도재무제표상 당기순이익은 ₩91,000이다.

⑤ ㈜세무가 종속기업에 대한 투자를 지분법을 적용하여 표시한 20X1년도의 별도재무제표상 당기순이익은 ₩94,000이다.

14. ㈜세무는 20X1년 1월 1일 현재 근무 중인 임직원 300명에게 20X4년 12월 31일까지 의무적으로 근무할 것을 조건으로 임직원 1명당 주식선택권 10개씩을 부여하였다. 주식선택권 부여일 현재 동 주식선택권의 단위당 공정가치는 ₩200이다. 동 주식선택권은 20X5년 1월 1일부터 행사할 수 있다. 20X2년 1월 1일 ㈜세무는 주가가 크게 하락하여 주식선택권의 행사가격을 조정하였다. 이러한 조정으로 주식선택권의 단위당 공정가치는 ₩20 증가하였다. ㈜세무는 20X1년 말까지 상기 주식선택권을 부여받은 종업원 중 20%가 퇴사할 것으로 예상하여, 주식선택권의 가득률을 80%로 추정하였으나, 20X2년 말에는 향후 2년 내 퇴사율을 10%로 예상함에 따라 주식선택권의 가득률을 90%로 추정하였다. 부여한 주식선택권과 관련하여 ㈜세무가 20X2년에 인식할 주식보상비용은?

① ₩120,000 ② ₩150,000 ③ ₩168,000

④ ₩240,000 ⑤ ₩270,000

15. ㈜세무의 20X1년 초 자본총계는 ₩3,000,000이었다. 20X1년 중 자본과 관련된 자료가 다음과 같을 때, 20X1년 말 자본총계는?

> • 4월 1일 : 1주당 액면금액 ₩5,000인 보통주 100주를 1주당 ₩12,000에 발행하였다.
> • 7월 30일 : 이사회에서 총 ₩200,000의 중간배당을 결의하고 즉시 현금으로 지급하였다.
> • 10월 1일 : 20주의 보통주(자기주식)를 1주당 ₩11,000에 취득하였다.
> • 11월 30일 : 10월 1일에 취득하였던 보통주(자기주식) 중에서 10주는 1주당 ₩13,000에 재발행하였고, 나머지 10주는 소각하였다.
> • 12월 31일 : 20X1년도의 당기순이익과 기타포괄이익으로 각각 ₩850,000과 ₩130,000을 보고하였다.

① ₩4,040,000   ② ₩4,470,000   ③ ₩4,690,000
④ ₩4,760,000   ⑤ ₩4,890,000

16. ㈜세무는 고객에게 제품을 이전하기로 한 약속을 수행의무로 식별하고, 제품을 고객에게 이전할 때 각각의 수행의무에 대한 수익을 인식하고 있다. ㈜세무는 ㈜한국에게 제품A와 제품B를 이전하기로 하는 계약을 20X1년 12월 1일에 체결하였고, 동 계약에 따라 받기로 한 대가는 총 ₩10,000이다. 동 계약에 따르면, 제품A를 먼저 인도한 후 제품B를 나중에 인도하기로 하였지만, 대가 ₩10,000은 모든 제품(제품A와 제품B)을 인도한 이후에만 받을 권리가 생긴다. ㈜세무는 20X1년 12월 15일에 제품A를 인도하였고, 제품B에 대한 인도는 20X2년 1월 10일에 이루어졌으며, 20X2년 1월 15일에 대가 ₩10,000을 수령하였다. ㈜세무는 제품A를 개별적으로 판매할 경우 ₩8,000에 판매하고 있지만, 제품B는 판매경험 및 유사제품에 대한 시장정보가 없어 개별판매가격을 알지 못한다. 따라서 잔여접근법으로 거래가격을 배분하기로 한다. ㈜세무의 상기거래에 관한 설명으로 옳지 않은 것은? (단, 제시된 거래의 효과만을 반영하기로 한다.)

① 20X1년 말 ㈜세무의 재무상태표에 표시할 수취채권의 금액은 영(0)이다.

② 20X1년 말 ㈜세무의 재무상태표에 표시할 계약자산의 금액은 ₩8,000이다.

③ ㈜세무가 20X1년도 포괄손익계산서에 수익으로 인식할 금액은 ₩8,000이다.

④ 20X1년 말 ㈜세무의 재무상태표에 표시할 계약부채는 없다.

⑤ ㈜세무의 20X2년 1월 10일 회계처리로 인하여 계약자산은 ₩2,000 증가한다.

17. 리스부채의 측정에 관한 설명으로 옳지 <u>않은</u> 것은?

① 리스부채의 최초 측정시 리스료의 현재가치는 리스이용자의 증분차입이자율을 사용하여 산정한다. 다만, 증분차입이자율을 쉽게 산정할 수 없는 경우에는 리스의 내재이자율로 리스료를 할인한다.

② 리스개시일에 리스부채의 측정치에 포함되는 리스료는 리스기간에 걸쳐 기초자산을 사용하는 권리에 대한 지급액 중 그날 현재 지급되지 않은 금액으로 구성된다.

③ 리스가 리스기간 종료시점 이전에 리스이용자에게 기초자산의 소유권을 이전하는 경우에, 리스이용자는 리스개시일부터 기초자산의 내용연수 종료시점까지 사용권자산을 감가상각한다.

④ 리스이용자는 리스개시일 후에 리스부채에 대한 이자를 반영하여 리스부채의 장부금액을 증액하고, 지급한 리스료를 반영하여 리스부채의 장부금액을 감액한다.

⑤ 리스개시일 후 리스료에 변동이 생기는 경우, 리스이용자는 사용권자산을 조정하여 리스부채의 재측정 금액을 인식하지만, 사용권자산의 장부금액이 영(0)으로 줄어들고 리스부채 측정치가 그보다 많이 줄어드는 경우에는 나머지 재측정 금액을 당기손익으로 인식한다.

18. ㈜세무의 20X1년도 주당이익 계산과 관련된 자료는 다음과 같다. ㈜세무의 20X1년도 기본주당순이익은?

- ㈜세무의 20X1년 초 유통보통주식수는 800주이며, 우선주는 모두 비참가적, 비누적적 우선주이다.
- ㈜세무는 20X1년 4월 1일 유상증자를 실시하여 보통주 300주를 추가발행하였다. 동 유상증자시 발행금액은 1주당 ₩1,000이었으나, 유상증자 전일의 보통주 종가는 1주당 ₩1,500이었다.
- ㈜세무는 20X1년 10월 1일 보통주(자기주식) 60주를 취득하여 20X1년 말까지 보유하고 있다.
- 20X1년도 우선주에 대하여 지급하기로 결의된 배당금은 ₩50,000이다.
- ㈜세무의 20X1년도 당기순이익은 ₩575,300이다.
- 가중평균유통보통주식수는 월할계산하고, 유상증자의 경우 발행금액 전액이 발행일에 납입완료되었다.

① ₩495   ② ₩498   ③ ₩500

④ ₩505   ⑤ ₩510

19. 다음은 금융자산의 분류 및 재분류 등에 관한 설명이다. 옳은 설명을 모두 고른 것은?

> ㄱ. 계약상 현금흐름을 수취하기 위해 보유하는 것이 목적인 사업모형 하에서 금융자산을 보유하고, 금융자산의 계약 조건에 따라 특정일에 원금과 원금잔액에 대한 이자 지급만으로 구성되어 있는 현금흐름이 발생하는 금융자산은 상각후원가로 측정한다.
> ㄴ. 계약상 현금흐름의 수취와 금융자산의 매도 둘 다를 통해 목적을 이루는 사업모형 하에서 금융자산을 보유하고, 금융자산의 계약 조건에 따라 특정일에 원금과 원금잔액에 대한 이자 지급만으로 구성되어 있는 현금흐름이 발생하는 금융자산은 당기손익 — 공정가치로 측정한다.
> ㄷ. 서로 다른 기준에 따라 자산이나 부채를 측정하거나 그에 따른 손익을 인식한 결과로 발생한 인식이나 측정의 불일치를 제거하거나 유의적으로 줄이는 경우에는 최초 인식시점에 해당 금융자산을 당기손익 — 공정가치 측정 항목으로 지정할 수 있다.
> ㄹ. 금융자산을 기타포괄손익 — 공정가치 측정 범주에서 당기손익 — 공정가치 측정 범주로 재분류하는 경우, 재분류 전에 인식한 기타포괄손익누계액은 재분류일에 자본의 다른 항목으로 직접 대체한다.

① ㄱ, ㄴ   ② ㄱ, ㄷ   ③ ㄴ, ㄷ
④ ㄴ, ㄹ   ⑤ ㄷ, ㄹ

20. ㈜세무는 20X1년 1월 1일 다음과 같은 조건의 신주인수권부사채를 액면발행하였다.

> - 액면금액 : ₩100,000
> - 표시이자율 : 연 4%
> - 사채발행시 신주인수권이 부여되지 않은 일반사채의 시장이자율 : 연 6%
> - 이자지급일 : 매년 12월 31일
> - 행사가격 : 1주당 ₩1,000
> - 만기상환일 : 20X3년 12월 31일
> - 상환조건 : 신주인수권 미행사시 상환기일에 액면금액의 105%를 일시상환

20X2년 초 상기 신주인수권의 60%가 행사되어 주식 60주가 발행되었다. 20X2년 초 상기 신주인수권의 행사로 인한 ㈜세무의 자본총계 증가액은? (단, 상기 신주인수권은 지분상품에 해당하며, 현재가치 계산이 필요한 경우 다음에 제시된 현가계수표를 이용한다.)

기간	단일금액 ₩1의 현재가치		정상연금 ₩1의 현재가치	
	4%	6%	4%	6%
1년	0.9615	0.9434	0.9615	0.9434
2년	0.9246	0.8900	1.8861	1.8334
3년	0.8890	0.8396	2.7751	2.6730

① ₩60,000   ② ₩62,670   ③ ₩63,000
④ ₩63,700   ⑤ ₩65,000

21. ㈜세무는 20X1년 초에 사채(상각후원가로 측정하는 금융부채)를 발행하였다. 20X1년 말 장부마감 과정에서 동 사채의 회계처리와 관련한 다음과 같은 중요한 오류를 발견하였다.

> • 사채의 발행일에 사채발행비 ₩9,500이 발생하였으나 이를 사채의 발행금액에서 차감하지 않고, 전액 20X1년도의 당기비용으로 처리하였다.
> • 20X1년 초 사채의 발행금액(사채발행비 차감전)은 ₩274,000이고, ㈜세무는 동 발행금액에 유효이자율 연 10%를 적용하여 20X1년도 이자비용을 인식하였다.
> • 상기 사채발행비를 사채 발행금액에서 차감할 경우 사채발행시점의 유효이자율은 연 12%로 증가한다.

㈜세무의 오류수정 전 20X1년도의 당기순이익이 ₩100,000인 경우, 오류를 수정한 후의 20X1년도 당기순이익은?

① ₩90,500   ② ₩95,660   ③ ₩104,340

④ ₩105,160   ⑤ ₩109,500

22. ㈜세무의 20X1년도 현금흐름표를 작성하기 위한 자료는 다음과 같다. ㈜세무가 20X1년도 현금흐름표에 보고할 영업활동순현금유입액은?

> • 법인세비용차감전순이익 : ₩1,000,000
> • 법인세비용 : ₩120,000 (20X1년 중 법인세납부액과 동일)
> • 이자비용 : ₩30,000 (모두 사채의 이자비용이며, 사채할인발행차금 상각액을 포함함)
> • 자산과 부채의 증감
>
> | 계정과목 | 기초금액 | 기말금액 |
> |---|---|---|
> | 매출채권 | ₩200,000 | ₩210,000 |
> | 재고자산 | 280,000 | 315,000 |
> | 건 물 | 1,200,000 | 1,150,000 |
> | 건물감가상각누계액 | (380,000) | (370,000) |
> | 사 채 | 300,000 | 300,000 |
> | 사채할인발행차금 | (15,000) | (10,000) |
>
> • 20X1년 중 건물관련 거래가 ㈜세무의 순현금흐름을 ₩30,000 증가시켰다.
> • 20X1년 중 사채관련 거래가 ㈜세무의 순현금흐름을 ₩25,000 감소시켰으며, 20X1년 중 사채의 발행 및 상환은 없었다.
> • ㈜세무는 간접법을 사용하여 영업활동현금흐름을 산출하며, 이자지급 및 법인세납부는 영업활동으로 구분한다.

① ₩850,000   ② ₩880,000   ③ ₩890,000

④ ₩930,000   ⑤ ₩970,000

23. ㈜세무의 20X2년도 법인세 관련 자료가 다음과 같을 때, 20X2년도 법인세비용은?

• 20X2년도 법인세비용차감전순이익	₩500,000
• 세무조정사항	
– 전기 감가상각비 한도초과액	₩(80,000)
– 접대비한도초과액	₩130,000

- 감가상각비 한도초과액은 전기 이전 발생한 일시적차이의 소멸분이고, 접대비 한도초과액은 일시적차이가 아니다.
- 20X2년 말 미소멸 일시적차이(전기 감가상각비 한도초과액)는 ₩160,000이고, 20X3년과 20X4년에 각각 ₩80,000씩 소멸될 것으로 예상된다.
- 20X1년 말 이연법인세자산은 ₩48,000이고, 이연법인세부채는 없다.
- 차감할 일시적차이가 사용될 수 있는 과세소득의 발생가능성은 매우 높다.
- 적용될 법인세율은 매년 20%로 일정하고, 언급된 사항 이외의 세무조정 사항은 없다.

① ₩94,000   ② ₩110,000   ③ ₩126,000
④ ₩132,000   ⑤ ₩148,000

24. ㈜세무는 확정급여제도를 채택하여 시행하고 있으며, 관련 자료는 다음과 같다. ㈜세무의 확정급여채무 및 사외적립자산과 관련된 회계처리가 20X1년도의 기타포괄이익에 미치는 영향은?

- 20X1년 초 확정급여채무와 사외적립자산의 잔액은 각각 ₩1,000,000과 ₩600,000이다.
- 확정급여채무의 현재가치 계산에 적용할 할인율은 연 10%이다.
- 20X1년도의 당기근무원가 발생액은 ₩240,000이고, 20X1년 말 퇴직한 종업원에게 ₩100,000을 사외적립자산에서 지급하였다.
- 20X1년 말 현금 ₩300,000을 사외적립자산에 출연하였다.
- 20X1년 말 현재 확정급여채무의 현재가치와 사외적립자산의 공정가치는 각각 ₩1,200,000과 ₩850,000이다.

① ₩30,000 감소   ② ₩10,000 감소   ③ ₩10,000 증가
④ ₩30,000 증가   ⑤ ₩40,000 증가

25. ㈜세무의 20X1년 1월의 재고자산 자료는 다음과 같다.

	직접재료	재공품	제 품
20X1. 1. 1.	₩80,000	₩100,000	₩125,000
20X1. 1. 31.	60,000	75,000	80,000

20X1년 1월 중 직접재료의 매입액은 ₩960,000이고, 직접노무원가는 제조간접원가의 40%이다. 1월의 매출액은 ₩2,500,000이며, 매출총이익률은 16%이다. 20X1년 1월의 기본원가(prime costs)는?

① ₩1,050,000   ② ₩1,160,000   ③ ₩1,280,000
④ ₩1,380,000   ⑤ ₩1,430,000

26. ㈜세무는 종합원가계산제도를 채택하고 있다. 직접재료는 공정의 초기에 전량 투입되며, 전환원가(conversion costs)는 공정 전반에 걸쳐 균등하게 발생한다. 당기 제조활동과 관련하여 가중평균법과 선입선출법에 의해 각각 계산한 직접재료원가와 전환원가의 완성품환산량은 다음과 같다.

	직접재료원가 완성품환산량	전환원가 완성품환산량
가 중 평 균 법	3,000단위	2,400단위
선 입 선 출 법	2,000단위	1,800단위

기초재공품의 전환원가 완성도는?

① 20%   ② 30%   ③ 40%
④ 50%   ⑤ 60%

27. ㈜세무는 제조부문인 절단부문과 조립부문을 통해 제품을 생산하고 있으며, 동력부문을 보조부문으로 두고 있다. 각 부문에서 발생한 제조간접원가 및 각 제조부문의 전력 실제사용량과 최대사용가능량에 관한 자료는 다음과 같다.

	동력부문	절단부문	조립부문	합계
변동제조간접원가	₩240,000	₩400,000	₩650,000	₩1,290,000
고정제조간접원가	300,000	700,000	750,000	1,750,000
실 제 사 용 량	–	500kW	300kW	800kW
최대사용가능량	–	600kW	600kW	1,200kW

절단부문에 배부되는 동력부문의 원가는 이중배분율법을 적용하는 경우, 단일배분율법과 비교하여 얼마만큼 차이가 발생하는가?

① ₩30,000   ② ₩32,500   ③ ₩35,000
④ ₩37,500   ⑤ ₩40,000

28. 활동기준원가계산(ABC)에 관한 설명으로 옳지 않은 것은?

① 제조기술이 발달되고 공장이 자동화되면서 증가되는 제조간접원가를 정확하게 제품에 배부하고 효과적으로 관리하기 위한 원가계산기법이다.

② 설비유지원가(facility sustaining cost)는 원가동인을 파악하기가 어려워 자의적인 배부기준을 적용하게 된다.

③ 제품의 생산과 서비스 제공을 위해 수행하는 다양한 활동을 분석하고 파악하여, 비부가가치활동을 제거하거나 감소시킴으로써 원가를 효율적으로 절감하고 통제할 수 있다.

④ 원가를 소비하는 활동보다 원가의 발생행태에 초점을 맞추어 원가를 집계하여 배부하기 때문에 전통적인 원가계산보다 정확한 제품원가 정보를 제공한다.

⑤ 고객별·제품별로 공정에서 요구되는 활동의 필요량이 매우 상이한 경우에 적용하면 큰 효익을 얻을 수 있다.

29. ㈜세무는 원유를 투입하여 결합제품 A를 1,000단위, B를 1,500단위 생산하였다. 분리점 이전에 발생한 직접재료원가는 ₩1,690,000, 직접노무원가는 ₩390,000, 제조간접원가는 ₩520,000이다. 제품 A와 B는 분리점에 시장이 형성되어 있지 않아서 추가가공한 후에 판매하였는데, 제품 A는 추가가공원가 ₩850,000과 판매비 ₩125,000이 발생하며, 제품 B는 추가가공원가 ₩1,100,000과 판매비 ₩200,000이 발생하였다. 추가가공 후 최종 판매가치는 제품 A가 단위당 ₩2,000이며, 제품 B는 단위당 ₩3,000이다. 균등매출총이익률법에 따라 결합원가를 각 제품에 배부할 때, 제품 A에 배부되는 결합원가는?

① ₩525,000   ② ₩550,000   ③ ₩554,000

④ ₩600,000   ⑤ ₩604,000

30. ㈜세무는 20X1년에 영업을 시작하였으며, 표준원가계산제도를 적용하고 있다. 20X2년의 제품 단위당 표준원가는 20X1년과 동일하게 다음과 같이 설정하였다. 직접재료는 공정의 초기에 전량 투입되며, 전환원가(conversion costs)는 공정 전반에 걸쳐 균등하게 발생한다.

직 접 재 료 원 가	4kg × ₩6 =	₩24
직 접 노 무 원 가	2시간 × ₩4 =	8
변 동 제 조 간 접 원 가	2시간 × ₩4 =	8
고 정 제 조 간 접 원 가	2시간 × ₩5 =	10
		₩50

㈜세무의 20X2년 기초재공품은 1,000단위(완성도 40%), 당기 완성량은 5,500단위이며, 기말재공품은 700단위(완성도 60%)이다. 표준종합원가계산 하에서 완성품원가와 기말재공품원가는? (단, 원가흐름은 선입선출법을 가정하고, 공손 및 감손은 없다.)

	완성품원가	기말재공품원가
①	₩225,000	₩21,000
②	₩240,600	₩27,720
③	₩240,600	₩28,420
④	₩275,000	₩21,000
⑤	₩275,000	₩27,720

31. ㈜세무는 20X1년에 영업을 시작하였으며, 정상원가계산을 적용하고 있다. 다음은 ㈜세무의 20X1년 배부차이를 조정하기 전의 제조간접원가 계정과 기말재공품, 기말제품 및 매출원가에 관한 자료이다.

제조간접원가			
630,000	?		

	기말재공품	기말제품	매출원가
직접재료원가	₩225,000	₩250,000	₩440,000
직접노무원가	125,000	150,000	210,000
제조간접원가	150,000	200,000	250,000
합 계	₩500,000	₩600,000	₩900,000

제조간접원가의 배부차이를 매출원가조정법으로 회계처리하는 경우, 총원가비례배분법에 비해 당기순이익이 얼마나 증가(혹은 감소)하는가?

① ₩16,500 감소   ② ₩13,500 감소   ③ ₩13,500 증가

④ ₩16,500 증가   ⑤ ₩30,000 증가

32. ㈜세무는 제품 A와 B를 생산하고 있으며, 제품 생산에 관한 자료는 다음과 같다.

구분	제품A	제품B
제품 단위당 공헌이익	₩30	₩50
제품 단위당 기계시간	0.5시간	1시간
제품 단위당 노무시간	1.5시간	2시간

월간 이용가능한 기계시간은 1,000시간, 노무시간은 2,400시간으로 제한되어 있다. 월간 고정원가는 ₩20,000으로 매월 동일하고, 제품 A와 B의 시장수요는 무한하다. ㈜세무가 이익을 극대화하기 위해서는 제품 A와 B를 각각 몇 단위 생산해야 하는가?

	제품A	제품B
①	0단위	1,000단위
②	800단위	500단위
③	800단위	600단위
④	900단위	500단위
⑤	1,600단위	0단위

33. ㈜세무는 단일제품을 생산·판매하고 있다. 제품 단위당 판매가격은 ₩7,500으로 매년 일정하게 유지되고, 모든 제품은 생산된 연도에 전량 판매된다. 최근 2년간 생산량과 총제조원가에 관한 자료는 다음과 같다. 20X2년 1월 1일에 인력조정 및 설비투자가 있었고, 이로 인해 원가구조가 달라진 것으로 조사되었다.

기간		생산량	총제조원가
20X1년	상반기	200단위	₩1,200,000
	하반기	300	1,650,000
20X2년	상반기	350	1,725,000
	하반기	400	1,900,000

다음 중 옳은 것은? (단, 20X2년 초의 인력조정 및 설비투자 이외에 원가행태를 변화시키는 요인은 없으며, 고저점법으로 원가함수를 추정한다.)

① 20X2년의 영업레버리지도는 2.5이다.

② 20X2년의 안전한계율은 약 33%이다.

③ 20X1년에 비해 20X2년의 영업레버리지도는 증가하였다.

④ 20X1년에 비해 20X2년에 연간 총고정제조원가는 ₩200,000 증가하였다.

⑤ 20X1년에 비해 20X2년의 연간 손익분기점 판매량은 50단위 증가하였다.

34. ㈜세무는 A부품을 매년 1,000단위씩 자가제조하여 제품생산에 사용하고 있다. A부품을 연간 1,000단위 생산할 경우 단위당 원가는 다음과 같다.

구분	단위당 원가
변동제조원가	₩33
고정제조간접원가	5
합계	₩38

최근에 외부의 공급업자로부터 A부품 1,000단위를 단위당 ₩35에 납품하겠다는 제안을 받았다. A부품을 전량 외부에서 구입하면 연간 총고정제조간접원가 중 ₩400이 절감되며, A부품 생산에 사용하던 설비를 다른 부품생산에 활용함으로써 연간 ₩200의 공헌이익을 추가로 얻을 수 있다. ㈜세무가 외부 공급업자의 제안을 수락하면, A부품을 자가제조할 때보다 연간 영업이익은 얼마나 증가(혹은 감소)하는가?

① ₩1,400 감소   ② ₩1,400 증가   ③ ₩3,600 감소
④ ₩3,600 증가   ⑤ ₩4,800 감소

35. ㈜세무는 표준원가계산제도를 사용하고 있으며, 매월 동일한 표준원가를 적용한다. 20X1년 5월과 6월의 실제 제품 생산량은 각각 100단위와 120단위이었고, 다음과 같은 조업도차이가 발생했다.

기간	조업도차이
5월	₩1,000(불리)
6월	₩600(불리)

㈜세무의 고정제조간접원가 월간 예산은?

① ₩3,000   ② ₩3,200   ③ ₩4,800
④ ₩5,400   ⑤ ₩6,000

36. ㈜세무는 최근에 신제품을 개발하여 처음으로 10단위를 생산했으며, 추가로 10단위를 생산하는데 필요한 직접노무시간은 처음 10단위 생산에 소요된 직접노무시간의 60%인 것으로 나타났다. ㈜세무의 신제품 생산에 누적평균시간 학습모형이 적용된다면 학습률은?

① 60%   ② 65%   ③ 80%
④ 85%   ⑤ 90%

37. ㈜세무는 분권화된 사업부 A와 B를 각각 이익중심점으로 설정하여 운영하고 있다. 현재 사업부A는 부품X를 매월 40,000단위 생산하여 단위당 ₩50에 전량 외부시장에 판매하고 있다. 사업부A의 부품X 생산에 관한 원가자료는 다음과 같다.

구분	금액/단위
단위당 변동제조원가	₩35
월간 최대생산능력	50,000단위

사업부B는 최근에 신제품을 개발했으며, 신제품 생산을 위해서 사업부A에 성능이 향상된 부품Xplus를 매월 20,000단위 공급해 줄 것을 요청했다. 사업부A가 부품 Xplus 1단위를 생산하기 위해서는 부품X 2단위를 포기해야 하며, 부품X의 변동제조원가에 단위당 ₩20의 재료원가가 추가로 투입된다. 부품X의 외부 수요량은 매월 40,000단위로 제한되어 있다. 사업부A가 현재의 영업이익을 감소시키지 않기 위해 사업부B에 요구해야 할 부품Xplus의 단위당 최소대체가격은?

① ₩66.25　　　　② ₩75.50　　　　③ ₩77.50

④ ₩80.25　　　　⑤ ₩85.50

38. ㈜세무는 상품매매업을 영위하고 있으며, 20X2년 1분기의 매출액 예산은 다음과 같다.

구분	1월	2월	3월
매출액	₩100,000	₩120,000	₩150,000
매출원가율	80%	75%	70%

㈜세무의 20X1년 말 재무상태표에 표시된 상품재고는 ₩10,000이고, 매입채무는 ₩42,400이다. ㈜세무는 20X2년에 매월 기말재고로 다음 달 예상 매출원가의 10%를 보유한다. 매월 상품매입은 현금매입 40%와 외상매입 60%로 구성되며, 외상매입대금은 그 다음 달에 모두 지급한다. 상품매입으로 인한 2월의 현금지출예산은?

① ₩74,000　　　　② ₩84,000　　　　③ ₩85,500

④ ₩91,500　　　　⑤ ₩95,000

39. ㈜세무는 표준원가계산제도를 채택하고 있으며, 상호 대체가능한 원재료 A와 B를 이용하여 제품을 생산한다. 원재료 투입량과 표준가격은 다음과 같다.

원재료	실제투입량	표준투입량	kg당 표준가격
A	150kg	120kg	₩30
B	150kg	180kg	₩20

재료원가 차이분석에 관한 설명으로 옳은 것은? (단, 표준투입량은 실제생산량에 허용된 원재료 투입량을 의미하며, 원가차이의 유리(혹은 불리) 여부도 함께 판단할 것)

① 원재료 A와 B에서 발생한 수량차이(능률차이)는 총 ₩300 유리하다.

② 배합차이로 인해 재료원가가 예상보다 ₩600 더 발생했다.

③ 배합차이로 인해 원재료 A의 원가는 예상보다 ₩900 적게 발생했다.

④ 수율차이(순수수량차이)는 발생하지 않았다.

⑤ 원재료 A와 B의 실제투입량 합계가 300kg에서 400kg으로 증가하면 유리한 수율차이가 발생한다.

40. ㈜세무는 제품 A와 B를 생산·판매하고 있다. 제품별 판매 및 원가에 관한 자료는 다음과 같다.

구분	제품A	제품B	합계
판매량	?	?	100단위
매출액	₩200,000	₩300,000	₩500,000
변동비	?	?	₩375,000
고정비			₩150,000

제품A의 단위당 판매가격은 ₩4,000이다. 손익분기점에 도달하기 위한 제품B의 판매량은? (단, 매출배합은 일정하다고 가정한다.)

① 55단위   ② 60단위   ③ 80단위

④ 85단위   ⑤ 90단위

김용재 회계사, 세무사 1차 회계학 연도별 기출문제집

2021

기출문제

2021년 CTA 회계학 기출문제

01. 재고자산에 관한 설명으로 옳지 않은 것은?

① 재고자산의 취득원가는 매입원가, 전환원가 및 재고자산을 현재의 장소에 현재의 상태로 이르게 하는 데 발생한 기타 원가 모두를 포함한다.

② 완성될 제품이 원가 이상으로 판매될 것으로 예상하는 경우에는 그 생산에 투입하기 위해 보유하는 원재료 및 기타 소모품을 감액하지 아니한다.

③ 후속 생산단계에 투입하기 전에 보관이 필요한 경우 이외의 보관원가는 재고자산의 취득원가에 포함한다.

④ 통상적으로 상호교환 가능한 대량의 재고자산 항목에 개별법을 적용하는 것은 적절하지 아니하다.

⑤ 성격과 용도 면에서 유사한 재고자산에는 동일한 단위원가 결정방법을 적용하여야 하며, 성격이나 용도 면에서 차이가 있는 재고자산에는 서로 다른 단위원가 결정방법을 적용할 수 있다.

02. 유형자산의 감가상각에 관한 설명으로 옳은 것은?

① 감가상각이 완전히 이루어지기 전이라도 유형자산이 운휴 중이거나 적극적인 사용상태가 아니라면 상각방법과 관계없이 감가상각을 중단해야 한다.

② 유형자산의 잔존가치와 내용연수는 매 3년이나 5년마다 재검토하는 것으로 충분하다.

③ 유형자산의 전체원가에 비교하여 해당 원가가 유의적이지 않은 부분은 별도로 분리하여 감가상각할 수 없다.

④ 자산의 사용을 포함하는 활동에서 창출되는 수익에 기초한 감가상각방법은 적절하지 않다.

⑤ 유형자산의 공정가치가 장부금액을 초과하는 상황이 발생하면 감가상각액을 인식할 수 없다.

03. ㈜세무는 20X1년 1월 1일 본사사옥으로 사용할 목적으로 건물(취득원가 ₩1,000,000, 잔존가치 ₩200,000, 내용연수 5년, 정액법 상각)을 취득하였다. ㈜세무는 건물에 대해 재평가모형을 적용하고 있으며, 자산의 총장부금액에서 감가상각누계액을 제거하는 방법으로 재평가 회계처리를 한다. 동 건물의 각 연도 말 공정가치는 다음과 같다.

20X1. 12. 31.	20X2. 12. 31.
₩700,000	₩800,000

동 건물과 관련된 회계처리가 ㈜세무의 20X2년도 당기순이익에 미치는 영향은?

(단, 재평가잉여금은 이익잉여금으로 대체하지 않는다.)

① ₩25,000 감소 ② ₩20,000 감소 ③ ₩15,000 증가
④ ₩35,000 증가 ⑤ ₩85,000 증가

04. ㈜세무는 20X1년 7월 1일에 영업지점 건물 신축을 시작하여 20X2년 12월 31일에 공사를 완료하였다. 동 건물은 차입원가를 자본화하는 적격자산이며, 20X1년도 영업지점 건물 신축 관련 공사비 지출 내역은 다음과 같다. 20X1년 10월 1일 지출액 중 ₩240,000은 당일에 정부로부터 수령한 보조금으로 지출되었다.

구분	20X1. 7. 1.	20X1. 10. 1.	20X1. 12. 1.
공사대금 지출액	₩300,000	₩960,000	₩1,200,000

㈜세무의 차입금 내역은 다음과 같으며, 모든 차입금은 매년 말 이자지급 조건이다. 특정차입금 중 ₩200,000은 20X1년 7월 1일부터 20X1년 9월 30일까지 3개월 간 연 10%의 수익률을 제공하는 금융상품에 투자하여 일시적 운용수익을 획득하였다.

차입금	차입일	차입금액	상환일	연 이자율
특정차입금	20X1. 7. 1.	₩500,000	20X2. 6. 30.	8%
일반차입금 A	20X1. 1. 1.	500,000	20X2. 12. 31.	8%
일반차입금 B	20X1. 7. 1.	1,000,000	20X3. 6. 30.	6%

신축중인 영업지점 건물과 관련하여 ㈜세무가 20X1년도에 자본화할 차입원가는? (단, 연평균지출액과 이자비용은 월할 계산하며, 정부보조금은 해당 자산의 장부금액에서 차감하는 방법으로 처리한다.)

① ₩15,000 ② ₩31,100 ③ ₩49,300
④ ₩62,300 ⑤ ₩85,000

05. ㈜세무는 20X1년 7월 1일 관리부서에서 사용할 설비를 ₩1,000,000에 취득하였다. 동 설비는 복구의무가 있으며, 내용연수 종료 후 원상복구를 위해 지출할 복구비용은 ₩300,000으로 추정된다. ㈜세무는 동 설비에 대해 원가모형을 적용하고 있으며, 연수합계법(잔존가치 ₩200,000, 내용연수 4년)으로 감가상각한다. 동 설비와 관련하여 ㈜세무가 20X2년도 당기비용으로 인식할 금액은? (단, 현재가치에 적용할 할인율은 연 10%이며, 이후 할인율의 변동은 없다. 10%, 4기간 단일금액 ₩1의 현재가치는 0.6830이다. 계산금액은 소수점 첫째자리에서 반올림하며, 감가상각비와 이자비용은 월할로 계산한다.)

① ₩301,470   ② ₩322,985   ③ ₩351,715
④ ₩373,230   ⑤ ₩389,335

06. ㈜세무는 20X1년 1월 1일 금융회사인 ㈜대한에 장부금액 ₩500,000의 매출채권을 양도하였다. ㈜세무는 동 매출채권의 위험과 보상의 대부분을 이전하지도 않고 보유하지도 않으며, ㈜대한은 양도받은 동 매출채권을 제3자에게 매도할 수 있는 능력이 없다. 한편 ㈜세무는 매출채권 양도 후 5개월간 동 매출채권의 손상발생에 대해 ₩100,000까지 지급을 보증하기로 하였으며, 동 보증의 공정가치(보증의 대가로 수취한 금액)는 ₩20,000이다. ㈜세무가 동 매출채권을 양도하면서 ㈜대한으로부터 보증의 대가를 포함하여 ₩480,000을 수령하였다면, ㈜세무가 20X1년 1월 1일 매출채권 양도시 부채로 인식할 금액은?

① ₩20,000   ② ₩40,000   ③ ₩80,000
④ ₩100,000   ⑤ ₩120,000

07. ㈜세무는 20X1년 1월 1일 영업부서에서 사용할 차량운반구를 취득(내용연수 5년, 잔존가치 ₩100,000, 정액법 상각)하였다. 동 차량운반구의 20X1년 말 장부금액은 ₩560,000이며, 동 차량운반구와 관련하여 20X1년도 포괄손익계산서에 인식한 비용은 감가상각비 ₩120,000과 손상차손 ₩20,000이다. ㈜세무가 20X2년도 포괄손익계산서에 동 차량운반구와 관련하여 손상차손과 감가상각비로 총 ₩130,000을 인식하였다면, 20X2년 말 동 차량운반구의 회수가능액은? (단, ㈜세무는 차량운반구 취득 후 차량운반구에 대해 추가적인 지출을 하지 않았으며, 차량운반구에 대해 원가모형을 적용하고 있다.)

① ₩410,000   ② ₩415,000   ③ ₩420,000
④ ₩425,000   ⑤ ₩430,000

08. 20X1년 초에 설립한 ㈜세무는 유사성이 없는 두 종류의 상품 A와 상품 B를 판매하고 있다. ㈜세무는 20X1년 중 상품 A 200단위(단위당 취득원가 ₩1,000)와 상품 B 200단위(단위당 취득원가 ₩2,000)를 매입하였으며, 20X1년 말 상품재고와 관련된 자료는 다음과 같다.

	장부수량	실제수량	단위당 취득원가	단위당 예상 판매가격
상품 A	50	30	₩1,000	₩1,300
상품 B	100	70	2,000	2,200

상품 A의 재고 중 20단위는 ㈜대한에 단위당 ₩900에 판매하기로 한 확정판매계약을 이행하기 위해 보유 중이다. 확정판매계약에 의한 판매시에는 판매비용이 발생하지 않으나, 일반판매의 경우에는 상품 A와 상품 B 모두 단위당 ₩300의 판매비용이 발생할 것으로 예상된다. ㈜세무가 20X1년도에 인식할 매출원가는? (단, 정상감모손실과 재고자산평가손실은 매출원가에 가산하며, 상품 A와 상품 B 모두 감모의 70%는 정상감모이다.)

① ₩410,000 ② ₩413,000 ③ ₩415,000
④ ₩423,000 ⑤ ₩439,000

09. 20X1년 1월 1일 ㈜세무는 ㈜대한이 동 일자에 발행한 사채(액면금액 ₩1,000,000, 만기 3년, 표시이자율 연 8%, 매년 말 이자지급)를 ₩950,252에 취득하였다. 취득 당시의 유효이자율은 연 10%이며, ㈜세무는 동 사채를 기타포괄손익－공정가치측정 금융자산으로 분류하였다. 한편, ㈜세무는 20X1년 중 사업모형을 변경하여 동 사채를 당기손익－공정가치측정 금융자산으로 재분류하였다. 20X1년 말 동 사채의 신용위험은 유의적으로 증가하지 않았으며, 12개월 기대신용손실은 ₩10,000이다. ㈜세무는 20X1년 말과 20X2년 말에 표시이자를 정상적으로 수령하였다. 동 사채의 각 연도 말의 공정가치는 다음과 같으며, 재분류일의 공정가치는 20X1년 말의 공정가치와 동일하다.

	20X1. 12. 31.	20X2. 12. 31.
공정가치	₩932,408	₩981,828

㈜세무의 동 사채관련 회계처리가 20X2년도 당기순이익에 미치는 영향은? (단, 계산금액은 소수점 이하 첫째자리에서 반올림한다.)

① ₩16,551 감소 ② ₩22,869 감소 ③ ₩26,551 증가
④ ₩96,551 증가 ⑤ ₩106,551 증가

10. 재무제표 표시에 관한 설명으로 옳은 것은?

① 재무제표는 동일한 문서에 포함되어 함께 공표되는 그 밖의 정보와 명확하게 구분되고 식별되어야 한다.

② 각각의 재무제표는 전체 재무제표에서 중요성에 따라 상이한 비중으로 표시한다.

③ 상이한 성격이나 기능을 가진 항목은 구분하여 표시하므로 중요하지 않은 항목이라도 성격이나 기능이 유사한 항목과 통합하여 표시할 수 없다.

④ 동일 거래에서 발생하는 수익과 관련비용의 상계표시가 거래나 그 밖의 사건의 실질을 반영하더라도 그러한 거래의 결과는 상계하여 표시하지 않는다.

⑤ 공시나 주석 또는 보충 자료를 통해 충분히 설명한다면 부적절한 회계정책도 정당화될 수 있다.

11. 20X1년 초 ㈜세무는 ㈜대한의 주주들에게 현금 ₩700,000을 지급하고 ㈜대한을 흡수합병하였다. 합병당시 ㈜대한의 자산과 부채의 장부금액과 공정가치는 다음과 같다.

	장부금액	공정가치
자산	₩3,000,000	₩3,200,000
부채	2,700,000	2,800,000

한편, 합병일 현재 ㈜세무는 ㈜대한이 자산으로 인식하지 않았으나, 자산의 정의를 충족하고 식별가능한 진행 중인 연구개발프로젝트를 확인하였다. 또한, 해당 프로젝트의 공정가치를 ₩50,000으로 신뢰성 있게 측정하였다. 20X1년 초 ㈜세무가 합병 시 인식할 영업권은?

① ₩250,000   ② ₩300,000   ③ ₩350,000

④ ₩400,000   ⑤ ₩450,000

12. 제조업을 영위하는 ㈜세무는 20X1년 4월 1일 시세차익을 위하여 건물을 ₩2,000,000에 취득하였다. 그러나 ㈜세무는 20X2년 4월 1일 동 건물을 자가사용으로 용도를 전환하고 동 일자에 영업지점으로 사용하기 시작하였다. 20X2년 4월 1일 현재 동 건물의 잔존내용연수는 5년, 잔존가치는 ₩200,000이며, 정액법으로 감가상각(월할 상각)한다. 동 건물의 일자별 공정가치는 다음과 같다.

20X1. 12. 31.	20X2. 4. 1.	20X2. 12. 31.
₩2,400,000	₩2,600,000	₩2,200,000

동 건물관련 회계처리가 ㈜세무의 20X2년도 당기순이익에 미치는 영향은? (단, ㈜세무는 투자부동산에 대해서는 공정가치모형을 적용하고 있으며, 유형자산에 대해서는 원가모형을 적용하고 있다.)

① ₩70,000 감소   ② ₩160,000 감소   ③ ₩200,000 감소

④ ₩40,000 증가   ⑤ ₩240,000 증가

13. 측정기준에 관한 설명으로 <u>옳지 않은</u> 것은?

① 자산을 취득하거나 창출할 때의 역사적 원가는 자산의 취득 또는 창출에 발생한 원가의 가치로서, 자산을 취득 또는 창출하기 위하여 지급한 대가와 거래원가를 포함한다.

② 부채가 발생하거나 인수할 때의 역사적 원가는 발생시키거나 인수하면서 수취한 대가에서 거래원가를 차감한 가치이다.

③ 공정가치는 측정일에 시장참여자 사이의 정상거래에서 자산을 매도할 때 받거나 부채를 이전할 때 지급하게 될 가격이다.

④ 사용가치와 이행가치는 자산을 취득하거나 부채를 인수할 때 발생하는 거래원가를 포함한다.

⑤ 자산의 현행원가는 측정일 현재 동등한 자산의 원가로서 측정일에 지급할 대가와 그날에 발생할 거래원가를 포함한다.

14. 일반목적재무보고서가 제공하는 정보에 관한 설명으로 <u>옳지 않은</u> 것은?

① 보고기업의 경제적자원 및 청구권의 성격 및 금액에 대한 정보는 이용자들이 기업의 경제적자원에 대한 경영진의 수탁책임을 평가하는 데 도움이 될 수 있다.

② 보고기업의 재무성과에 대한 정보는 그 기업의 경제적자원에서 해당 기업이 창출한 수익을 이용자들이 이해하는 데 도움을 준다.

③ 보고기업의 경제적자원 및 청구권은 그 기업의 재무성과 그리고 채무상품이나 지분상품의 발행과 같은 그 밖의 사건이나 거래에서 발생한다.

④ 보고기업의 과거 재무성과와 그 경영진이 수탁책임을 어떻게 이행했는지에 대한 정보는 기업의 경제적자원에서 발생하는 미래 수익을 예측하는 데 일반적으로 도움이 된다.

⑤ 한 기간의 보고기업의 재무성과에 투자자와 채권자에게서 직접 추가 자원을 획득한 것이 아닌 경제적자원 및 청구권의 변동이 반영된 정보는 기업의 과거 및 미래 순현금유입 창출 능력을 평가하는 데 유용하다.

15. ㈜세무는 확정급여제도를 채택하여 시행하고 있다. ㈜세무의 확정급여채무와 관련된 자료가 다음과 같을 때, 20X1년도에 인식할 퇴직급여와 기타포괄손익은?

- 20X1년 초 사외적립자산 잔액은 ₩560,000이며, 확정급여채무 잔액은 ₩600,000이다.
- 20X1년도의 당기근무원가는 ₩450,000이다.
- 20X1년 말에 사외적립자산 ₩150,000이 퇴직종업원에게 현금으로 지급되었다.
- 20X1년 말에 현금 ₩400,000을 사외적립자산에 출연하였다.
- 20X1년 말 현재 사외적립자산의 공정가치는 ₩920,000이며, 할인율을 제외한 보험수리적 가정의 변동을 반영한 20X1년 말 확정급여채무는 ₩1,050,000이다.
- 확정급여채무 계산시 적용한 할인율은 연 15%이다.

	퇴직급여	기타포괄손익
①	₩456,000	손실 ₩34,000
②	₩456,000	이익 ₩26,000
③	₩540,000	손실 ₩34,000
④	₩540,000	이익 ₩26,000
⑤	₩540,000	손실 ₩60,000

16. ㈜세무는 20X1년 1월 1일 ㈜대한에게 ₩500,000(만기 4년, 표시이자율 연 5%, 매년 말 지급)을 차입하였으며, 유효이자율은 연 5%이다. 20X2년 12월 31일 ㈜세무는 경영상황이 악화되어 ㈜대한과 차입금에 대해 다음과 같은 조건으로 변경하기로 합의하였다.

- 만기일 : 20X7년 12월 31일
- 표시이자율 : 연 2%, 매년 말 지급
- 유효이자율 : 연 8%

기간	단일금액 ₩1의 현재가치		정상연금 ₩1의 현재가치	
	5%	8%	5%	8%
2년	0.9070	0.8573	1.8594	1.7833
5년	0.7835	0.6806	4.3295	3.9927

20X2년 12월 31일 ㈜세무가 재무상태표에 인식해야 할 장기차입금은?

① ₩380,227   ② ₩435,045   ③ ₩446,483

④ ₩472,094   ⑤ ₩500,000

17. ㈜세무는 20X1년 1월 1일 종업원 100명에게 각각 현금결제형 주가차액보상권 10개씩 부여하였다. 주가차액보상권은 3년간 종업원이 용역을 제공하는 조건으로 부여되었으며, 주가차액보상권과 관련된 자료는 다음과 같다. ㈜세무가 20X3년도에 인식할 당기비용은?

- 20X1년 실제퇴사자는 10명이며, 미래 예상퇴사자는 15명이다.
- 20X2년 실제퇴사자는 12명이며, 미래 예상퇴사자는 8명이다.
- 20X3년 실제퇴사자는 5명이며, 주가차액보상권 최종 가득자는 73명이다.
- 20X3년 말 주가차액보상권을 행사한 종업원 수는 28명이다.
- 매 연도말 주가차액보상권에 대한 현금지급액과 공정가치는 다음과 같다.

연도	현금지급액	공정가치
20X1	–	₩1,000
20X2	–	1,260
20X3	₩1,200	1,400

① ₩56,000　　② ₩378,000　　③ ₩434,000
④ ₩490,000　　⑤ ₩498,000

18. 20X1년 1월 1일 ㈜세무는 ㈜한국리스로부터 건물 3개층 모두를 5년 동안 리스하는 계약을 체결하였다. ㈜세무는 리스료로 매년 말 ₩30,000씩 지급하며, 리스 관련 내재이자율은 알 수 없고 증분차입이자율은 5%이다. 20X4년 1월 1일 ㈜세무는 건물 3개층 중 2개층만 사용하기로 ㈜한국리스와 합의하였으며, 남은 기간 동안 매년 말에 ₩23,000씩 지급하기로 하였다. 20X4년 1월 1일 리스 관련 내재이자율은 알 수 없으며, 증분차입이자율은 8%이다. ㈜세무의 리스변경으로 인한 20X4년 말 사용권자산의 장부금액은? (단, 계산금액은 소수점이하 첫째자리에서 반올림한다.)

기간	단일금액 ₩1의 현재가치		정상연금 ₩1의 현재가치	
	5%	8%	5%	8%
2년	0.9070	0.8573	1.8594	1.7833
5년	0.7835	0.6806	4.3295	3.9927

① ₩17,318　　② ₩19,232　　③ ₩24,063
④ ₩25,977　　⑤ ₩27,891

19. 현금흐름표에 관한 설명으로 옳지 않은 것은?

① 영업활동 현금흐름은 일반적으로 당기순손익의 결정에 영향을 미치는 거래나 그 밖의 사건의 결과로 발생한다.

② 법인세로 인한 현금흐름은 별도로 공시하며, 재무활동과 투자활동에 명백히 관련되지 않는 한 영업활동 현금흐름으로 분류한다.

③ 현금및현금성자산의 사용을 수반하지 않는 투자활동과 재무활동 거래는 현금흐름표에서 제외한다.

④ 이자와 배당금의 수취 및 지급에 따른 현금흐름은 각각 별도로 공시한다. 각 현금흐름은 매 기간 일관성 있게 영업활동, 투자활동 또는 재무활동으로 분류한다.

⑤ 단기매매목적으로 보유하는 유가증권의 취득과 판매에 따른 현금흐름은 투자활동으로 분류한다.

20. ㈜세무는 20X1년 1월 1일 액면금액 ₩1,000,000(표시이자율 연 5%, 매년 말 이자지급, 만기 3년)인 사채를 발행하였으며, 사채발행비로 ₩46,998을 지출하였다. 사채발행 당시 시장이자율은 연 8%이며, 20X1년 말 이자비용으로 ₩87,566을 인식하였다. 사채의 액면금액 중 ₩600,000을 20X3년 4월 1일에 경과이자를 포함하여 ₩570,000에 조기상환 한 경우 사채상환손익은? (단, 계산금액은 소수점 이하 첫째자리에서 반올림한다.)

기간	단일금액 ₩1의 현재가치		정상연금 ₩1의 현재가치	
	5%	8%	5%	8%
3년	0.8638	0.7938	2.7233	2.5771

① 손실 ₩7,462 ② 손실 ₩9,545 ③ 이익 ₩7,462
④ 이익 ₩9,545 ⑤ 이익 ₩17,045

21. ㈜세무는 고객이 구매한 금액 ₩2당 포인트 1점을 보상하는 고객충성제도를 운영하고 있으며, 각 포인트는 ㈜세무의 제품을 구매할 때 ₩1의 할인과 교환할 수 있다. ㈜세무가 고객에게 포인트를 제공하는 약속은 수행의무에 해당한다. 고객으로부터 수취한 대가는 고정금액이고, 고객이 구매한 제품의 개별 판매가격은 ₩1,000,000이다. 고객은 20X1년에 제품 ₩1,000,000을 구매하였으며, 미래에 제품 구매 시 사용할 수 있는 500,000포인트를 얻었다. ㈜세무는 20X1년도에 고객에게 부여한 포인트 중 50%가 교환될 것으로 예상하여 포인트 당 개별 판매가격을 ₩0.5으로 추정하였다. 20X1년과 20X2년의 포인트에 대한 자료는 다음과 같다.

구분	20X1년	20X2년
교환된 포인트	180,000	252,000
전체적으로 교환이 예상되는 포인트	450,000	480,000

㈜세무가 20X2년 12월 31일 재무상태표에 보고해야 할 계약부채는?

① ₩10,000 ② ₩20,000 ③ ₩30,000
④ ₩40,000 ⑤ ₩50,000

22. ㈜세무는 20X1년 초 ㈜한국과 건설계약(공사기간 3년, 계약금액 ₩600,000)을 체결하였다. ㈜세무의 건설용역에 대한 통제는 기간에 걸쳐 이전된다. ㈜세무는 발생원가에 기초한 투입법으로 진행률을 측정한다. 건설계약과 관련된 자료는 다음과 같다. ㈜세무의 20X2년도 공사이익은?

- 20X1년 말 공사완료시까지의 추가소요원가를 추정할 수 없어 합리적으로 진행률을 측정할 수 없었으나, 20X1년 말 현재 이미 발생한 원가 ₩120,000은 모두 회수할 수 있다고 판단하였다.
- 20X2년 말 공사완료시까지 추가소요원가를 ₩200,000으로 추정하였다.
- 연도별 당기발생 공사원가는 다음과 같다.

구분	20X1년	20X2년	20X3년
당기발생 공사원가	₩120,000	₩180,000	₩200,000

① ₩0 ② ₩40,000 ③ ₩60,000
④ ₩120,000 ⑤ ₩180,000

23. ㈜세무의 20X1년 초 유통보통주식수는 10,000주이고, 유통우선주식수는 3,000주(1주당 액면금액 ₩100, 연 배당률 10%)로 우선주 2주당 보통주 1주로 전환이 가능하다. ㈜세무의 20X1년도 당기순이익은 ₩1,335,600이며, 주당이익과 관련된 자료는 다음과 같다.

- 4월 1일 전년도에 발행한 전환사채(액면금액 ₩20,000, 전환가격 ₩50) 중 40%가 보통주로 전환되었다. 20X1년 말 전환사채에서 발생한 이자비용은 ₩1,200이며, 법인세율은 20%이다.
- 7월 1일 자기주식 250주를 취득하였다.
- 10월 1일 우선주 1,000주가 보통주로 전환되었다.

㈜세무의 20X1년도 기본주당이익은? (단, 기중에 전환된 전환우선주에 대해서 우선주배당금을 지급하지 않으며, 가중평균주식수는 월할계산한다.)

① ₩110 ② ₩120 ③ ₩130
④ ₩140 ⑤ ₩150

24. ㈜세무리스는 20X1년 1월 1일(리스개시일)에 ㈜한국에게 건설장비를 5년 동안 제공하고 고정리스료로 매년 말 ₩2,000,000씩 수취하는 금융리스계약을 체결하였다. 체결당시 ㈜세무리스는 리스개설직접원가 ₩50,000을 지출하였으며, 건설장비의 공정가치는 ₩8,152,500이다. 리스개시일 당시 ㈜세무리스의 내재이자율은 10%이다. 리스기간 종료시 ㈜한국은 건설장비를 반환하는 조건이며, 예상잔존가치 ₩1,000,000 중 ₩600,000을 보증한다. ㈜세무리스는 20X3년 1월 1일 무보증잔존가치의 추정을 ₩200,000으로 변경하였다. ㈜세무리스가 20X3년도에 인식해야 할 이자수익은?

기간	단일금액 ₩1의 현재가치 (할인율 10%)	정상연금 ₩1의 현재가치 (할인율 10%)
3년	0.7513	2.4868
5년	0.6209	3.7908

① ₩542,438 ② ₩557,464 ③ ₩572,490
④ ₩578,260 ⑤ ₩582,642

25. ㈜세무는 결합공정을 통하여 연산품 A, B를 생산한다. 제품 B는 분리점에서 즉시 판매되고 있으나, 제품 A는 추가가공을 거친 후 판매되고 있으며, 결합원가는 순실현가치에 의해 배분되고 있다. 결합공정의 직접재료는 공정 초에 전량 투입되며, 전환원가는 공정 전반에 걸쳐 균등하게 발생한다. 당기 결합공정에 기초재공품은 없었으며, 직접재료 5,000kg을 투입하여 4,000kg을 제품으로 완성하고 1,000kg은 기말재공품(전환원가 완성도 30%)으로 남아 있다. 당기 결합공정에 투입된 직접재료원가와 전환원가는 ₩250,000과 ₩129,000이다. ㈜세무의 당기 생산 및 판매 자료는 다음과 같다.

구 분	생산량	판매량	추가가공원가 총액	단위당 판매가격
제품 A	4,000단위	2,500단위	₩200,000	₩200
제품 B	1,000	800	–	200

제품 A의 단위당 제조원가는? (단, 공손 및 감손은 없다.)

① ₩98 ② ₩110 ③ ₩120
④ ₩130 ⑤ ₩150

26. 다음 표준원가계산과 관련된 원가차이조정에 관한 설명으로 옳지 않은 것은? (단, 모든 재고자산의 기말잔액과 원가차이계정은 0이 아니다.)

① 직접재료원가 가격차이를 원재료 사용(투입)시점에 분리하는 경우, 직접재료원가 가격차이는 원가차이조정시 원재료계정에 영향을 미치지 않는다.

② 직접재료원가 가격차이를 원재료 구입시점에 분리하는 경우, 직접재료원가 능률차이는 실제 구입량이 아니라 실제 사용량(투입량)을 기초로 계산한다.

③ 총원가비례배분법에 의해 원가차이조정을 하는 경우, 직접재료원가 구입가격차이는 직접재료원가 능률차이계정에 영향을 미친다.

④ 직접재료원가 가격차이를 원재료 구입시점에 분리하는 경우, 원재료계정은 표준원가로 기록된다.

⑤ 원가요소별비례배분법에 의해 원가차이조정을 하는 경우, 직접재료원가 구입가격차이는 원재료계정 기말잔액에 영향을 미친다.

27. ㈜세무의 20X1년 매출액은 ₩3,000,000이고 세후이익은 ₩360,000이며, 연간 고정비의 30%는 감가상각비이다. 20X1년 ㈜세무의 안전한계율은 40%이고 법인세율이 25%일 경우, 법인세를 고려한 현금흐름 분기점 매출액은? (단, 감가상각비를 제외한 수익발생과 현금유입시점은 동일하고, 원가(비용)발생과 현금유출시점도 동일하며, 법인세 환수가 가능하다.)

① ₩1,080,000　　　　② ₩1,200,000　　　　③ ₩1,260,000
④ ₩1,800,000　　　　⑤ ₩2,100,000

28. ㈜세무는 단일제품을 생산하고 있으며, 선입선출법에 의한 종합원가계산을 적용하고 있다. 직접재료 A는 공정초기에 전량 투입되고, 직접재료 B는 품질검사 직후 전량 투입되며, 전환원가는 공정 전반에 걸쳐 균등하게 발생한다. 품질검사는 공정의 80% 시점에서 이루어지며, 당기 검사를 통과한 합격품의 10%를 정상공손으로 간주한다. 당기 생산 및 원가 자료는 다음과 같다.

구 분	물량 (전환원가 완성도)
기초재공품	500단위(60%)
당기 착수	4,500
당기 완성	3,500
기말재공품	1,000(60%)

구 분	직접재료원가		전환원가
	직접재료 A	직접재료 B	
기초재공품	₩11,200	₩0	₩18,000
당기발생원가	90,000	87,500	210,000

정상공손원가 배분 후, ㈜세무의 당기 완성품원가는?

① ₩307,500　　　　② ₩328,500　　　　③ ₩336,700
④ ₩357,700　　　　⑤ ₩377,450

29. ㈜세무는 표준원가계산제도를 채택하고 있으며, 당기 직접노무원가와 관련된 자료는 다음과 같다.

제품 실제생산량	1,000단위
직접노무원가 실제 발생액	₩1,378,000
단위당 표준직접노무시간	5.5시간
직접노무원가 능률차이	₩50,000(유리)
직접노무원가 임률차이	₩53,000(불리)

㈜세무의 당기 직접노무시간당 실제임률은?

① ₩230   ② ₩240   ③ ₩250

④ ₩260   ⑤ ₩270

30. ㈜세무는 단일제품을 생산·판매하고 있으며, 선입선출법에 의한 종합원가계산을 적용하고 있다. 직접재료는 공정 초에 전량 투입되며, 전환원가는 공정 전반에 걸쳐 균등하게 발생한다. 당기 재고자산 관련 자료는 다음과 같다.

구 분	기초재고	기말재고
재공품(전환원가 완성도)	1,500단위(40%)	800단위(50%)
제 품	800	1,000

㈜세무는 당기에 8,500단위를 제조공정에 투입하여 9,200단위를 완성하였고, 완성품환산량 단위당 원가는 직접재료원가 ₩50, 전환원가 ₩30으로 전기와 동일하다. ㈜세무의 당기 전부원가계산에 의한 영업이익이 ₩315,000일 경우, 초변동원가계산에 의한 영업이익은?

① ₩300,000   ② ₩309,000   ③ ₩315,000

④ ₩321,000   ⑤ ₩330,000

31. 20X1년에 영업을 개시한 ㈜세무는 단일제품을 생산·판매하고 있으며, 전부원가계산제도를 채택하고 있다. ㈜세무는 20X1년 2,000단위의 제품을 생산하여 단위당 ₩1,800에 판매하였으며, 영업활동에 관한 자료는 다음과 같다.

· 제조원가	
단위당 직접재료원가	: ₩400
단위당 직접노무원가	: 300
단위당 변동제조간접원가	: 200
고정제조간접원가	: 250,000
· 판매관리비	
단위당 변동판매관리비	: ₩100
고정판매관리비	: 150,000

㈜세무의 20X1년 영업이익이 변동원가계산에 의한 영업이익보다 ₩200,000이 많을 경우, 판매수량은? (단, 기말재공품은 없다.)

① 200단위　　　　　　② 400단위　　　　　　③ 800단위
④ 1,200단위　　　　　⑤ 1,600단위

32. ㈜세무는 정상개별원가계산을 사용하고 있으며, 제조간접원가는 직접노무시간을 기준으로 배부하고, 제조간접원가 배부차이는 전액 매출원가에 조정하고 있다. 당기의 직접재료매입액은 ₩21,000이고, 제조간접원가 배부차이는 ₩7,000(과소배부)이며, 제조간접원가 배부차이 조정 전 매출원가는 ₩90,000이다. 당기 재고자산 관련 자료는 다음과 같다.

구분	직접재료	재공품	제품
기초재고	₩3,000	₩50,000	₩70,000
기말재고	4,000	45,000	60,000

직접노무원가가 기초원가(prime cost)의 60%인 경우, 당기에 실제 발생한 제조간접원가는?

① ₩18,000　　　　　　② ₩25,000　　　　　　③ ₩30,000
④ ₩32,000　　　　　　⑤ ₩37,000

33. ㈜세무는 기존에 생산중인 티셔츠 제품계열에 새로운 색상인 하늘색과 핑크색 중 한 가지 제품을 추가할 것을 고려중이다. 추가될 제품은 현재의 시설로 생산가능하지만, 각각 ₩200,000의 고정원가 증가가 요구된다. 두 제품의 판매단가는 ₩10, 단위당 변동원가는 ₩8으로 동일하다. 마케팅부서는 두 제품의 시장수요에 대해 다음과 같은 확률분포를 제공하였다.

수요량	기대확률	
	하늘색	핑크색
50,000단위	0.0	0.1
100,000	0.2	0.1
200,000	0.2	0.2
300,000	0.4	0.2
400,000	0.2	0.4

㈜세무의 기대영업이익을 최대화하는 관점에서 두 제품 중 상대적으로 유리한 제품과 유리한 영업이익차이 모두를 올바르게 나타낸 것은?

① 핑크색, ₩30,000 ② 하늘색, ₩32,000 ③ 핑크색, ₩34,000
④ 하늘색, ₩36,000 ⑤ 핑크색, ₩38,000

34. 올해 창업한 ㈜세무는 처음으로 A광역시로부터 도로청소 특수차량 4대의 주문을 받았다. 이 차량은 주로 수작업을 통해 제작되며, 소요될 원가자료는 다음과 같다.

- 1대당 직접재료원가 : ₩85,000
- 첫 번째 차량 생산 직접노무시간 : 100시간
- 직접노무원가 : 직접노무시간당 ₩1,000
- 제조간접원가 : 직접노무시간당 ₩500

위의 자료를 바탕으로 계산된 특수차량 4대에 대한 총제조원가는? (단, 직접노무시간은 80% 누적평균시간 학습모형을 고려하여 계산한다.)

① ₩542,000 ② ₩624,000 ③ ₩682,000
④ ₩724,000 ⑤ ₩802,000

35. ㈜세무는 온라인 교육을 확대하기 위해 새로운 온라인 강의설비를 ₩280,000에 구입할 것을 검토하고 있다. 이 설비는 향후 5년에 걸쳐서 강사료, 시설관리비 등에서 ₩330,000의 현금절감효과를 가진다. 현금절감액은 연중 균일하게 발생하지만, 연도별 현금흐름은 다음과 같이 균일하지 않다. 이러한 상황에서 설비투자에 대한 회수기간은?

연 도	1	2	3	4	5
현금절감액	₩100,000	₩80,000	₩60,000	₩50,000	₩40,000

① 3.2년   ② 3.4년   ③ 3.5년

④ 3.6년   ⑤ 3.8년

36. 손세정제를 제조하는 ㈜세무의 20X1년도 직접재료예산과 관련된 자료는 다음과 같다. 이를 바탕으로 구한 2분기의 직접재료구매예산액은?

• 판매예산에 따른 각 분기별 제품판매량			
1분기	2분기	3분기	4분기
1,000통	3,000통	5,000통	2,000통

- 각 분기별 기말목표 제품재고량은 다음 분기 판매량의 20%로 한다.
- 각 분기별 기말목표 재료재고량은 다음 분기 제품생산량에 필요한 재료량의 10%로 한다.
- 손세정제 1통을 만드는데 20kg의 재료가 필요하다.
- 재료의 구입단가는 kg당 ₩2이다.

① ₩106,000   ② ₩124,000   ③ ₩140,000

④ ₩152,000   ⑤ ₩156,000

37. ㈜세무는 제품 A와 제품 B를 생산하고 있는데, ㈜대한으로부터 제품 A 전량을 단위당 ₩18에 공급하는 제안을 받았다. 이 제안을 검토하기 위해 ㈜세무의 회계부서에서 분석한 제품 A에 대한 원가자료는 다음과 같다.

구 분	단 가	1,000단위
직접재료원가	₩5	₩5,000
직접노무원가	4	4,000
변동제조간접원가	1	1,000
감독자급여	3	3,000
특수기계감가상각비	2	2,000
공통간접원가배분액	5	5,000
제조원가 합계	₩20	₩20,000

제품 A를 생산하지 않을 경우 제품 A 감독자는 추가비용 없이 해고가능하고, 특수기계는 제품 A 제조에만 사용되는 전용기계이다. 공통간접원가는 공장임대료 등으로 제품 A 생산라인을 폐쇄하더라도 감소하지 않는다. 제품 A를 생산하지 않을 경우 그에 대한 여유생산 능력으로 제품 B를 추가 생산할 수 있는데, 이로 인해 증가되는 수익은 ₩5,000이고 증가되는 원가는 ₩3,000이다. ㈜세무가 ㈜대한의 제안을 받아들이면 자가생산하는 것보다 얼마나 유리(불리)한가?

① ₩3,000 유리   ② ₩3,000 불리   ③ ₩4,000 유리

④ ₩4,000 불리   ⑤ ₩5,000 불리

38. ㈜세무는 에어컨을 제조하는데, 에어컨의 품질원가를 파악하기 위해 다음의 자료를 수집하였다. 품질원가에 관한 설명으로 옳지 않은 것은?

- 생산판매단위: 6,000개
- 판매단가: ₩1,500
- 단위당 변동원가: ₩800
- 제품설계시간: 1,000시간
- 제품설계 노무임률: ₩80
- 단위당 시험검사시간: 0.5시간
- 시험검사 노무임률: ₩60
- 재작업율: 10%
- 단위당 재작업원가: ₩400
- 보증수리비율: 5%
- 단위당 수리원가: ₩500
- 품질로 인해 상실된 추정판매량: 400개

① 예방원가는 ₩80,000이다.

② 평가원가는 ₩180,000이다.

③ 내부실패원가는 ₩240,000이다.

④ 외부실패원가는 ₩150,000이다.

⑤ 총품질원가는 ₩930,000이다.

39. ㈜세무는 CCTV 장비를 제조하여 고객에게 설치판매하는 사업을 하고 있다. 장비제조는 제조부서에서 장비설치는 설치부서에서 수행하는데, 장비설치에 대한 수요는 연간처리능력을 초과하고 있다. 따라서 ㈜세무는 제약자원개념하에서 운영개선을 검토하기로 하고, 다음의 자료를 수집했다.

구 분	장비제조	장비설치
연간처리능력	400개	300개
연간제조설치량	300개	300개

장비의 단위당 설치판매 가격은 ₩40,000이고, 단위당 직접재료원가는 ₩30,000이다. 직접재료원가 이외의 모든 원가는 고정되어 있고 장비설치 오류시 해당 장비는 폐기된다. 이와 같은 상황하에서 ㈜세무가 영업이익 증가를 위해 취하는 행동으로 옳은 것은?

① 장비설치 부서에 두 명의 작업자를 고정배치하여 연간 설치수량을 20개 증가시키고, 이로 인해 두 명의 작업자에 대해서 연간 ₩300,000의 추가적 원가가 발생한다.

② 직접재료는 ㈜세무가 제공하는 조건으로 개당 ₩10,000에 30개의 장비를 제조해주겠다는 외주업체의 제안을 받아들인다.

③ 연간 ₩550,000의 추가원가를 투입하여 설치시간을 단축함으로써 설치부서의 연간 설치수량을 50개 더 증가시킨다.

④ 장비는 ㈜세무가 제공하는 조건으로 개당 ₩12,000에 30개의 장비설치를 해주겠다는 외주업체의 제안을 받아들인다.

⑤ 연간 ₩700,000의 추가원가를 투입하여 오류 설치수량을 연간 20개 줄인다.

40. ㈜세무는 사업부의 성과를 평가하기 위해 각 사업부의 EVA(경제적부가가치)를 계산하려고 하는데, 사업부 중 한 곳인 남부사업부의 재무상황은 총자산 ₩2,000,000, 유동부채 ₩500,000, 영업이익 ₩400,000이다. ㈜세무의 두 가지 자금원천 중 하나인 타인자본의 시장가치는 ₩6,000,000이고, 그에 대한 이자율은 10%이다. 나머지 원천인 자기자본의 시장가치는 ₩9,000,000이고 그에 대한 자본비용은 15%이다. ㈜세무에게 적용되는 법인세율은 40%이다. 각 사업부의 EVA 계산은 기업전체의 가중평균자본비용을 적용한다. 이러한 상황에서 계산된 남부사업부의 EVA는?

① ₩58,000   ② ₩69,000   ③ ₩72,000

④ ₩74,000   ⑤ ₩78,000

김용재 회계사, 세무사 1차 회계학 연도별 기출문제집

2020

기출문제

2020년 CTA 회계학 기출문제

2020년 CTA 회계학개론 기출문제

01. 유용한 재무정보의 질적특성에 관한 설명으로 옳지 않은 것은?

① 재무정보가 예측가치를 갖기 위해서 그 자체가 예측치 또는 예상치일 필요는 없다.

② 하나의 경제적 현상은 여러 가지 방법으로 충실하게 표현될 수 있으나, 동일한 경제적 현상에 대해 대체적인 회계처리방법을 허용하면 비교가능성이 감소한다.

③ 목적적합하지 않은 현상에 대한 표현충실성과 목적적합한 현상에 대한 충실하지 못한 표현 모두 이용자들이 좋은 결정을 내리는 데 도움이 되지 않는다.

④ 회계기준위원회는 중요성에 대한 획일적인 계량 임계치를 정하거나 특정한 상황에서 무엇이 중요한 것인지를 미리 결정할 수 없다.

⑤ 보강적 질적특성은 정보가 목적적합하지 않거나 나타내고자 하는 바를 충실하게 표현하지 않더라도 그 정보를 유용하게 만들 수 있다.

02. 자산의 인식과 측정에 관한 설명으로 옳지 않은 것은?

① 자산의 정의를 충족하는 항목만이 재무상태표에 자산으로 인식된다.

② 합리적인 추정의 사용은 재무정보 작성의 필수적인 부분이며 추정치를 명확하고 정확하게 기술하고 설명한다면 정보의 유용성을 훼손하지 않는다.

③ 사용가치는 기업이 자산의 사용과 궁극적인 처분으로 얻을 것으로 기대하는 현금흐름 또는 그 밖의 경제적효익의 현재가치이다.

④ 공정가치는 자산을 취득할 때 발생한 거래원가로 인해 증가하지 않는다.

⑤ 경제적효익의 유입가능성이 낮으면 자산으로 인식해서는 안된다.

03. 수익의 인식에 관한 설명으로 옳지 않은 것은?

① 거래가격은 고객에게 약속한 재화나 용역을 이전하고 그 대가로 기업이 받을 권리를 갖게 될 것으로 예상하는 금액이며, 제삼자를 대신해서 회수한 금액(예: 일부 판매세)은 제외한다.

② 약속한 재화나 용역이 구별되지 않는다면, 구별되는 재화나 용역의 묶음을 식별할 수 있을 때까지 그 재화나 용역을 약속한 다른 재화나 용역과 결합한다.

③ 변동대가(금액)는 기댓값 또는 가능성이 가장 높은 금액 중에서 고객이 받을 권리를 갖게 될 대가(금액)를 더 잘 예측할 것으로 예상하는 방법을 사용하여 추정한다.

④ 계약의 각 당사자가 전혀 수행되지 않은 계약에 대해 상대방(들)에게 보상하지 않고 종료할 수 있는 일방적이고 집행 가능한 권리를 갖는다면, 그 계약은 존재하지 않는다고 본다.

⑤ 계약을 개시한 다음에는 계약 당사자들이 수행의무를 실질적으로 변경하는 계약변경을 승인하지 않는 한, 자산이 기업에 대체 용도가 있는지를 다시 판단하지 않는다.

04. ㈜세무는 20X1년 10월 1일 기계장치를 취득(취득원가 ₩4,800,000, 내용연수 5년, 잔존가치 ₩0)하여 정액법으로 감가상각하였다. 20X2년 4월 1일 동 기계장치에 대하여 ₩1,200,000을 지출하고, 이를 내용연수를 증가시키는 자본적지출로 처리하였으며 다음과 같은 회계변경을 실행하였다.

감가상각 방법	내용연수	잔존가치
정액법에서 연수합계법	잔존 내용연수를 8년으로 재추정	₩0에서 ₩120,000으로 재추정

20X3년 7월 1일 현금 ₩4,000,000을 수령하고 동 기계장치를 처분하였을 경우 처분손익은? (단, 감가상각은 월할 계산한다.)

① 유형자산처분손실 ₩57,500
② 유형자산처분손실 ₩252,500
③ 유형자산처분손실 ₩537,500
④ 유형자산처분이익 ₩242,500
⑤ 유형자산처분이익 ₩442,500

05. ㈜세무는 20X1년 12월 31일 독립 사업부로 운영되는 A공장에 화재가 발생하여 재고자산 전부와 장부가 소실되었다. 화재로 인한 재고자산 손실을 확인하기 위하여 A공장의 매출처 및 매입처, 그리고 외부감사인으로부터 다음과 같은 자료를 수집하였다.

- 매출: ₩1,000,000
- 기초재고: ₩100,000
- 20X0년 재무비율
  - 매출총이익률: 15%
  - 재고자산회전율: 680%

㈜세무가 추정한 재고자산 손실 금액은? (단, 매출총이익률과 재고자산회전율은 매년 동일하며, 재고자산회전율은 매출원가와 평균재고자산을 이용한다.)

① ₩150,000
② ₩150,500
③ ₩151,000
④ ₩151,500
⑤ ₩152,000

06. ㈜세무의 20X1년 초 자본잉여금은 ₩100,000이고 20X1년 기중 거래내역이 다음과 같을 때, 20X1년 12월 31일 자본잉여금은?

일자	거래내역
2월 1일	보통주 600주(주당액면 ₩500)를 주당 ₩700에 발행하고, 주식발행비용 ₩30,000이 발생하였다.
3월 10일	이월결손금 ₩250,000을 보전하기 위하여 기발행주식수 3,000주(주당 액면금액 ₩500)를 1주당 0.8주로 교부하는 주식병합을 실시하였다(20X1년 초 감자차손 없음).
5월 2일	화재발생으로 유형자산(장부금액 ₩400,000)이 전소되고, 보험회사로부터 ₩40,000의 화재보험금을 수령하였다.
8월 23일	이익준비금 ₩200,000을 재원으로 하여 보통주 400주(주당액면 ₩500)를 무상증자하였다.
9월 30일	신제품 생산용 기계장치 구입을 위해 정부보조금 ₩80,000을 수령하였다.
11월 17일	보유중인 자기주식 500주(재취득가 주당 ₩650)를 주당 ₩700에 재발행하였다(20X1년 초 자기주식처분손실은 없으며, 자기주식은 원가법으로 회계처리함).

① ₩215,000 ② ₩235,000 ③ ₩240,000
④ ₩245,000 ⑤ ₩265,000

07. ㈜세무는 저가기준으로 선입선출 소매재고법을 적용하고 있다. 재고자산과 관련된 자료가 다음과 같을 때, 매출원가는? (단, 원가율은 소수점 이하 셋째자리에서 반올림한다.)

구분	원가	판매가
기초재고	₩12,000	₩14,000
매입	649,700	999,500
매입운임	300	–
매출	–	1,000,000
매출환입	–	500
순인상	–	500
순인하	–	300
정상파손	100	200

① ₩652,670 ② ₩652,770 ③ ₩652,800
④ ₩652,870 ⑤ ₩652,900

08. ㈜세무는 단일상품을 판매하는 기업으로, 20X1년 결산이전 재고자산의 정상적인 수량부족과 평가손실을 반영하지 않은 매출원가는 ₩989,400이다. 재고와 관련된 자료가 다음과 같을 때, 20X1년 기초재고자산은? (단, 재고자산의 정상적인 수량부족과 평가손실은 매출원가로 처리하고, 비정상적인 수량부족은 기타비용으로 처리한다.)

- 당기매입 관련 자료
  - 당기상품매입액: ₩800,000
  - 매입운임: ₩60,000
  - 관세환급금: ₩10,000
- 기말재고 실사자료
  - 기말재고 장부상 수량: 500개
  - 기말재고 실제 수량: 480개(14개는 정상적인 수량부족임)
  - 단위당 취득단가: ₩900
  - 단위당 순실현가능가치: ₩800

① ₩584,000 ② ₩586,600 ③ ₩587,400
④ ₩589,400 ⑤ ₩596,600

09. ㈜세무는 재고자산의 매입과 매출을 모두 외상으로 처리한 후, 나중에 현금으로 결제하고 있다. 다음은 이와 관련된 거래내역 일부를 20X0년과 20X1년도 재무상태표와 포괄손익계산서로부터 추출한 것이다. 20X1년 12월 31일 (A)에 표시될 현금은? (단, 현금의 변동은 제시된 영업활동에서만 영향을 받는다고 가정한다.)

재무상태표 계정과목	20X1. 12. 31	20X0. 12. 31
현금	(A)	₩300,000
매출채권	110,000	100,000
매출채권 손실충당금	10,000	9,000
재고자산	100,000	80,000
매입채무	80,000	60,000
포괄손익계산서 계정과목	20X1년도	20X0년도
매출	₩1,800,000	₩1,500,000
매출원가	1,500,000	1,200,000
매출채권 손상차손	7,000	6,000

① ₩584,000 ② ₩590,000 ③ ₩594,000
④ ₩604,000 ⑤ ₩610,000

10. ㈜세무는 20X1년 1월 1일 사용목적으로 건물(취득원가 ₩2,000,000, 내용연수 10년, 잔존가치 ₩400,000, 정액법 감가상각)을 취득하고 원가모형을 적용하고 있다. 20X2년 말과 20X4년 말 동 건물의 순공정가치와 사용가치가 다음과 같을 때, 20X4년도 손상차손환입액은?

구분	20X2년 말	20X4년 말
순공정가치	₩1,200,000	₩1,500,000
사용가치	1,400,000	1,300,000

① ₩200,000 ② ₩210,000 ③ ₩300,000
④ ₩310,000 ⑤ ₩350,000

11. ㈜세무는 ㈜대한의 주식 A를 취득하고, 이를 기타포괄손익–공정가치측정 금융자산으로 '선택' (이하 "FVOCI") 지정분류 하였다. 동 주식 A의 거래와 관련된 자료가 다음과 같고, 다른 거래가 없을 경우 설명으로 옳은 것은? (단, 동 FVOCI 취득과 처분은 공정가치로 한다.)

구분	20X1년 기중	20X1년 기말	20X2년 기말	20X3년 기중
회계처리	취득	후속평가	후속평가	처분
공정가치	₩100,000	₩110,000	₩98,000	₩99,000
거래원가	500	–	–	200

① 20X1년 기중 FVOCI 취득원가는 ₩100,000이다.
② 20X1년 기말 FVOCI 평가이익은 ₩10,000이다.
③ 20X2년 기말 FVOCI 평가손실이 ₩3,000 발생된다.
④ 20X3년 처분 직전 FVOCI 평가손실 잔액은 ₩2,000이다.
⑤ 20X3년 처분 시 당기손실 ₩200이 발생된다.

12. 20X1년 초 도소매업으로 영업을 개시한 ㈜세무는 현금 ₩1,800을 투자하여 상품 2개를 단위당 ₩600에 구입하고, 구입한 상품을 단위당 ₩800에 판매하여 20X1년 말 현금은 ₩2,200이 되었다. 20X1년 중 물가상승률은 10%이며, 20X1년 기말 상품의 단위당 구입 가격은 ₩700이다. 실물자본유지개념을 적용하여 산출한 20X1년 말에 인식할 이익과 자본유지조정 금액은?

① 이익 ₩100, 자본유지조정 ₩300   ② 이익 ₩180, 자본유지조정 ₩220

③ 이익 ₩220, 자본유지조정 ₩180   ④ 이익 ₩300, 자본유지조정 ₩100

⑤ 이익 ₩400, 자본유지조정 ₩0

13. ㈜세무는 20X1년 4월 1일 영업용 차량을 취득(취득원가 ₩1,200,000, 내용연수 5년, 잔존가치 ₩200,000, 정액법으로 감가상각)하면서 정부로부터 취득원가의 30%를 보조받고, 이를 부채(이연수익법)로 회계처리 하였다. 20X3년 7월 1일에 동 영업용 차량을 현금 ₩600,000에 처분하였다면, 정부보조금과 관련하여 처분시점에서 제거해야 할 부채(이연정부보조금수익)는? (단, 감가상각은 월할상각한다.)

① ₩126,000   ② ₩144,000   ③ ₩162,000

④ ₩198,000   ⑤ ₩234,000

14. ㈜세무는 20X1년 초 보통주와 우선주(누적적, 완전참가)를 발행하여 영업을 개시하였으며, 영업개시 이후 자본금의 변동은 없었다. 20X3년 기말 현재 발행된 주식과 배당관련 자료는 다음과 같다.

보통주	액면금액	₩1,000
	발행주식수	3,000주
	배당률	4%
우선주 (누적적, 완전참가)	액면금액	₩1,000
	발행주식수	2,000주
	배당률	6%

20X4년 3월 말 주주총회에서 ₩1,000,000의 현금배당을 결의하였을 경우, 보통주 주주에게 지급할 배당금은? (단, 과거에 현금배당을 실시하지 않았고, 배당가능이익은 충분하다.)

① ₩432,000   ② ₩568,000   ③ ₩576,000

④ ₩640,000   ⑤ ₩880,000

15. 보고기간 후 사건에 관한 설명으로 옳은 것은?

① 보고기간 후에 발생한 상황을 나타내는 사건을 반영하기 위하여, 재무제표에 인식된 금액을 수정한다.

② 보고기간말과 재무제표 발행승인일 사이에 투자자산의 공정가치가 하락한다면, 재무제표에 투자자산으로 인식된 금액을 수정한다.

③ 보고기간 후에 지분상품 보유자에 대해 배당을 선언한 경우, 그 배당금을 보고기간말의 부채로 인식하지 아니한다.

④ 보고기간말에 존재하였던 상황에 대한 정보를 보고기간 후에 추가로 입수한 경우에도 그 정보를 반영하여 공시 내용을 수정하지 않는다.

⑤ 경영진이 보고기간 후에, 기업을 청산하거나 경영활동을 중단할 의도를 가지고 있거나, 청산 또는 경영활동의 중단 외에 다른 현실적 대안이 없다고 판단하는 경우에도 계속기업의 기준에 따라 재무제표를 작성할 수 있다.

16. 중간재무보고에 관한 내용으로 옳은 것은?

① 한국채택국제회계기준에 따라 중간재무보고서를 작성한 경우, 그 사실을 공시할 필요는 없다.

② 중간재무보고서상의 재무상태표는 당해 중간보고기간 말과 직전연도 동일 기간 말을 비교하는 형식으로 작성한다.

③ 중간재무보고서상의 포괄손익계산서는 당해 중간기간과 당해 회계연도 누적기간을 직전 회계연도의 동일기간과 비교하는 형식으로 작성한다.

④ 중간재무보고서를 작성할 때 인식, 측정, 분류 및 공시와 관련된 중요성의 판단은 직전 회계연도의 재무자료에 근거하여 이루어져야 한다.

⑤ 중간재무보고서상의 재무제표는 연차재무제표보다 더 많은 정보를 제공하므로 신뢰성은 높고, 적시성은 낮다.

17. 리스에 관한 설명으로 옳은 것은?

① 제조자 또는 판매자인 리스제공자의 운용리스 체결은 운용리스 체결 시점에 매출이익을 인식한다.

② 금융리스로 분류되는 경우 리스제공자는 자신의 리스총투자 금액에 일정한 기간수익률을 반영하는 방식으로 리스기간에 걸쳐 금융수익을 인식한다.

③ 리스제공자는 운용리스 체결 과정에서 부담하는 리스개설직접원가를 기초자산의 장부금액에 더하고 리스료 수익과 같은 기준으로 리스기간에 걸쳐 비용으로 인식한다.

④ 기초자산의 소유에 따른 위험과 보상의 대부분을 이전하는 리스는 운용리스로 분류하고, 기초자산의 소유에 따른 위험과 보상의 대부분을 이전하지 않는 리스는 금융리스로 분류한다.

⑤ 제조자 또는 판매자인 리스제공자의 금융리스 체결은 금융리스 체결 시점에 기초자산의 원가(원가와 장부금액이 다를 경우에는 장부금액)에서 보증잔존가치를 뺀 금액을 매출원가로 인식한다.

18. ㈜세무는 20X1년 1월 1일 액면금액 ₩1,000,000인 신주인수권부사채(만기 3년, 표시이자율 연 7%, 매년 말 이자지급)를 액면발행 하였다. 동 신주인수권부사채 발행 당시 동일한 조건의 일반사채의 유효이자율은 연 12%이다. 동 사채는 발행일로부터 18개월이 경과한 시점부터 상환기일 30일 전까지 사채의 액면금액 ₩10,000당 보통주 1주(주당 액면금액 ₩5,000)를 인수할 수 있는 권리가 부여되어 있다. 만기까지 신주인수권을 행사하지 않을 경우 액면금액의 113.5%를 보장한다. ㈜세무의 20X1년도 이자비용은? (단, 계산금액은 소수점 이하 첫째자리에서 반올림한다.)

기간	단일금액 ₩1의 현재가치		정상연금 ₩1의 현재가치	
	7%	12%	7%	12%
1년	0.9346	0.8929	0.9346	0.8929
2년	0.8734	0.7972	1.8080	1.6901
3년	0.8163	0.7118	2.6243	2.4018

① ₩70,000   ② ₩117,122   ③ ₩122,777

④ ₩135,000   ⑤ ₩158,981

19. ㈜세무는 20X1년 1월 1일 ㈜대한에게 사채A(액면금액 ₩1,000,000, 만기 5년, 표시이자율 연 5%, 매년 말 이자지급)를 발행하고 상각후원가측정금융부채로 분류하였다. 사채발행 시점의 유효이자율은 연 10%이고, 사채할인발행차금을 유효이자율법으로 상각하고 있다. 20X4년 1월 1일 유효이자율이 연 8%로 하락함에 따라 ㈜민국에게 새로운 사채B(액면금액 ₩1,000,000, 만기 2년, 표시이자율 연 3%, 매년 말 이자지급)를 발행하여 수취한 현금으로 사채A를 조기상환 하였다. ㈜세무가 20X4년 1월 1일 인식할 사채A의 상환손익과 사채B의 발행금액은? (단, 계산금액은 소수점 이하 첫째자리에서 반올림한다.)

기간	단일금액 ₩1의 현재가치				정상연금 ₩1의 현재가치			
	3%	5%	8%	10%	3%	5%	8%	10%
2년	0.9426	0.9070	0.8573	0.8264	1.9135	1.8594	1.7833	1.7355
5년	0.8626	0.7835	0.6806	0.6209	4.5797	4.3295	3.9927	3.7908

	사채A 상환손익	사채B 발행금액
①	손실 ₩2,396	₩878,465
②	손실 ₩2,396	₩913,195
③	손실 ₩2,396	₩915,591
④	이익 ₩2,396	₩910,799
⑤	이익 ₩2,396	₩1,000,000

20. 20X1년 초에 설립된 ㈜세무의 20X1년도 포괄손익계산서상 법인세비용차감전순이익은 ₩700,000이고, 법인세율은 20%이다. 당기 법인세부담액을 계산하기 위한 세무조정사항 및 이연법인세자산(부채) 자료가 다음과 같을 때, 20X1년도 법인세비용은?

> - 20X1년도에 당기손익 − 공정가치측정금융자산평가손실로 ₩100,000을 인식하였으며, 동 금융자산은 20X2년에 처분한다.
> - 20X1년 세법상 손금한도를 초과하여 지출한 접대비는 ₩100,000이다.
> - 20X1년 정기예금(만기 20X2년)에서 발생한 이자 ₩20,000을 미수수익으로 인식하였다.
> - 20X2년 법인세율은 18%로 예상된다.
> - 일시적 차이가 사용될 수 있는 미래 과세소득의 발생가능성은 높다.

① ₩158,000 ② ₩161,600 ③ ₩176,000
④ ₩179,600 ⑤ ₩190,400

21. ㈜세무는 20X1년부터 제품을 판매하기 시작하고 3년간 품질을 보증하며, 품질보증기간이 지나면 보증의무는 사라진다. 과거의 경험에 의하면 제품 1단위당 ₩200의 제품보증비가 발생하며, 판매량의 5%에 대하여 품질보증요청이 있을 것으로 추정된다. 20X3년 말 현재 20X1년에 판매한 제품 중 4%만 실제 제품보증활동을 수행하였다. 20X1년부터 20X3년까지의 판매량과 보증비용 지출액 자료는 다음과 같다.

연도	판매량(대)	보증비용 지출액
20X1년	3,000	₩20,000
20X2년	4,000	30,000
20X3년	6,000	40,000

㈜세무가 제품보증과 관련하여 충당부채를 설정한다고 할 때, 20X3년 말 제품보증충당부채는? (단, 모든 보증활동은 현금지출로 이루어진다.)

① ₩10,000 ② ₩14,000 ③ ₩20,000
④ ₩34,000 ⑤ ₩40,000

22. ㈜세무의 20X1년 초 유통보통주식수는 8,000주(1주당 액면금액 ₩100)이다. 20X1년도 희석주당이익 계산을 위한 자료는 다음과 같다.

- 4월 1일 유상증자로 보통주 3,000주 발행(신주 발행금액은 주당 ₩400으로 유상증자일 직전 종가 ₩600보다 현저히 낮았음)
- 9월 1일 자기주식 300주 취득
- 10월 1일 옵션 600개 발행(옵션 1개당 1주의 보통주 발행, 행사가격은 1주당 ₩300, 보통주 1주의 평균주가는 ₩500)
- 12월 31일 전년도 발행 전환사채(액면금액 ₩500,000, 액면금액 ₩10,000당 1주의 보통주로 전환가능)는 전환되지 않았음

20X1년도 희석주당이익 계산을 위해 가중평균한 유통보통주식수와 잠재적보통주식수의 합계는? (단, 주식수는 월수계산하고, 소수점 이하 첫째자리에서 반올림한다.)

① 10,150주   ② 10,260주   ③ 10,310주

④ 10,460주   ⑤ 10,850주

23. ㈜세무는 확정급여제도를 채택하여 시행하고 있다. 20X1년 초 확정급여채무의 현재가치는 ₩900,000이고, 사외적립자산의 공정가치는 ₩720,000이다. 20X1년 동안 당기근무원가는 ₩120,000이다. 20X1년 9월 1일 퇴직한 종업원에게 ₩90,000의 퇴직급여가 사외적립자산에서 지급되었으며, 20X1년 10월 1일 사외적립자산에 대한 기여금 ₩60,000을 납부하였다. 20X1년 말 순확정급여부채는? (단, 우량회사채의 시장수익률은 연 10%이고, 이자원가 및 이자수익은 월할계산한다.)

① ₩240,000   ② ₩256,500   ③ ₩258,000

④ ₩316,500   ⑤ ₩318,000

24. ㈜세무는 20X1년 초 ㈜대한과 건설계약(공사기간 3년, 계약금액 ₩850,000)을 체결하였다. 관련 자료가 다음과 같을 때, 20X1년 말 미청구공사금액(또는 초과청구공사금액)과 20X2년도 공사이익은? (단, 진행기준으로 수익을 인식하고 진행률은 누적발생계약원가를 추정총계약원가로 나눈 비율로 측정한다.)

구분	20X1년	20X2년	20X3년
누적발생계약원가	₩432,000	₩580,000	₩740,000
추정총계약원가	720,000	725,000	740,000
계약대금청구금액	390,000	310,000	150,000
계약대금수령금액	450,000	200,000	200,000

	20X1년말 미청구공사(초과청구공사)	20X2년도 공사이익
①	초과청구공사 ₩0	₩78,000
②	초과청구공사 ₩20,000	₩22,000
③	초과청구공사 ₩20,000	₩78,000
④	미청구공사 ₩120,000	₩22,000
⑤	미청구공사 ₩120,000	₩78,000

25. ㈜세무는 20X1년 7월 1일 ㈜대한을 현금 ₩1,200,000에 흡수합병하였다. ㈜대한이 보유하고 있는 건물(장부금액 ₩430,000, 공정가치 ₩410,000, 순공정가치 ₩400,000)은 취득일에 매각예정비유동자산으로 분류되었다. 취득일 현재 건물을 제외한 ㈜대한의 자산, 부채 장부금액과 공정가치는 다음과 같다.

계정과목	장부금액	공정가치
현금	₩100,000	₩100,000
매출채권	100,000	100,000
제품	200,000	240,000
투자부동산	320,000	250,000
토지	200,000	300,000
매입채무	50,000	50,000
사채	170,000	170,000

20X1년 7월 1일 합병 시 ㈜세무가 인식할 영업권은?

① ₩0　　　　　② ₩20,000　　　　　③ ₩30,000

④ ₩70,000　　　　　⑤ ₩100,000

26. ㈜세무는 종합원가계산제도를 채택하고 있다. ㈜세무의 20X1년 당기제조착수량은 100단위, 기말재공품은 40단위(전환원가 완성도 25%)이며, 당기투입원가는 직접재료원가 ₩40,000, 전환원가(conversion cost) ₩70,000이다. 직접재료는 공정이 시작되는 시점에서 전량 투입되며, 전환원가는 공정전반에 걸쳐 균등하게 발생할 때, 기말재공품의 원가는? (단, 기초재공품, 공손 및 감손은 없다.)

① ₩10,000   ② ₩16,000   ③ ₩26,000

④ ₩28,000   ⑤ ₩56,000

27. ㈜세무는 20X1년 연간 최대생산량이 8,000단위인 생산설비를 보유하고 있다. ㈜세무는 당기에 제품 7,000단위를 단위당 ₩1,000에 판매할 것으로 예상하며, 단위당 변동제조원가는 ₩500, 단위당 변동판매관리비는 ₩100이다. ㈜세무는 거래처로부터 제품 2,000단위를 판매할 수 있는 특별주문을 받았으며, 단위당 변동제조원가와 단위당 변동판매관리비는 변화가 없다. 이 특별주문을 수락한다면, 예상 판매량 중 1,000단위를 포기해야 한다. 이 때, 특별주문 제품의 단위당 최저 판매가격은?

① ₩500   ② ₩600   ③ ₩800

④ ₩900   ⑤ ₩1,000

28. ㈜세무는 단일 제품을 생산하며, 정상원가계산제도를 채택하고 있다. 제조간접원가는 기계시간을 기준으로 배부한다. 20X1년 제조간접원가 예산은 ₩40,000이고, 예정 기계시간은 2,000시간이다. 20X1년 실제 기계시간은 2,100시간, 제조간접원가 과대배부액은 ₩3,000이다. 20X1년 ㈜세무의 제조간접원가 실제발생액은?

① ₩39,000   ② ₩40,000   ③ ₩41,000

④ ₩42,000   ⑤ ₩45,000

29. ㈜세무는 20X1년에 제품A 1,500단위, 제품B 2,000단위, 제품C 800단위를 생산하였다. 제조간접원가는 작업준비 ₩100,000, 절삭작업 ₩600,000, 품질검사 ₩90,000이 발생하였다. 다음 자료를 이용한 활동기준원가계산에 의한 제품B의 단위당 제조간접원가는?

활동	원가동인	제품A	제품B	제품C
작업준비	작업준비횟수	30	50	20
절삭작업	절삭작업시간	1,000	1,200	800
품질검사	검사시간	50	60	40

① ₩43   ② ₩120   ③ ₩163

④ ₩255   ⑤ ₩395

30. ㈜세무는 개별원가계산제도를 채택하고 있으며, 제품A와 제품B를 생산하고 있다. 기초재공품은 없으며, 제품이 모두 기말에 완성되었다. ㈜세무의 20X1년 원가자료는 다음과 같다. 제조간접원가를 직접노무원가 발생액에 비례하여 배부하는 경우, 제품A와 제품B의 제조원가는?

	제품A	제품B
직접재료원가		
기초재고액	₩20,000	₩10,000
당기매입액	40,000	30,000
기말재고액	10,000	15,000
직접노무원가		
전기말 미지급액	₩22,000	₩30,000
당기지급액	45,000	60,000
당기말 미지급액	20,000	27,000
제조간접원가	₩30,000	

① 제품A: ₩94,900   제품B: ₩110,100   ② 제품A: ₩99,100   제품B: ₩105,900

③ 제품A: ₩105,900   제품B: ₩94,900   ④ 제품A: ₩105,900   제품B: ₩99,100

⑤ 제품A: ₩110,100   제품B: ₩94,900

31. ㈜세무는 종합원가계산제도를 채택하고 있다. 직접재료는 공정이 시작되는 시점에서 전량 투입되며, 전환원가는 공정전반에 걸쳐서 균등하게 발생한다. 당기완성품환산량 단위당 원가는 직접재료원가 ₩2,000, 전환원가 ₩500이었다. 생산 공정에서 공손품이 발생하는데 이러한 공손품은 제품을 검사하는 시점에서 파악된다. 공정의 50% 시점에서 검사를 수행하며, 정상공손수량은 검사 시점을 통과한 합격품의 10%이다. ㈜세무의 생산활동 자료가 다음과 같을 때, 정상공손원가는?

> ◦ 기초재공품: 500단위(전환원가 완성도 30%)
> ◦ 당기완성량: 1,800단위
> ◦ 당기착수량: 2,000단위
> ◦ 기말재공품: 400단위(전환원가 완성도 70%)

① ₩440,000   ② ₩495,000   ③ ₩517,000
④ ₩675,000   ⑤ ₩705,000

32. ㈜세무는 20X1년 원재료 X를 가공하여 연산품A와 연산품B를 생산하는데 ₩36,000의 결합원가가 발생하였다. 분리점 이후 최종제품 생산을 위해서는 각각 추가가공원가가 발생한다. 균등매출총이익률법으로 결합원가를 연산품에 배부할 때, 연산품B에 배부되는 결합원가는? (단, 공손 및 감손은 없으며, 기초 및 기말재공품은 없다.)

제품	생산량	최종 판매단가	최종판매가액	추가가공원가 (총액)
A	1,000리터	₩60	₩60,000	₩8,000
B	500리터	₩40	₩20,000	₩4,000
합계	1,500리터		₩80,000	₩12,000

① ₩4,000   ② ₩8,000   ③ ₩12,000
④ ₩18,000   ⑤ ₩28,000

33. ㈜세무는 제조부문(금형, 조립)과 보조부문(유지, 동력)을 이용하여 제품을 생산하고 있다. 유지부문원가는 기계시간, 동력부문원가는 전력량을 기준으로 단계배부법을 사용하여 보조부문원가를 제조부문에 배부한다. 보조부문원가를 배부하기 위한 20X1년 원가자료와 배부기준은 다음과 같다.

	보조부문		제조부문	
	유지	동력	금형	조립
부문개별원가	₩120,000	₩80,000	₩200,000	₩300,000
부문공통원가	₩200,000			
기계시간(시간)	–	200	400	400
전력량(kWh)	100	–	300	200
점유면적(㎡)	10	20	30	40

㈜세무의 부문공통원가 ₩200,000은 임차료이며, 이는 점유면적을 기준으로 각 부문에 배분한다. 20X1년 ㈜세무의 배부 후, 금형부문의 총원가는? (단, 보조부문원가는 유지부문, 동력부문의 순으로 배부한다.)

① ₩144,800   ② ₩148,800   ③ ₩204,800

④ ₩344,800   ⑤ ₩404,800

34. ㈜세무는 외부 판매대리점을 통해 건강보조식품을 판매하고 있는데, 20X1년도 손익계산서 자료는 다음과 같다.

매출액	₩100,000
변동매출원가	₩45,000
고정매출원가	₩15,000
변동판매비와관리비(판매대리점 수수료)	₩18,000
고정판매비와관리비	₩4,000
영업이익	₩18,000

㈜세무는 20X1년에 판매대리점에게 매출액의 18%를 판매대리점 수수료로 지급하였는데, 20X2년에는 판매대리점 대신 회사 내부판매원을 통해 판매하려고 한다. 이 경우, 내부판매원에게 매출액의 15%에 해당하는 수수료와 고정급여 ₩8,000이 지출될 것으로 예상된다. ㈜세무가 20X2년에 내부판매원을 통해 20X1년과 동일한 영업이익을 얻기 위해 달성해야 할 매출액은?

① ₩75,000   ② ₩81,818   ③ ₩90,000

④ ₩100,000   ⑤ ₩112,500

35. ㈜세무는 제약자원인 특수기계를 이용하여 제품A, 제품B, 제품C를 생산·판매한다. 제품의 생산·판매와 관련된 자료는 다음과 같다.

구분	제품A	제품B	제품C
단위당 판매가격	₩50	₩60	₩120
단위당 변동원가	₩20	₩36	₩60
단위당 특수기계 이용시간	2시간	1시간	3시간

특수기계의 최대이용가능시간이 9,000시간이고, 각각의 제품에 대한 시장수요가 1,000단위(제품A), 3,000단위(제품B), 2,000단위(제품C)로 한정되어 있을 때, ㈜세무가 달성할 수 있는 최대공헌이익은?

① ₩181,250   ② ₩192,000   ③ ₩196,250

④ ₩200,000   ⑤ ₩211,250

36. ㈜세무는 단일 제품을 생산·판매하고 있으며, 3년간의 자료는 다음과 같다.

	20X1년	20X2년	20X3년
기초제품재고량(단위)	–	20,000	10,000
당기생산량(단위)	60,000	30,000	50,000
당기판매량(단위)	40,000	40,000	40,000
기말제품재고량(단위)	20,000	10,000	20,000

3년간 판매가격과 원가구조의 변동은 없다. 20X1년 전부원가계산하의 영업이익은 ₩800,000이고, 고정원가가 ₩600,000일 때, 20X3년 전부원가계산하의 영업이익은? (단, 원가흐름은 선입선출법을 가정하며, 기초 및 기말 재공품은 없다.)

① ₩640,000   ② ₩660,000   ③ ₩680,000

④ ₩700,000   ⑤ ₩720,000

37. ㈜세무는 표준원가계산제도를 채택하고 있으며, 직접노무시간을 기준으로 제조간접원가를 배부한다. 20X1년의 생산 및 원가 자료가 다음과 같을 때, 변동제조간접원가 소비차이는?

변동제조간접원가 실제발생액	₩130,000
실제총직접노무시간	8,000시간
당기제품생산량	3,600단위
제품당 표준직접노무시간	2시간
변동제조간접원가 능률차이	₩8,000(불리)

① ₩25,000(유리)   ② ₩25,000(불리)   ③ ₩50,000(유리)

④ ₩50,000(불리)   ⑤ ₩75,000(불리)

38. 다음은 ㈜세무의 20X1년도 2/4분기 판매량 예산이다. 월말 제품재고는 다음 달 판매량의 10%를 보유하는 정책을 유지하고 있으며, 제품 단위당 직접노무시간은 4월 3시간, 5월 3시간, 6월에는 4시간 소요될 것으로 예상하고 있다. 시간당 임금이 4월에 ₩50, 5월부터 매월 ₩5씩 상승한다고 할 때, 6월의 직접노무원가 예산은? (단, 7월의 판매량 예산은 5,000단위이다.)

4월: 3,000단위   5월: 4,000단위   6월: 4,000단위

① ₩780,000   ② ₩960,000   ③ ₩984,000

④ ₩1,080,000   ⑤ ₩1,200,000

39. ㈜세무는 20X1년에 오토바이를 생산·판매하고 있다. 오토바이 1대당 판매가격은 ₩200이며, 단위당 제조원가 내역은 다음과 같다.

직접재료원가	₩86
직접노무원가	45
변동제조간접원가	9
고정제조간접원가	42
단위당 제조원가	₩182

㈜세무는 경찰청으로부터 순찰용 오토바이 100대를 1대당 ₩180에 공급해달라는 특별주문을 받았다. 특별주문에 대해서는 오토바이를 순찰용으로 변경하기 위해 네비게이션을 장착하는데 1대당 ₩10의 원가가 추가적으로 발생한다. 또한 경찰청 로고 제작을 위해 디자인 스튜디오에 ₩1,200을 지급해야 한다. 현재 ㈜세무의 생산 능력은 최대생산능력에 근접해 있으므로 특별주문을 수락하면 기존 오토바이 10대의 생산을 포기해야 한다. ㈜세무가 경찰청의 특별주문을 수락할 때, 증분이익은?

① ₩0 ② 증분이익 ₩800 ③ 증분이익 ₩1,000

④ 증분이익 ₩1,200 ⑤ 증분이익 ₩1,400

40. ㈜세무는 사무실용과 가정용 공기청정기를 판매한다. 다음은 ㈜세무의 20X1년 예산과 실제결과에 대한 자료이다.

(20X1년 예산)

제품	단위당 판매가격	단위당 변동원가	판매수량
사무실용 공기청정기	₩180	₩120	30,000대
가정용 공기청정기	₩135	₩90	90,000대

(20X1년 실제결과)

제품	단위당 판매가격	단위당 변동원가	판매수량
사무실용 공기청정기	₩165	₩112.5	37,800대
가정용 공기청정기	₩120	₩82.5	88,200대

20X1년도 공기청정기의 전체 실제시장규모는 1,050,000대이며, ㈜세무의 시장점유율차이는 ₩1,023,750(유리)이다. ㈜세무가 예상한 20X1년도 전체 공기청정기의 시장규모는?

① 857,143대 ② 923,077대 ③ 1,100,000대

④ 1,150,000대 ⑤ 1,200,000대

김용재 회계사, 세무사 1차 회계학 연도별 기출문제집

2019

기출문제

2019년 CTA 회계학 기출문제

01. 상품매매업을 하는 ㈜세무의 20X1년 기말 재고자산 관련 자료는 다음과 같다.

조 구분	종목 구분	장부 수량	실제 수량	단위당 원가	단위당 순실현가능가치
Ⅰ	상품A	150개	140개	₩1,000	₩900
	상품B	180개	180개	500	450
Ⅱ	상품C	200개	190개	750	650
	상품D	430개	400개	1,200	1,300

종목별기준 저가법을 적용할 경우 20X1년도 포괄손익계산서에 표시되는 매출원가가 ₩8,000,000일 때, 조별기준 저가법을 적용할 경우 20X1년도 포괄손익계산서에 표시되는 매출원가는? (단, 재고자산평가손실은 매출원가에 포함한다.)

① ₩7,985,000   ② ₩7,981,000   ③ ₩8,000,000

④ ₩8,040,000   ⑤ ₩8,043,000

02. ㈜세무는 20X1년 12월 31일 개당 원가 ₩150인 제품 100개를 개당 ₩200에 현금 판매하였다. ㈜세무는 판매 후 30일 이내에 고객이 반품하면 전액 환불해주고 있다. 반품율은 5%로 추정되며, 반품제품 회수비용, 반품제품 가치하락 및 판매당일 반품은 없다. 동 거래에 대한 설명으로 옳지 않은 것은?

① 20X1년 인식할 매출액은 ₩19,000이다.

② 20X1년 인식할 이익은 ₩4,750이다.

③ '환불이 발생할 경우 고객으로부터 제품을 회수할 권리'를 20X1년 말 자산으로 인식하며, 그 금액은 ₩750이다.

④ 동 거래의 거래가격은 변동대가에 해당하기 때문에 받을 권리를 갖게 될 금액을 추정하여 수익으로 인식한다.

⑤ 20X1년 말 인식할 부채는 ₩250이다.

03. ㈜세무는 20X1년 1월 1일 액면 ₩100,000(표시이자율 6% 매년 말 지급, 만기 3년)인 전환사채를 ₩100,000에 발행하였다. 발행 당시 일반사채의 유효이자율은 12%이다. 전환조건은 전환사채 액면 ₩800당 보통주 1주(액면 ₩500)이며, 만기일까지 전환권이 행사되지 않은 경우에는 액면의 113.24%를 지급한다. 동 전환사채와 관련된 설명으로 옳지 않은 것은?

기간	단일금액 ₩1의 현재가치 (할인율 12%)	정상연금 ₩1의 현재가치 (할인율 12%)
1년	0.8929	0.8929
2년	0.7972	1.6901
3년	0.7118	2.4018

① 전환사채 발행시점 부채요소의 장부금액은 ₩95,015이다.

② 20X1년 12월 31일 전환사채의 자본요소는 ₩4,985이다.

③ 20X2년 부채 증가금액은 ₩6,050이다.

④ 20X3년 1월 1일 전환사채 액면 ₩40,000의 전환청구가 이루어지면 전환권대가 ₩1,994을 자본잉여금으로 대체할 수 있다.

⑤ 20X3년 1월 1일 전환사채 전부를 ₩100,000에 상환할 경우 인식할 사채상환이익은 ₩11,452이다.

04. ㈜세무는 20X1년 1월 1일에 기계장치(취득원가 ₩1,000,000, 잔존가치 ₩0, 내용연수 4년, 정액법으로 감가상각)를 취득하여 원가모형을 적용하고 있다. 20X3년 1월 1일에 ㈜세무는 동 기계장치에 대하여 자산인식기준을 충족하는 후속원가 ₩500,000을 지출하였다. 이로 인해 내용연수가 2년 연장(20X3년 1월 1일 현재 잔존내용연수 4년)되고 잔존가치는 ₩100,000 증가할 것으로 추정하였으며, 감가상각방법은 연수합계법으로 변경하였다. ㈜세무는 동 기계장치를 20X4년 1월 1일에 현금을 수령하고 처분하였으며, 처분손실은 ₩60,000이다. 기계장치 처분 시 수령한 현금은 얼마인가?

① ₩190,000   ② ₩480,000   ③ ₩540,000

④ ₩580,000   ⑤ ₩700,000

05. ㈜세무와 ㈜한국은 다음과 같은 기계장치를 서로 교환하였다. 교환과정에서 ㈜세무는 ㈜한국에게 현금 ₩20,000을 지급하였다.

구분	㈜세무	㈜한국
취득원가	₩500,000	₩350,000
감가상각누계액	220,000	20,000
공정가치	270,000	300,000

동 거래에 관한 설명으로 옳은 것은?

① 교환거래에 상업적 실질이 있으며, 각 기계장치의 공정가치가 신뢰성 있게 측정된 금액이라면 ㈜세무가 교환취득한 기계장치의 취득원가는 ₩300,000이다.

② 교환거래에 상업적 실질이 있으며, 각 기계장치의 공정가치가 신뢰성 있게 측정된 금액이라면 ㈜한국이 교환취득한 기계장치의 취득원가는 ₩290,000이다.

③ 교환거래에 상업적 실질이 있으며, ㈜세무가 사용하던 기계장치의 공정가치가 명백하지 않을 경우 ㈜세무가 교환취득한 기계장치의 취득원가는 ₩280,000이다.

④ 교환거래에 상업적 실질이 없으면 ㈜세무만 손실을 인식한다.

⑤ 교환거래에 상업적 실질이 있으며, 각 기계장치의 공정가치가 신뢰성 있게 측정된 금액이라면 ㈜세무와 ㈜한국 모두 손실을 인식한다.

06. ㈜세무는 토지와 건물에 대하여 재평가모형을 적용하고 있다. ㈜세무는 20X1년 초 토지와 영업용 건물을 각각 ₩100,000과 ₩10,000에 취득하였다. ㈜세무는 건물에 대하여 정액법(내용연수 4년, 잔존가치 ₩0)으로 감가상각하고 있으며, 20X2년 초 건물에 대하여 자산인식기준을 충족하는 후속원가 ₩2,000을 지출하였다. ㈜세무는 유형자산이 제거되기 전까지는 재평가잉여금을 이익잉여금으로 대체하지 않는다. 토지와 건물의 공정가치는 다음과 같다.

구분	토지	건물
20X1년 말	₩95,000	₩7,000
20X2년 말	120,000	6,500

동 거래가 ㈜세무의 20X2년 당기순이익에 미치는 영향은?

① ₩2,000 증가 ② ₩2,500 증가 ③ ₩4,500 증가

④ ₩22,000 증가 ⑤ ₩22,500 증가

07. 20X1년 1월 1일 ㈜세무는 제품 200개를 고객에게 1년에 걸쳐 개당 ₩1,000에 판매하기로 약속하였다. 각 제품에 대한 통제는 한 시점에 이전된다. ㈜세무는 20X1년 4월 1일 동일한 제품 100개를 개당 ₩800에 고객에게 추가 납품하기로 계약을 변경하였으며, 동 시점까지 기존 계약 수량 200개 가운데 30개에 대한 통제를 고객에게 이전하였다. 추가된 제품은 구별되는 재화에 해당하며, 추가 제품의 계약금액은 개별 판매 가격을 반영하지 않는다. 20X1년 4월 1일부터 6월 30일까지 기존 계약 수량 중 58개와 추가 계약 수량 중 50개의 통제를 고객에게 이전하였다. 동 거래와 관련하여 ㈜세무가 20X1년 1월 1일부터 6월 30일 사이에 인식할 총수익은?

① ₩100,000   ② ₩100,800   ③ ₩118,000

④ ₩128,000   ⑤ ₩130,000

08. ㈜세무는 20X1년 1월 1일 ㈜한국에게 원가 ₩100,000의 제품을 ₩200,000에 현금 판매하였다. 판매계약에는 20X1년 6월 30일 이전에 ㈜한국이 요구할 경우 ㈜세무가 판매한 제품을 ₩210,000에 재매입해야 하는 풋옵션이 포함된다. 풋옵션이 행사될 유인은 판매시점에서 유의적일 것으로 판단하였으나 실제로 20X1년 6월 30일까지 풋옵션이 행사되지 않은 채 권리가 소멸하였다. 동 거래에 관한 설명으로 옳지 <u>않은</u> 것은? (단, 20X1년 1월 1일 기준으로 재매입일 예상 시장가치는 ₩210,000 미만이다.)

① 20X1년 1월 1일 ㈜한국은 제품의 취득을 인식하지 못한다.

② 20X1년 1월 1일 ㈜한국은 금융자산을 인식한다.

③ 20X1년 1월 1일 ㈜세무는 금융부채 ₩200,000을 인식한다.

④ 20X1년 6월 30일 ㈜세무는 이자비용 ₩10,000을 인식한다.

⑤ 20X1년 6월 30일 ㈜세무는 매출액 ₩200,000을 인식한다.

09. 20X1년 4월 1일 ㈜세무는 다음의 영업용 건물을 ₩500,000에 처분하였다.

- 취득원가: ₩2,000,000
- 취득 시 정부보조금 수령액: ₩450,000
- 감가상각방법: 정률법(상각률 25%)
- 잔존가치: ₩200,000
- 20X1년 1월 1일 감가상각누계액: ₩1,200,000
- 기말평가: 원가모형

동 건물의 감가상각 및 처분이 ㈜세무의 20X1년 당기순이익에 미친 영향은?

① ₩150,000 감소   ② ₩187,500 감소   ③ ₩227,500 감소

④ ₩250,000 증가   ⑤ ₩262,500 증가

10. ㈜세무는 20X1년 1월 1일에 ㈜한국리스로부터 기초자산A와 기초자산B를 리스하는 계약을 체결하였다. 리스개시일은 20X1년 1월 1일로 리스기간은 3년이며, 리스료는 매년 초 지급한다. 리스 내재이자율은 알 수 없으며 ㈜세무의 20X1년 초와 20X2년 초 증분차입이자율은 각각 8%와 10%이다. 리스계약은 다음의 변동리스료 조건을 포함한다.

- 변동리스료 조건

기초자산A	리스개시일 1회차 리스료: ₩50,000 변동조건: 기초자산 사용으로 발생하는 직전 연도 수익의 1%를 매년 초 추가지급
기초자산B	리스개시일 1회차 리스료: ₩30,000 변동조건: 직전 연도 1년간의 소비자물가지수 변동에 기초하여 2회차 리스료부터 매년 변동

- 시점별 소비자물가지수

구분	20X0년 12월 31일	20X1년 12월 31일
소비자물가지수	120	132

20X1년 기초자산A의 사용으로 ₩200,000의 수익이 발생하였다. 리스료 변동으로 인한 20X1년 말 리스부채 증가금액은?

기간	단일금액 ₩1의 현재가치 (할인율 8%)	단일금액 ₩1의 현재가치 (할인율 10%)
1년	0.9259	0.9091
2년	0.8573	0.8264
3년	0.7938	0.7513

① ₩5,527 ② ₩5,727 ③ ₩5,778

④ ₩7,727 ⑤ ₩7,778

11. ㈜세무는 20X1년 10월 1일 3년치 영업용 건물 관련 화재보험료 ₩1,200,000을 선급하고 전액 20X1년 비용으로 인식하였다. 동 오류는 20X2년 말 장부마감 전에 발견되어 수정되었다. ㈜세무의 오류수정 회계처리가 20X2년 재무제표에 미친 영향으로 옳은 것은? (단, 보험료는 매 기간 균등하게 발생하고, 모든 오류는 중요한 것으로 간주한다.)

① 전기이월이익잉여금이 ₩1,100,000 증가한다. ② 당기 비용이 ₩700,000 발생한다.

③ 기말 이익잉여금이 ₩400,000 증가한다. ④ 기말 자산항목이 ₩400,000 증가한다.

⑤ 기말 순자산이 ₩300,000 증가한다.

12. 중단영업에 관한 설명으로 옳은 것은?

① 매각만을 목적으로 취득한 종속기업의 경우에는 이미 처분된 경우에만 중단영업에 해당한다.

② '세후 중단영업손익'과 '중단영업에 포함된 자산이나 처분자산집단을 순공정가치로 측정하거나 처분함에 따른 세후 손익'을 구분하여 포괄손익계산서에 별도로 표시한다.

③ 중단영업의 영업활동, 투자활동 및 재무활동으로부터 발생한 순현금흐름은 주석으로 공시해야 하며, 재무제표 본문에 표시할 수 없다.

④ 기업의 구분단위를 매각예정으로 더 이상 분류할 수 없는 경우, 중단영업으로 표시하였던 당해 구분단위의 영업성과를 비교표시되는 모든 회계기간에 재분류하여 계속영업손익에 포함하고 과거기간에 해당하는 금액이 재분류되었음을 주석으로 기재한다.

⑤ 중단영업의 정의를 충족하지 않더라도 매각예정으로 분류된 처분자산집단과 관련하여 발생한 평가손익은 중단영업손익에 포함한다.

13. 다음은 ㈜세무의 20X1년도 주당이익과 관련된 자료이다.

- 20X1년 중 보통주 변동내용은 다음과 같다.

일자	변동내용
1월 1일	기초유통보통주식수(액면금액 ₩5,000)는 1,000주이다.
4월 1일	자기주식 200주를 1주당 ₩8,500에 취득하다.
7월 1일	자기주식 100주를 1주당 ₩10,000에 재발행하다.
10월 1일	자기주식 100주를 소각하다.

- 20X1년 초 신주인수권 600개를 부여하였는데, 동 신주인수권 1개로 보통주 1주를 인수할 수 있다. 신주인수권의 개당 행사가격은 ₩8,000이고, 20X1년도 보통주 가격현황은 다음과 같다.

1월 1일 종가	1월 1일~12월 31일 평균주가	12월 31일 종가
₩7,000	₩10,000	₩12,000

20X1년도 희석주당순이익이 ₩840일 때, 기본주당순이익은? (단, 가중평균주식수는 월할계산한다.)

① ₩840   ② ₩941   ③ ₩952

④ ₩966   ⑤ ₩1,027

14. 다음은 ㈜세무의 법인세 관련 자료이다.

- 20X1년도 각사업연도사업소득에 대한 법인세부담액은 ₩70,000이며, 20X1년 중 당기 법인세 관련 원천징수·중간예납으로 ₩30,000을 현금으로 지급하여 당기법인세자산 차변에 기입하였다. 나머지 ₩40,000은 20X2년 3월 말에 관련 세법규정을 준수하여 납부한다.
- 세무조정에 따른 유보 처분액(일시적차이)의 증감내용을 나타내는 20X1년도 자본금과적립금조정명세서(을)는 다음과 같다.

구분	기초잔액	당기중 증감		기말잔액
		감소	증가	
매출채권 손실충당금	₩90,000	₩18,000	₩13,000	₩85,000
정기예금 미수이자	△50,000		△10,000	△60,000
건물 감가상각누계액	120,000		30,000	150,000
당기손익-공정가치측정금융자산			△5,000	△5,000
합계	₩160,000	₩18,000	₩28,000	₩170,000

- 이연법인세자산의 실현가능성은 거의 확실하며, 20X0년 말과 20X1년 말 미사용 세무상결손금과 세액공제는 없다.
- 연도별 법인세율은 20%로 일정하다.

20X1년도 포괄손익계산서에 표시할 법인세비용은? (단, 제시된 사항 외에 세무조정사항은 없으며, 자본금과적립금조정명세서(을)에 나타난 △는 (-)유보를 나타낸다.)

① ₩28,000   ② ₩36,000   ③ ₩38,000

④ ₩68,000   ⑤ ₩102,000

15. 다음은 ㈜세무의 20X1년도 간접법에 의한 현금흐름표를 작성하기 위한 자료의 일부이다.

- 20X1년도 포괄손익계산서 자료
  - 당기순이익: ₩500,000
  - 매출채권손상차손: ₩9,000
  - 상각후원가측정금융자산처분손실: ₩3,500
  - 유형자산처분손실: ₩50,000
  - 법인세비용: ₩60,000
  - 감가상각비: ₩40,000
  - 사채상환이익: ₩5,000

- 20X1년 말 재무상태표 자료

구분	20X1년 1월 1일	20X1년 12월 31일
매출채권(순액)	₩120,000	₩90,000
재고자산(순액)	80,000	97,000
매입채무	65,000	78,000
유형자산(순액)	3,000,000	2,760,000
당기법인세부채	40,000	38,000
이연법인세부채	55,000	70,000

20X1년도 현금흐름표상 영업활동순현금흐름은? (단, 법인세납부는 영업활동으로 분류한다.)

① ₩627,500 ② ₩640,500 ③ ₩649,500
④ ₩687,500 ⑤ ₩877,000

16. 일반목적재무보고에 관한 설명으로 옳지 않은 것은?

① 현재 및 잠재적 투자자, 대여자 및 기타채권자에 해당하지 않는 기타 당사자들(예를 들어, 감독당국)이 일반목적재무보고서가 유용하다고 여긴다면 이들도 일반목적재무보고의 주요 대상에 포함된다.

② 일반목적재무보고서는 현재 및 잠재적 투자자, 대여자 및 기타 채권자가 필요로 하는 모든 정보를 제공하지는 않으며 제공할 수도 없다. 그 정보이용자들은, 예를 들어, 일반 경제적 상황 및 기대, 정치적 사건과 정치 풍토, 산업 및 기업 전망과 같은 다른 원천에서 입수한 관련 정보를 고려할 필요가 있다.

③ 재무보고서는 정확한 서술보다는 상당 부분 추정, 판단 및 모형에 근거한다.

④ 일반목적재무보고서는 보고기업의 가치를 보여주기 위해 고안된 것이 아니다. 그러나 그것은 현재 및 잠재적 투자자, 대여자 및 기타 채권자가 보고기업의 가치를 추정하는 데 도움이 되는 정보를 제공한다.

⑤ 일반목적재무보고의 목적은 현재 및 잠재적 투자자, 대여자 및 기타 채권자가 기업에 자원을 제공하는 것에 대한 의사결정을 할 때 유용한 보고기업 재무정보를 제공하는 것이다. 그 의사결정은 지분상품 및 채무상품을 매수, 매도 또는 보유하는 것과 대여 및 기타 형태의 신용을 제공 또는 결제하는 것을 포함한다.

17. ㈜세무는 20X1년 4월 1일에 공장건물 신축을 시작하여 20X2년 9월 30일에 공사를 완료하였다. 동 공장건물은 차입원가를 자본화하는 적격자산이며, 공장건물 신축 관련 공사비 지출 내역은 다음과 같다.

구분	20X1년 4월 1일	20X1년 6월 1일	20X2년 2월 1일
공사대금 지출액	₩2,000,000	₩4,800,000	₩900,000

모든 차입금은 매년 말 이자지급 조건이며, 특정차입금과 일반차입금에서 발생한 일시적 투자수익은 없다. ㈜세무의 차입금 내역은 다음과 같다.

차입금	차입일	차입금액	상환일	연 이자율
특정차입금	20X1. 4. 1.	₩1,000,000	20X2. 9. 30.	5%
일반차입금	20X1. 1. 1.	₩1,500,000	20X3. 12. 31.	8%
일반차입금	20X1. 3. 1.	₩1,800,000	20X3. 12. 31.	12%

20X1년 공장건물과 관련하여 자본화할 차입원가는? (단, 연평균지출액과 이자비용은 월할 계산한다.)

① ₩300,000   ② ₩325,000   ③ ₩337,500
④ ₩380,000   ⑤ ₩550,000

18. ㈜세무는 20X1년 말에 취득한 건물(취득원가 ₩1,000,000, 내용연수 12년, 잔존가치 ₩0)을 투자부동산으로 분류하고 공정가치모형을 적용하였다. 20X2년 7월 1일부터 동 건물 전부를 본사사옥으로 전환하여 사용하고 있다. 20X2년 7월 1일 현재 동 건물의 잔존내용연수를 10년, 잔존가치를 ₩0으로 추정하였으며, 정액법으로 감가상각하기로 결정하였다. 아래 표는 건물의 공정가치 변동 현황이다.

구분	20X1년 12월 31일	20X2년 7월 1일	20X2년 12월 31일
공정가치	₩1,000,000	₩1,200,000	₩1,000,000

20X2년 12월 31일 동 건물을 원가모형에 따라 회계처리 하였을 경우 20X2년 당기순이익은 ₩750,000이다. 재평가모형을 적용하였을 경우 ㈜세무의 20X2년 당기순이익은?

① ₩550,000   ② ₩610,000   ③ ₩670,000
④ ₩750,000   ⑤ ₩916,667

19. 무형자산의 회계처리에 관한 설명으로 옳지 <u>않은</u> 것은?

① 사업결합 과정에서 피취득자가 진행하고 있는 연구·개발 프로젝트가 무형자산의 정의를 충족한다면 사업결합 전에 그 자산을 피취득자가 인식하였는지 여부에 관계없이, 취득자는 취득일에 피취득자의 무형자산을 영업권과 분리하여 인식한다.

② 무형자산의 인식기준을 충족하지 못하여 비용으로 인식한 지출은 그 이후에 무형자산의 원가로 인식할 수 없다.

③ 내용연수가 비한정인 무형자산을 유한 내용연수로 재평가하는 것은 그 자산의 손상을 시사하는 징후에 해당하지 않으므로 손상차손을 인식하지 않는다.

④ 상각하지 않는 무형자산에 대하여 사건과 상황이 그 자산의 내용연수가 비한정이라는 평가를 계속하여 정당화하는지를 매 회계기간에 검토하며, 사건과 상황이 그러한 평가를 정당화하지 않는 경우에 비한정 내용연수를 유한 내용연수로 변경하는 것은 회계추정의 변경으로 회계처리한다.

⑤ 내부적으로 창출한 브랜드, 제호, 출판표제, 고객 목록과 이와 실질이 유사한 항목은 무형자산으로 인식하지 않는다.

20. ㈜세무의 20X1년 중 주식기준보상 거래내용 및 주가자료는 다음과 같다.

- 주식기준보상 A

  20X1년 4월 1일 현재 근무하고 있는 종업원 100명에게 향후 12개월을 근무할 경우 1인당 주식 20주를 지급하기로 하였다. 20X1년 말 기준 예상 가득인원은 90명이다.
- 주식기준보상 B

  20X1년 8월 1일 ㈜대한으로부터 기계장치를 취득하고 주식 200주를 지급하였다. 기계장치의 공정가치는 신뢰성 있게 측정할 수 없다.
- 주식기준보상 C

  20X1년 11월 1일 ㈜민국이 2개월 이내에 원재료 1톤을 공급하면 주식 300주를 지급하기로 하였다. 동 계약에 따라 ㈜민국은 11월 1일에 공정가치 ₩80,000의 원재료 0.7톤을 공급하였으며, 12월 1일에 공정가치 ₩50,000의 원재료 0.3톤을 공급하여 주식 300주를 수취하였다.

일자	1주당 주가	일자	1주당 주가
4월 1일	₩300	12월 1일	₩420
8월 1일	320	12월 31일	450
11월 1일	400		

동 거래로 인한 ㈜세무의 20X1년 당기손익의 영향을 제외한 당기 자본 증가금액은?

① ₩589,000   ② ₩590,800   ③ ₩599,000
④ ₩791,500   ⑤ ₩801,500

21. ㈜세무는 3년 만기 회사채A(액면금액 ₩1,000,000, 표시이자율 4% 매년 말 이자지급, 유효이자율 8%)를 20X1년 1월 1일 1매당 공정가치 ₩896,884에 발행하였다. 동 일자에 ㈜세무가 발행한 회사채A를 공정가치로 1매씩 매입한 회사들의 매입 및 분류현황은 다음과 같다.

구분	계정분류	매입수수료	회사채A 처분일
㈜대한	상각후원가측정금융자산	₩1,200	–
㈜민국	기타포괄손익-공정가치측정금융자산	1,200	20X3년 9월 17일
㈜한국	당기손익-공정가치측정금융자산	900	20X2년 1월 10일

20X1년 12월 31일 회사채A의 공정가치가 ₩1,000,000일 때, 20X1년도 포괄손익계산서상 총포괄이익이 큰 회사순으로 나열한 것은? (단, 모든 회사는 비금융업을 영위하며, 회사채A 관련 회계 처리가 미치는 재무적 영향을 제외할 때 회사채A를 매입한 세 회사의 총포괄이익은 같다.)

① ㈜대한 〉 ㈜민국 〉 ㈜한국
② ㈜민국 〉 ㈜대한 〉 ㈜한국
③ ㈜민국 〉 ㈜한국 〉 ㈜대한
④ ㈜한국 〉 ㈜민국 〉 ㈜대한
⑤ ㈜민국 = ㈜한국 〉 ㈜대한

22. ㈜세무는 ㈜대한이 다음과 같이 발행한 만기 4년인 회사채를 20X1년 1월 1일에 취득하고 상각후원가측정금융자산으로 분류하였다.

- 발행일: 20X1년 1월 1일
- 액면금액: ₩1,000,000
- 이자지급: 액면금액의 4%를 매년 말에 후급
- 만기 및 상환방법: 20X4년 12월 31일에 전액 일시 상환
- 사채발행시점의 유효이자율: 8%

㈜세무는 20X1년 말에 상각후원가측정금융자산의 신용위험이 유의하게 증가하였다고 판단하고 전체기간 기대신용손실을 ₩50,000으로 추정하였다. 20X2년 말에 이자는 정상적으로 수취하였으나 상각후원가측정금융자산의 신용이 손상되었다고 판단하였다. 20X2년 말 현재 채무불이행 발생확률을 고려하여 향후 이자는 받을 수 없으며, 만기일에 수취할 원금의 현금흐름을 ₩700,000으로 추정하였다. 상각후원가측정금융자산 관련 회계처리가 ㈜세무의 20X1년도와 20X2년도의 당기순이익에 미치는 영향으로 옳은 것은? (단, 20X1년 말과 20X2년 말의 시장이자율은 각각 10%와 12%이며, 회사채 취득 시 손상은 없다.)

기간	단일금액 ₩1의 현재가치			정상연금 ₩1의 현재가치		
	8%	10%	12%	8%	10%	12%
1년	0.9259	0.9091	0.8929	0.9259	0.9091	0.8929
2년	0.8573	0.8264	0.7972	1.7833	1.7355	1.6901
3년	0.7938	0.7513	0.7118	2.5771	2.4869	2.4018
4년	0.7350	0.6830	0.6355	3.3121	3.1699	3.0373

	20X1년	20X2년
①	₩19,399 증가	₩206,773 감소
②	₩19,399 증가	₩216,913 감소
③	₩19,399 증가	₩248,843 감소
④	₩31,834 증가	₩206,773 감소
⑤	₩31,834 증가	₩248,843 감소

23. ㈜세무는 20X1년 1월 1일 액면금액 ₩1,000,000, 표시이자율 5%(매년 말 지급), 만기 3년인 회사채를 ₩875,645에 발행하고 상각후원가측정금융부채로 분류하였다. 사채발행 시점의 유효이자율은 10%이었으며, 사채할인발행차금을 유효이자율법으로 상각한다. ㈜세무는 20X2년 1월 1일에 동 사채의 일부를 ₩637,000에 조기상환하여, 사채상환이익이 ₩2,184 발생하였다. 20X2년 말 재무상태표에 표시될 사채 장부금액(순액)은?

① ₩190,906   ② ₩286,359   ③ ₩334,086

④ ₩381,812   ⑤ ₩429,539

24. 20X0년 11월 1일 ㈜세무는 ㈜대한리스로부터 업무용 컴퓨터 서버(기초자산)를 리스하는 계약을 체결하였다. 리스기간은 20X1년 1월 1일부터 3년이며, 고정리스료는 리스개시일에 지급을 시작하여 매년 ₩500,000씩 총 3회 지급한다. 리스계약에 따라 ㈜세무는 연장선택권(리스기간을 1년 연장할 수 있으며 동시에 기초자산의 소유권도 리스이용자에게 귀속)을 20X3년 12월 31일에 행사할 수 있으며, 연장된 기간의 리스료 ₩300,000은 20X4년 1월 1일에 지급한다. 리스개시일 현재 ㈜세무가 연장선택권을 행사할 것은 상당히 확실하다. 20X1년 1월 1일 기초자산인 업무용 컴퓨터 서버(내용연수 5년, 잔존가치 ₩0, 정액법으로 감가상각)가 인도되어 사용 개시되었으며, ㈜세무는 리스개설과 관련된 법률비용 ₩30,000을 동 일자에 지출하였다. ㈜세무의 증분차입이자율은 10%이며, 리스 관련 내재이자율은 알 수 없다. 이 리스거래와 관련하여 ㈜세무가 20X1년에 인식할 이자비용과 사용권자산 상각비의 합계액은?

기간	단일금액 ₩1의 현재가치 (할인율 10%)	정상연금 ₩1의 현재가치 (할인율 10%)
1년	0.9091	0.9091
2년	0.8264	1.7355
3년	0.7513	2.4869
4년	0.6830	3.1699

① ₩408,263   ② ₩433,942   ③ ₩437,942

④ ₩457,263   ⑤ ₩481,047

25. 재무제표에 인식된 금액을 수정할 필요가 없는 보고기간 후 사건의 예로 옳은 것은?

① 보고기간말에 존재하였던 현재의무가 보고기간 후에 소송사건의 확정에 의해 확인되는 경우

② 보고기간말에 이미 자산손상이 발생되었음을 나타내는 정보를 보고기간 후에 입수하는 경우나 이미 손상차손을 인식한 자산에 대하여 손상차손금액의 수정이 필요한 정보를 보고기간 후에 입수하는 경우

③ 보고기간말 이전 사건의 결과로서 보고기간말에 종업원에게 지급하여야 할 법적 의무나 의제의무가 있는 이익분배나 상여금지급 금액을 보고기간 후에 확정하는 경우

④ 보고기간말과 재무제표 발행승인일 사이에 투자자산의 공정가치 하락이 중요하여 정보이용자의 의사결정에 영향을 줄 수 있는 경우

⑤ 보고기간말 이전에 구입한 자산의 취득원가나 매각한 자산의 대가를 보고기간 후에 결정하는 경우

26. ㈜세무의 기초 및 기말 재고자산은 다음과 같다.

	기초잔액	기말잔액
원재료	₩27,000	₩9,000
재공품	30,000	15,000
제 품	35,000	28,000

원재료의 제조공정 투입금액은 모두 직접재료원가이며 당기 중 매입한 원재료는 ₩83,000이다. 기초원가(prime cost)는 ₩306,000이고, 전환원가(conversion cost)의 50%가 제조간접원가이다. ㈜세무의 당기 제품제조원가와 당기 매출원가는?

	당기제품제조원가	매출원가
①	₩408,500	₩511,000
②	₩511,000	₩511,000
③	₩511,000	₩526,000
④	₩526,000	₩526,000
⑤	₩526,000	₩533,000

27. 다음은 ㈜세무의 당기 및 전기 제조간접원가에 관련된 자료이다. 이 자료에 의할 때 ㈜세무의 당기 제조간접원가 발생액은?

	당기 지급액	당기말 잔액		전기말 잔액	
		선급비용	미지급비용	미지급비용	선급비용
공장관리비	₩250,000	₩150,000	–	₩25,000	–
수도광열비	300,000	–	₩100,000	25,000	–
복리후생비	150,000	–	100,000	–	₩35,000

① ₩615,000 ② ₩735,000 ③ ₩765,000

④ ₩965,000 ⑤ ₩1,065,000

28. ㈜세무는 단일 제품을 생산하고 있으며, 종합원가계산제도를 채택하고 있다. 재료는 공정이 시작되는 시점에서 전량 투입되며, 전환원가는 공정 전체에 걸쳐 균등하게 발생한다. 재료원가의 경우 평균법에 의한 완성품환산량은 87,000단위이고 선입선출법에 의한 완성품환산량은 47,000단위이다. 또한 전환원가의 경우 평균법에 의한 완성품환산량은 35,000단위이고 선입선출법에 의한 완성품환산량은 25,000단위이다. 기초재공품의 전환원가 완성도는?

① 10% ② 20% ③ 25%

④ 75% ⑤ 80%

29. ㈜세무는 고객별 수익성 분석을 위하여 판매관리비에 대해 활동기준원가계산을 적용한다. 당기 초에 수집한 관련 자료는 다음과 같다.

> (1) 연간 판매관리비 예산 ₩3,000,000(급여 ₩2,000,000, 기타 ₩1,000,000)
> (2) 자원소비단위(활동)별 판매관리비 배분비율
>
> | | 고객주문처리 | 고객관계관리 | 계 |
> |---|---|---|---|
> | 급여 | 40% | 60% | 100% |
> | 기타 | 20% | 80% | 100% |
>
> (3) 활동별 원가동인과 연간 활동량
>
> | 활동 | 원가동인 | 활동량 |
> |---|---|---|
> | 고객주문처리 | 고객주문횟수 | 2,000회 |
> | 고객관계처리 | 고객수 | 100명 |

㈜세무는 당기 중 주요 고객인 홍길동이 30회 주문할 것으로 예상하고 있다. 홍길동의 주문 1회당 예상되는 ㈜세무의 평균 매출액은 ₩25,000이며 매출원가는 매출액의 60%이다. 활동기준원가계산을 적용하여 판매관리비를 고객별로 배분하는 경우, ㈜세무가 당기에 홍길동으로부터 얻을 것으로 예상되는 영업이익은?

① ₩255,000 ② ₩265,000 ③ ₩275,000

④ ₩279,500 ⑤ ₩505,000

30. ㈜세무는 결합공정에서 제품A, B, C를 생산한다. 당기에 발생된 결합원가 총액은 ₩80,000이며 결합원가는 분리점에서의 상대적 판매가치를 기준으로 제품에 배분되며 관련 자료는 다음과 같다. 추가가공이 유리한 제품만을 모두 고른 것은? (단, 결합공정 및 추가가공 과정에서 공손과 감손은 발생하지 않고, 생산량은 모두 판매되며 기초 및 기말 재공품은 없다.)

제품	분리점에서의 단위당 판매가격	생산량	추가가공원가	추가가공 후 단위당 판매가격
A	₩20	3,000단위	₩10,000	₩23
B	30	2,000단위	15,000	40
C	40	2,000단위	15,000	50

① A   ② A, B   ③ A, C
④ B, C   ⑤ A, B, C

31. ㈜세무는 단일 제품을 생산·판매하는데 단위당 변동원가는 ₩225이고 공헌이익률은 40%이다. 당기 예상 판매량은 2,000단위부터 6,000단위 사이에서 균등분포(uniform distribution)를 이룬다. 당기 총고정원가가 ₩630,000일 때 ₩120,000 이상의 이익을 얻을 확률은?

① 25%   ② 45%   ③ 55%
④ 60%   ⑤ 75%

32. ㈜세무의 기초 제품수량은 없고 당기 제품 생산수량은 500단위, 기말 제품수량은 100단위이다. 제품 단위당 판매가격은 ₩1,300이며, 당기에 발생한 원가는 다음과 같다. 변동원가계산에 의한 당기 영업이익은? (단, 기초 및 기말 재공품은 없다.)

• 직접재료원가	₩250,000	• 변동판매관리비	40,000
• 직접노무원가	80,000	• 고정제조간접원가	40,000
• 변동제조간접원가	160,000	• 고정판매관리비	15,000

① ₩13,000   ② ₩23,000   ③ ₩33,000
④ ₩43,000   ⑤ ₩53,000

33. ㈜세무는 단일 제품을 생산하여 단위당 ₩150에 판매한다. 연간 생산가능 수량 2,000단위에 근거한 제품 단위당 원가는 다음과 같다.

직접재료원가	₩10
직접노무원가	15
단위수준 활동원가	25
제품수준 활동원가	14
설비수준 활동원가	6
	₩70

위 원가 항목 중 제품수준 활동원가와 설비수준 활동원가는 고정원가로, 나머지는 변동원가로 가정한다. 총 고정원가 중 ₩10,000은 세법상 손금(비용)으로 인정되지 않으며, 이 회사에 적용되는 세율은 20%이다. 세후순이익 ₩16,000을 얻기 위한 제품 판매수량은?

① 460단위   ② 520단위   ③ 550단위
④ 600단위   ⑤ 625단위

34. ㈜세무는 제품A와 제품B를 생산·판매한다. 각 제품의 단위당 판매가격은 제품A는 ₩200, 제품B는 ₩150이며, 공헌이익률은 제품A는 40%, 제품B는 50%이다. 제품A와 제품B의 매출수량배합은 1:2로 일정하고, 당기 총고정원가는 ₩34,500이다. 당기 이익 ₩23,000을 얻기 위한 총매출액은?

① ₩120,000   ② ₩125,000   ③ ₩128,000
④ ₩132,000   ⑤ ₩138,000

35. ㈜세무는 당기에 영업을 개시하였으며 표준원가계산제도를 채택하고 있다. 직접재료와 관련된 자료는 다음과 같다. 당기 실제 제품 생산량이 2,000단위일 때 기말 직접재료 재고량은? (단, 기말 재공품은 없다.)

- 제품 단위당 직접재료 표준원가 : 3kg × ₩10/kg = ₩30
- 직접재료 kg당 실제 구입가격 : ₩12
- 직접재료 구입가격차이 : ₩12,600(불리)
- 직접재료 능률차이 : ₩4,000(유리)

① 300kg   ② 400kg   ③ 500kg
④ 600kg   ⑤ 700kg

36. ㈜세무는 표준원가계산제도를 채택하고 있으며 기계작업시간을 기준으로 고정제조간접원가를 배부한다. 다음 자료에 의할 경우 기준조업도 기계작업시간은? (단, 기초 및 기말 재공품은 없다.)

- 실제 제품 생산량 : 700단위
- 제품 단위당 표준기계작업시간 : 2시간
- 실제발생 고정제조간접원가 : ₩12,000
- 고정제조간접원가 예산차이 : ₩2,000(불리)
- 고정제조간접원가 조업도차이 : ₩4,000(유리)

① 600　　　　　　② 800　　　　　　③ 1,000

④ 1,200　　　　　⑤ 1,400

37. ㈜세무의 최대생산능력은 5,000개이다. 정규시장에 1개당 ₩200에 4,000개 판매할 것으로 예상된다. 한 번에 50개씩 묶음(batch) 생산하며, 4,000개를 생산하는 경우 원가는 다음과 같다.

생산량에 따라 변하는 변동원가	₩240,000
묶음수에 따라 변하는 변동원가	80,000
고정원가	400,000
	₩720,000

1개당 ₩130에 1,500개를 구입하겠다는 특별주문을 받았다. 특별주문에 대해서는 100개씩 묶음 생산하며, 특별주문은 전량을 수락하거나 거절해야 한다. 이 특별주문을 수락하는 경우 ㈜세무의 이익은 얼마나 증가 또는 감소하는가?

① ₩75,000 증가　　　② ₩30,000 증가　　　③ ₩20,000 증가

④ ₩20,000 감소　　　⑤ ₩75,000 감소

38. ㈜세무의 품질관리 활동원가는 다음과 같다. 품질관리 활동원가 중 예방원가(prevention cost)와 평가원가 (appraisal cost)의 계산결과를 비교한 것으로 옳은 것은?

활동	원가(또는 비용)		활동	원가(또는 비용)
원재료 검사	₩40		설계엔지니어링	₩20
반품 재작업	10		보증수리원가	70
재공품 검사	50		예방적 설비유지	30
납품업체 평가	90		반품 재검사	20
공손품 재작업	10		품질교육훈련	60

① 예방원가가 평가원가보다 ₩110 더 크다.

② 예방원가가 평가원가보다 ₩90 더 크다.

③ 예방원가가 평가원가보다 ₩50 더 작다.

④ 예방원가가 평가원가보다 ₩70 더 작다.

⑤ 예방원가가 평가원가보다 ₩90 더 작다.

39. ㈜세무는 공정이 정상인지에 대해 조사 여부를 결정하고자 한다. 공정 조사비용은 ₩20,000이며, 조사 후 공정이 비정상 상태일 때 교정비용은 ₩30,000이다. 공정이 비정상인데 조사하지 않으면 손실 ₩90,000 이 발생한다. 공정이 정상일 확률은 60%, 비정상일 확률은 40%이다. 공정 상태에 대해 완전한 예측을 해 주는 완전정보시스템이 있다면 그 완전정보를 얻기 위해 지불가능한 최대금액은?

① ₩4,000   ② ₩12,000   ③ ₩16,000

④ ₩20,000   ⑤ ₩32,000

40. ㈜세무는 이익중심점으로 지정된 A, B 두 개의 사업부로 구성되어 있다. A사업부는 부품을 생산하고, B 사업부는 부품을 추가가공하여 완제품을 생산하여 판매한다. A사업부의 부품 최대생산능력은 5,000단위 이고, 단위당 변동원가는 ₩100이다. A사업부는 부품의 단위당 판매가격을 ₩200으로 책정하여 외부에 3,000단위 판매하거나 단위당 판매가격을 ₩180으로 책정하여 외부에 4,000단위 판매할 수 있을 것으로 기대한다. 다만, A사업부가 외부시장에서 2가지 판매가격을 동시에 사용할 수는 없다. 이 같은 상황에서 B 사업부가 A사업부에게 부품 2,000단위를 내부대체해 줄 것을 요청하였다. 2,000단위를 전량 대체하는 경 우 A사업부의 단위당 최소대체가격은?

① ₩80   ② ₩100   ③ ₩110

④ ₩120   ⑤ ₩180

2장
CPA 회계학 기출문제

김용재 회계사, 세무사 1차 회계학 연도별 기출문제집

2024

기출문제

2024년 CPA 회계학 기출문제

아래 문제들에서 특별한 언급이 없는 한 기업의 보고기간(회계기간)은 매년 1월 1일부터 12월 31일까지이다. 자료에서 제시한 것 외의 사항은 고려하지 않고 답한다. 예를 들어, 법인세에 대한 언급이 없으면 법인세효과는 고려하지 않는다. 또한 기업은 주권상장법인으로 계속해서 한국채택국제회계기준(K – IFRS)을 적용해오고 있다고 가정하고 보기 중에서 물음에 가장 합당한 답을 고르시오.

01. '재무보고를 위한 개념체계'에 대한 다음 설명 중 옳지 <u>않은</u> 것은?

① 보고기업이 지배-종속관계로 모두 연결되어 있지는 않은 둘 이상 실체들로 구성된다면 그 보고기업의 재무제표를 '비연결재무제표'라고 부른다.

② 일반목적재무보고서의 대상이 되는 주요이용자는 필요한 재무정보의 많은 부분을 일반목적재무제표에 의존해야 하는 현재 및 잠재적 투자자, 대여자와 그 밖의 채권자를 말한다.

③ 만일 어떤 두 가지 방법이 모두 현상에 대하여 동일하게 목적적합한 정보이고 동일하게 충실한 표현을 제공하는 것이라면, 보강적 질적특성은 이 두 가지 방법 가운데 어느 방법을 그 현상의 서술에 사용해야 할지를 결정하는 데 도움을 줄 수 있다.

④ 일반적으로 재무제표는 계속기업가정 하에 작성되나, 기업이 청산을 하거나 거래를 중단하려는 의도가 있다면 계속기업과는 다른 기준에 따라 작성되어야 하고 사용한 기준을 재무제표에 기술한다.

⑤ 일반목적재무보고의 목적을 달성하기 위해 회계기준위원회는 '개념체계'의 관점에서 벗어난 요구사항을 정하는 경우가 있을 수 있다.

02. 유통업을 영위하고 있는 ㈜대한은 재고자산에 대해 계속기록법과 평균법을 적용하고 있으며, 기말에는 실지 재고조사를 실시하여 실제 재고수량을 파악하고 있다. 다음은 ㈜대한의 20X1년 재고자산에 관한 자료이다.

일자	적요	수량	매입단가	비고
1월 1일	기초재고	100개	₩300	전기말 실제수량
6월 1일	매입	400개	₩400	
7월 1일	매출	300개		판매단가 ₩600
9월 1일	매입	100개	₩500	
10월 1일	매출	200개		판매단가 ₩500

20X1년 기말재고자산의 실제 재고수량은 장부수량과 일치하였고, 단위당 순실현가능가치는 ₩300인 경우, ㈜대한의 20X1년도 매출총이익은 얼마인가? 단, 재고자산평가손실은 매출원가로 분류하며, 기초재고 자산과 관련된 평가충당금은 ₩4,000이다.

① ₩70,000 　　　② ₩74,000 　　　③ ₩78,000
④ ₩82,000 　　　⑤ ₩100,000

03. ㈜대한은 20X1년 7월 1일에 태양광 전력생산설비 건설공사를 시작하여 20X2년 9월 30일에 해당 공사를 완료하였다. 전력생산설비는 차입원가 자본화 적격자산에 해당하며, ㈜대한의 건설공사와 관련된 자료는 다음과 같다.

- 공사비 지출 내역

구분	20X1.7.1.	20X1.10.1.	20X2.4.1.	20X2.9.1.
공사비 지출액	₩1,000,000	₩2,000,000	₩1,500,000	₩2,400,000

- ㈜대한은 20X1년 7월 1일에 ₩500,000의 정부보조금(상환의무 없음)을 수령하여 즉시 동 전력생산설비를 건설하는 데 모두 사용하였다.
- ㈜대한의 차입금 내역은 다음과 같으며, 모든 차입금은 매월 말과 상환일에 월할로 이자지급을 하는 조건이다.

차입금	차입일	차입금액	상환일	연 이자율
특정	20X1. 7. 1.	₩1,500,000	20X2. 6. 30.	5%(단리)
일반A	20X1. 10. 1.	₩2,000,000	20X2. 9. 30.	4%(단리)
일반B	20X2. 4. 1.	₩2,000,000	20X4. 3. 31.	8%(단리)

㈜대한이 20X2년에 자본화할 차입원가는 얼마인가? 단, 자본화한 차입원가는 연평균지출액 계산 시 포함하지 않으며, 연평균지출액, 이자수익 및 이자비용은 모두 월할계산한다.

① ₩20,000 　　　② ₩37,500 　　　③ ₩124,500
④ ₩162,000 　　　⑤ ₩180,000

04. ㈜대한은 제조기업이며, 20X1년 초에 제품의 생산을 위해 기계장치를 취득하였다(취득원가: ₩6,000,000, 내용연수: 10년, 잔존가치: ₩500,000, 감가상각방법: 정액법). ㈜대한은 기계장치에 대하여 재평가모형을 적용하기로 하였으며, 기계장치의 각 연도 말 공정가치는 다음과 같다.

20X1년 말	20X2년 말	20X3년 말
₩5,000,000	₩5,500,000	₩3,500,000

㈜대한은 20X3년 초에 기계장치의 잔존내용연수를 5년, 잔존가치는 ₩600,000으로 추정을 변경하였다. ㈜대한의 기계장치 관련 회계처리가 20X3년도 당기순이익에 미치는 영향은 얼마인가? 단, ㈜대한은 기계장치를 사용하는 기간 동안 재평가잉여금을 이익잉여금으로 대체하지 않으며, 손상차손은 고려하지 않는다.

① ₩980,000 감소 ② ₩1,020,000 감소 ③ ₩1,300,000 감소
④ ₩1,450,000 감소 ⑤ ₩2,000,000 감소

05. 기업회계기준서 제1038호 '무형자산'에 대한 다음 설명 중 옳지 않은 것은?

① 연구와 개발활동의 목적은 지식의 개발에 있다. 따라서 이러한 활동으로 인하여 물리적 형체(예: 시제품)가 있는 자산이 만들어지더라도, 그 자산의 물리적 요소는 무형자산 요소 즉, 그 자산이 갖는 지식에 부수적인 것으로 본다.

② 시장에 대한 지식과 기술적 지식에서도 미래경제적효익이 발생할 수 있다. 이러한 지식이 저작권, 계약상의 제약이나 법에 의한 종업원의 기밀유지의무 등과 같은 법적 권리에 의하여 보호된다면, 기업은 그러한 지식에서 얻을 수 있는 미래경제적효익을 통제하고 있는 것이다.

③ 미래경제적효익이 기업에 유입될 가능성은 무형자산의 내용연수 동안의 경제적 상황에 대한 시장참여자들의 최선의 추정치를 반영하는 합리적이고 객관적인 가정에 근거하여 평가하여야 한다.

④ 사업결합으로 취득하는 무형자산의 원가는 기업회계기준서 제1103호 '사업결합'에 따라 취득일 공정가치로 한다. 무형자산의 공정가치는 취득일에 그 자산이 갖는 미래경제적효익이 기업에 유입될 확률에 대한 시장참여자의 기대를 반영할 것이다.

⑤ 무형자산을 창출하기 위한 내부 프로젝트를 연구단계와 개발단계로 구분할 수 없는 경우에는 그 프로젝트에서 발생한 지출은 모두 연구단계에서 발생한 것으로 본다.

06. 기업회계기준서 제1040호 '투자부동산'에 대한 다음 설명 중 옳지 않은 것은?

① 부동산 보유자가 부동산 사용자에게 부수적인 용역을 제공하는 경우가 있다. 전체 계약에서 그러한 용역의 비중이 경미하다면 부동산 보유자는 당해 부동산을 투자부동산으로 분류한다.

② 부동산 보유자가 부동산 사용자에게 제공하는 용역이 유의적인 경우가 있다. 예를 들면 호텔을 소유하고 직접 경영하는 경우, 투숙객에게 제공하는 용역은 전체 계약에서 유의적인 비중을 차지한다. 그러므로 소유자가 직접 경영하는 호텔은 투자부동산이 아니며 자가사용부동산이다.

③ 투자부동산에 대하여 공정가치모형을 선택한 경우에는 투자부동산의 공정가치 변동으로 발생하는 손익은 발생한 기간의 당기손익에 반영한다.

④ 기업은 투자부동산의 공정가치를 계속 신뢰성 있게 측정할 수 있다고 추정한다. 그러나 처음으로 취득한 투자부동산의 공정가치를 계속 신뢰성 있게 측정하기가 어려울 것이라는 명백한 증거가 있을 수 있다.

⑤ 투자부동산을 공정가치로 측정해 온 경우라도 비교할만한 시장의 거래가 줄어들거나 시장가격 정보를 쉽게 얻을 수 없게 되면, 당해 부동산에 대한 공정가치 측정을 중단하고 원가로 측정한다.

07. ㈜대한은 20X1년 1월 1일에 임대목적으로 건물을 ₩5,000,000에 취득하고, 내용연수는 10년, 잔존가치는 ₩1,000,000으로 추정하였다. ㈜대한은 동 건물에 대해 원가모형을 적용하며, 정액법으로 감가상각하기로 하였다. 그러나 20X2년부터 ㈜대한은 동 건물에 대하여 원가모형 대신 공정가치모형을 적용하기로 하였으며, 이 회계변경은 정당한 변경에 해당한다. ㈜대한은 동 건물 이외의 투자부동산은 보유하고 있지 않으며, 동 건물의 공정가치는 다음과 같다.

구분	20X1년 말	20X2년 말
건물의 공정가치	₩4,500,000	₩4,800,000

㈜대한의 20X1년 말 보고된 이익잉여금은 ₩300,000이었고, 투자부동산 회계처리를 반영하기 전 20X2년도 당기순이익은 ₩700,000일 때, ㈜대한의 20X2년 말 이익잉여금은 얼마인가? 단, 이익잉여금 처분은 없다고 가정한다.

① ₩900,000　　　② ₩1,000,000　　　③ ₩1,200,000

④ ₩1,300,000　　　⑤ ₩1,400,000

08. 기업회계기준서 제1109호 '금융상품'에 대한 다음 설명 중 옳지 않은 것은?

① 양도자산이 양도하기 전 금융자산 전체 중 일부이고 그 양도한 부분 전체가 제거 조건을 충족한다면, 양도하기 전 금융자산 전체의 장부금액은 계속 인식하는 부분과 제거하는 부분에 대해 양도일 현재 각 부분의 상대적 공정가치를 기준으로 배분한다.

② 사업모형의 변경은 사업계열의 취득, 처분, 종결과 같이 영업에 유의적인 활동을 시작하거나 중단하는 경우에만 발생할 것이다. 그러나 특정 금융자산과 관련된 의도의 변경, 금융자산에 대한 특정 시장의 일시적 소멸, 기업 내 서로 다른 사업모형을 갖고 있는 부문 간 금융자산의 이전 등은 사업모형의 변경에 해당하지 않는다.

③ 양도자가 양도자산의 소유에 따른 위험과 보상의 대부분을 보유하지도 이전하지도 않고, 양도자가 양도자산을 통제하고 있다면, 그 양도자산에 지속적으로 관여하는 정도까지 그 양도자산을 계속 인식한다.

④ 금융상품의 기대신용손실은 일정 범위의 발생 가능한 결과를 평가하여 산정한 금액으로서 편의가 없고 확률로 가중한 금액, 화폐의 시간가치 및 보고기간 말에 과거사건, 현재 상황과 미래 경제적 상황의 예측에 대한 정보로서 합리적이고 뒷받침될 수 있으며 과도한 원가나 노력 없이 이용할 수 있는 정보를 반영하도록 측정한다.

⑤ 금융자산을 재분류하기 위해서는 그 재분류를 중요도에 따라 구분하며, 중요한 재분류는 소급법을 적용하고, 중요하지 않은 재분류는 전진법을 적용한다.

09. ㈜대한과 관련된 다음의 자료를 활용하여 물음에 답하시오.

- ㈜대한은 다음과 같은 A, B, C사채를 발행일에 취득하였다.

사채	A사채	B사채	C사채
액면금액	₩2,000,000	₩1,500,000	₩500,000
표시이자율	연 6%	연 8%	연 10%
만기일	20X3. 12. 31.	20X3. 12. 31.	20X3. 12. 31.
발행일	20X1. 1. 1.	20X1. 1. 1.	20X1. 1. 1.

- ㈜대한은 A, B, C사채를 구입한 직후에 A사채는 당기손익 − 공정가치측정(FVPL)금융자산으로, B사채와 C사채는 기타포괄손익 − 공정가치측정(FVOCI)금융자산으로 각각 분류하였다.
- A, B, C사채 모두 이자 지급일은 매년 말이며, 사채발행일 현재 유효이자율은 연 10%이다.
- ㈜대한이 사채에 대해서 발행일에 취득한 가격은 A사채 ₩1,801,016, B사채 ₩1,425,366, C사채 ₩500,000이고, 해당 취득가격은 공정가치와 같다.
- 20X1년 12월 31일, 연말 이자수취 직후의 금액인 공정가치는 A사채의 경우 ₩1,888,234이고, B사채는 ₩1,466,300이며, C사채는 ₩501,000이다.

㈜대한의 금융자산에 대한 회계처리가 20X1년도 포괄손익계산서의 당기순이익에 미치는 영향은 얼마인가? 단, 단수차이로 인해 오차가 있다면 가장 근사치를 선택한다.

① ₩50,755 증가 ② ₩120,755 증가 ③ ₩399,755 증가

④ ₩417,218 증가 ⑤ ₩427,218 증가

10. ㈜대한은 20X1년 1월 1일 사채를 발행하고 해당 사채를 상각후원가 측정(AC)금융부채로 분류하였다. 사채와 관련된 자료는 다음과 같다.

- 발행일: 20X1년 1월 1일
- 액면금액: ₩2,000,000
- 만기일: 20X3년 12월 31일(일시상환)
- 표시이자율: 연 5%, 매년 말 지급
- 사채발행 시점의 유효이자율: 연 6%
- 적용할 현가계수는 아래의 표와 같다.

기간 \ 할인율	단일금액 ₩1의 현재가치		정상연금 ₩1의 현재가치	
	6%	8%	6%	8%
1년	0.9434	0.9259	0.9434	0.9259
2년	0.8900	0.8573	1.8334	1.7832
3년	0.8396	0.7938	2.6730	2.5770

㈜대한은 재무적 어려움으로 인하여 20X2년 초에 사채의 만기일을 20X4년 12월 31일로 연장하고 표시이자율을 연 1%로 조건을 변경하였다. 20X2년 초 시장이자율은 연 8%이다. ㈜대한이 사채의 조건변경으로 인해 (A) 20X2년도에 인식할 조건변경이익과 (B) 조건변경 후 20X2년도에 인식할 이자비용은 각각 얼마인가? 단, 단수차이로 인해 오차가 있다면 가장 근사치를 선택한다.

	(A) 조건변경이익	(B) 이자비용
①	₩324,150	₩121,131
②	₩324,150	₩131,131
③	₩334,150	₩131,131
④	₩334,150	₩151,131
⑤	₩354,150	₩151,131

11. ㈜대한은 20X1년 1월 1일 다음과 같은 조건의 전환사채를 ₩980,000에 발행하였으며, 관련 자료는 다음과 같다.

- 발행일: 20X1년 1월 1일
- 액면금액: ₩1,000,000
- 만기일: 20X3년 12월 31일(일시상환)
- 표시이자율: 연 4%, 매년 말 지급
- 원금상환방법: 상환기일에 액면금액의 106%를 일시상환
- 전환사채 발행시점의 자본요소가 결합되지 않은 유사한 일반사채의 시장이자율: 연 8%
- 전환조건: 전환사채발행시점부터 1개월 경과 후 만기시점까지 전환청구 가능하며, 전환가격은 전환사채 액면금액 ₩10,000이다.
- 적용할 현가계수는 아래의 표와 같다.

기간 \ 할인율	단일금액 ₩1의 현재가치		정상연금 ₩1의 현재가치	
	4%	8%	4%	8%
1년	0.9615	0.9259	0.9615	0.9259
2년	0.9246	0.8573	1.8861	1.7832
3년	0.8890	0.7938	2.7751	2.5770

㈜대한의 전환사채 중 액면금액 ₩600,000이 20X2년 1월 1일 보통주식(주당 액면금액 ₩5,000)으로 전환되었다. 전환권대가는 전환권이 행사되어 주식을 발행할 때 행사된 부분만큼 주식발행초과금으로 대체되며, 전환간주일은 기초시점으로 가정한다. ㈜대한의 20X2년 말 재무상태표에 인식될 (A) 전환사채의 장부금액과 (B) 전환권대가의 장부금액은 각각 얼마인가? 단, 단수차이로 인한 오차가 있다면 가장 근사치를 선택한다.

	(A) 전환사채	(B) 전환권대가
①	₩383,700	₩8,038
②	₩385,719	₩12,038
③	₩387,267	₩12,038
④	₩401,396	₩14,197
⑤	₩407,390	₩14,197

12. ㈜대한은 비분리형 신주인수권부사채를 액면발행하였으며, 관련된 자료는 다음과 같다.

- 발행일: 20X1년 1월 1일
- 액면금액: ₩100,000
- 만기일: 20X3년 12월 31일(일시상환)
- 표시이자율: 연 4%, 매년 말 지급
- 발행당시 신주인수권이 없는 일반사채의 시장이자율: 연 8%
- 보장수익률은 연 6%이며, 동 신주인수권부사채는 액면금액 ₩10,000당 보통주 1주(액면금액: ₩5,000)를 인수(행사가격: ₩10,000)할 수 있다.
- 신주인수권 행사기간은 발행일로부터 1개월이 경과한 날부터 상환기일 30일 전까지이다.
- 적용할 현가계수는 아래의 표와 같다.

기간 \ 할인율	단일금액 ₩1의 현재가치		정상연금 ₩1의 현재가치	
	6%	8%	6%	8%
1년	0.9434	0.9259	0.9434	0.9259
2년	0.8900	0.8573	1.8334	1.7832
3년	0.8396	0.7938	2.6730	2.5770

20X2년 1월 1일 ㈜대한의 신주인수권부사채 40%(액면금액 기준)에 해당하는 신주인수권이 행사되었다. ㈜대한은 신주인수권 발행 시 인식한 자본요소(신주인수권대가) 중 행사된 부분은 주식발행초과금으로 대체하는 회계처리를 한다. ㈜대한의 신주인수권과 관련된 회계처리와 관련하여 20X2년 1월 1일 신주인수권 행사로 인한 ㈜대한의 주식발행초과금 증가액은 얼마인가? 단, 만기 전에 상환된 신주인수권부사채는 없다. 단수차이로 인한 오차가 있다면 가장 근사치를 선택한다.

① ₩15,431   ② ₩22,431   ③ ₩23,286

④ ₩24,286   ⑤ ₩28,431

13. ㈜대한의 확신유형 보증관련 충당부채 자료는 다음과 같다.

- ㈜대한은 20X1년부터 판매한 제품의 결함에 대해 1년간 무상보증을 해주고 있으며, 판매량 중 3%에 대해서 품질보증요청이 있을 것으로 추정된다.
- ㈜대한은 제품보증활동에 관한 수익을 별도로 인식하지 않고 제품보증비용을 인식한다. ㈜대한의 연도별 판매량과 보증비용 지출액에 관한 자료는 다음과 같다. ㈜대한의 20X2년 및 20X3년의 판매 개당 품질보증비는 각각 ₩420과 ₩730으로 추정된다.

연도	판매량	보증비용 지출액
20X2년	800개	₩10,080 (당기판매분)
20X3년	1,000개	₩8,000 (당기판매분)

20X3년 말 ㈜대한이 재무상태표에 인식할 제품보증충당부채는 얼마인가? 단, 제품보증충당부채의 20X2년 초 잔액은 없고, 모든 보증활동은 현금지출로 이루어진다.

① ₩11,900 ② ₩13,900 ③ ₩14,900
④ ₩16,900 ⑤ ₩18,900

14. 다음은 ㈜대한의 법인세와 관련된 자료이다. 다음의 자료를 활용하여 물음에 답하시오.

- 〈추가자료〉를 제외한 20X2년의 세무조정내역은 다음과 같다.

세무조정내역	금액
법인세비용차감전순이익	₩1,200,000
전기 감가상각비 한도초과	₩(50,000)
과세소득	₩1,150,000

〈추가자료〉
- 20X1년 말의 이연법인세자산과 이연법인세부채는 각각 ₩31,200과 ₩0이며, 이연법인세자산의 실현가능성은 거의 확실하다.
- 20X2년 법인세율은 24%, 20X3년과 20X4년 이후의 세율은 각각 22%, 20%로 20X2년 말에 입법완료되었다.
- 20X2년도에 당기손익 – 공정가치측정(FVPL)금융자산평가손실은 ₩90,000을 인식하였으며, 동 금융자산은 20X3년에 전부 처분할 예정이다.
- 20X1년에 발생한 퇴직급여한도초과액 ₩80,000은 20X2년부터 4년간 각각 ₩20,000씩 손금추인된다.
- 20X2년도 세법상 손금한도를 초과하여 지출한 접대비는 ₩30,000이다.

㈜대한의 20X2년도 포괄손익계산서에 인식할 법인세비용은 얼마인가?

① ₩267,800 ② ₩282,200 ③ ₩299,000
④ ₩300,000 ⑤ ₩320,000

15. ㈜대한의 회계담당자는 20X2년도 장부를 마감하기 전에 다음과 같은 오류사항을 발견하였으며, 이는 모두 중요한 오류에 해당한다.

> - ㈜대한은 실지재고조사법을 적용하면서 선적지인도조건으로 매입한 상품에 대해 매입을 인식하였지만, 매기 말 현재 운송 중인 상품을 기말재고자산에서 누락하였다. 이로 인해 20X0년 말의 재고자산이 ₩100,000 과소계상되었으며, 20X1년 말의 재고자산도 ₩150,000 과소계상되었다. 과소계상된 재고자산은 그 다음 연도에 모두 판매되었고, 관련 매출은 모두 기록되었다.
> - 20X1년 초 ㈜대한은 정액법으로 감가상각하고 있는 기계장치A에 대해서 ₩60,000의 지출을 하였다. 동 지출은 기계장치A의 장부금액에 포함하여 인식 및 감가상각하여야 하나, ㈜대한은 이를 지출 시점에 즉시 비용(수선비)으로 처리하였다. 20X2년 말 현재 동 기계장치A의 잔존내용연수는 2년이고 잔존가치는 없다. ㈜대한은 모든 유형자산에 대하여 원가모형을 적용하고 있다.
> - ㈜대한은 20X1년 1월 1일에 액면금액이 ₩100,000이고 표시이자율이 연 6%인 3년 만기의 사채를 ₩94,842에 발행하였다. 해당 사채의 이자지급일은 매년 말이고, 유효이자율법으로 사채할인발행차금을 상각하며, 사채발행시점의 유효이자율은 연 8%이다. ㈜대한은 20X1년도, 20X2년도의 포괄손익계산서에 위 사채와 관련된 이자비용을 각각 ₩6,000씩 인식하였다.

위 오류사항에 대한 수정효과가 ㈜대한의 (가) 20X2년 전기이월이익잉여금과 (나) 20X2년도 당기순이익에 미치는 영향은 각각 얼마인가?

	(가) 전기이월이익잉여금	(나) 당기순이익
①	₩98,627 증가	₩115,000 감소
②	₩161,627 증가	₩115,000 감소
③	₩161,627 증가	₩166,714 감소
④	₩193,413 증가	₩166,714 감소
⑤	₩193,413 증가	₩175,857 감소

16. ㈜대한은 20X1년 초에 건물관리 용역을 제공하는 계약을 고객과 체결하였다. 계약기간은 2년이며, 고객은 매년 말에 건물관리 용역의 개별 판매가격에 해당하는 ₩1,000,000을 후급하기로 하였다. 이후 20X2년 초에 고객은 계약기간을 4년 추가하는 대신 추가된 기간(20X3년부터 20X6년까지)동안에는 ₩900,000을 지급할 것을 요구하였으며, ㈜대한은 추가된 기간에 대한 용역 대가가 개별 판매가격을 반영하지 않는 금액이지만 매년 초에 선급하는 조건으로 계약변경에 합의하였다. ㈜대한이 20X3년에 인식할 수익 금액은 얼마인가? 단, 계약변경일 이후에 제공할 용역은 이미 제공한 용역과 구별된다고 간주하며, 현재가치 평가는 고려하지 않는다.

① ₩900,000
② ₩920,000
③ ₩950,000
④ ₩1,150,000
⑤ ₩1,900,000

17. 다음은 ㈜대한의 공사계약과 관련된 자료이다. 당해 공사는 20X1년 초에 시작되어 20X3년 말에 완성되었으며, 총계약금액은 ₩5,000,000이다. ㈜대한은 건설 용역에 대한 통제가 기간에 걸쳐 이전되는 것으로 판단하였으며, 진행률은 발생원가에 기초한 투입법으로 측정한다.

구분	20X1년	20X2년	20X3년
당기발생원가	₩1,000,000	₩2,000,000	₩1,500,000
완성시까지 추가소요원가	₩3,000,000	₩1,000,000	–

㈜대한의 20X2년도 공사손익은 얼마인가?

① ₩250,000 손실   ② ₩250,000 이익   ③ ₩500,000 이익
④ ₩1,750,000 이익   ⑤ ₩3,500,000 이익

18. 기업회계기준서 제1019호 '종업원급여'에 대한 다음 설명 중 옳지 <u>않은</u> 것은?

① 퇴직급여가 아닌 기타장기종업원급여에서의 재측정요소는 기타포괄손익으로 인식하지 않고 당기손익으로 인식한다.

② 확정급여제도에서 순확정급여부채(자산)의 순이자는 당기손익으로 인식한다.

③ 확정급여채무의 현재가치와 당기근무원가를 결정하기 위해서는 예측단위적립방식을 사용하며, 적용할 수 있다면 과거근무원가를 결정할 때에도 동일한 방식을 사용한다.

④ 확정급여제도에서 순확정급여부채(자산)의 재측정요소는 기타포괄손익으로 인식하며, 후속기간에 당기손익으로 재분류할 수 없다.

⑤ 확정급여제도에서 순확정급여부채(자산)을 재측정하는 경우가 아닌 일반적인 순확정급여부채(자산)의 순이자는 연차보고기간 말의 순확정급여부채(자산)와 할인율을 사용하여 결정한다.

19. 기업회계기준서 제1102호 '주식기준보상'에 대한 다음 설명 중 옳지 <u>않은</u> 것은?

① 종업원 및 유사용역제공자와의 주식결제형 주식기준보상거래에서는 기업이 부여한 지분상품의 공정가치는 부여일 기준으로 측정한다.

② 현금결제형 주식기준보상거래의 경우에 제공받는 재화나 용역과 그 대가로 부담하는 부채를 부채의 공정가치로 측정한다. 또 부채가 결제될 때까지 매 보고기간 말과 결제일에 부채의 공정가치를 재측정하고, 공정가치의 변동액은 기타포괄손익으로 인식한다.

③ 주식결제형 주식기준보상거래에서 지분상품이 부여되자마자 가득된다면 거래상대방은 지분상품에 대한 무조건적 권리를 획득하려고 특정기간에 용역을 제공할 의무가 없다.

④ 거래상대방이 결제방식을 선택할 수 있는 주식기준보상거래의 경우 종업원과의 주식기준보상거래를 포함하여 제공받는 재화나 용역의 공정가치를 직접 측정할 수 없는 거래에서는 현금이나 지분상품에 부여된 권리의 조건을 고려하여 측정기준일 현재 복합금융상품의 공정가치를 측정한다.

⑤ 주식결제형 주식기준보상거래에서, 시장조건이 아닌 가득조건이 충족되지 못하여 부여한 지분상품이 가득되지 못한다면, 누적기준으로 볼 때 제공받은 재화나 용역에 대해 어떠한 금액도 인식하지 아니한다.

20. ㈜대한은 20X1년 1월 1일 종업원 100명에게 각각 3년의 용역제공조건으로 1인당 주식결제형 주식선택권 100개를 부여하였다. ㈜대한은 20X3년 중에 종업원과 합의하여 주식선택권 전량을 현금 ₩700/개에 중도 청산 하였다. 시점별 주식선택권의 단위당 공정가치는 다음과 같다.

부여일	중도청산일
₩600	₩660

㈜대한의 주식기준보상거래가 20X3년도 당기순이익에 미치는 영향은 얼마인가? 단, 종업원의 중도퇴사는 고려하지 않는다.

① ₩400,000 감소 ② ₩1,000,000 감소 ③ ₩2,000,000 감소
④ ₩2,400,000 감소 ⑤ ₩3,000,000 감소

21. 기업회계기준서 제1116호 '리스'에 대한 다음 설명 중 옳지 <u>않은</u> 것은?

① 리스제공자는 각 리스를 운용리스 아니면 금융리스로 분류한다. 기초자산의 소유에 따른 위험과 보상의 대부분을 이전하는 리스는 금융리스로 분류하고, 기초자산의 소유에 따른 위험과 보상의 대부분을 이전하지 않는 리스는 운용리스로 분류한다.

② 계약 자체가 리스인지, 계약이 리스를 포함하는지는 리스개시일에 판단한다. 계약에서 대가와 교환하여, 식별되는 자산의 사용 통제권을 일정 기간 이전하게 한다면 그 계약은 리스이거나 리스를 포함한다.

③ 리스이용자는 리스부채의 원금에 해당하는 현금 지급액은 현금흐름표에 재무활동으로 분류하고, 리스부채 측정치에 포함되지 않은 단기리스료, 소액자산 리스료, 변동리스료는 현금흐름표에 영업활동으로 분류한다.

④ 리스이용자는 리스개시일에 사용권자산과 리스부채를 인식한다.

⑤ 리스이용자는 리스개시일에 사용권자산을 원가로 측정한다.

22. ㈜대한은 금융업을 영위하는 ㈜민국리스와 다음과 같은 조건으로 금융리스계약을 체결하였다.

- 리스개시일: 20X1년 1월 1일
- 리스기간: 20X1년 1월 1일 ~ 20X3년 12월 31일(3년)
- 연간 정기리스료: 매년 말 ₩743,823 후급
- 선급리스료: ㈜대한은 ㈜민국리스에게 리스개시일 이전에 ₩100,000의 리스료를 지급하였다.
- 리스개설직접원가: ㈜대한은 ₩50,000의 리스개설직접원가를 부담하였으며, ㈜민국리스가 부담한 리스개설 직접원가는 없다.
- 소유권이전 약정: ㈜민국리스는 리스기간 종료시점에 ㈜대한에게 리스자산의 소유권을 ₩200,000에 이전한다.
- 리스의 내재이자율은 연 10%이며, 그 현가계수는 아래의 표와 같다.

기간 \ 할인율	단일금액 ₩1의 현재가치	정상연금 ₩1의 현재가치
	10%	10%
3년	0.7513	2.4868

㈜대한이 20X1년 12월 31일 재무상태표에 보고해야 하는 리스부채 금액은 얼마인가? 단, 단수차이로 인해 오차가 있다면 가장 근사치를 선택한다.

① ₩1,456,177   ② ₩1,511,177   ③ ₩1,566,177

④ ₩1,621,177   ⑤ ₩2,000,000

23. 기업회계기준서 제1033호 '주당이익'에 대한 다음 설명 중 옳지 않은 것은?

① 희석주당이익 계산시 희석성 잠재적보통주는 회계기간의 기초에 전환된 것으로 보되 당기에 발행된 것은 그 발행일에 전환된 것으로 본다.

② 당기 회계기간과 관련한 누적적 우선주에 대한 세후배당금은 배당결의 여부와 관계없이 보통주에 귀속되는 당기순손익에서 차감한다.

③ 희석주당이익을 계산할 때 희석효과가 있는 옵션이나 주식매입권은 행사된 것으로 가정한다. 이 경우 권리행사에서 예상되는 현금유입액은 보통주를 보고기간 말의 시장가격으로 발행하여 유입된 것으로 가정한다.

④ 유통되는 보통주식수나 잠재적보통주식수가 자본금전입, 무상증자, 주식분할로 증가하였거나 주식병합으로 감소하였다면, 비교표시하는 모든 기본주당이익과 희석주당이익을 소급하여 수정한다.

⑤ 행사가격이 주식의 공정가치보다 작은 기존주주에 대한 주주우선배정 신주발행은 무상증자 요소를 수반한다.

24. 20X1년 1월 1일 현재 ㈜대한의 유통보통주식수는 100,000주이며, 20X0년 4분기에 실시했던 사업결합과 관련하여 다음 조건에 따라 보통주를 추가로 발행하기로 합의하였다.

> • 20X1년 중에 새로 개점하는 영업점 1개당 보통주 5,000주를 개점일에 발행

㈜대한은 20X1년 5월 1일과 9월 1일에 각각 1개의 영업점을 실제로 개점하였다. ㈜대한의 보통주에 귀속되는 당기순이익이 ₩42,000,000일 때, ㈜대한의 20X1년도 희석주당이익은 얼마인가? 단, 가중평균유통주식수는 월할로 계산하며, 단수차이로 인해 오차가 있다면 가장 근사치를 선택한다.

① ₩382   ② ₩386   ③ ₩390
④ ₩396   ⑤ ₩400

25. 다음은 유통업을 영위하는 ㈜대한의 현금흐름표 관련 자료이다.

• 20X1년 재무상태표 관련 자료

계정과목	기초	기말
재고자산	₩300,000	₩170,000
재고자산평가충당금	–	3,000
매입채무	280,000	400,000

• ㈜대한의 재고자산은 전부 상품이며, 재고자산평가충당금은 전액 재고자산평가손실로 인한 것이다. ㈜대한은 당기 발생한 재고자산평가손실 ₩3,000을 기타비용(영업외비용)으로 처리하였다.
• ㈜대한의 당기 상품 매입액 중 ₩25,000은 현금매입액이며, 나머지는 외상매입액이다.
• 20X1년도에 매입채무와 관련하여 발생한 외화환산이익은 ₩11,000이다.

㈜대한의 20X1년도 현금흐름표 상 공급자에 대한 현금유출(상품 매입)이 ₩660,000이라면, 20X1년도 포괄손익계산서 상 매출원가는 얼마인가?

① ₩885,000   ② ₩896,000   ③ ₩910,000
④ ₩921,000   ⑤ ₩924,000

26. 다음은 ㈜대한과 ㈜민국에 대한 자료이다.

- ㈜대한은 20X1년 1월 1일을 취득일로 하여 ㈜민국을 흡수합병하였다. 두 기업은 동일 지배하에 있는 기업이 아니다. 합병대가로 ㈜대한은 ㈜민국의 기존주주에게 ₩800,000의 현금과 함께 ㈜민국의 보통주(1주당 액면가 ₩1,000) 3주당 ㈜대한의 보통주(1주당 액면가 ₩3,000, 1주당 공정가치 ₩10,000) 1주를 교부하였다.
- 취득일 현재 ㈜민국의 요약재무상태표는 다음과 같다.

요약재무상태표
20X1년 1월 1일 현재

	장부금액	공정가치
유동자산	₩600,000	₩800,000
유형자산(순액)	1,500,000	2,300,000
무형자산(순액)	500,000	700,000
자산	₩2,600,000	
부채	₩600,000	₩600,000
보통주자본금	900,000	
이익잉여금	1,100,000	
부채와 자본	₩2,600,000	

- ㈜대한은 합병시 취득한 ㈜민국의 유형자산 중 일부를 기업회계기준서 제1105호 '매각예정비유동자산과 중단영업'에 따라 매각예정자산으로 분류하였다. 20X1년 1월 1일 현재 해당 자산의 장부금액은 ₩200,000이고 공정가치는 ₩300,000이며, 이 금액은 취득일 현재 ㈜민국의 요약재무상태표에 반영되어 있다. 매각예정자산으로 분류된 동 유형자산의 순공정가치는 ₩250,000이다.

㈜대한이 합병일(20X1년 1월 1일)에 수행한 사업결합 관련 회계처리를 통해 인식한 영업권은 얼마인가?

① ₩350,000 ② ₩400,000 ③ ₩600,000
④ ₩650,000 ⑤ ₩700,000

27. 기업회계기준서 제1103호 '사업결합'에 대한 다음 설명 중 옳지 <u>않은</u> 것은?

① 취득자와 피취득자가 지분만을 교환하여 사업결합을 하는 경우에 취득일에 피취득자 지분의 공정가치가 취득자 지분의 공정가치보다 더 신뢰성 있게 측정되는 경우, 취득자는 이전한 지분의 취득일 공정가치 대신에 피취득자 지분의 취득일 공정가치를 사용하여 영업권의 금액을 산정한다.

② 계약적, 법적 기준을 충족하는 무형자산은 피취득자에게서 또는 그 밖의 권리와 의무에서 이전하거나 분리할 수 없더라도 식별할 수 있다.

③ 역취득에 따라 작성한 연결재무제표는 회계상 피취득자의 이름으로 발행하지만 회계상 취득자의 재무제표가 지속되는 것으로 주석에 기재하되, 회계상 피취득자의 법적 자본을 반영하기 위하여 회계상 취득자의 법적 자본을 소급하여 수정한다.

④ 취득일에 공정가치와 장부금액이 다른 취득자의 자산과 부채를 이전대가에 포함하였으나 이전한 자산이나 부채가 사업결합을 한 후에도 결합기업에 여전히 남아 있고 취득자가 그 자산이나 부채를 계속 통제하는 경우, 취득자는 그 자산과 부채를 취득일 직전의 장부금액으로 측정하고 사업결합 전이나 후에도 여전히 통제하고 있는 자산과 부채에 대한 차손익을 당기손익으로 인식하지 않는다.

⑤ 과거사건에서 생긴 현재의무이고 그 공정가치를 신뢰성 있게 측정할 수 있으나, 해당 의무를 이행하기 위하여 경제적효익이 있는 자원이 유출될 가능성이 높지 않다면 취득자는 취득일에 사업결합으로 인수한 우발부채를 인식할 수 없다.

28. ㈜대한은 20X1년 초에 ㈜민국의 의결권 있는 보통주 25%를 ₩50,000에 취득하고 유의적인 영향력을 행사할 수 있게 되었다.

> • 취득일 현재 ㈜민국의 순자산 장부금액은 ₩150,000이며, 장부금액과 공정가치가 다른 자산·부채 내역은 다음과 같다.
>
> | 계정과목 | 장부금액 | 공정가치 |
> |---|---|---|
> | 건물 | ₩100,000 | ₩140,000 |
>
> • 위 건물은 20X1년 초 현재 잔존내용연수 20년에 잔존가치 없이 정액법으로 상각한다.
> • ㈜민국은 20X1년 8월에 총 ₩10,000의 현금배당(중간배당)을 결의하고 지급하였다.
> • ㈜민국은 20X1년도에 당기순이익 ₩20,000과 기타포괄손실 ₩8,000을 보고하였다.

㈜대한이 ㈜민국의 보통주를 지분법에 따라 회계처리하는 경우, 20X1년 말 재무상태표에 계상되는 관계기업투자주식의 장부금액은 얼마인가?

① ₩50,000
② ₩50,500
③ ₩51,000
④ ₩52,000
⑤ ₩52,500

29. 기업회계기준서 제1111호 '공동약정'에 대한 다음 설명 중 옳지 않은 것은?

① 공동약정은 둘 이상의 당사자들이 공동지배력을 보유하는 약정이다.

② 공동지배력은 약정의 지배력에 대한 합의된 공유인데, 관련 활동에 대한 결정에 지배력을 공유하는 당사자들 전체의 동의가 요구될 때에만 존재한다.

③ 약정의 모든 당사자들이 약정의 공동지배력을 보유하지 않는다면 그 약정은 공동약정이 될 수 없다.

④ 공동약정은 약정의 당사자들의 권리와 의무에 따라 공동영업이거나 공동기업으로 분류한다.

⑤ 공동기업은 약정의 공동지배력을 보유하는 당사자들이 약정의 순자산에 대한 권리를 보유하는 공동약정이다.

30. 기업회계기준서 제1110호 '연결재무제표'에 대한 다음 설명 중 옳은 것은?

① 투자자가 피투자자에 대한 힘이 있거나 피투자자에 관여함에 따라 변동이익에 노출되거나 피투자자에 대한 자신의 힘을 사용하는 능력이 있을 때 피투자자를 지배한다.

② 지배기업과 종속기업의 재무제표는 보고기간 종료일이 같아야 하는 것이 원칙이며, 어떠한 경우라도 종속기업의 재무제표일과 연결재무제표일의 차이는 6개월을 초과해서는 안 된다.

③ 보고기업은 총포괄손익을 지배기업의 소유주와 비지배지분에 귀속시킨다. 다만, 비지배지분이 부(-)의 잔액이 되는 경우는 총포괄손익을 모두 지배기업의 소유주에게 귀속시킨다.

④ 연결재무제표를 작성할 때 당기순손익을 지배기업지분과 비지배지분에 배분하는 비율은 현재의 소유지분뿐만 아니라 잠재적 의결권의 행사 가능성을 반영하여 결정한다.

⑤ 지배기업이 종속기업에 대한 지배력을 상실한 경우에는 그 종속기업과 관련하여 기타포괄손익으로 인식한 모든 금액을 지배기업이 관련 자산이나 부채를 직접 처분한 경우의 회계처리와 같은 기준으로 회계처리한다.

※ 다음 자료를 이용하여 31번과 32번에 답하시오.

- ㈜대한은 20X1년 초에 ㈜민국의 의결권 있는 보통주 80%를 ₩200,000에 취득하고 지배력을 획득하였다. 취득일 현재 ㈜민국의 요약재무상태표는 다음과 같다.

요약재무상태표

계정과목	장부금액	공정가치	계정과목	장부금액	공정가치
㈜민국			20X1. 1. 1. 현재		(단위: ₩)
현 금	20,000	20,000	부 채	120,000	120,000
매출채권	40,000	40,000	자 본 금	50,000	
재고자산	60,000	70,000	이익잉여금	100,000	
유형자산	150,000	190,000			
	270,000			270,000	

- ㈜민국의 위 재고자산은 상품이며, 20X1년 중에 모두 외부로 판매되었다.
- ㈜민국의 위 유형자산은 기계장치이며, 지배력 획득일 현재 잔존내용연수는 8년이고 잔존가치 없이 정액법으로 상각한다.
- 20X1년 중에 ㈜대한은 장부금액 ₩20,000의 재고자산(제품)을 ㈜민국에게 ₩30,000에 판매하였다. ㈜민국은 이 재고자산의 50%를 20X1년 중에 외부로 판매하였으며, 나머지 50%를 20X2년 중에 외부로 판매하였다.
- ㈜대한과 ㈜민국이 20X1년도 및 20X2년도에 각각 보고한 당기순이익은 다음과 같다.

구분	20X1년	20X2년
㈜대한	₩50,000	₩60,000
㈜민국	₩30,000	₩20,000

- ㈜대한과 ㈜민국은 20X2년 3월에 각각 ₩20,000과 ₩10,000의 현금배당(결산배당)을 결의하고 지급하였다.
- ㈜대한은 별도재무제표에서 ㈜민국의 주식을 원가법으로 회계처리한다. 연결재무제표 작성시 유형자산에 대해서는 원가모형을 적용하고, 비지배지분은 종속기업의 식별가능한 순자산 공정가치에 비례하여 결정한다.

---

31. ㈜대한의 20X1년도 연결재무상태표에 표시되는 비지배지분은 얼마인가?

① ₩40,000   ② ₩41,000   ③ ₩42,000

④ ₩43,000   ⑤ ₩44,000

32. ㈜대한의 20X2년도 연결포괄손익계산서에 표시되는 지배기업소유주귀속당기순이익은 얼마인가?

① ₩64,000   ② ₩69,000   ③ ₩72,000

④ ₩76,000   ⑤ ₩77,000

33. ㈜대한은 20X1년 1월 1일에 설립되었다. ㈜대한의 표시통화는 원화(₩)이나, 기능통화는 미국달러화($)이다. 기능통화로 표시된 ㈜대한의 20X1년 요약재무정보는 다음과 같다.

㈜대한의 20X1년 요약재무정보(시산표)

계정과목	차변	대변
자 산	$7,000	
부 채		$4,500
자 본 금		1,500
이익잉여금		–
수 익		4,000
비 용	3,000	
합 계	$10,000	$10,000

• ㈜대한은 20X1년 중에 유럽의 회사에 수출을 하고 대금을 20X2년에 유로화(€)로 받기로 했다. 수출대금은 €300이었고, ㈜대한은 수출시 이를 미국달러화($)로 환산하여 장부에 기록하고 20X1년 말에 환산하지 않았다. 수출시 환율($/€)은 1.2였기 때문에, 위의 요약정보에는 동 수출관련 매출채권이 자산에 $360로 기록되어 있다.
• 20X1년 환율(₩/$, $/€) 변동정보

구분	20X1.1.1.	연평균	20X1.12.31.
₩/$	1,300	1,340	1,400
$/€	1.3	1.2	1.1

• 기능통화와 표시통화는 모두 초인플레이션 경제의 통화가 아니며, 설립 이후 환율에 유의적인 변동은 없었다.
• 수익과 비용은 해당 회계기간의 연평균환율을 사용하여 환산한다.

㈜대한의 20X1년도 원화(₩) 표시 포괄손익계산서 상 총포괄이익은 얼마인가? 단, 위에 제시된 자료 외에 총포괄이익에 영향을 미치는 항목은 없다.

① ₩1,106,000
② ₩1,165,000
③ ₩1,340,000
④ ₩1,358,000
⑤ ₩1,508,000

34. 기업회계기준서 제1021호 '환율변동효과'에 대한 다음 설명 중 옳지 <u>않은</u> 것은?

① 해외사업장을 처분하는 경우 기타포괄손익과 별도의 자본항목으로 인식한 해외사업장 관련 외환차이의 누계액은 당기손익으로 재분류하지 않는다.

② 기능통화가 변경되는 경우 변경된 날의 환율을 사용하여 모든 항목을 새로운 기능통화로 환산한다. 비화폐성항목의 경우에는 새로운 기능통화로 환산한 금액이 역사적원가가 된다.

③ 보고기업과 해외사업장의 경영성과와 재무상태를 연결하는 경우, 내부거래에서 생긴 화폐성자산(또는 화폐성부채)과 관련된 환율변동효과는 연결재무제표에서 당기손익으로 인식한다. 다만, 보고기업의 해외사업장에 대한 순투자의 일부인 화폐성 항목에서 생기는 외환차이는 해외사업장이 처분될 때까지 연결재무제표에서 기타포괄손익으로 인식한다.

④ 해외사업장을 포함한 종속기업을 일부 처분시 기타포괄손익에 인식된 외환차이의 누계액 중 비례적 지분을 그 해외사업장의 비지배지분으로 재귀속시킨다.

⑤ 비화폐성항목에서 생긴 손익을 기타포괄손익으로 인식하는 경우에 그 손익에 포함된 환율변동효과도 기타포괄손익으로 인식한다. 그러나 비화폐성항목에서 생긴 손익을 당기손익으로 인식하는 경우에는 그 손익에 포함된 환율변동효과도 당기손익으로 인식한다.

35. ㈜대한은 20X1년 11월 1일에 선박 1척을 US$2,000에 구입하기로 하는 확정계약을 체결하였다. 선박의 인수일은 20X2년 4월 30일이고, 인수일에 구입대금을 지급하고 선박을 인수함으로써 계약이 이행된다. 이 확정계약은 법적구속력을 갖기 때문에 불이행시에는 위약금을 지급해야 한다. ㈜대한은 계약체결시점부터 대금지급시점까지의 환율변동에 따른 확정계약의 위험을 회피하기 위해 20X1년 11월 1일에 통화선도계약을 체결하였다. 관련 정보는 다음과 같다.

- 통화선도 계약기간: 20X1년 11월 1일 ~ 20X2년 4월 30일
- 통화선도 계약조건: ₩2,600,000을 지급하고 US$2,000을 수취한다.
- 환율 정보:

일 자	현물환율(₩/$)	통화선도환율(₩/$)
20X1. 11. 1.	1,200	1,300 (만기 6개월)
20X1. 12. 31.	1,340	1,400 (만기 4개월)
20X2. 4. 30.	1,380	

㈜대한이 위 거래에 대해 공정가치위험회피회계를 적용하는 경우, ㈜대한의 20X1년 말 재무상태표 상 확정계약자산(또는 부채)은 얼마인가? 단, 현재가치 평가는 고려하지 않는다.

① 부채 ₩200,000　　② 부채 ₩280,000　　③ 자산 ₩200,000

④ 자산 ₩280,000　　⑤ 자산 및 부채 ₩0

36. 국가회계예규 중 「금융자산과 금융부채 회계처리지침」에 대한 다음 설명 중 옳지 <u>않은</u> 것은?

① 금융자산은 최초에 취득원가로 인식한다. 다만, 국가 외의 상대방과의 교환 또는 기부채납 등의 방법으로 자산을 취득하는 경우에는 취득 당시의 공정가액을 취득원가로 한다.

② 유가증권은 매입가액에 부대비용을 더하고 종목별로 총평균법 등을 적용하여 산정한 가액을 취득원가로 한다.

③ 장기연불조건의 거래, 장기금전대차거래 또는 이와 유사한 거래에서 발생하는 미수채권, 대여금 등으로서 장기미수국세, 전대차관대여금, 정부내예탁금은 명목가액과 현재가치의 차이가 중요한 경우에는 현재가치를 취득원가로 한다.

④ 국채는 부족한 세입을 보전하고 재정수요를 충당하기 위하여 국가가 발행하는 채권을 의미하며, 국채 발행수수료 및 발행과 관련하여 직접 발생한 비용을 뺀 발행가액으로 평가한다.

⑤ 역사적원가로 측정하는 비화폐성 외화부채에 해당하는 금융부채는 해당 부채를 부담한 당시의 기준환율로 평가하며, 공정가액으로 측정하는 비화폐성 외화부채에 해당하는 금융부채는 공정가액이 측정된 날의 기준환율로 평가한다.

37. 「국가회계기준에 관한 규칙」과 「지방자치단체 회계기준에 관한 규칙」의 수익과 비용에 대한 다음 설명 중 옳지 <u>않은</u> 것은?

① 국가의 수익은 국가의 재정활동과 관련하여 재화 또는 용역을 제공한 대가로 발생하거나, 직접적인 반대급부 없이 법령에 따라 납부의무가 발생한 금품의 수납 또는 자발적인 기부금 수령 등에 따라 발생하는 순자산의 증가를 말한다.

② 국가의 교환수익은 수익창출 활동이 끝나고 그 금액을 합리적으로 측정할 수 있을 때에 인식한다.

③ 국가의 부담금수익, 기부금수익, 무상이전수입은 청구권 등이 확정된 때에 그 확정된 금액을 수익으로 인식한다.

④ 지방자치단체의 수익은 재원조달의 원천에 따라 자체조달수익, 정부간이전수익, 기타수익으로 구분한다.

⑤ 지방자치단체의 비용은 자산의 감소나 부채의 증가를 초래하는 회계연도 동안의 거래로 생긴 순자산의 감소를 말하며, 회계 간의 재산 이관, 물품 소관의 전환 등으로 생긴 순자산의 감소도 비용에 포함한다.

38. 국가회계예규 중 「국고금 회계처리지침」 및 「재무제표의 통합에 관한 지침」의 국고금 관련 설명 중 <u>옳지 않은</u> 것은?

① 국고금회계란 일반회계, 특별회계 및 기금과 다른 별도의 회계로서 국고로 불입되어 관리되는 수입, 예산의 배정에 따른 지출 및 국고여유자금의 운용 등 국고에 관한 일체의 행위를 하나의 회계에서 모아 회계처리하기 위한 자금관리 회계를 말한다.

② 국고금회계를 포함한 국가 재무제표에는 중앙관서 순자산변동표의 국고이전지출과 국고금회계의 국고이전수입, 중앙관서 순자산변동표의 국고수입과 국고금회계의 세출예산지출액을 내부거래제거로 상계한다.

③ 한국은행에 납입 또는 예탁한 국고금은 한국은행국가예금으로 분류한다.

④ 일반회계와 기타특별회계(우체국보험특별회계는 제외한다)의 국고금은 해당 국가회계실체와 중앙관서의 재정상태표에 표시한다.

⑤ 국고금회계는 기획재정부의 하부 회계로 독립하여 결산을 수행하고, 국고금회계의 재무제표는 국가 재무제표 작성 시 중앙관서 재무제표와 함께 통합한다.

39. 「지방회계법」에 대한 다음 설명 중 <u>옳지 않은</u> 것은?

① 지방자치단체의 결산서는 결산 개요, 세입·세출 예산, 재무제표(주석 포함)로 구성된다.

② 해당 회계연도에 속하는 지방자치단체의 세입·세출의 출납에 관한 사무는 다음 회계연도 2월 10일까지 마쳐야 한다.

③ 지방자치단체의 장, 그 보조기관 및 소속 행정기관은 그 관할 지방자치단체의 모든 수입을 지정된 수납기관에 내야 하며, 「지방회계법」또는 다른 법률에서 달리 정하고 있는 경우를 제외하고는 직접 사용하여서는 아니 된다.

④ 지방자치단체의 재무제표는 지방회계기준에 따라 작성하여야 하고, 「공인회계사법」에 따른 공인회계사의 검토의견을 첨부하여야 한다.

⑤ 지방자치단체의 장은 여성과 남성이 동등하게 예산의 혜택을 받고 예산이 성차별을 개선하는 방향으로 집행되었는지를 평가하는 성인지 결산서를 작성하여야 한다.

40. 다음은 일반회계만으로 구성된 중앙관서 A부처의 20X1년도 회계자료이다. 단, 아래 제시된 자료 이외의 항목은 없다고 가정한다.

> - 기초순자산은 ₩40,000(기본순자산 ₩8,000, 적립금 및 잉여금 ₩28,000, 순자산조정 ₩4,000)이다.
> - 재정운영결과는 ₩10,000이다.
> - 제재금수익은 ₩5,000이며, 부담금수익은 ₩6,000이다.
> - 국고수입은 ₩20,000이며, 국고이전지출은 ₩5,000이다.
> - 투자목적 장기투자증권을 ₩4,000에 취득하였으며, 재정상태표일 현재 신뢰성 있게 측정한 공정가액은 ₩7,000이다.

위 자료에 의한 20X1년도 중앙관서 A부처의 순자산변동표 상 기말순자산은 얼마인가?

① ₩56,000   ② ₩59,000   ③ ₩60,000

④ ₩63,000   ⑤ ₩79,000

41. 20X1년 초에 설립된 ㈜대한은 자동차를 생산, 판매하는 기업으로 20X1년 동안 다음과 같은 원가가 발생하였다.

• 직접재료원가	₩550
• 간접재료원가	₩150
• 판매직급여	₩150
• 공장근로자급여	₩600
• 공장감독자급여	₩300
• 관리직급여	₩350
• 공장감가상각비	₩1,000
• 광고선전비	₩100

이 자료를 바탕으로 원가계산을 했을 경우, 다음 설명 중 옳은 것은? 단, 기말재공품재고액은 ₩50이다.

① 기본원가(prime costs)는 ₩1,050이다.

② 제조간접원가는 ₩1,500이다.

③ 재고불능원가는 ₩500이다.

④ 당기총제조원가는 ₩2,700이다.

⑤ 당기제품제조원가는 ₩2,550이다.

42. 20X1년 초에 설립된 ㈜대한은 정상원가계산제도를 채택하고 있으며, 제조간접원가 배부기준은 직접노무시간이다. ㈜대한은 당기 초에 제조간접원가를 ₩32,000, 직접노무시간을 4,000시간으로 예상하였다. ㈜대한의 20X1년 생산 및 판매 관련 자료는 다음과 같다.

- 당기 중 세 가지 작업 #101, #102, #103을 착수하여, #101과 #102를 완성하였고, #103은 기말 현재 작업 중에 있다.
- 당기 중 발생한 제조경비는 총 ₩12,500이며, 이는 감가상각비 ₩9,000, 임차료 ₩3,500으로 구성되어 있다.
- 당기 중 작업별 실제발생 원가자료와 실제 사용된 직접노무시간은 다음과 같다.

구분	#101	#102	#103	합계
직접재료원가	₩4,000	₩4,000	₩2,000	₩10,000
직접노무원가	₩3,000	₩2,000	₩4,000	₩9,000
직접노무시간	1,000시간	500시간	500시간	2,000시간

- 작업 #101은 당기 중에 ₩16,000에 판매되었으나, 작업 #102는 기말 현재 판매되지 않았다.

㈜대한이 기말에 제조간접원가 배부차이를 총원가기준 비례배부법으로 조정할 경우, ㈜대한의 20X1년도 매출총이익은 얼마인가?

① ₩1,500   ② ₩2,000   ③ ₩2,500

④ ₩3,000   ⑤ ₩3,500

43. ㈜대한은 단일제품을 제조하는 기업으로 종합원가계산제도를 채택하고 있으며, 재고자산평가방법은 선입선출법을 사용한다. 제품제조 시 직접재료는 공정 초에 전량 투입되며, 전환원가(conversion cost)는 공정 전반에 걸쳐 균등하게 발생한다. ㈜대한의 당기 생산활동과 관련된 자료는 다음과 같다. 단, 괄호 안의 숫자는 전환원가의 완성도를 의미한다.

항목	물량단위	직접재료원가	전환원가
기초재공품	1,000(?)	₩100,000	₩100,000
당기투입	10,000	₩500,000	₩720,000
기말재공품	2,000(40%)		

- 당기매출원가는 ₩1,400,000, 기초제품재고액은 ₩300,000, 기말제품재고액은 ₩156,000이다.

당기 완성품환산량 단위당 전환원가는 얼마인가?

① ₩75   ② ₩80   ③ ₩85

④ ₩90   ⑤ ₩100

44. ㈜대한은 두 개의 보조부문 A(전력부문)와 B(수선부문), 그리고 두 개의 생산부문 C와 D를 이용하여 제품을 생산하고 있다. 20X1년 2월의 각 부문에 대한 자료는 다음과 같다.

제공 \ 사용	보조부문		생산부문		합계
	A	B	C	D	
A	400kW	400kW	800kW	400kW	2,000kW
B	320시간	400시간	480시간	800시간	2,000시간

- A부문과 B부문에 집계된 제조간접원가는 각각 ₩240,000과 ₩200,000이다.
- 보조부문의 원가는 A, B 순으로 단계배분법을 사용하여 생산부문에 배분한다.
- C부문에서 생산하는 갑제품에 대한 단위당 직접재료원가는 ₩4,825이며, 생산단위는 100단위이다.
- 갑제품에 대한 월초 및 월말재공품은 없다.

㈜대한이 C부문에서 생산하는 갑제품의 판매가격을 제품제조원가의 120%인 ₩12,000으로 결정할 경우, 갑제품의 단위당 직접노무원가는 얼마인가?

① ₩3,000
② ₩3,500
③ ₩4,000
④ ₩4,500
⑤ ₩5,000

45. 표준원가계산제도를 사용하고 있는 ㈜대한은 직접노무시간을 기준으로 제조간접원가를 배부하며, 20X1년도 표준 및 예산수립에 관한 자료는 다음과 같다.

- 제품 단위당 표준직접노무시간은 2시간이며, 표준임률은 시간당 ₩2,000이다.
- 제조간접원가예산액 = ₩60,000 + ₩1,200 × 표준직접노무시간
- 고정제조간접원가 배부를 위한 연간 기준조업도는 제품생산량 300단위이다.

한편, 20X1년 말에 원가차이를 분석한 결과는 다음과 같다.

- 변동제조간접원가 능률차이: ₩12,000 불리
- 고정제조간접원가 조업도차이: ₩4,000 유리

직접노무원가 능률차이는 얼마인가?

① ₩20,000 유리
② ₩20,000 불리
③ 차이 없음
④ ₩30,000 유리
⑤ ₩30,000 불리

46. ㈜대한은 단일제품을 생산 및 판매하고 있다. ㈜대한은 20X1년 초에 영업을 개시하였으며, 한 해 동안 총 4,000단위를 생산하여 3,000단위를 판매하였고, 기초 및 기말재공품은 없다. 단위당 판매가격은 ₩3,600 이다. 그 외 20X1년에 발생한 원가정보는 다음과 같다.

구분	고정원가	변동원가
직접재료원가	–	단위당 ₩600
직접노무원가	–	단위당 ₩500
제조간접원가	₩?	단위당 ₩300
판매비와관리비	₩400,000	단위당 ₩400

㈜대한의 20X1년도 변동원가계산하의 순이익이 ₩4,400,000이라면, 20X1년도 전부원가계산하의 순이익은 얼마인가?

① ₩4,550,000   ② ₩4,600,000   ③ ₩4,650,000
④ ₩4,700,000   ⑤ ₩4,750,000

47. ㈜대한은 최근에 신제품 X의 개발을 완료하고 시험적으로 50단위를 생산하였다. 회사가 처음 50단위의 신제품 X를 생산하는데 소요된 총직접노무시간은 500시간이고 직접노무시간당 임률은 ₩200이었다. 신제품 X의 생산에 소요되는 단위당 직접재료원가는 ₩900이고, 단위당 제조간접원가는 ₩800이다. 총생산량 200단위에 대한 신제품 X의 단위당 예상원가는 ₩3,320이다. 누적평균시간학습모형이 적용된다면, 학습률은 얼마인가?

① 70%   ② 75%   ③ 80%
④ 90%   ⑤ 95%

48. 원가-조업도-이익(CVP)분석과 영업레버리지도(DOL)에 대한 다음 설명 중 옳지 않은 것은? 단, 아래의 보기에서 변동되는 조건 외의 다른 조건은 일정하다고 가정한다.

① 단위당 공헌이익이 커지면 손익분기점은 낮아진다.
② 공헌이익이 총고정원가보다 클 경우에는 이익이 발생한다.
③ 생산량과 판매량이 다른 경우에도 변동원가계산의 손익분기점은 변화가 없다.
④ 영업이익이 0보다 클 때, 고정원가가 감소하면 영업레버리지도는 낮아진다.
⑤ 영업이익이 0보다 클 때, 안전한계율이 높아지면 영업레버리지도는 높아진다.

49. ㈜대한은 동일한 직접재료 X를 사용하여 두 가지 제품 A와 B를 생산 및 판매한다. 다음은 ㈜대한이 생산 및 판매하고 있는 각 제품의 단위당 판매가격, 변동원가 및 공헌이익에 관한 자료이다.

구분	제품 A	제품 B
단위당 판매가격	₩1,800	₩2,400
단위당 변동원가		
직접재료원가	₩320	₩400
기타변동원가	₩960	₩1,400
계	₩1,280	₩1,800
단위당 공헌이익	₩520	₩600

㈜대한은 공급업체로부터 직접재료 X를 매월 최대 4,000kg까지 구입가능하며, 직접재료 X의 구입가격은 kg당 ₩80이다. ㈜대한의 각 제품에 대한 매월 최대 시장수요량이 800단위(제품 A)와 400단위(제품 B)일 경우, ㈜대한이 달성할 수 있는 최대공헌이익은 얼마인가?

① ₩240,000 ② ₩416,000 ③ ₩448,000
④ ₩512,000 ⑤ ₩656,000

50. ㈜대한의 분권화된 사업부 A와 사업부 B는 이익중심점으로 설정되어 있다. 사업부 A에서 생산되는 제품 X는 사업부 B에 대체하거나 외부시장에 판매할 수 있다. 사업부 B는 제품 X를 주요부품으로 사용하여 완제품을 생산하고 있으며, 공급처는 자유롭게 선택할 수 있다.

현재 사업부 A는 10,000단위의 제품 X를 전부 외부시장에 판매하고 있으며, 사업부 B는 현재 연간 5,000단위의 제품 X를 단위당 ₩84의 가격으로 외부공급업자로부터 구입하고 있다. 사업부 A에서 생산되는 제품 X와 관련된 자료는 다음과 같다.

• 단위당 외부판매가격	₩90
• 단위당 변동원가(변동판매비와관리비 포함)	₩60
• 연간 고정원가	₩2,000,000
• 연간 최대생산능력	10,000단위

최근 ㈜대한은 사업부 B의 생산에 필요한 5,000단위의 제품 X의 사내대체를 검토하였다. 사내대체를 할 경우, 사업부 A가 단위당 ₩20의 변동판매비와관리비를 절감할 수 있다면 사업부 A가 사내대체를 수락할 수 있는 최소 대체가격은 얼마인가?

① ₩40 ② ₩60 ③ ₩70
④ ₩84 ⑤ ₩90

김용재 회계사, 세무사 1차 회계학 연도별 기출문제집

2023

기출문제

2023년 CPA 회계학 기출문제

아래 문제들에서 특별한 언급이 없는 한 기업의 보고기간(회계기간)은 매년 1월 1일부터 12월 31일까지이다. 자료에서 제시한 것 외의 사항은 고려하지 않고 답한다. 예를 들어, 법인세에 대한 언급이 없으면 법인세효과는 고려하지 않는다. 또한 기업은 주권상장법인으로 계속해서 한국채택국제회계기준(K – IFRS)을 적용해오고 있다고 가정하고 보기 중에서 물음에 가장 합당한 답을 고르시오.

01. '재무보고를 위한 개념체계'에서 인식과 제거에 대한 다음 설명 중 옳지 <u>않은</u> 것은?

① 인식은 자산, 부채, 자본, 수익 또는 비용과 같은 재무제표 요소 중 하나의 정의를 충족하는 항목을 재무상태표나 재무성과표에 포함하기 위하여 포착하는 과정이다.

② 거래나 그 밖의 사건에서 발생된 자산이나 부채의 최초 인식에 따라 수익과 관련 비용을 동시에 인식할 수 있다. 수익과 관련 비용의 동시 인식은 때때로 수익과 관련 원가의 대응을 나타낸다.

③ 재무제표이용자들에게 자산이나 부채 그리고 이에 따른 결과로 발생하는 수익, 비용 또는 자본변동에 대한 목적적합한 정보와 충실한 표현 중 어느 하나를 제공하는 경우 자산이나 부채를 인식한다.

④ 자산은 일반적으로 기업이 인식한 자산의 전부 또는 일부에 대한 통제를 상실하였을 때 제거하고, 부채는 일반적으로 기업이 인식한 부채의 전부 또는 일부에 대한 현재의무를 더 이상 부담하지 않을 때 제거한다.

⑤ 제거에 대한 회계 요구사항은 제거를 초래하는 거래나 그 밖의 사건 후의 잔여 자산과 부채, 그리고 그 거래나 그 밖의 사건으로 인한 기업의 자산과 부채의 변동 두 가지를 모두 충실히 표현하는 것을 목표로 한다.

02. '일반목적재무보고의 목적'에 대한 다음 설명 중 옳지 <u>않은</u> 것은?

① 많은 현재 및 잠재적 투자자, 대여자 및 그 밖의 채권자는 정보를 제공하도록 보고기업에 직접 요구할 수 없고, 그들이 필요로 하는 재무정보의 많은 부분을 일반목적재무보고서에 의존해야만 한다.

② 회계기준위원회는 회계기준을 제정할 때 최대 다수의 주요이용자 수요를 충족하는 정보를 제공하기 위해 노력할 것이다. 그러나 공통된 정보수요에 초점을 맞춘다고 해서 보고기업으로 하여금 주요이용자의 특정 일부집단에게 가장 유용한 추가 정보를 포함하지 못하게 하는 것은 아니다.

③ 보고기업의 경영진도 해당 기업에 대한 재무정보에 관심이 있다. 그러나 경영진은 필요로 하는 재무정보를 내부에서 구할 수 있기 때문에 일반목적재무보고서에 의존할 필요가 없다.

④ 보고기업의 경제적자원 및 청구권의 성격 및 금액에 대한 정보는 이용자들이 보고기업의 재무적 강점과 약점을 식별하는데 도움을 줄 수 있다.

⑤ 보고기업의 경제적자원 및 청구권은 재무성과 외의 사유로는 변동될 수 없다.

03. 유통업을 영위하고 있는 ㈜대한은 재고자산에 대해 계속기록법과 가중평균법을 적용하고 있으며, 기말에는 실지재고조사를 실시하고 있다. 다음은 ㈜대한의 20X1년 재고자산(단일상품)과 관련된 자료이다.

- 일자별 거래 자료

일자	적요	수량	매입단가	비고
1월 1일	기초재고	100개	₩200	전기말 실사수량
3월 1일	매입	200개	₩200	
6월 1일	매입계약	200개	₩300	선적지 인도조건
7월 1일	매출	200개	–	
9월 1일	매입계약	200개	₩300	도착지 인도조건
11월 1일	매출	100개	–	

- ㈜대한이 6월 1일에 계약한 상품 200개는 6월 30일에 창고로 입고되었다.
- ㈜대한이 9월 1일에 계약한 상품 200개는 11월 1일에 선적되었으나 12월 말 현재까지 운송중인 상태로 확인되었다.
- 12월 말 현재 ㈜대한이 창고에 보관중인 상품의 총 수량은 300개이고 실사를 통해 다음과 같은 사실을 발견하였다.

  - ㈜대한은 12월 1일에 ㈜민국으로부터 상품 200개(단위원가 ₩300)에 대해 판매를 수탁받아 창고에 보관하였으며, 이 중 20%를 12월 중에 판매하였다.
  - ㈜대한은 12월 1일에 ㈜만세와 위탁판매계약을 체결하고 상품 50개(단위원가 ₩240)를 적송하였다. 기말 실사 후 ㈜만세가 12월 말 현재 보관중인 상품은 20개임을 확인하였다.

- ㈜대한은 재고자산감모손실과 재고자산평가손실(환입)을 매출원가에서 조정하고 있다.
- 수탁품과 적송품에서는 감모(분실, 도난 등)가 발생하지 않았다.

20X1년 기말재고자산의 단위당 순실현가능가치가 ₩200이고, 재고자산평가충당금의 기초잔액이 ₩3,000일 때, ㈜대한의 20X1년도 매출원가는 얼마인가?

① ₩72,000 ② ₩74,400 ③ ₩81,800
④ ₩85,000 ⑤ ₩88,000

04. 기업회계기준서 제1002호 '재고자산'에 대한 다음 설명 중 옳지 않은 것은?

① 공정가치에서 처분부대원가를 뺀 금액으로 측정한 일반상품 중개기업의 재고자산에 대해서는 저가법을 적용하지 않는다.

② 순실현가능가치는 재고자산의 주된 (또는 가장 유리한) 시장에서 시장참여자 사이에 일어날 수 있는 정상거래의 가격에서 처분부대원가를 뺀 금액으로 측정하기 때문에 기업특유의 가치가 아니다.

③ 생물자산에서 수확한 농림어업 수확물로 구성된 재고자산은 공정가치에서 처분부대원가를 뺀 금액으로 측정하여 수확시점에 최초로 인식한다.

④ 재고자산의 감액을 초래했던 상황이 해소되거나 경제상황의 변동으로 순실현가능가치가 상승한 명백한 증거가 있는 경우에는 최초의 장부금액을 초과하지 않는 범위 내에서 평가손실을 환입한다.

⑤ 성격과 용도 면에서 유사한 재고자산에는 동일한 단위원가 결정방법을 적용하여야 하며, 성격이나 용도 면에서 차이가 있는 재고자산에는 서로 다른 단위원가 결정방법을 적용할 수 있다.

05. ㈜대한은 20X1년 1월 1일에 기계장치(내용연수 5년, 잔존가치 ₩100,000, 정액법 사용)를 ₩1,500,000에 취득하였다. 해당 기계장치에 대해 매년 말 감가상각 후 재평가를 실시하고 있으며, 재평가모형 적용 시 감가상각누계액을 모두 제거하는 방법으로 장부금액을 조정하고 있다. ㈜대한은 20X2년 1월 1일에 기계장치의 성능향상을 위해 ₩300,000을 지출하였으며, 이로 인하여 잔존가치는 ₩20,000 증가하였고 잔존내용연수는 2년 연장되었다. 동 기계장치의 매년 말 공정가치는 다음과 같다.

구분	20X1년 말	20X2년 말
공정가치	₩1,020,000	₩1,350,000

㈜대한의 기계장치에 대한 회계처리가 20X1년도와 20X2년도 당기순이익에 미치는 영향은 얼마인가? 단, 재평가잉여금을 이익잉여금으로 대체하지 않으며, 손상차손은 고려하지 않는다.

	20X1년도	20X2년도
①	₩480,000 감소	₩0 (영향 없음)
②	₩480,000 감소	₩30,000 감소
③	₩480,000 감소	₩200,000 감소
④	₩280,000 감소	₩30,000 감소
⑤	₩280,000 감소	₩200,000 감소

06. ㈜대한은 20X1년 1월 1일에 기계장치(내용연수 5년, 잔존가치 ₩200,000, 정액법 사용)를 ₩2,000,000에 취득하였으며, 원가모형을 적용하고 있다. ㈜대한은 기계장치의 손상에 대해 다음과 같이 판단하였다.

20X1년도	20X2년도	20X3년도
손상없음	손상차손 발생	손상차손환입 발생

20X2년 말 동 기계장치의 순공정가치는 ₩770,000이고 사용가치는 ₩700,000이며, 20X3년 말 회수가능액은 ₩780,000이다. ㈜대한의 기계장치에 대한 회계처리가 20X3년도 당기순이익에 미치는 영향은 얼마인가?

① ₩20,000 감소 　　② ₩10,000 감소 　　③ ₩0 (영향 없음)
④ ₩10,000 증가 　　⑤ ₩20,000 증가

07. 무형자산의 인식과 측정에 대한 다음 설명 중 옳지 않은 것은?

① 개별 취득하는 무형자산과 사업결합으로 취득하는 무형자산은 무형자산 인식조건 중 자산에서 발생하는 미래경제적효익이 기업에 유입될 가능성이 높다는 조건을 항상 충족하는 것은 아니다.

② 무형자산을 최초로 인식할 때에는 원가로 측정하며, 사업결합으로 취득하는 무형자산의 원가는 취득일 공정가치로 한다.

③ 사업결합으로 취득하는 자산이 분리가능하거나 계약상 또는 기타 법적 권리에서 발생한다면, 그 자산의 공정가치를 신뢰성 있게 측정하기에 충분한 정보가 존재한다.

④ 내부적으로 창출한 영업권과 내부 프로젝트의 연구단계에서 발생한 지출은 자산으로 인식하지 않는다.

⑤ 내부적으로 창출한 무형자산의 원가는 그 자산의 창출, 제조 및 경영자가 의도하는 방식으로 운영될 수 있게 준비하는데 필요한 직접 관련된 모든 원가를 포함한다.

08. ㈜대한은 20X1년 1월 1일에 취득하여 본사 사옥으로 사용하고 있던 건물(취득원가 ₩2,000,000, 내용연수 20년, 잔존가치 ₩200,000, 정액법 상각)을 20X3년 7월 1일에 ㈜민국에게 운용리스 목적으로 제공하였다. ㈜대한은 투자부동산에 대해서 공정가치모형을 적용하고 있으며, 유형자산에 대해서는 원가모형을 적용하고 있다. 건물의 공정가치는 다음과 같다.

20X2년 말	20X3년 7월 1일	20X3년 말
₩2,000,000	₩2,500,000	₩3,000,000

㈜대한의 건물에 대한 회계처리가 20X3년도 당기순이익에 미치는 영향은 얼마인가? 단, 감가상각비는 월할로 계산한다.

① ₩45,000 감소 　　② ₩455,000 증가 　　③ ₩500,000 증가
④ ₩600,000 증가 　　⑤ ₩1,180,000 증가

09. ㈜대한은 20X1년 3월 1일부터 공장건물 신축공사를 실시하여 20X2년 9월 30일에 해당 공사를 완료하였다. 동 공장건물은 차입원가를 자본화하는 적격자산이다. ㈜대한의 신축공사와 관련된 자료는 다음과 같다.

구분	20X1.3.1.	20X1.10.1.	20X2.1.1.	20X2.9.1.
공사대금 지출액	₩300,000	₩400,000	₩300,000	₩120,000

종류	차입금액	차입기간	연 이자율
특정차입금A	₩240,000	20X1. 3. 1.~20X2. 9. 30.	6%(단리)
일반차입금B	₩240,000	20X1. 3. 1.~20X2. 6. 30.	6%(단리)
일반차입금C	₩60,000	20X1. 6. 1.~20X2. 12. 31.	9%(단리)

20X1년 3월 1일의 지출액에는 공장건물 건설과 관련하여 동 일자에 수령한 정부보조금(상환의무 없음) ₩200,000이 포함되어 있다. 특정차입금A 중 ₩100,000은 20X1년 4월 1일부터 20X1년 9월 30일까지 연 이자율 3%(단리)의 정기예금에 예치하였다. ㈜대한이 20X2년도에 자본화할 차입원가는 얼마인가? 단, 전기 이전에 자본화한 차입원가는 연평균 지출액 계산 시 포함하지 아니하며, 연평균 지출액, 이자수익 및 이자비용은 월할로 계산한다. 그리고 모든 차입금과 정기예금은 매월 말 이자 지급(수취) 조건이다.

① ₩16,450   ② ₩21,900   ③ ₩23,400
④ ₩42,700   ⑤ ₩53,200

10. ㈜대한은 ㈜민국이 20X1년 1월 1일에 발행한 사채를 발행일에 취득하였으며, 취득 시 동 사채를 기타포괄손익-공정가치 측정 금융자산(FVOCI 금융자산)으로 분류하였다. ㈜민국의 사채는 다음과 같은 조건으로 발행되었다.

- 액면금액: ₩1,000,000
- 만기일: 20X3년 12월 31일(일시상환)
- 표시이자율: 연 4%, 매년 말 지급
- 유효이자율: 연 6%

㈜대한은 ㈜민국으로부터 20X1년도 표시이자는 정상적으로 수취하였으나, 20X1년 말에 상기 사채의 신용이 손상되어 향후 표시이자 수령 없이 만기일에 원금의 80%만 회수가능할 것으로 추정하였다. ㈜대한은 20X2년에 예상대로 이자는 회수하지 못하였으나, 20X2년 말 현재 상황이 호전되어 사채의 만기일에 원금의 100%를 회수할 수 있을 것으로 추정하였다(이자는 회수불가능). 상기 사채의 20X1년 말과 20X2년 말 현재 공정가치는 각각 ₩700,000과 ₩820,000이다.

㈜대한의 상기 금융자산이 (1)20X1년도 총포괄이익에 미치는 영향과 (2)20X2년도 당기순이익에 미치는 영향은 각각 얼마인가? 단, 단수차이로 인해 오차가 있다면 가장 근사치를 선택한다.

기간 \ 할인율	단일금액 ₩1의 현재가치		정상연금 ₩1의 현재가치	
	4%	6%	4%	6%
1년	0.9615	0.9434	0.9615	0.9434
2년	0.9246	0.8900	1.8861	1.8334
3년	0.8890	0.8396	2.7751	2.6730

	(1) 20X1년도 총포괄이익	(2) 20X2년도 당기순이익
①	₩206,520 감소	₩213,200 증가
②	₩206,520 감소	₩231,400 증가
③	₩186,520 감소	₩213,200 증가
④	₩186,520 감소	₩231,400 증가
⑤	₩186,520 감소	₩121,200 증가

11. ㈜대한은 ㈜민국이 20X1년 1월 1일에 발행한 사채를 동 일자에 ₩950,244에 취득하였으며, 이를 상각후원가로 측정하는 금융자산(AC 금융자산)으로 분류하였다. ㈜민국의 사채는 다음과 같은 조건으로 발행되었다.

- 액면금액: ₩1,000,000
- 만기일: 20X3년 12월 31일(일시상환)
- 표시이자율: 연 8%, 매년 말 지급
- 유효이자율: 연 10%

20X1년 12월 31일에 ㈜대한과 ㈜민국은 다음과 같은 조건으로 재협상하여 계약상 현금흐름을 변경하였다.

- 만기일: 20X4년 12월 31일로 1년 연장(일시상환)
- 표시이자율: 20X2년부터 연 5%로 인하, 매년 말 지급
- 변경시점의 현행시장이자율: 연 12%

계약상 현금흐름의 변경과 관련하여 발생한 수수료 ₩124,360은 ㈜대한이 부담하였다. ㈜대한은 재협상을 통한 계약상 현금흐름의 변경이 금융자산의 제거조건을 충족하지 않는 것으로 판단하였다.

상기 금융자산과 관련하여 ㈜대한이 20X2년도에 인식할 이자수익은 얼마인가? 단, 단수차이로 인해 오차가 있다면 가장 근사치를 선택한다.

기간＼할인율	단일금액 ₩1의 현재가치		정상연금 ₩1의 현재가치	
	10%	12%	10%	12%
1년	0.9091	0.8929	0.9091	0.8929
2년	0.8264	0.7972	1.7355	1.6901
3년	0.7513	0.7118	2.4868	2.4019

① ₩50,000   ② ₩87,564   ③ ₩89,628
④ ₩95,024   ⑤ ₩96,527

12. ㈜대한은 20X1년 1월 1일에 다음과 같은 조건의 사채를 발행하려고 하였으나 실패하고, 3개월이 경과된 20X1년 4월 1일에 동 사채를 발행하였으며 상각후원가 측정 금융부채(AC 금융부채)로 분류하였다. 20X1년 4월 1일 현재 유효이자율은 연 4%이다.

- 권면상 발행일: 20X1년 1월 1일
- 액면금액: ₩1,000,000
- 만기일: 20X3년 12월 31일(일시상환)
- 표시이자율: 연 6%, 매년 말 지급

㈜대한은 20X2년 4월 1일에 액면금액 중 ₩600,000을 경과이자를 포함하여 ₩610,000에 조기상환하였다. ㈜대한의 사채에 대한 회계처리가 20X2년도 당기순이익에 미치는 영향은 얼마인가? 단, 이자는 월할로 계산하며, 단수차이로 인해 오차가 있다면 가장 근사치를 선택한다.

기간 \ 할인율	단일금액 ₩1의 현재가치		정상연금 ₩1의 현재가치	
	4%	6%	4%	6%
1년	0.9615	0.9434	0.9615	0.9434
2년	0.9246	0.8900	1.8861	1.8334
3년	0.8890	0.8396	2.7751	2.6730

① ₩3,968 감소 ② ₩6,226 감소 ③ ₩22,830 감소

④ ₩2,258 증가 ⑤ ₩12,636 증가

13. '종업원급여'에 대한 다음 설명 중 옳지 <u>않은</u> 것은?

① 확정기여제도에서 가입자의 미래급여금액은 사용자나 가입자가 출연하는 기여금과 기금의 운영효율성 및 투자수익에 따라 결정된다.

② 확정급여제도에서 자산의 원가에 포함하는 경우를 제외한 확정급여원가의 구성요소 중 순확정급여부채의 재측정요소는 기타포괄손익으로 인식한다.

③ 확정급여제도에서 확정급여채무와 사외적립자산에 대한 순확정급여부채(자산)의 순이자는 당기손익으로 인식하나, 자산인식상한효과에 대한 순확정급여부채(자산)의 순이자는 기타포괄손익으로 인식한다.

④ 확정급여제도에서 보험수리적손익은 보험수리적 가정의 변동과 경험조정으로 인한 확정급여채무 현재가치의 증감에 따라 생긴다.

⑤ 퇴직급여가 아닌 기타장기종업원급여에서의 재측정요소는 기타포괄손익으로 인식하지 않고 당기손익으로 인식한다.

14. ㈜대한은 확정급여제도를 채택하고 있으며, 관련 자료는 다음과 같다.

- 20X1년 초 확정급여채무의 현재가치와 사외적립자산의 공정가치는 각각 ₩1,200,000과 ₩900,000이다.
- 20X1년 5월 1일에 퇴직종업원에게 ₩240,000의 현금이 사외적립자산에서 지급되었다.
- 20X1년 9월 1일에 사외적립자산에 ₩120,000을 현금으로 출연하였다.
- 20X1년도의 당기근무원가 발생액은 ₩300,000이다.
- 할인율을 제외한 보험수리적 가정의 변동을 반영한 20X1년 말 확정급여채무의 현재가치는 ₩1,400,000이다.
- 20X1년 말 현재 사외적립자산의 공정가치는 ₩920,000이다.
- 순확정급여자산(부채) 계산 시 적용한 할인율은 연 10%로 매년 변동이 없다.
- 관련 이자비용 및 이자수익은 월할로 계산한다.

㈜대한의 확정급여제도 적용이 20X1년도 총포괄이익에 미치는 영향은 얼마인가?

① ₩300,000 감소　　　② ₩280,000 감소　　　③ ₩260,000 감소

④ ₩240,000 감소　　　⑤ ₩220,000 감소

15. 20X1년 1월 1일에 ㈜대한은 보통주와 우선주(배당률 2%)를 발행하여 영업을 개시하였다. 설립 이후 자본금의 변동은 없으며, 배당결의와 지급은 없었다. 20X3년 12월 31일 현재 ㈜대한의 보통주자본금과 우선주자본금의 내역은 다음과 같다.

구분	1주당 액면금액	자본금
보통주	₩1,000	₩10,000,000
우선주	₩1,000	₩6,000,000

20X4년 2월, 주주총회에서 총 ₩1,080,000의 현금배당이 결의되었다. ㈜대한의 우선주가 (1)누적적, 5% 부분참가적인 경우와 (2)비누적적, 완전참가적인 경우, 보통주에 배분될 배당금은 각각 얼마인가? 단, ㈜대한의 배당가능이익은 충분하며 자기주식은 취득하지 않았다고 가정한다.

	(1)	(2)
①	₩525,000	₩475,000
②	₩525,000	₩675,000
③	₩540,000	₩405,000
④	₩540,000	₩675,000
⑤	₩555,000	₩405,000

※ 다음 〈자료〉를 이용하여 16번과 17번에 답하시오.

〈자료〉

- ㈜대한은 20X1년 1월 1일에 액면금액 ₩1,000,000의 비분리형 신주인수권부사채를 다음과 같은 조건으로 액면발행하였다.

  - 만기일: 20X3년 12월 31일(일시상환)
  - 표시이자율: 연 4%, 매년 말 지급
  - 발행시점의 일반사채 시장이자율: 연 8%
  - 신주인수권 행사가액: 사채액면금액 ₩20,000당 보통주 1주(주당 액면금액 ₩5,000)를 ₩20,000에 인수
  - 상환할증금: 만기일까지 신주인수권을 행사하지 않으면 만기일에 액면금액의 10%를 지급

- 적용할 현가계수는 아래의 표와 같다.

기간 \ 할인율	단일금액 ₩1의 현재가치			정상연금 ₩1의 현재가치		
	4%	8%	10%	4%	8%	10%
1년	0.9615	0.9259	0.9091	0.9615	0.9259	0.9091
2년	0.9246	0.8573	0.8264	1.8861	1.7832	1.7355
3년	0.8890	0.7938	0.7513	2.7751	2.5770	2.4868

- ㈜대한은 신주인수권부사채 발행 시 인식한 자본요소(신주인수권대가) 중 신주인수권이 행사된 부분은 주식발행초과금으로 대체하는 회계처리를 한다.
- 20X2년 1월 1일에 ㈜대한의 신주인수권부사채 액면금액 중 40%에 해당하는 신주인수권이 행사되었다.

16. ㈜대한이 신주인수권부사채를 발행할 때 인식할 신주인수권대가는 얼마인가? 단, 단수차이로 인해 오차가 있다면 가장 근사치를 선택한다.

① ₩20,000　　　　　② ₩23,740　　　　　③ ₩79,380
④ ₩100,000　　　　　⑤ ₩103,120

17. 신주인수권 행사 시점에 ㈜대한이 인식해야 하는 자본 변동액은 얼마인가? 단, 단수차이로 인해 오차가 있다면 가장 근사치를 선택한다.

① ₩405,744 증가　　　　② ₩409,496 증가　　　　③ ₩415,240 증가
④ ₩434,292 증가　　　　⑤ ₩443,788 증가

18. 유통업을 영위하는 ㈜대한은 20X1년 1월 1일에 종업원 100명에게 각각 3년의 용역제공조건과 함께 주식선택권을 부여하고, 부여일 현재 주식선택권의 단위당 공정가치를 ₩300으로 추정하였다. 가득되는 주식선택권 수량은 연평균 매출액증가율에 따라 결정되며, 그 조건은 다음과 같다.

연평균 매출액증가율	1인당 가득되는 주식선택권 수량
10% 미만	0개 (가득되지 않음)
10% 이상 15% 미만	150개
15% 이상	200개

20X1년의 매출액증가율은 15%이었으며, 20X3년까지 동일한 증가율이 유지될 것으로 예상하였다. 20X2년의 매출액증가율은 11%이었으며 20X3년에도 11%로 예상하였다. 그러나, 20X3년의 매출액증가율은 1%에 불과하여 최종적으로 가득요건을 충족하지 못하였다. 주식기준보상약정을 체결한 종업원 모두가 20X3년 말까지 근무할 것으로 예측하였고, 이 예측은 실현되었다.

㈜대한의 주식기준보상거래에 대한 회계처리가 20X3년도 당기순이익에 미치는 영향은 얼마인가?

① ₩3,000,000 감소   ② ₩1,000,000 감소   ③ ₩0 (영향 없음)
④ ₩1,000,000 증가   ⑤ ₩3,000,000 증가

19. 유통업을 영위하는 ㈜대한은 20X1년 1월 1일에 액면금액 ₩10,000인 상품권 50매를 액면금액으로 발행하였다. 20X1년 1월 1일 이전까지 ㈜대한이 상품권을 발행한 사실은 없으며, 이후 20X2년 1월 1일에 추가로 100매를 액면금액으로 발행하였다. ㈜대한은 상품권 액면금액의 60% 이상 사용하고 남은 금액은 현금으로 반환하며, 상품권의 만기는 발행일로부터 1년이다. 만기까지 사용되지 않은 상품권은 만기 이후 1년 이내에는 90%의 현금으로 상환해줄 의무가 있으나, 1년이 경과하면 그 의무는 소멸한다. 20X1년도 발행 상품권 중 42매가 정상적으로 사용되었으며, 사용되지 않은 상품권 중 5매는 20X2년 중에 현금으로 상환되었고, 나머지 3매는 상환되지 않아 20X2년 12월 31일 현재 ㈜대한의 의무는 소멸하였다. 한편, 20X2년도 발행 상품권은 20X2년 중에 90매가 정상적으로 사용되었다.

상품권 사용 시 상품권 잔액을 현금으로 반환한 금액은 다음과 같다.

구분	금액
20X1년도 발행분	₩31,000
20X2년도 발행분	₩77,000

㈜대한의 상품권에 대한 회계처리와 관련하여 20X2년도 포괄손익계산서에 인식할 수익은 얼마인가? 단, ㈜대한은 고객의 미행사권리에 대한 대가를 다른 당사자에게 납부하도록 요구받지 않는다고 가정한다.

① ₩823,000   ② ₩833,000   ③ ₩850,000
④ ₩858,000   ⑤ ₩860,000

20. 20X1년 10월 1일에 ㈜대한은 제품 120개를 고객에게 개당 ₩1,000에 판매하기로 약속하였다. 제품은 6개월에 걸쳐 고객에게 이전되며, 각 제품에 대한 통제는 한 시점에 이전된다. ㈜대한은 20X1년 10월 31일에 제품 50개에 대한 통제를 고객에게 이전한 후, 추가로 제품 30개를 개당 ₩800에 고객에게 납품하기로 계약을 변경하였다. 추가된 제품 30개는 구별되는 재화에 해당하며, 최초 계약에 포함되지 않았다. 20X1년 11월 1일부터 20X1년 12월 31일까지 기존 계약수량 중 40개와 추가 계약수량 중 20개에 대한 통제를 고객에게 이전하였다.

계약을 변경할 때, 추가 제품의 가격(₩800/개)이 (1)계약변경 시점의 개별 판매가격을 반영하여 책정된 경우와 (2)계약변경 시점의 개별 판매가격을 반영하지 않은 경우, ㈜대한이 20X1년도 포괄손익계산서에 인식할 수익은 각각 얼마인가? 단, 계약변경일에 아직 이전되지 않은 약속한 제품은 계약변경일 전에 이전한 제품과 구별된다.

	(1)	(2)
①	₩16,000	₩18,800
②	₩90,000	₩87,600
③	₩90,000	₩106,400
④	₩106,000	₩87,600
⑤	₩106,000	₩106,400

21. ㈜대한은 ㈜민국과 다음과 같은 조건으로 사무실에 대한 리스계약을 체결하였다.

- 리스기간: 20X1년 1월 1일 ~ 20X3년 12월 31일(3년)
- 연장선택권: ㈜대한은 리스기간을 3년에서 5년으로 2년 연장할 수 있는 선택권이 있으나 리스개시일 현재 동 선택권을 행사할 의도는 전혀 없다.
- 리스료: ㈜대한은 리스기간 동안 매년 말에 ₩2,000,000의 고정리스료를 ㈜민국에게 지급하며, 연장선택권을 행사하면 20X4년 말과 20X5년 말에는 각각 ₩2,200,000을 지급하기로 약정하였다.
- 내재이자율: ㈜대한은 동 리스에 적용되는 ㈜민국의 내재이자율은 쉽게 산정할 수 없다.
- ㈜대한의 증분차입이자율: 연 8%(20X1.1.1.), 연 10%(20X3.1.1.)
- 리스개설직접원가: ㈜대한은 리스계약과 관련하여 ₩246,000을 수수료로 지급하였다.
- 리스계약 당시 ㈜민국이 소유하고 있는 사무실의 잔존내용연수는 20년이다.
- 적용할 현가계수는 아래의 표와 같다.

기간	할인율	단일금액 ₩1의 현재가치		정상연금 ₩1의 현재가치	
		8%	10%	8%	10%
1년		0.9259	0.9091	0.9259	0.9091
2년		0.8573	0.8264	1.7832	1.7355
3년		0.7938	0.7513	2.5770	2.4868

㈜대한은 모든 유형자산에 대해 원가모형을 적용하며, 감가상각은 잔존가치 없이 정액법을 사용한다. 20X3년 1월 1일에 영업환경의 변화 때문에 연장선택권을 행사할 것이 상당히 확실해졌다면 ㈜대한의 20X3년 말 재무상태표에 보고할 사용권자산의 장부금액은 얼마인가? 단, 단수차이로 인해 오차가 있다면 가장 근사치를 선택한다.

① ₩3,436,893
② ₩3,491,560
③ ₩3,526,093
④ ₩3,621,613
⑤ ₩3,760,080

22. 금융업을 영위하는 ㈜대한리스는 20X1년 1월 1일에 ㈜민국과 다음과 같은 조건으로 리스계약을 체결하였다.

- ㈜대한리스는 ㈜민국이 지정하는 기계설비를 제조사인 ㈜만세로부터 신규 취득하여 20X1년 1월 1일부터 ㈜민국이 사용할 수 있는 장소로 배송한다.
- 리스기간: 20X1년 1월 1일 ~ 20X3년 12월 31일(리스기간 종료 후 반환조건)
- 잔존가치 보증: ㈜대한리스는 리스기간 종료 시 리스자산의 잔존가치를 ₩10,000,000으로 예상하며, ㈜민국은 ₩7,000,000을 보증하기로 약정하였다.
- 리스개설직접원가: ㈜대한리스와 ㈜민국이 각각 ₩300,000과 ₩200,000을 부담하였다.
- ㈜대한리스는 상기 리스를 금융리스로 분류하였고, 동 리스에 대한 내재이자율로 연 10%를 산정하였다.
- 연간 정기리스료: 매년 말 ₩3,000,000 지급
- 할인율이 10%인 경우 현가계수는 아래의 표와 같다.

기간	단일금액 ₩1의 현재가치	정상연금 ₩1의 현재가치
3년	0.7513	2.4868

㈜대한리스의 (1)기계설비 취득원가(공정가치)와 (2)리스기간 종료 시 회수된 기계설비의 실제 잔존가치가 ₩5,000,000인 경우의 손실금액은 각각 얼마인가? 단, 단수차이로 인해 오차가 있다면 가장 근사치를 선택한다.

	(1)취득원가	(2)회수 시 손실금액
①	₩14,673,400	₩3,000,000
②	₩14,673,400	₩5,000,000
③	₩14,973,400	₩2,000,000
④	₩14,973,400	₩3,000,000
⑤	₩14,973,400	₩5,000,000

23. ㈜대한의 20X1년도와 20X2년도의 법인세비용차감전순이익은 각각 ₩815,000과 ₩600,000이다. ㈜대한의 20X1년과 20X2년의 법인세와 관련된 세무조정사항은 다음과 같다.

항목	20X1년도	20X2년도
감가상각비 한도초과액	₩6,000	–
당기손익-공정가치 측정 금융자산평가이익	2,000	–
제품보증충당부채	–	₩3,000
정기예금 미수이자	–	4,000

20X1년도 세무조정 항목 중 감가상각비 한도초과액 ₩6,000은 20X2년부터 매년 ₩2,000씩 소멸되며, 당기손익-공정가치 측정 금융자산(FVPL 금융자산)은 20X2년 중에 처분될 예정이다.

20X2년도 세무조정 항목 중 제품보증충당부채 ₩3,000은 20X3년부터 매년 ₩1,000씩 소멸되며, 정기예금의 이자는 만기일인 20X3년 3월 말에 수취한다. ㈜대한의 20X1년도 법인세율은 30%이며, 미래의 과세소득에 적용될 법인세율은 다음과 같다.

구분	20X2년도	20X3년도 이후
적용세율	30%	25%

㈜대한의 20X2년도 법인세비용은 얼마인가? 단, 20X1년 1월 1일 현재 이연법인세자산(부채)의 잔액은 없으며, 일시적 차이에 사용될 수 있는 과세소득의 발생가능성은 높다.

① ₩176,800 ② ₩177,750 ③ ₩178,400
④ ₩179,950 ⑤ ₩180,350

24. ㈜대한의 20X1년도 당기순이익은 ₩15,260,000이며, 주당이익과 관련된 자료는 다음과 같다.

- 20X1년 1월 1일 현재 유통보통주식수는 30,000주(주당 액면금액 ₩1,500)이며, 유통우선주식수는 20,000주(주당 액면금액 ₩5,000, 배당률 5%)이다. 우선주는 누적적우선주이며, 전년도에 지급하지 못한 우선주배당금을 함께 지급하기로 결의하였다.
- 20X1년 7월 1일에 보통주 2,000주를 공정가치로 유상증자하였으며, 9월 1일에 3,200주를 무상증자하였다.
- 20X1년 10월 1일에 전년도에 발행한 전환사채 액면금액 ₩1,000,000 중 20%가 보통주로 전환되었으며, 전환가격은 ₩500이다. 20X1년도 포괄손익계산서에 계상된 전환사채의 이자비용은 ₩171,000이며, 세율은 20%이다.

㈜대한의 20X1년도 희석주당이익은 얼마인가? 단, 가중평균유통주식수는 월할로 계산하며, 단수차이로 인해 오차가 있다면 가장 근사치를 선택한다.

① ₩149 ② ₩166 ③ ₩193
④ ₩288 ⑤ ₩296

25. 다음은 ㈜대한의 20X1년도 현금흐름표를 작성하기 위한 자료이다.

- 20X1년도 포괄손익계산서 관련 자료

법인세비용차감전순이익	₩2,150,000
법인세비용	?
이자비용	30,000
감가상각비	77,000

- 20X1년 말 재무상태표 관련 자료

계정과목	기말잔액	기초잔액	증감
매출채권	₩186,000	₩224,000	₩38,000 감소
재고자산	130,000	115,000	15,000 증가
매입채무	144,000	152,000	8,000 감소
미지급이자	9,500	12,000	2,500 감소
당기법인세부채	31,000	28,000	3,000 증가
이연법인세부채	2,600	4,000	1,400 감소

㈜대한은 간접법으로 현금흐름표를 작성하며, 이자지급과 법인세납부는 영업활동현금흐름으로 분류한다. ㈜대한이 20X1년도 현금흐름표에 보고한 영업활동순현금유입액이 ₩1,884,900일 경우, 20X1년도 당기순이익은 얼마인가?

① ₩1,713,600
② ₩1,754,200
③ ₩1,791,300
④ ₩1,793,800
⑤ ₩1,844,100

※ 다음 〈자료〉를 이용하여 26번과 27번에 답하시오.

〈자료〉

- ㈜대한은 20X1년 중에 ㈜민국의 의결권 있는 보통주 150주(지분율 15%)를 ₩150,000에 취득하고, 이를 기타포괄손익 − 공정가치 측정 금융자산(FVOCI 금융자산)으로 분류하였다.
- ㈜대한은 20X2년 초에 추가로 ㈜민국의 나머지 의결권 있는 보통주 850주(지분율 85%)를 취득하여 합병하였다. 이 주식의 취득을 위해 ㈜대한은 ₩200,000의 현금과 함께 보통주 500주(액면총액 ₩500,000, 공정가치 ₩800,000)를 발행하여 ㈜민국의 주주들에게 지급하였다. 합병일 현재 ㈜민국의 의결권 있는 보통주 공정가치는 주당 ₩1,200, 액면가는 주당 ₩1,000이다. ㈜대한은 신주 발행과 관련하여 ₩10,000의 신주발행비용을 지출하였다.
- 취득일 현재 ㈜민국의 요약재무상태표는 다음과 같다.

요약재무상태표
20X2년 1월 1일 현재

	장부금액	공정가치
유동자산	₩150,000	₩200,000
유형자산(순액)	1,050,000	1,280,000
자산	₩1,200,000	
부채	₩600,000	₩600,000
자본금	200,000	
이익잉여금	400,000	
부채와 자본	₩1,200,000	

- ㈜대한은 합병과 관련하여 만세회계법인에게 ㈜민국의 재무상태 실사 용역을 의뢰하였고, ₩30,000의 용역수수료를 지급하였다. 그리고 ㈜대한은 합병업무 전담팀을 구성하였는데, 이 팀 유지 원가로 ₩20,000을 지출하였다.
- 합병일 현재 ㈜민국의 종업원들은 회사 경영권의 변동에도 불구하고 대부분 이직하지 않았다. 이 때문에 ㈜대한은 합병일 이후 즉시 ㈜민국이 영위하던 사업을 계속 진행할 수 있었으며, ㈜대한의 경영진은 이러한 ㈜민국의 종업원들의 가치를 ₩80,000으로 추정하였다.
- 합병일 현재 ㈜민국의 상표명 'K − World'는 상표권 등록이 되어 있지 않아 법적으로 보호받을 수 없는 것으로 밝혀졌다. 그러나 ㈜민국이 해당 상표를 오랫동안 사용해왔다는 것을 업계 및 고객들이 인지하고 있어, 합병 이후 ㈜대한이 이 상표를 제3자에게 매각하거나 라이선스 계약을 체결할 수 있을 것으로 확인되었다. ㈜대한은 이 상표권의 가치를 ₩30,000으로 추정하였다.

26. ㈜대한이 합병일(20X2년 1월 1일)에 수행한 사업결합 관련 회계처리를 통해 인식한 영업권은 얼마인가?

① ₩240,000 ② ₩270,000 ③ ₩290,000
④ ₩300,000 ⑤ ₩330,000

27. 다음은 ㈜대한과 ㈜민국에 대한 〈추가자료〉이다.

〈추가자료〉

• 합병일 현재 ㈜대한은 ㈜민국이 제기한 손해배상청구소송에 피소된 상태이다. 합병일 현재 ㈜대한과 ㈜민국 간에 계류 중인 소송사건의 배상금의 공정가치는 ₩20,000으로 추정되고, 합병에 의해 이 소송관계는 정산되었다. ㈜대한은 이와 관련하여 충당부채를 설정하지 않았다.

위 〈자료〉와 〈추가자료〉가 ㈜대한의 20X2년도 당기순이익에 미치는 영향은 얼마인가?

① ₩0 (영향 없음)　　　　② ₩20,000 감소　　　　③ ₩30,000 감소

④ ₩50,000 감소　　　　⑤ ₩70,000 감소

28. ㈜대한은 20X1년 초에 보유하던 토지(장부금액 ₩20,000, 공정가치 ₩30,000)를 ㈜민국에 출자하고, 현금 ₩10,000과 ㈜민국의 보통주 30%를 수취하여 유의적인 영향력을 행사하게 되었다. 출자 당시 ㈜민국의 순자산 장부금액은 ₩50,000이며 이는 공정가치와 일치하였다. 20X1년 말 현재 해당 토지는 ㈜민국이 소유하고 있으며, ㈜민국은 20X1년도 당기순이익으로 ₩10,000을 보고하였다. ㈜민국에 대한 현물출자와 지분법 회계처리가 ㈜대한의 20X1년도 당기순이익에 미치는 영향은 얼마인가? 단, 현물출자는 상업적 실질이 결여되어 있지 않다.

① ₩6,000 증가　　　　② ₩8,000 증가　　　　③ ₩9,000 증가

④ ₩11,000 증가　　　　⑤ ₩13,000 증가

29. 관계기업과 공동기업에 대한 투자 및 지분법 회계처리에 대한 다음 설명 중 옳지 않은 것은?

① 지분법은 투자자산을 최초에 원가로 인식하고, 취득시점 이후 발생한 피투자자의 순자산 변동액 중 투자자의 몫을 해당 투자자산에 가감하여 보고하는 회계처리방법이다.

② 투자자와 관계기업 사이의 상향거래가 구입된 자산의 순실현가능가치의 감소나 그 자산에 대한 손상차손의 증거를 제공하는 경우, 투자자는 그러한 손실 중 자신의 몫을 인식한다.

③ 유의적인 영향력을 상실하지 않는 범위 내에서 관계기업에 대한 보유지분의 변동은 자본거래로 회계처리한다.

④ 관계기업에 대한 순투자 장부금액의 일부를 구성하는 영업권은 분리하여 인식하지 않으므로 별도의 손상검사를 하지 않는다.

⑤ 관계기업이 자본으로 분류되는 누적적 우선주를 발행하였고 이를 제3자가 소유하고 있는 경우, 투자자는 배당결의 여부에 관계없이 이러한 주식의 배당금에 대하여 조정한 후 당기순손익에 대한 자신의 몫을 산정한다.

30. ㈜대한은 20X1년 초에 ㈜민국의 보통주 60%를 취득하여 지배력을 획득하였다. 지배력 획득일 현재 ㈜민국의 순자산 장부금액과 공정가치는 일치하였다. 20X2년 초에 ㈜대한은 사용 중이던 기계장치(취득원가 ₩50,000, 감가상각누계액 ₩30,000, 잔존내용연수 5년, 잔존가치 ₩0, 정액법 상각, 원가모형 적용)를 ㈜민국에 ₩40,000에 매각하였다. 20X3년 말 현재 해당 기계장치는 ㈜민국이 사용하고 있다. ㈜대한과 ㈜민국이 별도(개별)재무제표에서 보고한 20X3년도 당기순이익은 다음과 같다.

구분	㈜대한	㈜민국
당기순이익	₩20,000	₩10,000

㈜대한의 20X3년도 연결포괄손익계산서에 표시되는 지배기업소유주 귀속당기순이익은 얼마인가?

① ₩22,000   ② ₩23,600   ③ ₩26,000
④ ₩28,400   ⑤ ₩30,000

※ 다음 〈자료〉를 이용하여 31번과 32번에 답하시오.

〈자료〉
- ㈜대한은 20X1년 초에 ㈜민국의 보통주 75%를 ₩150,000에 취득하여 지배력을 획득하였다. 지배력 획득일 현재 ㈜민국의 순자산 장부금액은 ₩150,000(자본금 ₩100,000, 이익잉여금 ₩50,000)이다.
- 지배력 획득일 현재 ㈜민국의 식별가능한 자산과 부채 중 장부금액과 공정가치가 다른 내역은 다음과 같다.

구분	장부금액	공정가치	추가정보
토지	₩50,000	₩80,000	원가모형 적용

- 20X1년 중에 ㈜민국은 원가 ₩10,000의 재고자산(제품)을 ㈜대한에게 ₩20,000에 판매하였다. ㈜대한은 이 재고자산의 50%를 20X1년 중에 외부로 판매하고, 나머지 50%는 20X1년 말 현재 재고자산으로 보유하고 있다.
- ㈜민국이 보고한 20X1년도 당기순이익은 ₩30,000이다.
- ㈜대한은 별도재무제표에서 ㈜민국에 대한 투자주식을 원가법으로 회계처리하고 있으며, 연결재무제표 작성 시 비지배지분은 종속기업의 식별가능한 순자산공정가치에 비례하여 결정한다.
- ㈜대한과 ㈜민국에 적용되는 법인세율은 모두 20%이며, 이는 당분간 유지될 전망이다.

---

31. 법인세효과를 고려하는 경우, ㈜대한이 지배력 획득일에 인식할 영업권은 얼마인가?

① ₩10,500   ② ₩15,000   ③ ₩19,500
④ ₩32,000   ⑤ ₩43,500

---

32. 법인세효과를 고려하는 경우, ㈜대한의 20X1년 말 연결포괄손익계산서에 표시되는 비지배지분귀속당기순이익은 얼마인가? 단, 영업권 손상 여부는 고려하지 않는다.

① ₩6,000   ② ₩6,500   ③ ₩7,000
④ ₩8,000   ⑤ ₩8,500

33. 기업회계기준서 제1109호 '금융상품'에 대한 다음 설명 중 옳지 <u>않은</u> 것은?

① 외화위험회피의 경우 비파생금융자산이나 비파생금융부채의 외화위험 부분은 위험회피수단으로 지정할 수 있다. 다만, 공정가치의 변동을 기타포괄손익으로 표시하기로 선택한 지분상품의 투자는 제외한다.

② 연결실체 내의 화폐성항목이 기업회계기준서 제1021호 '환율변동효과'에 따라 연결재무제표에서 모두 제거되지 않는 외환손익에 노출되어 있다면, 그러한 항목의 외화위험은 연결재무제표에서 위험회피대상항목으로 지정할 수 있다.

③ 위험회피관계가 위험회피비율과 관련된 위험회피 효과성의 요구사항을 더는 충족하지 못하지만 지정된 위험회피관계에 대한 위험관리의 목적이 동일하게 유지되고 있다면, 위험회피관계가 다시 적용조건을 충족할 수 있도록 위험회피관계의 위험회피비율을 조정해야 한다.

④ 단일 항목의 구성요소나 항목 집합의 구성요소는 위험회피대상항목이 될 수 있다.

⑤ 사업결합에서 사업을 취득하기로 하는 확정계약은 위험회피대상항목이 될 수 있다. 다만, 외화위험에 대하여는 위험회피대상항목으로 지정할 수 없다.

34. ㈜대한은 전기차용 배터리를 생산 및 판매하는 회사이다. ㈜대한은 20X2년 3월 말에 100개의 배터리를 국내 전기차 제조사들에게 판매할 가능성이 매우 높은 것으로 예측하였다. ㈜대한은 배터리의 판매가격 하락을 우려하여 20X1년 12월 1일에 선도계약을 체결하고, 이를 위험회피수단으로 지정하였다. 관련 정보는 다음과 같다.

- 선도거래 계약기간: 20X1년 12월 1일 ~ 20X2년 3월 31일(만기 4개월)
- 선도거래 계약내용: 결제일에 100개의 배터리에 대해 선도거래 계약금액(개당 ₩12,000)과 시장가격의 차액이 현금으로 결제된다.
- 현물가격 및 선도가격 정보:

일 자	현물가격(개당)	선도가격(개당)
20X1. 12. 1.	₩13,000	₩12,000 (만기 4개월)
20X1. 12. 31.	12,500	11,300 (만기 3개월)
20X2. 3. 31.	10,500	

- 배터리의 개당 제조원가는 ₩10,000이고, 판매와 관련하여 다른 비용은 발생하지 않는다.

예측과 같이, ㈜대한은 20X2년 3월 말에 배터리를 판매하였다. ㈜대한이 위 거래에 대해 현금흐름위험회피 회계를 적용하는 경우 ㈜대한의 20X2년도 당기순이익에 미치는 영향은 얼마인가? 단, 파생상품 평가손익 계산 시 화폐의 시간가치는 고려하지 않으며, 배터리 판매가 당기순이익에 미치는 영향은 포함한다.

① ₩0 (영향 없음)   ② ₩130,000 증가   ③ ₩150,000 증가

④ ₩180,000 증가   ⑤ ₩200,000 증가

35. 기업회계기준서 제1021호 '환율변동효과'에 대한 다음 설명 중 옳지 않은 것은?

① 해외사업장의 취득으로 생기는 영업권과 자산·부채의 장부금액에 대한 공정가치 조정액은 해외사업장의 자산·부채로 본다. 따라서 이러한 영업권과 자산·부채의 장부금액에 대한 공정가치 조정액은 해외사업장의 기능통화로 표시하고 마감환율로 환산한다.

② 기능통화가 초인플레이션 경제의 통화인 경우 모든 금액(즉, 자산, 부채, 자본항목, 수익과 비용. 비교표시되는 금액 포함)을 최근 재무상태표 일자의 마감환율로 환산한다. 다만, 금액을 초인플레이션이 아닌 경제의 통화로 환산하는 경우에 비교표시되는 금액은 전기에 보고한 재무제표의 금액(즉, 전기 이후의 물가수준변동효과나 환율변동효과를 반영하지 않은 금액)으로 한다.

③ 보고기업의 해외사업장에 대한 순투자의 일부인 화폐성항목에서 생기는 외환차이는 보고기업의 별도 재무제표나 해외사업장의 개별재무제표 및 보고기업과 해외사업장을 포함하는 재무제표에서 외환차이가 처음 발생되는 시점부터 당기손익으로 인식한다.

④ 기능통화가 변경되는 경우에는 새로운 기능통화에 의한 환산절차를 변경한 날부터 전진적용한다.

⑤ 재무제표를 작성하는 해외사업장이 없는 기업이나 기업회계기준서 제1027호 '별도재무제표'에 따라 별도재무제표를 작성하는 기업은 재무제표를 어떤 통화로도 표시할 수 있다.

36. 다음 중 「국가회계기준에 관한 규칙」 및 관련 지침에서 설명하는 충당부채에 대한 내용으로 옳지 않은 것은?

① 보증충당부채는 보증약정 등에 따른 피보증인인 주채무자의 채무불이행에 따라 국가회계실체가 부담하게 될 추정 순현금유출액의 현재가치로 평가한다.

② 연금충당부채란 연금추정지급액 중 재정상태표일 현재의 재직기간까지 귀속되는 금액을 평가시점의 현재가치로 산정한 것을 말한다.

③ 충당부채로 인식하는 금액은 현재의무의 이행에 소요되는 지출에 대한 재정상태표일 현재 시점에 의무를 직접 이행하거나 제3자에게 이전시키는 경우에 지급하여야 하는 금액이다.

④ 보험충당부채는 재정상태표일 이전에 보험사고가 발생하였으나 미지급된 보험금 지급예상액과 재정상태표일 현재 보험사고가 발생하지는 않았으나 장래 발생할 보험사고를 대비하여 적립하는 지급예상액으로 구성된다.

⑤ 보험충당부채 평가 시 관련법령에 의한 적립금과 준비금 산정방식이 보험금 예상지급액 산정방식과 유사한 경우 그 적립금과 준비금, 미경과보험료적립금은 보험충당부채로 본다.

37. 다음 중 「지방자치단체 회계기준에 관한 규칙」에 대한 설명으로 옳지 <u>않은</u> 것은?

① 순자산변동표 상 순자산의 증가사항은 전기오류수정이익, 회계기준변경으로 생긴 누적이익을 말한다.

② 회계정책의 변경에 따른 영향은 비교표시되는 직전 회계연도의 기초순자산 및 그 밖의 대응금액을 새로운 회계정책이 처음부터 적용된 것처럼 조정한다.

③ 회계 간의 재산 이관이나 물품 소관의 전환으로 취득한 자산의 가액은 직전 회계실체의 장부가액을 취득원가로 한다.

④ 회계 간의 재산 이관, 기부채납 등으로 생긴 순자산의 증가는 수익에 포함하지 아니한다.

⑤ 비교환거래에 의한 비용은 직접적인 반대급부 없이 발생하는 보조금, 기부금 등으로서 가치의 이전에 대한 의무가 존재하고 그 금액을 합리적으로 측정할 수 있을 때에 인식한다.

38. 다음 중 「지방자치단체 회계기준에 관한 규칙」에서 설명하는 재무제표 작성기준으로 옳지 <u>않은</u> 것은?

① 유형별 회계실체 재무제표는 개별 회계실체의 재무제표를 합산하여 작성하며 유형별 회계실체 안에서의 내부거래는 상계하고 작성한다.

② 장기 선수수익은 대가의 수익은 이루어졌으나 수익의 귀속시기가 차기 이후인 수익을 말하며, 기타비유동부채로 표시한다.

③ 비망계정은 어떤 경제활동의 발생을 기억하기 위해 기록하는 계정을 말하며, 자산 또는 부채로 표시할 수 있다.

④ 우발상황은 미래에 어떤 사건이 발생하거나 발생하지 아니함으로 인하여 궁극적으로 확정될 손실 또는 이익으로서 발생여부가 불확실한 현재의 상태 또는 상황을 말하며, 재정상태표 보고일 현재 우발손실의 발생이 확실하고 그 손실금액을 합리적으로 추정할 수 있는 경우에는 재무제표에 반영하고 주석으로 표시한다.

⑤ 사회기반시설은 초기에 대규모 투자가 필요하고 파급효과가 장기간에 걸쳐 나타나는 지역사회의 기반적인 자산을 말하며, 사회기반시설에 대한 사용수익권은 해당 자산의 차감항목으로 표시한다.

39. 중앙관서 A부처와 B부처는 20X1년 초에 각각 도로와 건물을 다음과 같은 조건으로 취득하였다. A부처는 도로를 수익형 민자사업(BTO: Build-Transfer-Operate) 방식으로 취득하였으며, B부처는 건물을 임대형 민자사업(BTL: Build-Transfer-Lease) 방식으로 취득하였다.

> • 취득원가: ₩10,000
> • 기대수익률: 연 5%
> • 사용수익권 부여기간: 10년
> • B부처는 연간시설임대료를 동일한 금액으로 지급하기로 한다.

해당 자산 취득 시 A부처의 자산증가액과 B부처의 자산증가액의 차이는 얼마인가? 단, ₩1의 정상연금 현가계수(5%, 10년)는 7.7217이다.

① ₩0   ② ₩2,950   ③ ₩10,000

④ ₩12,950   ⑤ ₩20,000

40. 다음은 일반회계만으로 구성된 중앙관서 A부처의 20X1년도 재무제표 작성을 위하여 수집한 회계자료이다. 아래 거래는 모두 현금거래이고, 국고금회계 이외의 다른 국가회계실체와의 내부거래는 없으며, 제시된 자료 이외의 다른 항목은 없다고 가정한다.

> • 20X1년도 사용료 수익은 ₩10,000이다.
> • 20X1년도 부담금 수익은 ₩15,000이다.
> • 20X1년 중에 토지를 ₩8,000에 취득하였다.
> • 20X1년도 인건비로 ₩20,000을 집행하였다.
> • 20X1년도 보전비로 ₩2,000을 집행하였다.

위 거래들이 20X1년 말 (1)중앙관서 A부처의 재정상태표상 순자산에 미치는 영향과 (2)국가 재정상태표상 순자산에 미치는 영향은 각각 얼마인가?

	(1)중앙관서 A부처	(2)국가(대한민국 정부)
①	₩8,000 증가	₩8,000 증가
②	₩8,000 증가	₩3,000 증가
③	₩11,000 증가	₩8,000 증가
④	₩11,000 증가	₩3,000 증가
⑤	₩23,000 증가	₩8,000 증가

41. ㈜대한은 두 개의 보조부문 A와 B, 그리고 두 개의 생산부문 C와 D를 이용하여 제품을 생산하고 있다. 20X3년 2월의 각 부문에 대한 자료는 다음과 같다.

제공 부문	보조부문		생산부문		합계
	A	B	C	D	
A	200시간	800시간	800시간	400시간	2,200시간
B	4,000kW	1,000kW	2,000kW	2,000kW	9,000kW

- 제조간접원가는 A부문에서 시간당 ₩100, B부문에서 kW당 ₩20의 변동원가가 발생하며, C부문과 D부문에서 각각 ₩161,250과 ₩40,000이 발생하였다.
- 보조부문의 원가는 상호배분법을 사용하여 생산부문에 배분한다.
- C부문에서 생산하는 갑제품에 대한 단위당 기초원가(prime costs)는 ₩10,000이며, 생산단위는 50단위이다.
- 갑제품에 대한 월초 및 월말재공품은 없다.

갑제품의 단위당 원가는 얼마인가?

① ₩4,775 　　② ₩14,775 　　③ ₩18,000

④ ₩22,775 　　⑤ ₩24,000

42. ㈜대한은 20X3년 초에 설립되었으며, 정상원가계산제도를 채택하고 있다. ㈜대한은 제조간접원가를 예정배부하며, 예정배부율은 직접노무원가의 80%이다. 제조간접원가 배부차이는 전액 매출원가에서 조정한다. 당기에 실제로 발생한 직접재료원가는 ₩50,000, 직접노무원가와 제조간접원가는 각각 ₩50,000과 ₩30,000이다. 기말재공품에는 직접재료원가 ₩10,000과 제조간접원가 배부액 ₩8,000이 포함되어 있다. 제조간접원가 배부차이를 조정한 후 매출원가가 ₩100,000이라면, 20X3년 기말제품원가는 얼마인가?

① ₩0 　　② ₩2,000 　　③ ₩8,000

④ ₩10,000 　　⑤ ₩12,000

43. ㈜대한은 반도체를 생산하고 있으며, 선입선출법에 의한 종합원가계산을 적용하여 반도체 원가를 계산하고 있다. 직접재료는 생산공정의 초기에 전량 투입되며, 전환원가(conversion costs)는 공정 전반에 걸쳐 균등하게 발생한다. 2월의 생산자료를 보면, 기초재공품 15,000개(전환원가 완성도 40%, 원가 ₩10,000), 당월 생산착수수량 70,000개, 당월 생산착수완성품 55,000개, 기말재공품 5,000개(전환원가 완성도 80%), 공손품 10,000개이다. 2월 중 직접재료원가 ₩140,000과 전환원가 ₩210,000이 발생하였다. 공정의 20% 시점에서 품질검사를 실시하며, 정상공손 허용수준은 합격품의 10%이다. 정상공손원가는 합격품에 가산되고, 비정상공손원가는 기간비용으로 처리된다. 공손품은 모두 폐기되며, 공손품의 처분가치는 없다. ㈜대한의 2월의 정상공손원가는 얼마인가?

① ₩15,000 ② ₩15,600 ③ ₩16,200

④ ₩16,800 ⑤ ₩17,400

44. ㈜대한은 20X3년 초에 설립되었으며, 단일제품을 생산 및 판매하고 있다. ㈜대한의 20X3년 1월의 생산 및 판매와 관련된 자료는 다음과 같다.

- 생산량은 500개이며, 판매량은 300개이다.
- 제품의 단위당 판매가격은 ₩10,000이다.
- 판매관리비는 ₩200,000이다.
- 변동원가계산에 의한 영업이익은 ₩760,000이다.
- 초변동원가계산에 의한 영업이익은 ₩400,000이다.
- 제조원가는 변동원가인 직접재료원가와 직접노무원가, 고정원가인 제조간접원가로 구성되어 있으며, 1월에 발생한 총제조원가는 ₩3,000,000이다.
- 월말재공품은 없다.

20X3년 1월에 발생한 직접재료원가는 얼마인가?

① ₩600,000 ② ₩900,000 ③ ₩1,200,000

④ ₩1,500,000 ⑤ ₩1,800,000

45. ㈜대한의 A사업부는 단일제품을 생산 및 판매하는 투자중심점이다. A사업부에 대해 요구되는 최저필수수익률은 15%, 가중평균자본비용은 10%, 그리고 법인세율은 40%이다. 다음은 20X3년도 ㈜대한의 A사업부에 관한 예산자료이다.

- A사업부의 연간 총고정원가는 ₩400,000이다.
- 제품 단위당 판매가격은 ₩550이다.
- 제품 단위당 변동원가는 ₩200이다.
- 제품의 연간 생산 및 판매량은 각각 2,000단위이다.
- A사업부에 투자된 평균영업자산과 투하자본은 각각 ₩1,000,000이다.

A사업부의 잔여이익(RI)과 경제적 부가가치(EVA)는 각각 얼마인가?

	잔여이익	경제적 부가가치
①	₩150,000	₩80,000
②	₩150,000	₩90,000
③	₩150,000	₩100,000
④	₩140,000	₩80,000
⑤	₩140,000	₩90,000

46. ㈜대한은 정상원가계산을 사용하고 있으며, 20X3년 2월의 생산 및 판매와 관련된 자료는 다음과 같다.

기초재고수량	600단위
기말재고수량	400단위
실제판매량	4,200단위
단위당 판매가격	₩10,000
고정제조간접원가	₩2,000,000
고정판매관리비	₩3,000,000
단위당 직접재료원가	₩3,000
단위당 직접노무원가	₩2,500
단위당 변동제조간접원가	₩2,000

기초 및 기말재고는 모두 완성품이며, 재공품 재고는 없다. 전부원가계산하에서 2월의 손익분기점을 구하면 얼마인가? 단, 단위당 판매가격과 단위당 변동원가는 일정하고 제품 단위 원가는 외부보고용 원가를 의미한다.

① 1,500단위　　　② 1,600단위　　　③ 1,700단위
④ 1,800단위　　　⑤ 2,000단위

47. ㈜대한은 보조부문 S1과 S2, 제조부문 P1과 P2를 사용하여 제품을 생산하고 있다. 20X3년도에 각 보조부문이 생산하여 타부문에 제공할 용역의 양과 보조부문의 원가에 관한 예산자료는 다음과 같다.

보조 부문	보조부문의 용역생산량	각 보조부문이 타부문에 제공할 용역량			
		S1	S2	P1	P2
S1	400단위	–	80단위	200단위	120단위
S2	400단위	160단위	40단위	40단위	160단위

- • 보조부문의 용역생산량과 타부문에 제공할 용역량
- • S1과 S2의 변동원가는 각각 ₩260,000과 ₩40,000이다.
- • S1과 S2의 고정원가는 각각 ₩40,000과 ₩40,000이다.

20X2년 말 ㈜대한은 ㈜민국으로부터 현재 부문 S2에서 제공하고 있는 용역을 단위당 ₩400에 공급해 주겠다는 제안을 받았다. 이 제안을 20X3년 초에 수락할 경우, ㈜대한은 부문 S2의 고정원가를 50%만큼 절감할 수 있다. 그리고 부문 S2의 설비는 타사에 임대하여 연간 ₩20,000의 수익을 얻을 수 있다. 20X3년 초에 ㈜대한이 ㈜민국의 제안을 수락하여 부문 S2를 폐쇄하고 ㈜민국으로부터 용역을 구입하기로 결정하는 경우, 이러한 결정이 ㈜대한의 20X3년도 이익에 미치는 영향은 얼마인가?

① ₩800 증가   ② ₩1,000 증가   ③ ₩1,200 증가
④ ₩1,400 증가   ⑤ ₩1,600 증가

48. ㈜대한은 제품A를 생산하여 판매하려고 한다. 제품A의 단위당 제조원가는 ₩200이며, 단위당 판매가격은 ₩500이다. 제품A는 판매되지 못하면 전량 폐기처분해야 하며, 미리 생산한 제품A가 전량 판매된 후에는 추가로 생산하여 판매할 수 없다. ㈜대한이 예상한 제품A의 판매량은 다음과 같다.

판매량	확률
500개	0.4
600개	0.3
700개	0.3

제품A의 판매량에 관하여 완전한 예측을 해주는 완전정보시스템이 있다면, 다음 설명 중 옳은 것은?

① 기존정보하의 기대가치는 ₩155,000이다.
② 기존정보하에서는 생산량이 700개인 대안을 선택할 것이다.
③ 완전정보하의 기대가치는 ₩17,000이다.
④ 완전정보의 기대가치는 ₩177,000이다.
⑤ 기존정보하에서 기대가치가 가장 큰 대안을 선택하였고 실제로 제품A가 500개 판매된 경우 예측오차의 원가는 ₩20,000이다.

49. ㈜대한은 단일제품을 생산 및 판매하고 있다. ㈜대한은 20X3년 초에 영업을 개시하였으며, 표준원가계산제도를 채택하고 있다. 표준은 연초에 수립되어 향후 1년 동안 그대로 유지된다. ㈜대한은 활동기준원가계산을 이용하여 변동제조간접원가예산을 설정한다. 변동제조간접원가는 전부 기계작업준비활동으로 인해 발생하는 원가이며, 원가동인은 기계작업준비시간이다. 기계작업준비활동과 관련하여 20X3년 초 설정한 연간 예산자료와 20X3년 말 수집한 실제결과는 다음과 같다.

구분	예산자료	실제결과
생산량(단위수)	600,000단위	500,000단위
뱃치규모(뱃치당 단위수)	250단위	400단위
뱃치당 기계작업준비시간	4시간	6시간
기계작업준비시간당 변동제조간접원가	₩?	₩55

㈜대한의 20X3년도 변동제조간접원가 소비차이가 ₩37,500(불리)일 경우, 변동제조간접원가 능률차이는 얼마인가?

① ₩12,500(불리) ② ₩12,500(유리) ③ ₩25,000(불리)

④ ₩25,000(유리) ⑤ ₩0(차이 없음)

50. 예산과 성과평가에 대한 다음 설명 중 옳지 않은 것은?

① 변동예산은 일정범위의 조업도수준에 관한 예산이며 성과평가목적을 위해 실제원가를 실제조업도수준에 있어서의 예산원가와 비교한다.

② 균형성과표에서 전략에 근거하여 도출한 비재무적 성과측정치는 재무적 성과측정치의 선행지표가 된다.

③ 예산과 관련된 종업원들이 예산편성과정에 참여하는 참여예산제도는 예산의 편성과정에서 종업원들이 깨닫지 못하고 있던 책임에 관심을 가지도록 하며, 예산슬랙(예산여유)이 발생할 가능성을 줄여 준다.

④ 균형성과표는 조직의 수익성을 최종적인 목표로 설정하기 때문에 4가지 관점의 성과지표 중에서 재무적인 성과지표를 가장 중시한다.

⑤ 종합예산은 조직의 각 부문활동에 대한 예산이 종합된 조직전체의 예산이며, 예정조업도를 기준으로 수립하므로 고정예산이다.

김용재 회계사, 세무사 1차 회계학 연도별 기출문제집

2022

기출문제

2022년 CPA 회계학 기출문제

아래 문제들에서 특별한 언급이 없는 한 기업의 보고기간(회계기간)은 매년 1월 1일부터 12월 31일까지이며, 법인세효과는 고려하지 않는다. 또한 기업은 주권상장법인으로 계속해서 한국채택국제회계기준(K – IFRS)을 적용해오고 있다고 가정하고 보기 중에서 물음에 가장 합당한 답을 고르시오.

01. 기업회계기준서 제1001호 '재무제표 표시'에 대한 다음 설명 중 <u>옳지 않은</u> 것은?

① 한국채택국제회계기준에서 요구하거나 허용하지 않는 한 자산과 부채 그리고 수익과 비용은 상계하지 아니한다.

② 계속기업의 가정이 적절한지의 여부를 평가할 때 기업이 상당 기간 계속 사업이익을 보고하였고 보고기간 말 현재 경영에 필요한 재무자원을 확보하고 있는 경우에도, 자세한 분석을 의무적으로 수행하여야 하며 이용가능한 모든 정보를 고려하여 계속기업을 전제로 한 회계처리가 적절하다는 결론을 내려야 한다.

③ 기업은 비용의 성격별 또는 기능별 분류방법 중에서 신뢰성 있고 더욱 목적적합한 정보를 제공할 수 있는 방법을 적용하여 당기손익으로 인식한 비용의 분석내용을 표시한다.

④ 유사한 항목은 중요성 분류에 따라 재무제표에 구분하여 표시하고, 상이한 성격이나 기능을 가진 항목은 구분하여 표시한다. 다만 중요하지 않은 항목은 성격이나 기능이 유사한 항목과 통합하여 표시할 수 있다.

⑤ 재무제표 항목의 표시나 분류를 변경하는 경우 실무적으로 적용할 수 없는 것이 아니라면 비교금액도 재분류해야 한다.

02. ㈜대한은 재고자산을 관리하기 위하여 계속기록법과 평균법을 적용하고 있으며, 기말재고자산의 장부수량과 실지재고수량은 일치한다. 다음은 ㈜대한의 20X1년 매입과 매출에 관한 자료이다.

일자	적요	수량(개)	매입단가(₩)
1월 1일	기초재고	100	300
5월 1일	매입	200	400
6월 1일	매입	200	300
9월 1일	매입	100	200
12월 15일	매입	100	200

일자	적요	수량(개)	매출단가(₩)
8월 1일	매출	200	600
10월 1일	매출	200	500

20X1년 기말재고자산의 단위당 순실현가능가치가 ₩200인 경우 ㈜대한이 20X1년 말에 인식할 재고자산평가손실액은 얼마인가? 단, 기초재고자산과 관련된 평가충당금은 없다.

① ₩21,000 ② ₩24,000 ③ ₩27,000
④ ₩30,000 ⑤ ₩33,000

03. ㈜대한이 재고자산을 실사한 결과 20X1년 12월 31일 현재 창고에 보관중인 상품의 실사금액은 ₩1,500,000인 것으로 확인되었다. 재고자산과 관련된 추가자료는 다음과 같다.

- ㈜대한은 20X1년 9월 1일에 ㈜강원으로부터 원가 ₩100,000의 상품에 대해 판매를 수탁받았으며, 이 중 원가 ₩20,000의 상품을 20X1년 10월 1일에 판매하였다. 나머지 상품은 20X1년 12월 31일 현재 ㈜대한의 창고에 보관중이며, 창고보관상품의 실사금액에 이미 포함되었다.
- ㈜대한은 20X1년 11월 1일 ㈜경북에 원가 ₩400,000의 상품을 인도하고, 판매대금은 11월 말부터 매월 말일에 3개월에 걸쳐 ₩150,000씩 할부로 수령하기로 하였다.
- ㈜대한은 20X1년 11월 5일에 ㈜충남과 위탁판매계약을 체결하고 원가 ₩200,000의 상품을 적송하였으며, ㈜충남은 20X1년 12월 31일 현재까지 이 중 60%의 상품을 판매하였다.
- ㈜대한이 20X1년 12월 23일에 ㈜민국으로부터 선적지인도조건으로 매입한 원가 ₩100,000의 상품이 20X1년 12월 31일 현재 운송 중에 있다. 이 상품은 20X2년 1월 10일 도착예정이다.
- ㈜대한은 20X1년 12월 24일에 ㈜충북에게 원가 ₩50,000의 상품을 ₩80,000에 판매 즉시 인도하고 2개월 후 ₩100,000에 재구매하기로 약정하였다.

위의 추가자료를 반영한 후 ㈜대한의 20X1년 말 재무상태표에 표시될 기말상품재고액은 얼마인가? 단, 재고자산감모손실 및 재고자산평가손실은 없다. ㈜대한의 위탁(수탁)판매계약은 기업회계기준서 제1115호 '고객과의 계약에서 생기는 수익'의 위탁(수탁)약정에 해당한다.

① ₩1,570,000 ② ₩1,600,000 ③ ₩1,650,000
④ ₩1,730,000 ⑤ ₩1,800,000

04. 기업회계기준서 제1034호 '중간재무보고'에 대한 다음 설명 중 옳지 않은 것은?

① 중간재무보고서는 최소한 요약재무상태표, 요약된 하나 또는 그 이상의 포괄손익계산서, 요약자본변동표, 요약현금흐름표 그리고 선별적 주석을 포함하여야 한다.

② 중간재무보고서에는 직전 연차보고기간 말 후 발생한 재무상태와 경영성과의 변동을 이해하는 데 유의적인 거래나 사건에 대한 설명을 포함한다.

③ 특정 중간기간에 보고된 추정금액이 최종 중간기간에 중요하게 변동하였지만 최종 중간기간에 대하여 별도의 재무보고를 하지 않는 경우에는, 추정의 변동 성격과 금액을 해당 회계연도의 연차재무제표에 주석으로 공시하지 않는다.

④ 중간재무보고서를 작성할 때 인식, 측정, 분류 및 공시와 관련된 중요성의 판단은 해당 중간기간의 재무자료에 근거하여 이루어져야 한다.

⑤ 중간재무제표는 연차재무제표에 적용하는 회계정책과 동일한 회계정책을 적용하여 작성한다. 다만 직전 연차보고기간 말 후에 회계정책을 변경하여 그 후의 연차재무제표에 반영하는 경우에는 변경된 회계정책을 적용한다.

05. ㈜대한은 20X1년 1월 1일 정부로부터 자금을 전액 차입하여 기계장치를 ₩400,000에 구입하였다. 정부로부터 수령한 차입금은 20X4년 12월 31일에 일시 상환해야 하며, 매년 말 차입금의 연 3% 이자를 지급하는 조건이다. ㈜대한은 구입한 기계장치에 대해서 원가모형을 적용하며, 추정내용연수 4년, 잔존가치 ₩0, 정액법으로 감가상각한다. 20X1년 1월 1일 차입 시 ㈜대한에 적용되는 시장이자율은 연 8%이다. 정부로부터 수령한 차입금과 관련하여 ㈜대한의 20X1년 말 재무상태표 상에 표시될 기계장치의 장부금액은 얼마인가? 단, 정부보조금은 자산의 취득원가에서 차감하는 원가(자산)차감법을 사용하여 표시한다. 단수차이로 인해 오차가 있다면 가장 근사치를 선택한다.

할인율	8%	
기간	단일금액 ₩1의 현재가치	정상연금 ₩1의 현재가치
4년	0.7350	3.3121

① ₩242,309 ② ₩244,309 ③ ₩246,309
④ ₩248,309 ⑤ ₩250,309

06. 다음의 각 독립적인 상황(상황 1, 상황 2)에서 ㈜대한의 유형자산(기계장치) 취득원가는 각각 얼마인가?

상황 1	• ㈜대한은 기계장치(장부금액 ₩800,000, 공정가치 ₩1,000,000)를 ㈜민국의 기계장치와 교환하면서 현금 ₩1,800,000을 추가로 지급하였다. • ㈜대한과 ㈜민국 간의 기계장치 교환은 상업적 실질이 있는 거래이다.
상황 2	• ㈜대한은 기계장치를 ㈜민국의 기계장치와 교환하였다. • ㈜대한과 ㈜민국의 기계장치에 대한 취득원가 및 감가상각누계액은 각각 다음과 같다. | 구분	㈜대한	㈜민국
---	---	---
취득원가	₩2,000,000	₩2,400,000
감가상각누계액	1,200,000	1,500,000	 • ㈜대한과 ㈜민국 간의 기계장치 교환은 상업적 실질이 결여된 거래이다.

	상황 1	상황 2
①	₩2,700,000	₩800,000
②	₩2,700,000	₩900,000
③	₩2,800,000	₩800,000
④	₩2,800,000	₩900,000
⑤	₩3,100,000	₩2,000,000

07. ㈜대한은 20X1년 7월 1일에 공장건물을 신축하기 시작하여 20X2년 10월 31일에 해당 공사를 완료하였다. ㈜대한의 동 공장건물은 차입원가를 자본화하는 적격자산이다.

- 공장건물 신축 관련 공사비 지출 내역은 다음과 같다.

구분	20X1.7.1.	20X1.10.1.	20X2.4.1.
공사비 지출액	₩1,500,000	₩3,000,000	₩1,000,000

- ㈜대한은 20X1년 7월 1일에 ₩200,000의 정부보조금을 수령하여 즉시 동 공장건물을 건설하는 데 모두 사용하였다.
- 특정차입금 ₩2,500,000 중 ₩300,000은 20X1년 7월 1일부터 9월 30일까지 연 4% 수익률을 제공하는 투자처에 일시적으로 투자하였다.
- ㈜대한의 차입금 내역은 다음과 같으며, 모든 차입금은 매년 말 이자지급 조건이다.

차입금	차입일	차입금액	상환일	연 이자율
특정	20X1.7.1.	₩2,500,000	20X2.8.31.	5%
일반	20X1.1.1.	2,000,000	20X3.12.31.	4%
일반	20X1.7.1.	4,000,000	20X2.12.31.	8%

㈜대한이 동 공사와 관련하여 20X1년에 자본화할 차입원가는 얼마인가? 단, 연평균지출액, 이자수익 및 이자비용은 월할로 계산한다.

① ₩73,000
② ₩83,000
③ ₩92,500
④ ₩148,500
⑤ ₩152,500

08. 다음은 ㈜대한의 무형자산과 관련된 자료이다.

> - ㈜대한은 탄소배출량을 혁신적으로 감소시킬 수 있는 신기술에 대해서 연구 및 개발활동을 수행하고 있다. ㈜ 대한의 20X1년과 20X2년의 연구 및 개발활동에서 발생한 지출내역을 요약하면 다음과 같다.
>
> | 구분 | 20X1년 | 20X2년 |
> |---|---|---|
> | 연구활동 | ₩900,000 | ₩300,000 |
> | 개발활동 | – | 3,500,000 |
>
> - ㈜대한의 개발활동과 관련된 지출은 모두 무형자산의 인식요건을 충족한다.
> - ㈜대한의 탄소배출량 감소와 관련된 신기술은 20X2년 중에 개발이 완료되었으며, 20X2년 10월 1일부터 사용가능하게 되었다.
> - ㈜대한은 신기술 관련 무형자산에 대해서 원가모형을 적용하며 추정내용연수 20년, 잔존가치 ₩0, 정액법으로 상각한다.
> - 20X3년 말 상기 신기술의 사업성이 매우 낮은 것으로 판명되었고, 신기술의 회수가능가액은 ₩2,000,000으로 평가되었다.

동 신기술 관련 무형자산 회계처리가 ㈜대한의 20X3년도 포괄손익계산서 상 당기순이익에 미치는 영향은 얼마인가?

① ₩1,496,250 감소   ② ₩1,486,250 감소   ③ ₩1,480,250 감소
④ ₩1,456,250 감소   ⑤ ₩1,281,250 감소

09. ㈜대한은 20X1년 4월 1일에 ㈜민국이 20X1년 1월 1일 발행한 액면금액 ₩1,000,000(만기 3년, 표시이자율 연 4%, 매년 말 이자지급)의 사채를 취득하면서 상각후원가로 측정하는 금융자산(AC금융자산)으로 분류하였다. ㈜대한이 사채 취득 시 적용할 유효이자율은 연 6%이다. ㈜민국이 20X2년 10월 1일 사채액 면금액의 60%를 ₩610,000(경과이자 포함)에 조기상환 시 ㈜대한이 인식할 처분손익은 얼마인가? 단, 이자는 월할로 계산하며, 단수차이로 인해 오차가 있다면 가장 근사치를 선택한다.

기간 \ 할인율	단일금액 ₩1의 현재가치		정상연금 ₩1의 현재가치	
	4%	6%	4%	6%
1년	0.9615	0.9434	0.9615	0.9434
2년	0.9246	0.8900	1.8861	1.8334
3년	0.8890	0.8396	2.7751	2.6730

① 처분이익 ₩24,004   ② 처분이익 ₩6,004   ③ ₩0
④ 처분손실 ₩6,004   ⑤ 처분손실 ₩24,004

10. ㈜대한은 ㈜민국이 20X1년 1월 1일 발행한 사채를 발행일에 취득하였으며, 취득 시 상각후원가로 측정하는 금융자산(AC금융자산)으로 분류하였다. ㈜민국의 사채는 다음과 같은 조건으로 발행되었다.

- 액면금액 : ₩500,000
- 표시이자율 : 연 6%
- 이자지급일 : 매년 말
- 유효이자율 : 연 8%
- 만기일 : 20X3년 12월 31일

20X2년 12월 31일 ㈜대한과 ㈜민국은 다음과 같은 조건으로 재협상하여 계약상 현금흐름을 변경하였다. 변경시점의 현행시장이자율은 연 10%이다.

- 만기일을 20X4년 12월 31일로 연장
- 표시이자율을 연 4%로 인하

위 계약상 현금흐름의 변경이 금융자산의 제거조건을 충족하지 않는 경우 ㈜대한이 인식할 변경손익은 얼마인가? 단, 단수차이로 인해 오차가 있다면 가장 근사치를 선택한다.

기간 \ 할인율	단일금액 ₩1의 현재가치			정상연금 ₩1의 현재가치		
	6%	8%	10%	6%	8%	10%
1년	0.9434	0.9259	0.9091	0.9434	0.9259	0.9091
2년	0.8900	0.8573	0.8264	1.8334	1.7832	1.7355
3년	0.8396	0.7938	0.7513	2.6730	2.5770	2.4868

① 변경이익 ₩42,809 ② 변경이익 ₩26,405 ③ ₩0
④ 변경손실 ₩26,405 ⑤ 변경손실 ₩42,809

11. ㈜대한은 20X1년 1월 1일에 ㈜민국에게 사채(액면금액 ₩1,000,000, 3년 만기, 표시이자율 연 10%, 매년 말 이자지급)를 발행하였으며, 동 사채를 상각후원가로 측정하는 금융부채로 분류하였다. 사채발행일의 시장이자율은 연 12%이다. ㈜대한은 20X1년 12월 31일 동 사채의 만기를 20X4년 12월 31일로 연장하고 매년 말 연 4%의 이자를 지급하는 조건으로 ㈜민국과 합의하였다. 조건 변경 전 20X1년 12월 31일 사채의 장부금액은 ₩966,218이며, 현행시장이자율은 연 15%이다. ㈜대한이 20X1년 12월 31일 동 사채의 조건변경으로 인식할 조정손익은 얼마인가? 단, 단수차이로 인해 오차가 있다면 가장 근사치를 선택한다.

기간 \ 할인율	단일금액 ₩1의 현재가치			정상연금 ₩1의 현재가치		
	10%	12%	15%	10%	12%	15%
3년	0.7513	0.7118	0.6575	2.4868	2.4018	2.2832

① 조정이익 ₩217,390　　② 조정이익 ₩158,346　　③ ₩0
④ 조정손실 ₩158,346　　⑤ 조정손실 ₩217,390

12. ㈜대한은 20X1년 1월 1일 사채(액면금액 ₩5,000,000, 표시이자율 연 6%, 매년 말 이자지급, 3년 만기)를 발행하였으며, 동 사채를 상각후원가로 측정하는 금융부채로 분류하였다. 사채발행일의 시장이자율은 연 8%이며, 사채발행비 ₩50,000이 지급되었다. 20X1년 12월 31일 사채의 장부금액이 ₩4,814,389일 경우 ㈜대한이 동 사채와 관련하여 20X2년에 인식할 이자비용은 얼마인가? 단, 단수차이로 인해 오차가 있다면 가장 근사치를 선택한다.

기간 \ 할인율	단일금액 ₩1의 현재가치		정상연금 ₩1의 현재가치	
	6%	8%	6%	8%
1년	0.9434	0.9259	0.9434	0.9259
2년	0.8900	0.8573	1.8334	1.7832
3년	0.8396	0.7938	2.6730	2.5770

① ₩394,780　　② ₩404,409　　③ ₩414,037
④ ₩423,666　　⑤ ₩433,295

※ 다음 자료를 이용하여 13번과 14번에 답하시오.

- ㈜대한은 20X1년 1월 1일 액면금액 ₩1,000,000의 전환사채를 다음과 같은 조건으로 액면발행하였다.

  - 표시이자율 : 연 4%
  - 일반사채 시장이자율 : 연 8%
  - 이자지급일 : 매년 말
  - 만기일 : 20X3년 12월 31일
  - 전환조건 : 사채액면금액 ₩5,000당 1주의 보통주(1주당 액면금액 ₩3,000)로 전환되며, 후속적으로 변경되지 않는다.
  - 만기일까지 전환권을 행사하지 않으면 만기일에 액면금액의 108.6%를 지급

- 적용할 현가계수는 아래의 표와 같다.

기간 \ 할인율	단일금액 ₩1의 현재가치			정상연금 ₩1의 현재가치		
	4%	8%	10%	4%	8%	10%
1년	0.9615	0.9259	0.9091	0.9615	0.9259	0.9091
2년	0.9246	0.8573	0.8264	1.8861	1.7832	1.7355
3년	0.8890	0.7938	0.7513	2.7751	2.5770	2.4868

13. 20X2년 1월 1일 위 전환사채의 액면금액 40%가 전환되었을 때, ㈜대한의 자본증가액은 얼마인가? 단, 단수차이로 인해 오차가 있다면 가장 근사치를 선택한다.

① ₩365,081   ② ₩379,274   ③ ₩387,003

④ ₩400,944   ⑤ ₩414,885

14. ㈜대한은 전환되지 않고 남아있는 전환사채를 모두 20X3년 1월 1일 조기상환하였다. 조기상환 시 전환사채의 공정가치는 ₩650,000이며, 일반사채의 시장이자율은 연 10%이다. ㈜대한의 조기상환이 당기순이익에 미치는 영향은 얼마인가? 단, 단수차이로 인해 오차가 있다면 가장 근사치를 선택한다.

① ₩3,560 증가   ② ₩11,340 증가   ③ ₩14,900 증가

④ ₩3,560 감소   ⑤ ₩11,340 감소

15. 20X1년 1월 1일에 설립된 ㈜대한은 확정급여제도를 채택하고 있으며, 관련 자료는 다음과 같다. 순확정급여자산(부채) 계산 시 적용한 할인율은 연 6%로 매년 변동이 없다.

〈20X1년〉
- 20X1년 말 확정급여채무 장부금액은 ₩500,000이다.
- 20X1년 말 사외적립자산에 ₩460,000을 현금으로 출연하였다.

〈20X2년〉
- 20X2년 말에 퇴직종업원에게 ₩40,000의 현금이 사외적립자산에서 지급되었다.
- 20X2년 말에 사외적립자산에 ₩380,000을 현금으로 출연하였다.
- 당기근무원가는 ₩650,000이다.
- 20X2년 말 현재 사외적립자산의 공정가치는 ₩850,000이다.
- 할인율을 제외한 보험수리적가정의 변동을 반영한 20X2년 말 확정급여채무는 ₩1,150,000이다.

㈜대한의 확정급여제도 적용이 20X2년도 총포괄이익에 미치는 영향은 얼마인가?

① ₩580,000 감소 ② ₩635,200 감소 ③ ₩640,000 감소
④ ₩685,000 감소 ⑤ ₩692,400 감소

16. 20X1년 1월 1일 현재 ㈜대한의 보통주 발행주식수는 7,000주(1주당 액면금액 ₩500)이며, 이 중 600주는 자기주식이고, 전환우선주(누적적) 발행주식수는 900주(1주당 액면금액 ₩200, 연 배당률 20%, 3주당 보통주 1주로 전환 가능)이다.

- 3월 1일 유상증자를 실시하여 보통주 2,000주가 증가하였다. 유상증자 시 1주당 발행금액은 ₩2,000이고 유상증자 직전 1주당 공정가치는 ₩2,500이다.
- 7월 1일 전년도에 발행한 전환사채(액면금액 ₩500,000, 액면금액 ₩500당 1주의 보통주로 전환) 중 25%가 보통주로 전환되었다.
- 10월 1일 전환우선주 600주가 보통주로 전환되었다.

㈜대한이 20X1년 당기순이익으로 ₩2,334,600을 보고한 경우 20X1년도 기본주당이익은 얼마인가? 단, 기중에 전환된 전환우선주에 대해서는 우선주배당금을 지급하지 않는다. 가중평균유통보통주식수는 월할 계산하되, 잠재적보통주(전환사채, 전환우선주)에 대해서는 실제 전환일을 기준으로 한다.

① ₩220 ② ₩240 ③ ₩260
④ ₩280 ⑤ ₩300

17. 기업회계기준서 제1102호 '주식기준보상'에 대한 다음 설명 중 옳지 않은 것은?

① 주식결제형 주식기준보상거래에서는, 제공받는 재화나 용역과 그에 상응하는 자본의 증가를 제공받는 재화나 용역의 공정가치로 직접 측정한다. 그러나 제공받는 재화나 용역의 공정가치를 신뢰성 있게 추정할 수 없다면, 제공받는 재화나 용역과 그에 상응하는 자본의 증가는 부여한 지분상품의 공정가치에 기초하여 간접 측정한다.

② 주식결제형 주식기준보상거래에서 부여한 지분상품의 공정가치에 기초하여 거래를 측정하는 때에는 시장가격을 구할 수 있다면, 지분상품의 부여조건을 고려한 공정가치와 가치평가기법을 사용하여 부여한 지분상품의 공정가치 중 한 가지를 선택하여 측정한다.

③ 현금결제형 주식기준보상거래에서 주가차액보상권을 부여함에 따라 인식하는 부채는 부여일과 부채가 결제될 때까지 매 보고기간 말과 결제일에 주가차액보상권의 공정가치로 측정한다.

④ 거래상대방이 결제방식을 선택할 수 있는 주식기준보상거래의 경우 종업원과의 주식기준보상거래를 포함하여 제공받는 재화나 용역의 공정가치를 직접 측정할 수 없는 거래에서는 현금이나 지분상품에 부여된 권리의 조건을 고려하여 측정기준일 현재 복합금융상품의 공정가치를 측정한다.

⑤ 기업이 현금이나 지분상품발행으로 결제할 수 있는 선택권을 갖는 조건이 있는 주식기준보상거래의 경우에는, 현금을 지급해야 하는 현재의무가 있는지를 결정하고 그에 따라 주식기준보상거래를 회계처리한다.

18. ㈜대한리스는 ㈜민국과 리스개시일인 20X1년 1월 1일에 운용리스에 해당하는 리스계약(리스기간 3년)을 체결하였으며, 관련 정보는 다음과 같다.

- ㈜대한리스는 리스개시일인 20X1년 1월 1일에 기초자산인 기계장치를 ₩40,000,000(잔존가치 ₩0, 내용연수 10년)에 신규 취득하였다. ㈜대한리스는 동 기초자산에 대해 원가모형을 적용하며, 정액법으로 감가상각한다.
- 정액 기준 외 기초자산의 사용으로 생기는 효익의 감소형태를 보다 잘 나타내는 다른 체계적인 기준은 없다.
- ㈜대한리스는 리스기간 종료일인 20X3년 12월 31일에 기초자산을 반환받으며, 리스종료일에 리스이용자가 보증한 잔존가치는 없다.
- ㈜대한리스는 ㈜민국으로부터 각 회계연도 말에 다음과 같은 고정리스료를 받는다.

20X1년 말	20X2년 말	20X3년 말
₩6,000,000	₩8,000,000	₩10,000,000

- ㈜대한리스와 ㈜민국은 20X1년 1월 1일 운용리스 개설과 관련한 직접원가로 ₩600,000과 ₩300,000을 각각 지출하였다.
- ㈜민국은 사용권자산에 대해 원가모형을 적용하며, 정액법으로 감가상각한다.
- 동 거래는 운용리스거래이기 때문에 ㈜민국은 ㈜대한리스의 내재이자율을 쉽게 산정할 수 없으며, 리스개시일 현재 ㈜민국의 증분차입이자율은 연 8%이다.
- 적용할 현가계수는 아래의 표와 같다.

기간 \ 할인율	8%	
	단일금액 ₩1의 현재가치	정상연금 ₩1의 현재가치
1년	0.9259	0.9259
2년	0.8573	1.7832
3년	0.7938	2.5770

동 운용리스거래가 리스제공자인 ㈜대한리스와 리스이용자인 ㈜민국의 20X1년도 포괄손익계산서 상 당기순이익에 미치는 영향은 각각 얼마인가? 단, 감가상각비의 자본화는 고려하지 않으며, 단수차이로 인해 오차가 있다면 가장 근사치를 선택한다.

	㈜대한리스	㈜민국
①	₩1,400,000 증가	₩8,412,077 감소
②	₩3,400,000 증가	₩8,412,077 감소
③	₩3,400,000 증가	₩8,512,077 감소
④	₩3,800,000 증가	₩8,412,077 감소
⑤	₩3,800,000 증가	₩8,512,077 감소

19. ㈜대한은 기계장치를 제조 및 판매하는 기업이다. 20X1년 1월 1일 ㈜대한은 ㈜민국에게 원가(장부금액) ₩100,000의 재고자산(기초자산)을 아래와 같은 조건으로 판매하였는데, 이 거래는 금융리스에 해당한다.

- 리스개시일은 20X1년 1월 1일이며, 리스개시일 현재 재고자산(기초자산)의 공정가치는 ₩130,000이다.
- ㈜대한은 20X1년부터 20X3년까지 매년 12월 31일에 ㈜민국으로부터 ₩50,000의 고정리스료를 받는다.
- ㈜대한은 동 금융리스 계약의 체결과 관련하여 리스개시일에 ₩1,000의 수수료를 지출하였다.
- ㈜민국은 리스기간 종료일인 20X3년 12월 31일에 리스자산을 해당 시점의 공정가치보다 충분히 낮은 금액인 ₩8,000에 매수할 수 있는 선택권을 가지고 있으며, 20X1년 1월 1일 현재 ㈜민국이 이를 행사할 것이 상당히 확실하다고 판단된다.
- 20X1년 1월 1일에 ㈜대한의 증분차입이자율은 연 8%이며, 시장이자율은 연 12%이다.
- 적용할 현가계수는 아래의 표와 같다.

기간 \ 할인율	단일금액 ₩1의 현재가치		정상연금 ₩1의 현재가치	
	8%	12%	8%	12%
1년	0.9259	0.8929	0.9259	0.8929
2년	0.8573	0.7972	1.7832	1.6901
3년	0.7938	0.7118	2.5770	2.4019

위 거래가 ㈜대한의 20X1년도 포괄손익계산서 상 당기순이익에 미치는 영향은 얼마인가? 단, 단수차이로 인해 오차가 있다면 가장 근사치를 선택한다.

① ₩24,789 증가   ② ₩25,789 증가   ③ ₩39,884 증가
④ ₩40,884 증가   ⑤ ₩42,000 증가

20. 기업회계기준서 제1115호 '고객과의 계약에서 생기는 수익'에 대한 다음 설명 중 옳지 않은 것은?

① 일반적으로 고객과의 계약에는 기업이 고객에게 이전하기로 약속하는 재화나 용역을 분명히 기재한다. 그러나 고객과의 계약에서 식별되는 수행의무는 계약에 분명히 기재한 재화나 용역에만 한정되지 않을 수 있다.

② 계약을 이행하기 위해 해야 하지만 고객에게 재화나 용역을 이전하는 활동이 아니라면 그 활동은 수행의무에 포함되지 않는다.

③ 고객이 약속한 대가(판매대가) 중 상당한 금액이 변동될 수 있으며 그 대가의 금액과 시기가 고객이나 기업이 실질적으로 통제할 수 없는 미래 사건의 발생 여부에 따라 달라진다면 판매대가에 유의적인 금융요소는 없는 것으로 본다.

④ 적절한 진행률 측정방법에는 산출법과 투입법이 포함된다. 진행률 측정방법을 적용할 때, 고객에게 통제를 이전하지 않은 재화나 용역은 진행률 측정에서 제외하는 반면, 수행의무를 이행할 때 고객에게 통제를 이전하는 재화나 용역은 모두 진행률 측정에 포함한다.

⑤ 수익은 한 시점에 이행하는 수행의무 또는 기간에 걸쳐 이행하는 수행의무로 구분한다. 이러한 구분을 위해 먼저 통제 이전 지표에 의해 한 시점에 이행하는 수행의무인지를 판단하고, 이에 해당하지 않는다면 그 수행의무는 기간에 걸쳐 이행되는 것으로 본다.

21. 유통업을 영위하고 있는 ㈜대한은 20X1년 1월 1일 제품A와 제품B를 생산하는 ㈜민국과 각 제품에 대해 다음과 같은 조건의 판매 계약을 체결하였다.

〈제품A〉

- ㈜대한은 제품A에 대해 매년 최소 200개의 판매를 보장하며, 이에 대해서는 재판매 여부에 관계없이 ㈜민국에게 매입대금을 지급한다. 다만, ㈜대한이 200개를 초과하여 제품A를 판매한 경우 ㈜대한은 판매되지 않은 제품A를 모두 조건 없이 ㈜민국에게 반환할 수 있다.
- 고객에게 판매할 제품A의 판매가격은 ㈜대한이 결정한다.
- ㈜민국은 ㈜대한에 제품A를 1개당 ₩1,350에 인도하며, ㈜대한은 판매수수료 ₩150을 가산하여 1개당 ₩1,500에 고객에게 판매한다.

〈제품B〉

- ㈜대한은 제품B에 대해 연간 최소 판매 수량을 보장하지 않으며, 매년 말까지 판매하지 못한 제품B를 모두 조건 없이 ㈜민국에게 반환할 수 있다.
- 고객에게 판매할 제품B의 판매가격은 ㈜민국이 결정한다.
- ㈜대한은 인도 받은 제품B 중 제3자에게 판매한 부분에 대해서만 ㈜민국에게 관련 대금을 지급한다.
- ㈜민국은 고객에게 판매할 제품B의 판매가격을 1개당 ₩1,000으로 결정하였으며, ㈜대한은 해당 판매가격에서 ₩50의 판매수수료를 차감한 금액을 ㈜민국에게 지급한다.

㈜민국은 위 계약을 체결한 즉시 ㈜대한에게 제품A 250개와 제품B 100개를 인도하였다. ㈜대한이 20X1년에 제품A 150개와 제품B 80개를 판매하였을 경우 동 거래로 인해 ㈜대한과 ㈜민국이 20X1년도에 인식할 수익은 각각 얼마인가?

	㈜대한	㈜민국
①	₩26,500	₩278,500
②	₩26,500	₩305,000
③	₩229,000	₩305,000
④	₩229,000	₩350,000
⑤	₩305,000	₩278,500

22. ㈜대한은 상업용 로봇을 제작하여 고객에게 판매한다. 20X1년 9월 1일에 ㈜대한은 청소용역업체인 ㈜민국에게 청소로봇 1대를 ₩600,000에 판매하고, ㈜민국으로부터 2개월 간 청소용역을 제공받는 계약을 체결하였다. ㈜대한은 ㈜민국의 청소용역에 대한 대가로 ₩50,000을 지급하기로 하였다. ㈜대한은 20X1년 10월 1일 청소로봇 1대를 ㈜민국에게 인도하고 현금 ₩600,000을 수취하였으며, ㈜민국으로부터 20X1년 10월 1일부터 2개월 간 청소용역을 제공받고 현금 ₩50,000을 지급하였다. 다음의 독립적인 2가지 상황 (상황 1, 상황 2)에서 상기 거래로 인해 ㈜대한이 20X1년도에 인식할 수익은 각각 얼마인가?

(상황 1) ㈜민국이 ㈜대한에 제공한 청소용역의 공정가치가 ₩40,000인 경우
(상황 2) ㈜민국이 ㈜대한에 제공한 청소용역의 공정가치를 합리적으로 추정할 수 없는 경우

	(상황 1)	(상황 2)
①	₩590,000	₩550,000
②	₩590,000	₩600,000
③	₩560,000	₩550,000
④	₩560,000	₩600,000
⑤	₩600,000	₩600,000

23. 다음은 기업회계기준서 제1012호 '법인세'와 관련된 내용이다. 이에 대한 설명으로 옳은 것은?

① 복합금융상품(예: 전환사채)의 발행자가 해당 금융상품의 부채요소와 자본요소를 각각 부채와 자본으로 분류하였다면, 그러한 자본요소의 최초 인식 금액에 대한 법인세효과(이연법인세)는 자본요소의 장부금액에 직접 반영한다.

② 과세대상수익의 수준에 따라 적용되는 세율이 다른 경우에는 일시적차이가 소멸될 것으로 예상되는 기간의 과세소득(세무상결손금)에 적용될 것으로 기대되는 한계세율을 사용하여 이연법인세 자산과 부채를 측정한다.

③ 일시적차이는 포괄손익계산서 상 법인세비용차감전순이익과 과세당국이 제정한 법규에 따라 납부할 법인세를 산출하는 대상이 되는 이익 즉, 과세소득 간의 차이를 말한다.

④ 재평가모형을 적용하고 있는 유형자산과 관련된 재평가잉여금은 법인세효과를 차감한 후의 금액으로 기타포괄손익에 표시하고 법인세효과는 이연법인세자산으로 인식한다.

⑤ 이연법인세 자산과 부채는 장기성 채권과 채무이기 때문에 각 일시적차이의 소멸시점을 상세히 추정하여 신뢰성 있게 현재가치로 할인한다.

24. ㈜대한의 회계감사인은 20X2년도 재무제표에 대한 감사과정에서 20X1년 말 재고자산 금액이 ₩10,000만큼 과대계상되어 있음을 발견하였으며, 이는 중요한 오류에 해당한다. 동 재고자산의 과대계상 오류가 수정되지 않은 ㈜대한의 20X1년과 20X2년의 손익은 다음과 같다.

구분	20X1년	20X2년
수익	₩150,000	₩170,000
비용	90,000	40,000
당기순이익	₩60,000	₩130,000

한편, 20X2년 말 재고자산 금액은 정확하게 계상되어 있으며, ㈜대한의 20X1년 초 이익잉여금은 ₩150,000이다. 상기 재고자산 오류를 수정하여 비교재무제표를 작성할 경우, ㈜대한의 20X1년 말과 20X2년 말의 이익잉여금은 각각 얼마인가?

	20X1년 말	20X2년 말
①	₩200,000	₩330,000
②	₩200,000	₩340,000
③	₩210,000	₩330,000
④	₩210,000	₩340,000
⑤	₩220,000	₩340,000

25. 다음의 자료를 이용하여 ㈜대한의 20X1년도 매출액과 매출원가를 구하면 각각 얼마인가?

- ㈜대한의 20X1년도 현금흐름표 상 '고객으로부터 유입된 현금'과 '공급자에 대한 현금유출'은 각각 ₩730,000과 ₩580,000이다.
- ㈜대한의 재무상태표에 표시된 매출채권, 매출채권 관련 손실충당금, 재고자산, 매입채무의 금액은 각각 다음과 같다.

구분	20X1년 초	20X1년 말
매출채권	₩150,000	₩115,000
(손실충당금)	(40,000)	(30,000)
재고자산	200,000	230,000
매입채무	90,000	110,000

- 20X1년도 포괄손익계산서에 매출채권 관련 외환차익과 매입채무 관련 외환차익이 각각 ₩200,000과 ₩300,000으로 계상되어 있다.
- 20X1년도 포괄손익계산서에 매출채권에 대한 손상차손 ₩20,000과 기타비용(영업외비용)으로 표시된 재고자산감모손실 ₩15,000이 각각 계상되어 있다.

	매출액	매출원가
①	₩525,000	₩855,000
②	₩525,000	₩645,000
③	₩545,000	₩855,000
④	₩545,000	₩645,000
⑤	₩725,000	₩555,000

26. 기업회계기준서 제1103호 '사업결합'에 대한 다음 설명 중 옳지 않은 것은?

① 취득자는 식별할 수 있는 취득 자산과 인수 부채를 취득일의 공정가치로 측정한다. 다만 일부 제한적인 예외항목은 취득일의 공정가치가 아닌 금액으로 측정한다.

② 취득자는 사업결합으로 취득 자산과 인수 부채에서 생기는 이연법인세 자산이나 부채를 기업회계기준서 제1012호 '법인세'에 따라 인식하고 측정한다.

③ 시장참여자가 공정가치를 측정할 때 계약의 잠재적 갱신을 고려하는지와 무관하게, 취득자는 무형자산으로 인식하는 '다시 취득한 권리'의 가치를 관련 계약의 남은 계약기간에 기초하여 측정한다.

④ 조건부 대가를 자본으로 분류한 경우, 조건부 대가의 공정가치 변동이 측정기간의 조정 사항에 해당하지 않는다면 재측정하지 않는다.

⑤ 사업결합에서 인식한 우발부채는 이후 소멸하는 시점까지 기업회계기준서 제1037호 '충당부채, 우발부채, 우발자산'에 따라 후속 측정하여야 한다.

27. ㈜대한은 20X1년 초 두 개의 현금창출단위(A사업부, B사업부)를 보유하고 있는 ㈜민국을 흡수합병(사업결합)하였으며, 이전대가로 지급한 ₩30,000은 각 현금창출단위에 다음과 같이 배분되었다.

구분	이전대가	식별가능한 순자산의 공정가치
A사업부	₩22,000	₩19,000
B사업부	8,000	6,000
합계	₩30,000	₩25,000

20X1년 말 현재 강력한 경쟁기업의 등장으로 인해 A사업부의 매출이 상당히 위축될 것으로 예상되자, ㈜대한은 A사업부(현금창출단위)의 회수가능액을 ₩13,500으로 추정하였다. 손상차손을 인식하기 전 A사업부에 속하는 모든 자산의 20X1년 말 장부금액과 추가정보는 다음과 같다.

구분	손상 전 장부금액	추가정보
토지	₩5,000	순공정가치는 ₩5,500임
건물	8,000	순공정가치는 ₩6,800이며, 사용가치는 ₩7,200임
기계장치	2,000	회수가능액을 측정할 수 없음
영업권	?	

손상차손을 인식한 후, ㈜대한의 20X1년 말 재무상태표에 보고되는 A사업부의 기계장치 장부금액은 얼마인가? 단, ㈜대한은 유형자산에 대해 원가모형을 적용하고 있다.

① ₩1,700
② ₩1,300
③ ₩1,200
④ ₩800
⑤ ₩500

※ 다음 자료를 이용하여 28번과 29번에 답하시오.

제조업을 영위하는 ㈜대한은 20X1년 초에 ㈜민국의 보통주 60%를 ₩140,000에 취득하여 지배력을 획득하였다. 취득일 현재 ㈜민국의 순자산 장부금액은 ₩150,000(자본금 ₩100,000, 이익잉여금 ₩50,000)이다.

〈추가자료〉

• 취득일 현재 ㈜민국의 식별가능한 자산과 부채 중 장부금액과 공정가치가 다른 내역은 다음과 같다.

구분	장부금액	공정가치	추가정보
재고자산 (상품)	₩50,000	₩60,000	20X1년 중에 모두 외부판매됨
기계장치	120,000	160,000	취득일 현재 잔존내용연수는 8년이고, 잔존가치 없이 정액법 으로 상각함

• 20X1년 중에 ㈜대한은 장부금액 ₩20,000의 재고자산(제품)을 ㈜민국에게 ₩30,000에 판매하였다. ㈜민국은 이 재고자산의 50%를 20X1년에, 나머지 50%를 20X2년에 외부로 판매하였다.
• 20X2년 1월 1일에 ㈜민국은 ㈜대한으로부터 ₩100,000을 차입하였다. 동 차입금의 만기는 20X2년 12월 31일이며, 이자율은 연 10%이다.
• ㈜대한과 ㈜민국이 별도(개별)재무제표에서 보고한 20X1년과 20X2년의 당기순이익은 다음과 같다.

구분	20X1년	20X2년
㈜대한	₩80,000	₩100,000
㈜민국	30,000	50,000

• ㈜대한은 별도재무제표에서 ㈜민국에 대한 투자주식을 원가법으로 회계처리한다. 연결재무제표 작성 시 유형자산에 대해서는 원가모형을 적용하고, 비지배지분은 종속기업의 식별가능한 순자산 공정가치에 비례하여 결정한다.

28. ㈜대한의 20X1년 말 연결재무상태표에 표시되는 비지배지분은 얼마인가?

① ₩80,000   ② ₩82,000   ③ ₩84,000
④ ₩86,000   ⑤ ₩92,000

29. ㈜대한의 20X2년도 연결포괄손익계산서에 표시되는 지배기업소유주귀속당기순이익은 얼마인가?

① ₩132,000   ② ₩130,000   ③ ₩128,000
④ ₩127,000   ⑤ ₩123,000

30. ㈜대한은 20X1년 초에 ㈜민국의 보통주 80주(80%)를 ₩240,000에 취득하여 지배력을 획득하였다. 취득일 현재 ㈜민국의 순자산은 자본금 ₩150,000과 이익잉여금 ₩100,000이며, 식별가능한 자산과 부채의 장부금액과 공정가치는 일치하였다. 취득일 이후 20X2년까지 ㈜대한과 ㈜민국이 별도(개별)재무제표에 보고한 순자산변동(당기순이익)은 다음과 같으며, 이들 기업 간에 발생한 내부거래는 없다.

구분	20X1년	20X2년
㈜대한	₩80,000	₩120,000
㈜민국	20,000	30,000

20X3년 1월 1일에 ㈜대한은 보유중이던 ㈜민국의 보통주 50주(50%)를 ₩200,000에 처분하여 ㈜민국에 대한 지배력을 상실하였다. 남아있는 ㈜민국의 보통주 30주(30%)의 공정가치는 ₩120,000이며, ㈜대한은 이를 관계기업투자주식으로 분류하였다. ㈜민국에 대한 지배력 상실시점의 회계처리가 ㈜대한의 20X3년도 연결당기순이익에 미치는 영향은 얼마인가? 단, 20X3년 말 현재 ㈜대한은 다른 종속기업을 지배하고 있어 연결재무제표를 작성한다.

① ₩10,000 감소 ② ₩10,000 증가 ③ ₩40,000 증가
④ ₩50,000 증가 ⑤ ₩80,000 증가

31. ㈜대한은 20X1년 초 ㈜민국의 의결권 있는 주식 20%를 ₩60,000에 취득하여 유의적인 영향력을 행사할 수 있게 되었다. ㈜민국에 대한 추가 정보는 다음과 같다.

- 20X1년 1월 1일 현재 ㈜민국의 순자산 장부금액은 ₩200,000이며, 자산과 부채는 장부금액과 공정가치가 모두 일치한다.
- ㈜대한은 20X1년 중 ㈜민국에게 원가 ₩20,000인 제품을 ₩25,000에 판매하였다. ㈜민국은 20X1년 말 현재 ㈜대한으로부터 취득한 제품 ₩25,000 중 ₩10,000을 기말재고로 보유하고 있다.
- ㈜민국의 20X1년 당기순이익은 ₩28,000이며, 기타포괄이익은 ₩5,000이다.

㈜민국에 대한 지분법적용투자주식과 관련하여 ㈜대한이 20X1년도 포괄손익계산서 상 당기손익에 반영할 지분법이익은 얼마인가?

① ₩5,200 ② ₩5,700 ③ ₩6,200
④ ₩6,700 ⑤ ₩7,200

32. ㈜대한은 20X1년 초 설립된 해운기업이다. 우리나라에 본사를 두고 있는 ㈜대한의 표시통화는 원화(₩)이나, 해상운송을 주된 영업활동으로 하고 있어 기능통화는 미국달러화($)이다. 기능통화로 표시된 ㈜대한의 20X1년 및 20X2년 요약 재무정보(시산표)와 관련 정보는 다음과 같다.

- ㈜대한의 20X1년 및 20X2년 요약 재무정보(시산표)

계정과목	20X1년 차변	20X1년 대변	20X2년 차변	20X2년 대변
자 산	$3,000		$4,000	
부 채		$1,500		$2,300
자 본 금		1,000		1,000
이 익 잉 여 금		–		500
수 익		2,500		3,000
비 용	2,000		2,800	
합 계	$5,000	$5,000	$6,800	$6,800

- 20X1년 및 20X2년 환율(₩/$) 변동정보

구분	기초	연평균	기말
20X1년	1,000	1,100	1,200
20X2년	1,200	1,150	1,100

- 기능통화와 표시통화는 모두 초인플레이션 경제의 통화가 아니며, 설립 이후 환율에 유의적인 변동은 없었다.
- 수익과 비용은 해당 회계기간의 연평균환율을 사용하여 환산한다.

㈜대한의 20X1년도 및 20X2년도 원화(₩) 표시 포괄손익계산서 상 총포괄이익은 각각 얼마인가?

	20X1년	20X2년
①	₩600,000	₩120,000
②	₩600,000	₩320,000
③	₩800,000	₩70,000
④	₩800,000	₩120,000
⑤	₩800,000	₩320,000

33. 유럽에서의 사업 확장을 계획 중인 ㈜대한(기능통화 및 표시통화는 원화(₩)임)은 20X1년 10월 1일 독일 소재 공장용 토지를 €1,500에 취득하였다. 그러나 탄소 과다배출 가능성 등 환경 이슈로 독일 주무관청으로부터 영업허가를 얻지 못함에 따라 20X2년 6월 30일 해당 토지를 €1,700에 처분하였다. 이와 관련한 추가정보는 다음과 같다.

- 환율(₩/€) 변동정보

일자	20X1.10.1.	20X1.12.31.	20X2.6.30.
환율	1,600	1,500	1,550

- 20X1년 12월 31일 현재 ㈜대한이 취득한 토지의 공정가치는 €1,900이다.

상기 토지에 대해 (1) 원가모형과 (2) 재평가모형을 적용하는 경우, ㈜대한이 20X2년 6월 30일 토지 처분 시 인식할 유형자산처분손익은 각각 얼마인가?

	(1) 원가모형	(2) 재평가모형
①	처분이익 ₩165,000	처분손실 ₩185,000
②	처분이익 ₩235,000	처분손실 ₩215,000
③	처분이익 ₩235,000	처분손실 ₩185,000
④	처분이익 ₩385,000	처분손실 ₩215,000
⑤	처분이익 ₩385,000	처분손실 ₩185,000

34. 기업회계기준서 제1109호 '금융상품'에 따른 위험회피회계에 대한 다음 설명 중 옳지 <u>않은</u> 것은?

① 위험회피회계의 목적상, 보고실체의 외부 당사자와 체결한 계약만을 위험회피수단으로 지정할 수 있다.

② 일부 발행한 옵션을 제외하고, 당기손익-공정가치 측정 파생상품은 위험회피수단으로 지정할 수 있다.

③ 인식된 자산이나 부채, 인식되지 않은 확정계약, 예상거래나 해외사업장순투자는 위험회피대상항목이 될 수 있다. 다만, 위험회피대상 항목이 예상거래인 경우 그 거래는 발생 가능성이 매우 커야 한다.

④ 공정가치위험회피회계의 위험회피대상항목이 자산을 취득하거나 부채를 인수하는 확정계약인 경우에는 확정계약을 이행한 결과로 인식하는 자산이나 부채의 최초 장부금액이 재무상태표에 인식된 위험회피대상항목의 공정가치 누적변동분을 포함하도록 조정한다.

⑤ 위험회피수단을 제공하는 거래상대방이 계약을 미이행할 가능성이 높더라도(즉, 신용위험이 지배적이더라도) 위험회피대상항목과 위험회피수단 사이에 경제적 관계가 있는 경우에는 위험회피회계를 적용할 수 있다.

35. ㈜대한은 20X1년 1월 1일 ₩500,000(3년 만기, 고정이자율 연 5%)을 차입하였다. 고정이자율 연 5%는 20X1년 1월 1일 한국은행 기준금리(연 3%)에 ㈜대한의 신용스프레드(연 2%)가 가산되어 결정된 것이다. 한편, ㈜대한은 금리변동으로 인한 차입금의 공정가치 변동위험을 회피하고자 다음과 같은 이자율스왑계약을 체결하고 위험회피관계를 지정하였다(이러한 차입금과 이자율스왑계약 간의 위험회피관계는 위험회피회계의 적용 요건을 충족한다).

- 이자율스왑계약 체결일 : 20X1년 1월 1일
- 이자율스왑계약 만기일 : 20X3년 12월 31일
- 이자율스왑계약 금액 : ₩500,000
- 이자율스왑계약 내용 : 매년 말 연 3%의 고정이자를 수취하고, 매년 초(또는 전년도 말)에 결정되는 한국은행 기준금리에 따라 변동이자를 지급

차입금에 대한 이자지급과 이자율스왑계약의 결제는 매년 말에 이루어지며, 이자율스왑계약의 공정가치는 무이표채권할인법으로 산정된다. 전년도 말과 당년도 초의 한국은행 기준금리는 동일하며, 연도별로 다음과 같이 변동하였다.

20X1.1.1.	20X1.12.31.	20X2.12.31.
연 3%	연 2%	연 1%

㈜대한이 상기 거래와 관련하여 20X1년도에 인식할 차입금평가손익과 이자율스왑계약평가손익은 각각 얼마인가? 단, 단수차이로 인해 오차가 있다면 가장 근사치를 선택한다.

	차입금	이자율스왑계약
①	평가이익 ₩9,708	평가손실 ₩9,708
②	평가손실 ₩9,708	평가이익 ₩9,708
③	₩0	₩0
④	평가이익 ₩9,430	평가손실 ₩9,430
⑤	평가손실 ₩9,430	평가이익 ₩9,430

36. 「국가재정법」과 「국가회계법」 및 동법 시행령에 대한 다음 설명 중 옳지 않은 것은?

① 국가결산보고서는 결산 개요, 세입세출결산, 재무제표, 성과보고서로 구성되며, 이 중 재무제표에는 국가채무관리보고서와 국가채권현재액보고서가 첨부되어야 한다.

② 국가결산보고서의 세입세출결산에는 여성과 남성이 동등하게 예산의 수혜를 받고 예산이 성차별을 개선하는 방향으로 집행되었는지를 평가하는 성인지 결산서가 첨부되어야 한다.

③ 중앙관서의 장은 회계연도마다 그 소관에 속하는 일반회계·특별회계 및 기금을 통합한 결산보고서를 작성하여 다음 연도 2월 말일까지 기획재정부장관에게 제출하여야 한다.

④ 국회의 사무총장, 법원행정처장, 헌법재판소의 사무처장 및 중앙선거관리위원회의 사무총장은 회계연도마다 예비금사용명세서를 작성하여 다음 연도 2월 말일까지 감사원장에게 제출하여야 한다.

⑤ 중앙관서의 장이 아닌 기금관리주체는 회계연도마다 기금결산보고서를 작성하여 소관 중앙관서의 장에게 제출하여야 하며, 이 경우 직전 회계연도의 기금운용규모가 5천억원 이상인 기금은 기금결산보고서에 회계법인의 감사보고서를 첨부하여야 한다.

37. 국가회계예규 중 「원가계산에 관한 지침」에 대한 다음 설명 중 옳지 않은 것은?

① 국가회계실체는 그 활동의 특성에 따라 행정형 회계와 사업형 회계로 구분하며, 정부원가계산은 회계의 내용에 따라 그 계산방식을 달리 할 수 있다.

② 비교환수익은 직접적인 반대급부 없이 발생하는 수익을 말하며, 행정형 회계의 비교환수익은 재정운영표의 '비교환수익 등'으로 표시하고, 사업형 회계의 비교환수익은 순자산변동표의 '재원의조달및이전'으로 표시한다.

③ 사업형 회계와 달리 행정형 회계는 행정운영성 경비를 모두 관리운영비로 구분한다. 단, 행정운영성 경비가 자본적 지출에 해당하여 자산취득원가에 계상된 경우 등은 제외한다.

④ 프로그램순원가는 국가회계실체가 해당 프로그램을 수행하기 위하여 순수하게 투입한 원가로 각 개별 프로그램을 수행하는 데 경상적으로 소요되는 순원가를 말한다.

⑤ 재정운영순원가는 해당 국가회계실체의 재정활동에 소요되는 순원가 정보를 제공한다.

38. 다음은 국가회계실체가 실행한 융자프로그램에 대한 자료이다. 이에 대한 설명으로 옳지 않은 것은?

- 20X1년도 말에 융자프로그램으로 총 원금 ₩10,000의 융자금을 실행하였다.
- 동 융자금은 하나의 유사한 위험유형 군(Group)으로서 융자조건은 만기 5년, 원리금균등상환방식이고 표면이자율은 연 4%이다. 이에 따라 매년 말 수령해야 할 융자금의 원리금은 ₩2,246이다.
- 융자금 실행시점에서 동 융자금에 대해 20X4년부터 20X6년까지 매년 말 ₩674의 채무불이행이 발생할 것으로 추정된다.
- 융자금이 실행된 회계기간에 동 융자금과 유사한 만기를 가지는 국채의 평균이자율은 연 6%이며, 동 융자프로그램을 위해 직접적으로 조달된 재원은 없다.
- 적용할 현가계수는 아래의 표와 같으며, 모든 계산은 소수점 첫째 자리에서 반올림한다.

할인율 기간	단일금액 ₩1의 현재가치		정상연금 ₩1의 현재가치	
	4%	6%	4%	6%
1년	0.9615	0.9434	0.9615	0.9434
2년	0.9246	0.8900	1.8861	1.8334
3년	0.8890	0.8396	2.7751	2.6730
4년	0.8548	0.7921	3.6299	3.4651
5년	0.8219	0.7473	4.4518	4.2124

① 융자보조원가충당금을 계산할 때 회수가능액의 현재가치는 융자금으로부터의 추정 순현금유입액을 유효이자율로 할인한 가액으로 한다.

② 20X1년 말 재정상태표 상 융자보조원가충당금은 ₩2,142이다.

③ 융자보조원가충당금은 매년 재정상태표일을 기준으로 평가하며, 평가결과 추가로 발생하는 융자보조원가충당금은 당기 융자보조비용에 가산한다.

④ 융자보조원가충당금을 평가할 때에는 융자보조원가충당금을 최초로 인식할 때 적용한 유효이자율을 계속 적용한다.

⑤ 20X2년 말 재정상태표 상 순융자금(회수가능액의 현재가치)은 ₩6,154이다.

39. 「국가회계기준에 관한 규칙」과 「지방자치단체 회계기준에 관한 규칙」에 대한 다음 설명 중 옳지 않은 것은?

① 국가회계실체는 일반회계, 특별회계 및 기금으로서 중앙관서별로 구분된 것을 말하며, 지방자치단체의 유형별 회계실체는 일반회계, 기타특별회계, 기금회계 및 지방공기업특별회계로 구분한다.

② 국가의 유산자산과 지방자치단체의 관리책임자산은 재정상태표 상 자산으로 인식하지 않고 필수보충정보로 공시한다.

③ 국가 재정상태표와 달리 지방자치단체 재정상태표에는 '주민편의시설'이라는 자산 분류가 존재한다.

④ 국가와 지방자치단체는 회계실체 사이에 발생하는 관리전환(물품 소관의 전환)이 무상거래일 경우에는 자산의 장부가액을 취득원가로 하고, 유상거래일 경우에는 자산의 공정가액을 취득원가로 한다.

⑤ 국가 재정상태표에서는 순자산을 기본순자산, 적립금 및 잉여금, 순자산조정으로 구분하며, 지방자치단체 재정상태표에서는 순자산을 고정순자산, 특정순자산 및 일반순자산으로 분류한다.

40. 「지방자치단체 회계기준에 관한 규칙」과 「지방자치단체 원가계산준칙」에 대한 다음 설명 중 옳지 않은 것은?

① 유형별 재무제표를 통합하여 작성하는 재무제표 중 재정운영표는 기능별 분류방식으로 작성하며, 성질별 재정운영표는 필수보충정보로 제공한다.

② 비교환거래로 생긴 수익은 직접적인 반대급부 없이 생기는 지방세, 보조금, 기부금 등으로서 해당수익에 대한 청구권이 발생하고 그 금액을 합리적으로 측정할 수 있을 때에 인식한다.

③ 목적세나 과징금, 부담금을 특정 사업의 재원에 충당하기 위하여 징수하는 경우에는 사업수익으로 분류하여야 한다.

④ 사업수익은 사업의 추진과정에서 직접 발생한 수익과 국가 등으로부터 사업과 관련하여 받은 수익 등을 말하며, 서비스 요금 수익과 보조금 등으로 구분된다.

⑤ 특정 사업의 비용을 보전하기 위한 운영보조 목적의 보조금 등은 사업수익으로 보며, 특정 사업에 사용될 자산의 취득을 지원하기 위한 자본보조 목적의 보조금 등은 사업수익에서 제외하고 순자산 증가항목으로 처리한다.

41. ㈜대한은 의료장비를 생산하고 있으며, 20X1년 2월 원가 관련 자료는 다음과 같다.

> • 재료 구입액은 ₩4,000, 재료 기말재고액은 ₩1,400이다.
> • 노무원가는 공장에서 발생한 것이며, 노무원가의 80%는 생산직 종업원의 임금이다.
> • 지급한 노무원가는 ₩3,700, 기초 미지급노무원가는 ₩200, 기말 미지급노무원가는 ₩500이다.
> • 기본원가(기초원가, prime costs)는 ₩5,700이다.
> • 제조경비는 ₩2,100이며, 전액 제조간접원가이다.

20X1년 2월 ㈜대한의 제조간접원가는 얼마인가? 단, 기초재고자산은 없다.

① ₩2,100   ② ₩2,200   ③ ₩2,800
④ ₩3,000   ⑤ ₩3,100

42. 활동기준원가계산에 대한 다음 설명 중 <u>옳지 않은</u> 것은?

① 활동기준원가계산은 발생한 원가를 활동중심점별로 집계하여 발생한 활동원가동인수로 배부하는 일종의 사후원가계산제도이다.

② 활동기준원가계산을 활용한 고객수익성분석에서는 제품원가뿐만 아니라 판매관리비까지도 활동별로 집계하여 경영자의 다양한 의사결정에 이용할 수 있다.

③ 제조간접원가에는 생산량 이외의 다른 원가동인에 의하여 발생하는 원가가 많이 포함되어 있다.

④ 활동이 자원을 소비하고 제품이 활동을 소비한다.

⑤ 원재료구매, 작업준비, 전수조사에 의한 품질검사는 묶음수준활동(batch level activities)으로 분류된다.

43. ㈜대한은 정상원가계산제도를 채택하고 있다. 제조간접원가예정배부율은 직접노무원가의 50%이며, 제조간접원가 배부차이는 전액 매출원가에서 조정한다. ㈜대한의 20X1년 2월 원가 관련 자료는 다음과 같다.

- 직접재료 구입액은 ₩40,000이다.
- 직접노무원가는 기본원가(기초원가, prime costs)의 40%이다.
- 직접재료 기말재고액은 ₩10,000, 제품 기말재고액은 ₩4,000이다.
- 당기제품제조원가에는 직접재료원가 ₩25,500이 포함되어 있다.
- 기말재공품에는 제조간접원가 배부액 ₩1,500이 포함되어 있다.
- 실제 발생한 제조간접원가는 ₩8,000이다.

제조간접원가 배부차이를 조정한 후 ㈜대한의 2월 매출원가는 얼마인가? 단, 기초재고자산은 없다.

① ₩44,000   ② ₩45,000   ③ ₩46,000

④ ₩47,000   ⑤ ₩49,000

※ 다음 자료를 이용하여 44번과 45번에 답하시오.

- ㈜대한은 선입선출법에 의한 종합원가계산을 적용하여 제품원가를 계산하고 있다.
- 원재료는 공정 초에 전량 투입되고, 전환원가는 공정 전반에 걸쳐 균등하게 발생한다.
- 공정의 80% 시점에서 품질검사를 실시하며, 정상공손 허용수준은 합격품의 10%이다. 정상공손원가는 합격품원가에 가산되고, 비정상공손원가는 기간비용으로 처리된다.
- 공손품은 모두 폐기되며, 공손품의 처분가치는 없다.
- 다음은 20X1년 2월 공정의 생산 및 원가자료이다. 단, 괄호 안의 숫자는 전환원가의 완성도를 의미한다.

구분	물량단위	직접재료원가	전환원가
기초재공품	2,000(70%)	₩70,000	₩86,000
당기투입	10,000	₩2,000,000	₩860,000
완성품	8,000		
기말재공품	3,000(40%)		

44. ㈜대한의 20X1년 2월 직접재료원가와 전환원가의 완성품환산량 단위당 원가를 계산하면 각각 얼마인가?

	직접재료원가	전환원가
①	₩200	₩100
②	₩200	₩80
③	₩220	₩100
④	₩220	₩80
⑤	₩250	₩100

45. ㈜대한의 20X1년 2월 완성품 단위당 원가는 얼마인가?

① ₩242 ② ₩250 ③ ₩252
④ ₩280 ⑤ ₩282

46. ㈜대한은 결합생산공정을 통해 결합제품 X와 Y를 생산 및 판매하고 있으며, 균등매출총이익률법을 적용하여 결합원가를 배부한다. ㈜대한은 20X1년에 결합제품 X와 Y를 모두 추가가공하여 전량 판매하였으며, 추가가공원가는 각 제품별로 추적가능하고 모두 변동원가이다. ㈜대한의 20X1년 생산 및 판매 관련 자료는 다음과 같다.

제품	생산량	추가가공원가	최종판매단가
X	6,000단위	₩30,000	₩50
Y	10,000	20,000	20

20X1년 중 발생한 결합원가가 ₩350,000일 경우, ㈜대한이 제품 X와 Y에 배부할 결합원가는 각각 얼마인가? 단, 공손 및 감손은 없으며, 기초 및 기말재공품은 없다.

	제품 X	제품 Y
①	₩200,000	₩150,000
②	₩210,000	₩140,000
③	₩220,000	₩130,000
④	₩230,000	₩120,000
⑤	₩240,000	₩110,000

47. ㈜대한은 20X1년 1월 1일에 처음으로 생산을 시작하였고, 20X1년과 20X2년의 영업활동 결과는 다음과 같다.

구분	20X1년	20X2년
생산량	2,000단위	2,800단위
판매량	1,600단위	3,000단위
변동원가계산에 의한 영업이익	₩16,000	₩40,000

㈜대한은 재공품 재고를 보유하지 않으며, 재고자산 평가방법은 선입선출법이다. 20X1년 전부원가계산에 의한 영업이익은 ₩24,000이며, 20X2년에 발생한 고정제조간접원가는 ₩84,000이다. 20X2년 ㈜대한의 전부원가계산에 의한 영업이익은 얼마인가? 단, 두 기간의 단위당 판매가격, 단위당 변동제조원가와 판매관리비는 동일하다.

① ₩26,000　　　　② ₩30,000　　　　③ ₩34,000
④ ₩36,000　　　　⑤ ₩38,000

48. ㈜대한은 제품 A, 제품 B, 제품 C를 생산 및 판매한다. ㈜대한은 변동원가계산제도를 채택하고 있으며, 20X1년도 예산을 다음과 같이 편성하였다.

구분	제품 A	제품 B	제품 C
판매수량	2,500단위	5,000단위	2,500단위
단위당 판매가격	₩100	₩150	₩100
단위당 변동원가	60	75	30

㈜대한은 20X1년도 영업레버리지도(degree of operating leverage)를 5로 예상하고 있다. 세 가지 제품의 매출액 기준 매출구성비율이 일정하다고 가정할 때, ㈜대한의 20X1년 예상 손익분기점을 달성하기 위한 제품 C의 매출액은 얼마인가?

① ₩160,000　　　　② ₩180,000　　　　③ ₩200,000

④ ₩220,000　　　　⑤ ₩250,000

49. ㈜대한은 A필터와 B필터를 생산 및 판매하고 있으며, 이익극대화를 추구한다. ㈜대한의 최대조업도는 월 12,000기계시간이며, ㈜대한이 20X1년 2월에 대해 예측한 A필터와 B필터의 자료는 다음과 같다.

구분	A필터	B필터
시장수요량	2,500단위	1,500단위
단위당 직접재료원가	₩290	₩400
단위당 직접노무원가	100	150
단위당 변동제조간접원가(기계시간당 ₩40)	80	160
단위당 변동판매관리비	50	90
단위당 고정원가	20	20
단위당 판매가격	840	1,280

㈜대한은 20X1년 2월의 판매예측에 포함하지 않았던 ㈜민국으로부터 B필터 500단위를 구입하겠다는 일회성 특별주문을 받았다. ㈜대한이 ㈜민국의 특별주문을 수락하더라도 해당 제품의 단위당 변동원가는 변하지 않는다. ㈜대한이 ㈜민국의 특별주문을 수락하여 20X1년 2월 영업이익을 ₩180,000 증가시키고자 할 경우에 특별주문의 단위당 판매가격은 얼마인가? 단, 특별주문과 관련하여 생산설비의 증설은 없다.

① ₩1,300　　　　② ₩1,350　　　　③ ₩1,400

④ ₩1,450　　　　⑤ ₩1,500

50. ㈜대한은 20X1년 실제결과와 고정예산을 비교하기 위해 다음과 같은 자료를 작성하였다.

구분	실제결과	고정예산
판매량	30,000단위	25,000단위
매출액	₩1,560,000	₩1,250,000
변동원가		
제조원가	900,000	625,000
판매관리비	210,000	125,000
공헌이익	₩450,000	₩500,000
고정원가		
제조원가	47,500	37,500
판매관리비	62,500	62,500
영업이익	₩340,000	₩400,000

㈜대한은 20X1년 시장규모를 250,000단위로 예측했으나, 실제 시장규모는 400,000단위로 집계되었다. ㈜대한은 20X1년도 실제 판매량이 고정예산 판매량보다 증가하였으나, 영업이익은 오히려 감소한 원인을 파악하고자 한다. 이를 위해 매출가격차이(sales price variance), 시장점유율차이, 시장규모차이를 계산하면 각각 얼마인가? 단, U는 불리한 차이, F는 유리한 차이를 의미한다.

	매출가격차이	시장점유율차이	시장규모차이
①	₩60,000 F	₩200,000 U	₩300,000 F
②	₩60,000 U	₩200,000 F	₩300,000 U
③	₩60,000 F	₩300,000 U	₩400,000 F
④	₩80,000 F	₩200,000 U	₩300,000 F
⑤	₩80,000 U	₩300,000 F	₩400,000 U

김용재 회계사, 세무사 1차 회계학 연도별 기출문제집

2021

기출문제

2021년 CPA 회계학 기출문제

2021년 CPA 회계학 기출문제

아래 문제들에서 특별한 언급이 없는 한 기업의 보고기간(회계기간)은 매년 1월 1일부터 12월 31일까지이며, 법인세효과는 고려하지 않는다. 또한 기업은 주권상장법인으로 계속해서 한국채택국제회계기준(K − IFRS)을 적용해오고 있다고 가정하고 보기 중에서 물음에 가장 합당한 답을 고르시오.

01. 재무보고를 위한 개념체계 중 측정에 관한 다음의 설명 중 옳지 않은 것은?

① 역사적 원가 측정기준을 사용할 경우, 다른 시점에 취득한 동일한 자산이나 발생한 동일한 부채가 재무제표에 다른 금액으로 보고될 수 있다.

② 공정가치는 자산을 취득할 때 발생한 거래원가로 인해 증가하지 않으며, 또한 자산의 궁극적인 처분에서 발생할 거래원가를 반영하지 않는다.

③ 자산의 현행원가는 측정일 현재 동등한 자산의 원가로서 측정일에 지급할 대가와 그 날에 발생할 거래원가를 포함한다.

④ 현행가치와 달리 역사적 원가는 자산의 손상이나 손실부담에 따른 부채와 관련되는 변동을 제외하고는 가치의 변동을 반영하지 않는다.

⑤ 이행가치는 부채가 이행될 경우보다 이전되거나 협상으로 결제될 때 특히 예측가치를 가진다.

02. ㈜대한은 20X1년 1월 1일에 장부금액이 ₩700,000인 기계장치를 ㈜민국의 기계장치(장부금액: ₩800,000, 공정가치: ₩900,000)와 교환하면서 현금 ₩50,000을 추가로 지급하였으며, 유형자산처분손실로 ₩100,000을 인식하였다. ㈜대한은 교환으로 취득한 기계장치와 관련하여 설치장소 준비원가 ₩50,000과 설치원가 ₩50,000을 20X1년 1월 1일에 지출하고 즉시 사용하였다. 한편, ㈜대한은 취득한 기계장치의 잔존가치와 내용연수를 각각 ₩50,000과 5년으로 추정하였으며, 정액법으로 감가상각한다. ㈜대한이 동 기계장치와 관련하여 20X1년 감가상각비로 인식할 금액은 얼마인가? 단, 동 자산의 교환은 상업적 실질이 있으며, ㈜대한의 기계장치 공정가치는 신뢰성 있게 측정가능하고 ㈜민국의 기계장치 공정가치보다 명백하다고 가정한다.

① ₩130,000 ② ₩140,000 ③ ₩160,000
④ ₩212,500 ⑤ ₩250,000

03. 차량운반구에 대해 재평가모형을 적용하고 있는 ㈜대한은 20X1년 1월 1일에 영업용으로 사용할 차량운반구를 ₩2,000,000(잔존가치: ₩200,000, 내용연수: 5년, 정액법 상각)에 취득하였다. 동 차량운반구의 20X1년 말 공정가치와 회수가능액은 각각 ₩1,800,000으로 동일하였으나, 20X2년 말 공정가치는 ₩1,300,000이고 회수가능액은 ₩1,100,000으로 자산손상이 발생하였다. 동 차량운반구와 관련하여 ㈜대한이 20X2년 포괄손익계산서에 당기비용으로 인식할 총 금액은 얼마인가? 단, 차량운반구의 사용기간 동안 재평가잉여금을 이익잉여금으로 대체하지 않는다.

① ₩200,000   ② ₩360,000   ③ ₩400,000
④ ₩540,000   ⑤ ₩600,000

04. ㈜대한은 20X1년 7월 1일에 차입원가 자본화 적격자산에 해당하는 본사 사옥 신축공사를 시작하였으며, 본 공사는 20X2년 9월 말에 완료될 것으로 예상된다. 동 공사와 관련하여 20X1년에 지출한 공사비는 다음과 같다.

일자	20X1.7.1.	20X1.10.1.	20X1.12.1.
지출액	₩500,000	₩600,000	₩1,200,000

㈜대한의 차입금 내역은 아래와 같다.

구 분	차입금액	차입일	상환일	연 이자율
특정차입금	₩800,000	20X1. 7. 1.	20X3. 6. 30.	5%
일반차입금	1,000,000	20X1. 1. 1.	20X3. 12. 31.	?

모든 차입금은 매년 말 이자 지급조건이며, 특정차입금 중 50%는 20X1년 9월 말까지 3개월 간 연 3% 수익률을 제공하는 투자처에 일시적으로 투자하였다. ㈜대한이 동 공사와 관련하여 20X1년 말에 건설중인자산(유형자산)으로 ₩2,333,000을 보고하였다면, 일반차입금의 연 이자율은 몇 퍼센트(%)인가? 단, 연평균 지출액, 이자수익 및 이자비용은 월할로 계산한다.

① 1.6%   ② 3%   ③ 5%
④ 8%   ⑤ 10.5%

05. 기업회계기준서 제1002호 '재고자산'에 관한 다음의 설명 중 옳지 <u>않은</u> 것은?

① 재고자산의 지역별 위치나 과세방식이 다르다는 이유만으로 동일한 재고자산에 다른 단위원가 결정 방법을 적용하는 것은 정당화된다.

② 통상적으로 상호 교환될 수 없는 재고자산항목의 원가와 특정 프로젝트별로 생산되고 분리되는 재화 또는 용역의 원가는 개별법을 사용하여 결정한다.

③ 재고자산의 전환원가는 원재료를 완제품으로 전환하는 데 드는 고정 및 변동 제조간접원가의 체계적인 배부액도 포함한다.

④ 보유하고 있는 재고자산의 수량이 확정판매계약의 이행에 필요한 수량을 초과하는 경우에는 그 초과 수량의 순실현가능가치는 일반 판매가격에 기초한다.

⑤ 원재료 가격이 하락하여 제품의 원가가 순실현가능가치를 초과할 것으로 예상된다면 해당 원재료를 순실현가능가치로 감액한다.

06. ㈜대한은 ㈜민국이 20X1년 1월 1일에 발행한 액면금액 ₩50,000(만기 5년(일시상환), 표시이자율 연 10%, 매년 말 이자지급)인 사채를 동 일자에 액면금액으로 취득하고, 상각후원가로 측정하는 금융자산(AC 금융자산)으로 분류하여 회계처리하였다. 그러나 ㈜대한은 20X2년 중 사업모형의 변경으로 동 사채를 당기 손익-공정가치로 측정하는 금융자산(FVPL 금융자산)으로 재분류하였다. 20X2년 말 현재 동 사채와 관련하여 인식한 손실충당금은 ₩3,000이다. 동 사채의 20X3년 초와 20X3년 말의 공정가치는 각각 ₩45,000과 ₩46,000이다. 동 사채가 ㈜대한의 20X3년 포괄손익계산서 상 당기순이익에 미치는 영향은 얼마인가? 단, 동 사채의 20X3년 말 공정가치는 이자수령 후 금액이다.

① ₩2,000 감소   ② ₩1,000 감소   ③ ₩4,000 증가
④ ₩5,000 증가   ⑤ ₩6,000 증가

07. ㈜대한은 ㈜민국이 20X1년 1월 1일에 발행한 액면금액 ₩100,000(만기 3년(일시상환), 표시이자율 연 10%, 매년 말 이자지급)의 사채를 동 일자에 ₩95,198(유효이자율 연 12%)을 지급하고 취득하였다. 동 금융자산의 20X1년 말과 20X2년 말의 이자수령 후 공정가치는 각각 ₩93,417과 ₩99,099이며, ㈜대한은 20X3년 초 ₩99,099에 동 금융자산을 처분하였다. 동 금융자산과 관련한 다음의 설명 중 옳지 않은 것은? 단, 필요 시 소수점 첫째자리에서 반올림한다.

① 금융자산을 상각후원가로 측정하는 금융자산(AC 금융자산)으로 분류한 경우에 기타포괄손익-공정가치로 측정하는 금융자산(FVOCI 금융자산)으로 분류한 경우보다 ㈜대한의 20X1년 말 자본총액은 더 크게 계상된다.

② 금융자산을 상각후원가로 측정하는 금융자산(AC 금융자산)으로 분류한 경우 ㈜대한이 금융자산과 관련하여 20X1년의 이자수익으로 인식할 금액은 ₩11,424이다.

③ 금융자산을 상각후원가로 측정하는 금융자산(AC 금융자산)으로 분류한 경우와 기타포괄손익-공정가치로 측정하는 금융자산(FVOCI 금융자산)으로 분류한 경우를 비교하였을 때, 금융자산이 ㈜대한의 20X2년 당기손익에 미치는 영향은 차이가 없다.

④ 금융자산을 기타포괄손익-공정가치로 측정하는 금융자산(FVOCI 금융자산)으로 분류한 경우 금융자산과 관련한 ㈜대한의 20X2년 말 재무상태표 상 기타포괄손익누계액은 ₩882이다.

⑤ 금융자산을 상각후원가로 측정하는 금융자산(AC 금융자산)으로 분류한 경우에 기타포괄손익-공정가치로 측정하는 금융자산(FVOCI 금융자산)으로 분류한 경우보다 ㈜대한이 20X3년 초 금융자산 처분 시 처분이익을 많이 인식한다.

08. 낙농업을 영위하는 ㈜대한목장은 20X1년 1월 1일에 우유 생산이 가능한 젖소 10마리를 보유하고 있다. ㈜대한목장은 우유의 생산 확대를 위하여 20X1년 6월 젖소 10마리를 1마리당 ₩100,000에 추가로 취득하였으며, 취득시점의 1마리당 순공정가치는 ₩95,000이다. 한편 ㈜대한목장은 20X1년에 100리터(ℓ)의 우유를 생산하였으며, 생산시점(착유시점) 우유의 1리터(ℓ)당 순공정가치는 ₩3,000이다. ㈜대한목장은 생산된 우유 전부를 20X1년에 거래처인 ㈜민국유업에 1리터(ℓ)당 ₩5,000에 판매하였다. 20X1년 말 현재 ㈜대한목장이 보유 중인 젖소 1마리당 순공정가치는 ₩100,000이다. 위 거래로 인한 ㈜대한목장의 20X1년 포괄손익계산서 상 당기순이익의 증가액은 얼마인가? 단, 20X0년 말 젖소의 1마리당 순공정가치는 ₩105,000이다.

① ₩340,000　　　　② ₩450,000　　　　③ ₩560,000
④ ₩630,000　　　　⑤ ₩750,000

09. 기업회계기준서 제1038호 '무형자산'에 관한 다음 설명 중 <u>옳지 않은</u> 것은?

① 개별 취득하는 무형자산의 원가는 그 자산을 경영자가 의도하는 방식으로 운용될 수 있는 상태에 이를 때까지 인식하므로 무형자산을 사용하거나 재배치하는 데 발생하는 원가도 자산의 장부금액에 포함한다.

② 미래경제적효익이 기업에 유입될 가능성은 무형자산의 내용연수 동안의 경제적 상황에 대한 경영자의 최선의 추정치를 반영하는 합리적이고 객관적인 가정에 근거하여 평가하여야 한다.

③ 자산의 사용에서 발생하는 미래경제적효익의 유입에 대한 확실성 정도에 대한 평가는 무형자산을 최초로 인식하는 시점에서 이용 가능한 증거에 근거하며, 외부 증거에 비중을 더 크게 둔다.

④ 무형자산의 미래경제적효익은 제품의 매출, 용역수익, 원가절감 또는 자산의 사용에 따른 기타 효익의 형태로 발생할 수 있다.

⑤ 내부적으로 창출한 영업권은 원가를 신뢰성 있게 측정할 수 없고 기업이 통제하고 있는 식별가능한 자원이 아니기 때문에 자산으로 인식하지 아니한다.

※ ㈜대한이 발행한 상각후원가(AC)로 측정하는 금융부채(사채)와 관련된 다음 〈자료〉를 이용하여 10번과 11번에 대해 답하시오.

〈자료〉

액면금액	₩3,000,000
사채권면 상 발행일	20X1년 1월 1일
사채 실제 발행일	20X1년 3월 1일
표시이자율	연 6%(매년 12월 31일에 지급)
사채권면 상 발행일의 유효이자율	연 6%
상환만기일	20X3년 12월 31일(만기 일시상환)

현가계수표

기간 \ 할인율	단일금액 ₩1의 현재가치			정상연금 ₩1의 현재가치		
	6%	7%	8%	6%	7%	8%
1년	0.9434	0.9346	0.9259	0.9434	0.9346	0.9259
2년	0.8900	0.8734	0.8573	1.8334	1.8080	1.7832
3년	0.8396	0.8163	0.7938	2.6730	2.6243	2.5770

10. 다음 (A) 또는 (B)의 조건으로 사채를 발행하는 경우, ㈜대한이 20X1년 3월 1일에 사채발행으로 수취하는 금액에 대한 설명으로 옳은 것은? 단, 이자는 월할로 계산하며, 단수차이로 인해 오차가 있다면 가장 근사치를 선택한다.

(A) 사채 실제 발행일의 유효이자율이 연 8%인 경우
(B) 사채 실제 발행일의 유효이자율이 연 7%인 경우

① (A)가 (B)보다 수취하는 금액이 ₩76,014만큼 많다.

② (A)가 (B)보다 수취하는 금액이 ₩72,159만큼 많다.

③ (A)가 (B)보다 수취하는 금액이 ₩76,014만큼 적다.

④ (A)가 (B)보다 수취하는 금액이 ₩72,159만큼 적다.

⑤ (A)와 (B)의 수취하는 금액은 동일하다.

11. ㈜대한은 20X3년 4월 1일에 사채액면금액 중 30%를 경과이자를 포함하여 현금 ₩915,000에 조기상환하였다. 위 〈자료〉에서 사채 실제 발행일(20X1년 3월 1일)의 유효이자율이 연 8%인 경우, ㈜대한이 조기상환시점에 사채상환손실로 인식할 금액은 얼마인가? 단, 이자는 월할로 계산하며, 단수차이로 인해 오차가 있다면 가장 근사치를 선택한다.

① ₩9,510 ② ₩14,030 ③ ₩15,000

④ ₩31,700 ⑤ ₩46,800

12. 20X1년 1월 1일에 설립된 ㈜대한은 확정급여제도를 채택하고 있으며, 관련 자료는 다음과 같다. 순확정급여자산(부채) 계산 시 적용한 할인율은 연 8%로 매년 변동이 없다.

〈20X1년〉
- 20X1년 말 사외적립자산의 공정가치는 ₩1,100,000이다.
- 20X1년 말 확정급여채무의 현재가치는 ₩1,000,000이다.
- 20X1년 말 순확정급여자산의 자산인식상한금액은 ₩60,000이다.

〈20X2년〉
- 20X2년 당기근무원가는 ₩900,000이다.
- 20X2년 말에 일부 종업원의 퇴직으로 ₩100,000을 사외적립자산에서 현금으로 지급하였다.
- 20X2년 말에 ₩1,000,000을 현금으로 사외적립자산에 출연하였다.
- 20X2년 말 사외적립자산의 공정가치는 ₩2,300,000이다.
- 20X2년 말 확정급여채무의 현재가치는 ₩2,100,000이다.

㈜대한의 20X2년 말 재무상태표에 표시될 순확정급여자산이 ₩150,000인 경우, ㈜대한의 확정급여제도 적용이 20X2년 포괄손익계산서의 기타포괄이익(OCI)에 미치는 영향은 얼마인가?

① ₩12,800 감소 ② ₩14,800 감소 ③ ₩17,800 감소
④ ₩46,800 감소 ⑤ ₩54,800 감소

13. ㈜대한은 20X1년 1월 1일에 종업원 30명 각각에게 앞으로 5년 간 근무할 것을 조건으로 주가차액보상권 (SARs) 30개씩을 부여하였다. 20X1년 말과 20X2년 말 주가차액보상권의 1개당 공정가치는 각각 ₩100 과 ₩110이다. 20X2년 말 ㈜대한은 동 주가차액보상권을 모두 취소하고, 그 대신 상기 종업원 30명 각각에게 앞으로 3년 간 근무할 것을 조건으로 주식선택권 30개씩을 부여하였다. 따라서 당초 가득기간에는 변함이 없다. 또한 ㈜대한은 모든 종업원이 요구되는 용역을 제공할 것으로 예상하였으며, 실제로도 모든 종업원이 용역을 제공하였다. ㈜대한의 주식기준보상거래 관련 회계처리가 20X2년 포괄손익계산서의 당기순이익을 ₩28,800만큼 감소시키는 경우, 20X2년 말 주식선택권의 1개당 공정가치는 얼마인가?

① ₩100 ② ₩110 ③ ₩120
④ ₩130 ⑤ ₩140

14. 기업회계기준서 제1116호 '리스'에 관한 다음 설명 중 옳지 않은 것은?

① 리스개설직접원가는 리스를 체결하지 않았더라면 부담하지 않았을 리스체결의 증분원가이다. 다만, 금융리스와 관련하여 제조자 또는 판매자인 리스제공자가 부담하는 원가는 제외한다.

② 포괄손익계산서에서 리스이용자는 리스부채에 대한 이자비용을 사용권자산의 감가상각비와 구분하여 표시한다.

③ 리스이용자는 리스부채의 원금에 해당하는 현금 지급액은 현금흐름표에 재무활동으로 분류하고, 리스부채 측정치에 포함되지 않은 단기리스료, 소액자산 리스료, 변동리스료는 현금흐름표에 영업활동으로 분류한다.

④ 무보증잔존가치는 리스제공자가 실현할 수 있을지 확실하지 않거나 리스제공자의 특수관계자만이 보증한, 기초자산의 잔존가치 부분이다.

⑤ 리스이용자는 하나 이상의 기초자산 사용권이 추가되어 리스의 범위가 넓어진 경우 또는 개별 가격에 적절히 상응하여 리스대가가 증액된 경우에 리스변경을 별도 리스로 회계처리한다.

15. 리스이용자인 ㈜대한은 리스제공자인 ㈜민국리스와 리스개시일인 20X1년 1월 1일에 다음과 같은 조건의 리스계약을 체결하였다.

- 기초자산(생산공정에 사용할 기계장치)의 리스기간은 20X1년 1월 1일부터 20X3년 12월 31일까지이다.
- 기초자산의 내용연수는 4년으로 내용연수 종료시점의 잔존가치는 없으며, 정액법으로 감가상각한다.
- ㈜대한은 리스기간 동안 매년 말 ₩3,000,000의 고정리스료를 지급한다.
- 사용권자산은 원가모형을 적용하여 정액법으로 감가상각하고, 잔존가치는 없다.
- 20X1년 1월 1일에 동 리스의 내재이자율은 연 8%로 리스제공자와 리스이용자가 이를 쉽게 산정할 수 있다.
- ㈜대한은 리스기간 종료시점에 기초자산을 현금 ₩500,000에 매수할 수 있는 선택권을 가지고 있으나, 리스개시일 현재 동 매수선택권을 행사하지 않을 것이 상당히 확실하다고 판단하였다. 그러나 20X2년 말에 ㈜대한은 유의적인 상황변화로 인해 동 매수선택권을 행사할 것이 상당히 확실하다고 판단을 변경하였다.
- 20X2년 말 현재 ㈜대한은 남은 리스기간의 내재이자율을 쉽게 산정할 수 없으며, ㈜대한의 증분차입이자율은 연 10%이다.
- 적용할 현가계수는 아래의 표와 같다.

할인율 기간	단일금액 ₩1의 현재가치		정상연금 ₩1의 현재가치	
	8%	10%	8%	10%
1년	0.9259	0.9091	0.9259	0.9091
2년	0.8573	0.8264	1.7832	1.7355
3년	0.7938	0.7513	2.5770	2.4868

㈜대한이 20X3년에 인식할 사용권자산의 감가상각비는 얼마인가? 단, 단수차이로 인해 오차가 있다면 가장 근사치를 선택한다.

① ₩993,804 ② ₩1,288,505 ③ ₩1,490,706
④ ₩2,577,003 ⑤ ₩2,981,412

16. 20X1년 1월 1일 현재 ㈜대한의 유통보통주식수는 200,000주(1주당 액면금액 ₩1,000)이며, 자기주식과 우선주는 없다. ㈜대한은 20X1년 1월 1일에 주식매입권 30,000개(20X3년 말까지 행사가능)를 발행하였으며, 주식매입권 1개가 행사되면 보통주 1주가 발행된다. 주식매입권의 행사가격은 1개당 ₩20,000이며, 20X1년 보통주의 평균시장가격은 1주당 ₩25,000이다. 20X1년 10월 1일에 동 주식매입권 20,000개가 행사되었다. ㈜대한이 20X1년 당기순이익으로 ₩205,000,000을 보고한 경우 20X1년 희석주당이익은 얼마인가? 단, 가중평균유통보통주식수는 월할로 계산하며, 단수차이로 인해 오차가 있다면 가장 근사치를 선택한다.

① ₩960 ② ₩972 ③ ₩976
④ ₩982 ⑤ ₩987

17. ㈜대한은 20X1년 1월 1일에 상환우선주 200주(1주당 액면금액 ₩500)를 공정가치로 발행하였다. 동 상환우선주와 관련된 자료는 다음과 같다.

- ㈜대한은 상환우선주를 20X2년 12월 31일에 1주당 ₩600에 의무적으로 상환해야 한다.
- 상환우선주의 배당률은 액면금액기준 연 3%이며, 배당은 매년 말에 지급한다. 배당이 지급되지 않는 경우에는 상환금액에 가산하여 지급한다.
- 20X1년 1월 1일 현재 상환우선주에 적용되는 유효이자율은 연 6%이며, 그 현가계수는 아래 표와 같다.

할인율 기간	6%	
	단일금액 ₩1의 현재가치	정상연금 ₩1의 현재가치
2년	0.8900	1.8334

- 20X1년 말에 ㈜대한은 동 상환우선주의 보유자에게 배당을 결의하고 지급하였다.

㈜대한이 동 상환우선주와 관련하여 20X1년 포괄손익계산서 상 이자비용으로 인식해야 할 금액은 얼마인가? 단, 단수차이로 인해 오차가 있다면 가장 근사치를 선택한다.

① ₩0 ② ₩3,000 ③ ₩3,600
④ ₩6,408 ⑤ ₩6,738

18. 20X1년 9월 1일에 ㈜대한은 ㈜민국에게 1년 간의 하자보증조건으로 중장비 1대를 ₩500,000에 현금 판매하였다. 동 하자보증은 용역 유형의 보증에 해당한다. ㈜대한은 1년 간의 하자보증을 제공하지 않는 조건으로도 중장비를 판매하고 있으며, 이 경우 중장비의 개별 판매가격은 보증조건 없이 1대당 ₩481,000이며, 1년 간의 하자보증용역의 개별 판매가격은 ₩39,000이다. ㈜대한은 ㈜민국에게 판매한 중장비 1대에 대한 하자보증으로 20X1년에 ₩10,000의 원가를 투입하였으며, 20X2년 8월 말까지 추가로 ₩20,000을 투입하여 하자보증을 완료할 계획이다. 상기 하자보증조건부판매와 관련하여 ㈜대한이 20X1년에 인식할 총수익금액과 20X1년 말 재무상태표에 인식할 부채는 각각 얼마인가?

	총수익	부채
①	₩475,000	₩25,000
②	₩475,000	₩20,000
③	₩462,500	₩37,500
④	₩462,500	₩20,000
⑤	₩500,000	₩0

19. ㈜대한은 20X1년 12월 1일에 ㈜민국에게 원가 ₩500,000의 제품을 ₩1,000,000에 현금 판매하였다. 판매계약에는 20X2년 3월 31일에 동 제품을 ₩1,100,000에 다시 살 수 있는 권리를 ㈜대한에게 부여하는 콜옵션이 포함되어 있다. ㈜대한은 20X2년 3월 31일에 계약에 포함된 콜옵션을 행사하지 않았으며, 이에 따라 해당 콜옵션은 동 일자에 소멸되었다. 상기 재매입약정 거래가 ㈜대한의 20X2년 당기순이익에 미치는 영향은 얼마인가? 단, 현재가치평가는 고려하지 않으며, 계산과정에 오차가 있으면 가장 근사치를 선택한다.

① ₩100,000 감소   ② ₩75,000 감소   ③ ₩500,000 증가
④ ₩525,000 증가   ⑤ ₩600,000 증가

20. 기업회계기준서 제1115호 '고객과의 계약에서 생기는 수익'에 대한 다음 설명 중 옳지 않은 것은?

① 유형자산의 처분은 계약상대방이 기업회계기준서 제1115호에서 정의하고 있는 고객에 해당되지 않기 때문에 유형자산 처분손익에 포함되는 대가(금액)를 산정함에 있어 처분유형에 관계없이 동 기준서의 거래가격 산정에 관한 요구사항을 적용할 수 없다.

② 기업이 수행하여 만든 자산이 기업 자체에는 대체 용도가 없고, 지금까지 수행을 완료한 부분에 대해 집행 가능한 지급청구권이 기업에 있다면, 기업은 재화나 용역에 대한 통제를 기간에 걸쳐 이전하므로, 기간에 걸쳐 수행의무를 이행하는 것이고 기간에 걸쳐 수익을 인식한다.

③ 고객이 약속한 대가 중 상당한 금액이 변동될 수 있으며 그 대가의 금액과 시기는 고객이나 기업이 실질적으로 통제할 수 없는 미래 사건의 발생 여부에 따라 달라진다면, 그 계약에는 유의적인 금융요소가 없을 것이다.

④ 고객이 현금 외의 형태로 대가를 약속한 계약의 경우에 거래가격을 산정하기 위하여 비현금 대가(또는 비현금 대가의 약속)를 공정가치로 측정한다.

⑤ 고객에게 지급할 대가가 고객에게서 받은 구별되는 재화나 용역의 공정가치를 초과한다면, 그 초과액을 거래가격에서 차감하여 회계처리한다.

21. 다음은 ㈜대한의 20X1년 법인세 관련 자료이다.

- 20X1년 법인세비용차감전순이익은 ₩500,000이다.
- 20X1년 말 접대비 한도초과액은 ₩20,000이며, 20X1년 말 재고자산평가손실의 세법 상 부인액은 ₩5,000 이다.
- 20X1년 5월 1일에 ₩30,000에 취득한 자기주식을 20X1년 10월 1일에 ₩40,000에 처분하였다.
- 20X1년 말 기타포괄손익 – 공정가치(FVOCI)로 측정하는 금융자산(지분상품) 평가손실 ₩20,000을 기타포괄손익으로 인식하였다.
- 20X1년 10월 1일 본사 사옥을 건설하기 위하여 ₩100,000에 취득한 토지의 20X1년 말 현재 공정가치는 ₩120,000이다. ㈜대한은 유형자산에 대해 재평가모형을 적용하고 있으나, 세법에서는 이를 인정하지 않는다.
- 연도별 법인세율은 20%로 일정하다.
- 일시적 차이에 사용될 수 있는 과세소득의 발생가능성은 높으며, 전기이월 일시적차이는 없다.

대한이 20X1년 포괄손익계산서에 당기비용으로 인식할 법인세비용은 얼마인가?

① ₩96,000   ② ₩100,000   ③ ₩104,000

④ ₩106,000   ⑤ ₩108,000

22. ㈜대한은 20X3년 말 장부 마감 전에 과거 3년 간의 회계장부를 검토한 결과 다음과 같은 오류사항을 발견하였으며, 이는 모두 중요한 오류에 해당한다.

- 기말재고자산은 20X1년에 ₩20,000 과소계상, 20X2년에 ₩30,000 과대계상, 20X3년에 ₩35,000 과대계상되었다.
- 20X2년에 보험료로 비용 처리한 금액 중 ₩15,000은 20X3년 보험료의 선납분이다.
- 20X1년 초 ㈜대한은 잔존가치없이 정액법으로 감가상각하고 있던 기계장치에 대해 ₩50,000의 지출을 하였다. 동 지출은 기계장치의 장부금액에 포함하여 인식 및 감가상각하여야 하나, ㈜대한은 이를 지출 시점에 즉시 비용(수선비)으로 처리하였다. 20X3년 말 현재 동 기계장치의 잔존내용연수는 2년이며, ㈜대한은 모든 유형자산에 대하여 원가모형을 적용하고 있다.

위 오류사항에 대한 수정효과가 ㈜대한의 20X3년 전기이월이익잉여금과 당기순이익에 미치는 영향은 각각 얼마인가?

	전기이월이익잉여금	당기순이익
①	₩15,000 감소	₩15,000 감소
②	₩15,000 증가	₩15,000 감소
③	₩15,000 감소	₩30,000 감소
④	₩15,000 증가	₩30,000 감소
⑤	₩0	₩0

23. 기업회계기준서 제1105호 '매각예정비유동자산과 중단영업'에 대한 다음 설명 중 옳지 않은 것은?

① 비유동자산의 장부금액이 계속사용이 아닌 매각거래를 통하여 주로 회수될 것이라면 이를 매각예정으로 분류한다.

② 매각예정비유동자산으로 분류하기 위한 요건이 보고기간 후에 충족된 경우 당해 비유동자산은 보고기간 후 발행되는 당해 재무제표에서 매각예정으로 분류할 수 없다.

③ 매각예정으로 분류된 비유동자산은 공정가치에서 처분부대원가를 뺀 금액과 장부금액 중 작은 금액으로 측정한다.

④ 비유동자산이 매각예정으로 분류되거나 매각예정으로 분류된 처분자산집단의 일부이면 그 자산은 감가상각(또는 상각)하지 아니하며, 매각예정으로 분류된 처분자산집단의 부채와 관련된 이자와 기타 비용 또한 인식하지 아니한다.

⑤ 과거 재무상태표에 매각예정으로 분류된 비유동자산 또는 처분자산집단에 포함된 자산과 부채의 금액은 최근 재무상태표의 분류를 반영하기 위하여 재분류하거나 재작성하지 아니한다.

24. 다음은 ㈜대한의 재무상태표에 표시된 두 종류의 상각후원가(AC)로 측정하는 금융부채(A사채, B사채)와 관련된 계정의 장부금액이다. 상기 금융부채 외에 ㈜대한이 보유한 이자발생 부채는 없으며, ㈜대한은 20X1년 포괄손익계산서 상 당기손익으로 이자비용 ₩48,191을 인식하였다. 이자지급을 영업활동으로 분류할 경우, ㈜대한이 20X1년 현금흐름표의 영업활동현금흐름에 표시할 이자지급액은 얼마인가? 단, 당기 중 사채의 추가발행·상환·출자전환 및 차입금의 신규차입은 없었으며, 차입원가의 자본화는 고려하지 않는다.

구분	20X1년 1월 1일	20X1년 12월 31일
미지급이자	₩10,000	₩15,000
A사채(순액)	94,996	97,345
B사채(순액)	110,692	107,334

① ₩42,182 ② ₩43,192 ③ ₩44,200
④ ₩45,843 ⑤ ₩49,200

※ 다음 〈자료〉를 이용하여 25번과 26번에 답하시오.

〈자료〉

- 자동차제조사인 ㈜대한과 배터리제조사인 ㈜민국은 동일 지배 하에 있는 기업이 아니다.
- ㈜대한은 향후 전기자동차 시장에서의 경쟁력 확보를 위해 20X1년 7월 1일을 취득일로 하여 ㈜민국을 흡수합병했으며, 합병대가로 ㈜민국의 기존주주에게 ㈜민국의 보통주(1주당 액면가 ₩100) 2주당 ㈜대한의 보통주(1주당 액면가 ₩200, 1주당 공정가치 ₩1,400) 1주를 교부하였다.
- 취득일 현재 ㈜민국의 요약재무상태표는 다음과 같다.

요약재무상태표
20X1년 7월 1일 현재

	장부금액	공정가치
현금	₩50,000	₩50,000
재고자산	140,000	200,000
유형자산(순액)	740,000	800,000
무형자산(순액)	270,000	290,000
자산	₩1,200,000	
매입채무	₩80,000	₩80,000
차입금	450,000	450,000
자본금	160,000	
주식발행초과금	320,000	
이익잉여금	190,000	
부채와 자본	₩1,200,000	

- ㈜대한은 ㈜민국의 유형자산에 대해 독립적인 가치평가를 진행하려 하였으나, 20X1년 재무제표 발행이 승인되기 전까지 불가피한 사유로 인해 완료하지 못하였다. 이에 ㈜대한은 ㈜민국의 유형자산을 잠정적 공정가치인 ₩800,000으로 인식하였다. ㈜대한은 취득일 현재 동 유형자산(원가모형 적용)의 잔존내용연수를 5년으로 추정하였으며, 잔존가치없이 정액법으로 감가상각(월할상각)하기로 하였다.
- ㈜대한은 합병 후 배터리사업 부문의 영업성과가 약정된 목표치를 초과할 경우 ㈜민국의 기존주주에게 현금 ₩100,000의 추가 보상을 실시할 예정이며, 취득일 현재 이러한 조건부대가에 대한 합리적 추정치는 ₩60,000이다.
- 취득일 현재 ㈜민국은 배터리 급속 충전 기술에 대한 연구·개발 프로젝트를 진행 중이다. ㈜민국은 합병 전까지 동 프로젝트와 관련하여 총 ₩60,000을 지출하였으나, 아직 연구 단계임에 따라 무형자산으로 인식하지 않았다. ㈜대한은 합병 과정에서 동 급속 충전 기술 프로젝트가 자산의 정의를 충족하고 있으며 개별적인 식별이 가능하다고 판단하였다. ㈜대한이 평가한 동 프로젝트의 공정가치는 ₩90,000이다.

25. ㈜대한이 취득일(20X1년 7월 1일)에 수행한 사업결합 관련 회계처리를 통해 최초 인식한 영업권은 얼마인가?

① ₩240,000   ② ₩260,000   ③ ₩280,000

④ ₩300,000   ⑤ ₩320,000

26. 다음의 〈추가자료〉 고려 시, 20X2년 12월 31일에 ㈜대한의 흡수합병과 관련하여 재무상태표에 계상될 영업권과 유형자산의 장부금액(순액)은 각각 얼마인가?

> **〈추가자료〉**
> - 합병 후 ㈜민국의 배터리 제품에 대한 화재 위험성 문제가 제기되어 20X1년 12월 31일 현재 추가 현금보상을 위한 영업성과 목표치가 달성되지 못했다. 그 결과 ㈜민국의 기존주주에 대한 ㈜대한의 추가 현금보상 지급의무가 소멸되었다. 이는 취득일 이후 발생한 사실과 상황으로 인한 조건부대가의 변동에 해당한다.
> - ㈜대한이 ㈜민국으로부터 취득한 유형자산에 대한 독립적인 가치평가는 20X2년 4월 1일(즉, 20X1년 재무제표 발행 승인 후)에 완료되었으며, 동 가치평가에 의한 취득일 당시 ㈜민국의 유형자산 공정가치는 ₩900,000이다. 잔존내용연수, 잔존가치, 감가상각방법 등 기타 사항은 동일하다.
> - 자산과 관련한 손상징후는 없다.

	영업권	유형자산(순액)
①	₩120,000	₩640,000
②	₩280,000	₩630,000
③	₩180,000	₩640,000
④	₩280,000	₩540,000
⑤	₩180,000	₩630,000

27. 기업회계기준서 제1028호 '관계기업과 공동기업에 대한 투자'에 관한 다음 설명 중 옳지 않은 것은?

① A기업이 보유하고 있는 B기업의 지분이 10%에 불과하더라도 A기업의 종속회사인 C기업이 B기업 지분 15%를 보유하고 있는 경우, 명백한 반증이 제시되지 않는 한 A기업이 B기업에 대해 유의한 영향력을 행사할 수 있는 것으로 본다.

② 관계기업 투자가 공동기업 투자로 되거나 공동기업 투자가 관계기업 투자로 되는 경우, 기업은 보유 지분을 투자 성격 변경시점의 공정가치로 재측정한다.

③ 기업이 유의적인 영향력을 보유하는지를 평가할 때에는 다른 기업이 보유한 잠재적 의결권을 포함하여 현재 행사할 수 있거나 전환할 수 있는 잠재적 의결권의 존재와 영향을 고려한다.

④ 손상차손 판단 시 관계기업이나 공동기업에 대한 투자의 회수가능액은 각 관계기업이나 공동기업별로 평가하여야 한다. 다만, 관계기업이나 공동기업이 창출하는 현금유입이 그 기업의 다른 자산에서 창출되는 현금흐름과 거의 독립적으로 구별되지 않는 경우에는 그러하지 아니한다.

⑤ 관계기업이나 공동기업에 대한 지분 일부를 처분하여 잔여 보유 지분이 금융자산이 되는 경우, 기업은 해당 잔여 보유 지분을 공정가치로 재측정한다.

28. 20X1년 1월 1일에 ㈜대한은 ㈜민국의 의결권 있는 주식 20%를 ₩600,000에 취득하여 유의적인 영향력을 가지게 되었다. 20X1년 1월 1일 현재 ㈜민국의 순자산 장부금액은 ₩2,000,000이다.

- ㈜대한의 주식 취득일 현재 ㈜민국의 자산 및 부채 가운데 장부금액과 공정가치가 일치하지 않는 계정과목은 다음과 같다.

계정과목	장부금액	공정가치
토지	₩350,000	₩400,000
재고자산	180,000	230,000

- ㈜민국은 20X1년 7월 1일에 토지 전부를 ₩420,000에 매각하였으며, 이 외에 20X1년 동안 토지의 추가 취득이나 처분은 없었다.
- ㈜민국의 20X1년 1월 1일 재고자산 중 20X1년 12월 31일 현재 보유하고 있는 재고자산의 장부금액은 ₩36,000이다.
- ㈜민국은 20X1년 8월 31일에 이사회 결의로 ₩100,000의 현금배당(중간배당)을 선언·지급하였으며, ㈜민국의 20X1년 당기순이익은 ₩300,000이다.

㈜대한의 20X1년 12월 31일 현재 재무상태표에 표시되는 ㈜민국에 대한 지분법적용투자주식의 장부금액은 얼마인가? 단, 상기 기간 중 ㈜민국의 기타포괄손익은 발생하지 않은 것으로 가정한다.

① ₩622,000
② ₩642,000
③ ₩646,000
④ ₩650,000
⑤ ₩666,000

29. 20X1년 1월 1일에 ㈜대한은 ㈜민국의 지분 60%를 ₩35,000에 취득하여 ㈜민국의 지배기업이 되었다. ㈜대한의 ㈜민국에 대한 지배력 획득일 현재 ㈜민국의 자본총계는 ₩40,000(자본금 ₩5,000, 자본잉여금 ₩10,000, 이익잉여금 ₩25,000)이며, 장부금액과 공정가치가 차이를 보이는 계정과목은 다음과 같다.

계정과목	장부금액	공정가치	비고
토지	₩17,000	₩22,000	20X2년 중 매각완료
차량운반구 (순액)	8,000	11,000	잔존내용연수 3년 잔존가치 ₩0 정액법으로 감가상각

㈜민국이 보고한 당기순이익이 20X1년 ₩17,500, 20X2년 ₩24,000일 때 ㈜대한의 20X2년 연결포괄손익계산서 상 비지배주주 귀속 당기순이익과 20X2년 12월 31일 연결재무상태표 상 비지배지분은 얼마인가? 단, 비지배지분은 ㈜민국의 식별가능한 순자산 공정가치에 비례하여 결정하고, 상기 기간 중 ㈜민국의 기타포괄손익은 발생하지 않은 것으로 가정한다.

	비지배주주 귀속 당기순이익	비지배지분
①	₩7,200	₩33,000
②	₩7,200	₩32,600
③	₩7,600	₩33,000
④	₩7,600	₩32,600
⑤	₩8,000	₩33,000

30. 기업회계기준서 제1110호 '연결재무제표'에 관한 다음 설명 중 옳은 것은?

① 투자자가 피투자자 의결권의 과반수를 보유하는 경우 예외 없이 피투자자를 지배하는 것으로 본다.

② 지배기업과 종속기업의 보고기간 종료일이 다른 경우 실무적으로 적용할 수 없지 않다면 종속기업은 연결재무제표 작성을 위해 지배기업의 보고기간 종료일을 기준으로 재무제표를 추가로 작성해야 한다.

③ 투자자가 시세차익, 투자이익이나 둘 다를 위해서만 자금을 투자하는 기업회계기준서 제1110호 상의 투자기업으로 분류되더라도 지배력을 가지는 종속회사에 대해서는 연결재무제표를 작성해야 한다.

④ 투자자는 권리 보유자의 이익을 보호하기 위해 설계된 방어권으로도 피투자자에 대한 힘을 가질 수 있다.

⑤ 연결재무제표에 추가로 작성하는 별도재무제표에서 종속기업과 관계기업에 대한 투자지분은 지분법으로 표시할 수 없다.

※ 다음 〈자료〉를 이용하여 31번과 32번에 답하시오.

〈자료〉

• ㈜대한은 20X1년 1월 1일에 ㈜민국의 의결권 있는 주식 60%를 ₩300,000에 취득하여 지배력을 획득하였다. 지배력 획득시점의 ㈜민국의 순자산 장부금액은 공정가치와 동일하다.

• 다음은 20X1년부터 20X2년까지 ㈜대한과 ㈜민국의 요약재무정보이다.

요약포괄손익계산서

계정과목	20X1년		20X2년	
	㈜대한	㈜민국	㈜대한	㈜민국
매출	₩850,000	₩500,000	₩800,000	₩550,000
(매출원가)	(700,000)	(380,000)	(670,000)	(420,000)
기타수익	210,000	170,000	190,000	150,000
(기타비용)	(270,000)	(230,000)	(200,000)	(210,000)
당기순이익	₩90,000	₩60,000	₩120,000	₩70,000

요약재무상태표

계정과목	20X1년		20X2년	
	㈜대한	㈜민국	㈜대한	㈜민국
현금등	₩450,000	₩270,000	₩620,000	₩300,000
재고자산	280,000	150,000	250,000	200,000
종속기업투자	300,000	–	300,000	–
유형자산	670,000	530,000	630,000	400,000
자산	₩1,700,000	₩950,000	₩1,800,000	₩900,000
부채	₩710,000	₩490,000	₩690,000	₩370,000
자본금	700,000	250,000	700,000	250,000
이익잉여금	290,000	210,000	410,000	280,000
부채와자본	₩1,700,000	₩950,000	₩1,800,000	₩900,000

• ㈜대한과 ㈜민국 간의 20X1년과 20X2년 내부거래는 다음과 같다.

연도	내부거래 내용
20X1년	㈜대한은 보유 중인 재고자산을 ₩100,000(매출원가 ₩80,000)에 ㈜민국에게 판매하였다. ㈜민국은 ㈜대한으로부터 매입한 재고자산 중 20X1년 말 현재 40%를 보유하고 있으며, 20X2년 동안 연결실체 외부로 모두 판매하였다.
20X2년	㈜민국은 보유 중인 토지 ₩95,000을 ㈜대한에게 ₩110,000에 매각하였으며, ㈜대한은 20X2년 말 현재 동 토지를 보유 중이다.

• ㈜대한의 별도재무제표에 ㈜민국의 주식은 원가법으로 표시되어 있다.

• 자산의 손상 징후는 없으며, 연결재무제표 작성 시 비지배지분은 종속기업의 식별 가능한 순자산 공정가치에 비례하여 결정한다.

31. 20X1년 12월 31일 현재 ㈜대한의 연결재무상태표에 표시되는 영업권을 포함한 자산총액은 얼마인가?

① ₩2,402,000 ② ₩2,500,000 ③ ₩2,502,000
④ ₩2,702,000 ⑤ ₩2,850,000

32. 20X2년 ㈜대한의 연결포괄손익계산서에 표시되는 연결당기순이익은 얼마인가?

① ₩208,000 ② ₩197,000 ③ ₩183,000
④ ₩182,000 ⑤ ₩177,000

33. ㈜대한(기능통화는 원화(₩)임)의 다음 외화거래 사항들로 인한 손익효과를 반영하기 전 20X1년 당기순이익은 ₩20,400이다.

- ㈜대한은 20X1년 11월 1일에 재고자산 ¥500을 현금 매입하였으며 기말 현재 순실현가능가치는 ¥450이다. ㈜대한은 계속기록법과 실지재고조사법을 병행·적용하며 장부상 수량은 실제수량과 같았다.
- ㈜대한은 20X1년 1월 1일에 일본 소재 토지를 장기 시세차익을 얻을 목적으로 ¥2,000에 현금 취득하였으며 이를 투자부동산으로 분류하였다.
- 동 토지(투자부동산)에 대해 공정가치모형을 적용하며 20X1년 12월 31일 현재 공정가치는 ¥2,200이다.
- 20X1년 각 일자별 환율정보는 다음과 같다.

구분	20X1. 1. 1.	20X1. 11. 1.	20X1. 12. 31.	20X1년 평균
₩/¥	10.0	10.3	10.4	10.2

- 기능통화와 표시통화는 모두 초인플레이션 경제의 통화가 아니다.
- 거래일을 알 수 없는 수익과 비용은 해당 회계기간의 평균환율을 사용하여 환산하며, 설립 이후 기간에 환율의 유의한 변동은 없었다.

위 외화거래들을 반영한 후 ㈜대한의 20X1년 포괄손익계산서 상 당기순이익은 얼마인가?

① ₩23,750 ② ₩23,000 ③ ₩22,810
④ ₩21,970 ⑤ ₩21,930

34. ㈜대한은 20X1년 9월 1일에 옥수수 100단위를 ₩550,000에 취득하였다. 20X1년 10월 1일에 ㈜대한은 옥수수 시가하락을 우려하여 만기가 20X2년 3월 1일인 선도가격(₩520,000)에 옥수수 100단위를 판매하는 선도계약을 체결하여 위험회피관계를 지정하였으며, 이는 위험회피회계 적용요건을 충족한다. 일자별 옥수수 현물가격 및 선도가격은 다음과 같다.

일자	옥수수 100단위 현물가격	옥수수 100단위 선도가격
20X1. 10. 1.	₩550,000	₩520,000(만기 5개월)
20X1. 12. 31.	510,000	480,000(만기 2개월)
20X2. 3. 1.	470,000	

자산에 대한 손상 징후에 따른 시가 하락은 고려하지 않는다. 파생상품평가손익 계산 시 화폐의 시간가치는 고려하지 않는다. 20X2년 3월 1일에 수행하는 회계처리가 포괄손익계산서 상 당기순이익에 미치는 순효과는 얼마인가?

① ₩50,000 이익 ② ₩45,000 손실 ③ ₩30,000 이익
④ ₩30,000 손실 ⑤ ₩10,000 이익

35. 다음 중 기업회계기준서 제1021호 '환율변동효과'에서 사용하는 용어의 정의로 옳지 않은 것은?

① 환율은 두 통화 사이의 교환비율이다.
② 외화는 회사 본사 소재지 국가 외에서 통용되는 통화이다.
③ 마감환율은 보고기간 말의 현물환율이다.
④ 표시통화는 재무제표를 표시할 때 사용하는 통화이다.
⑤ 현물환율은 즉시 인도가 이루어지는 거래에서 사용하는 환율이다.

36. 다음 중 「국가회계기준에 관한 규칙」 및 관련 지침에서 사용하는 용어의 정의로 옳지 않은 것은?

① 원가는 중앙관서의 장 또는 기금관리주체가 프로그램의 목표를 달성하고 성과를 창출하기 위하여 직접적·간접적으로 투입한 경제적 자원의 가치를 말한다.

② 회수가능가액이란 순실현가능가치와 사용가치 중 큰 금액을 말한다.

③ 수익은 국가의 재정활동과 관련하여 재화 또는 용역을 제공한 대가로 발생하거나, 직접적인 반대급부 없이 법령에 따라 납부의무가 발생한 금품의 수납 등에 따라 발생하는 순자산의 증가를 말한다.

④ 공정가액이란 합리적인 판단력과 거래의사가 있는 독립된 당사자 간에 거래될 수 있는 교환가격을 말한다.

⑤ 연금충당부채란 재정상태표일 현재의 연금가입자에게 근무용역에 대한 대가로, 장래 예상퇴직시점에 지급하여야 할 금액으로 예상퇴직시점의 장래 추정보수와 전체추정근무기간 등 보험수리적 가정을 반영하여 산정한 것을 말한다.

37. 「국가회계기준에 관한 규칙」에 대한 다음 설명 중 옳지 않은 것은?

① 사회기반시설을 취득한 후 재평가할 때에는 공정가액으로 계상하여야 한다. 다만, 해당 자산의 공정가액에 대한 합리적인 증거가 없는 경우 등에는 재평가일 기준으로 재생산 또는 재취득하는 경우에 필요한 가격에서 경과연수에 따른 감가상각누계액 및 감액손실누계액을 뺀 가액으로 재평가하여 계상할 수 있다.

② 화폐성 외화자산과 화폐성 외화부채의 평가에 따라 발생하는 환율변동효과는 외화평가손실 또는 외화평가이익의 과목으로 하여 비교환수익에 반영한다.

③ 융자보조원가충당금은 융자사업에서 발생한 융자금 원금과 추정 회수가능액의 현재가치와의 차액으로 평가한다.

④ 장기연불조건의 거래, 장기금전대차거래 또는 이와 유사한 거래에서 발생하는 채권·채무로서 명목가액과 현재가치의 차이가 중요한 경우에는 현재가치로 평가한다.

⑤ 금융리스는 리스료를 내재이자율로 할인한 가액과 리스자산의 공정가액 중 낮은 금액을 리스자산과 리스부채로 각각 계상한다.

38. 「지방회계법」에 대한 다음 설명 중 옳지 <u>않은</u> 것은?

① 지방자치단체의 장은 회계연도마다 일반회계·특별회계 및 기금을 통합한 결산서를 작성하여 지방의회가 선임한 검사위원에게 검사를 의뢰하여야 한다.

② 지방자치단체의 출납은 회계연도가 끝나는 날 폐쇄한다. 다만, 해당 회계연도의 예산에 포함된 경우로서 법에 정해진 경우에는 다음 회계연도 2월 10일까지 수입 또는 지출 처리를 할 수 있다.

③ 지방자치단체의 장은 지방의회에 결산 승인을 요청한 날부터 5일 이내에 결산서를 행정안전부장관에게 제출하여야 한다.

④ 지방자치단체의 재무제표는 지방회계기준에 따라 작성하여야 하고, 「공인회계사법」에 따른 공인회계사의 검토의견을 첨부하여야 한다.

⑤ 지방자치단체는 회계연도마다 세입·세출 결산상 잉여금이 있을 때에는 일부 법으로 정해진 금액을 뺀 잉여금을 그 잉여금이 생긴 회계연도의 다음 회계연도까지 세출예산에 관계없이 지방채의 원리금 상환에 사용할 수 있다.

39. 국가 재무제표 작성 시 인식할 자산의 취득원가에 대한 다음 설명 중 옳지 <u>않은</u> 것은?

① 외부로부터 매입한 재고자산의 취득원가는 매입가액에 취득과정에서 정상적으로 발생한 부대비용을 가산한 금액을 말한다.

② 채무증권을 이자지급일 사이에 취득한 경우에는 직전 소유자가 보유한 기간에 대한 경과이자는 미수수익으로 계상하고 채무증권의 취득원가에서 제외한다.

③ 유가증권은 매입가액에 부대비용을 더하고 종목별로 총평균법 등을 적용하여 산정한 가액을 취득원가로 한다.

④ 관리전환으로 취득하는 일반유형자산의 취득원가는 유상관리전환인 경우에는 관리전환 대상 자산의 공정가액으로, 무상관리전환인 경우에는 관리전환으로 자산을 제공하는 실체의 장부가액으로 한다.

⑤ 무형자산의 취득원가는 취득을 위하여 제공한 자산의 공정가액과 취득부대비용을 포함하며, 무형자산을 취득하는 기간 동안 발생한 금융비용을 취득부대비용에 포함시킬 수 있다.

40. 다음은 지방자치단체 A의 20X1년 재무제표 작성을 위하여 수집한 회계자료이다. 아래 거래 이외의 다른 거래는 없다고 가정한다.

> - 20X1년에 청구권이 발생한 지방세수익은 ₩500,000이다.
> - 20X1년에 지방자치단체 A가 운영한 사업에서 발생한 사업총원가는 ₩500,000, 사용료 수익은 ₩200,000이다. 지방자치단체 A는 사업의 비용을 보전하기 위한 운영보조 목적의 보조금 ₩20,000을 수령하였다.
> - 20X1년에 관리운영비는 ₩200,000이 발생하였다.
> - 20X1년에 사업과 관련이 없는 자산처분손실 ₩50,000과 이자비용 ₩10,000이 발생하였다.
> - 20X1년 사업과 관련이 없는 비화폐성 외화자산의 취득원가는 ₩20,000이며, 회계연도 종료일 현재 환율을 적용하면 ₩30,000이다.
> - 20X1년에 ㈜대한은 지방자치단체 A에게 현금으로 ₩40,000을 기부하였다. 동 기부금은 특정사업용도로 지정되지 않았다.
> - 20X1년에 지방자치단체 A는 청사이전으로 인하여 필요없는 건물(장부가액은 ₩120,000이며, 공정가액은 ₩200,000)을 지방자치단체 B에게 회계 간의 재산이관(관리전환)을 하였다.

20X1년 지방자치단체 A의 재정운영표 상 재정운영순원가와 재정운영결과를 계산하면 얼마인가?

	재정운영순원가	재정운영결과
①	₩540,000	₩0
②	₩530,000	₩110,000
③	₩530,000	₩10,000
④	₩560,000	₩(-)20,000
⑤	₩560,000	₩100,000

41. ㈜대한의 20X1년 재고자산과 관련된 자료는 다음과 같다.

구 분	원재료	재공품	제품
기초금액	₩23,000	₩30,000	₩13,000
기말금액	12,000	45,000	28,000

20X1년 원재료 매입액은 ₩55,000이며, 가공원가는 ₩64,000이다. 이 경우 ㈜대한의 20X1년 당기제품제조원가에서 매출원가를 차감한 금액은 얼마인가?

① ₩12,000 ② ₩15,000 ③ ₩23,000
④ ₩28,000 ⑤ ₩30,000

42. ㈜대한은 20X1년 초에 설립되었으며 정상원가계산을 적용하고 있다. 제조간접원가 배부기준은 기계시간이다. ㈜대한은 20X1년 초에 연간 제조간접원가를 ₩80,000으로, 기계시간을 4,000시간으로 예상하였다. ㈜대한의 20X1년 생산 및 판매 관련 자료는 다음과 같다.

> · 20X1년 중 작업 #101, #102, #103을 착수하였다.
> · 20X1년 중 작업별 실제 발생한 원가 및 기계시간은 다음과 같다.
>
> | 구 분 | #101 | #102 | #103 | 합 계 |
> |---|---|---|---|---|
> | 직접재료원가 | ₩27,000 | ₩28,000 | ₩5,000 | ₩60,000 |
> | 직접노무원가 | ₩25,000 | ₩26,000 | ₩13,000 | ₩64,000 |
> | 기계시간 | 1,400시간 | 1,800시간 | 600시간 | 3,800시간 |
>
> · 20X1년 실제 발생한 제조간접원가는 총 ₩82,000이다.
> · 작업 #101과 #102는 20X1년 중 완성되었으나, #103은 20X1년 말 현재 작업 중이다.
> · 20X1년 중 #101은 ₩120,000에 판매되었으나, #102는 20X1년 말 현재 판매되지 않았다. ㈜대한의 매출은 #101이 유일하다.

㈜대한이 총원가기준 비례배부법을 이용하여 배부차이를 조정한다면, 20X1년 매출총이익은 얼마인가?

① ₩24,600 ② ₩27,300 ③ ₩28,600

④ ₩37,600 ⑤ ₩39,400

43. ㈜대한은 종합원가계산을 적용하고 있다. 직접재료는 공정의 시작 시점에서 100% 투입되며, 가공원가는 공정 전반에 걸쳐 균등하게 발생한다. ㈜대한의 생산 관련 자료는 다음과 같다.

구 분	물 량	재료원가	가공원가
기초재공품	2,000단위 (가공비완성도 60%)	₩24,000	₩10,000
당기착수량	10,000단위		
기말재공품	4,000단위 (가공비완성도 50%)		
당기투입원가		₩1,500,000	₩880,000

㈜대한의 종합원가계산과 관련된 다음의 설명 중 옳지 않은 것은? 단, 당기 중에 공손이나 감손은 발생하지 않았다고 가정한다.

① 평균법을 사용한다면 가공원가에 대한 완성품환산량은 10,000단위이다.

② 평균법을 사용한다면 기말재공품 원가는 ₩686,000이다.

③ 선입선출법을 사용한다면 완성품 원가는 ₩1,614,000이다.

④ 선입선출법을 사용한다면 기초재공품 원가는 모두 완성품 원가에 배부된다.

⑤ 완성품 원가는 선입선출법으로 계산한 값이 평균법으로 계산한 값보다 크다.

44. 원가·조업도·이익(CVP) 분석에 대한 다음 설명 중 옳지 않은 것은?단, 아래의 보기에서 변동되는 조건 외의 다른 조건은 일정하다고 가정한다.

① 생산량과 판매량이 다른 경우에도 변동원가계산의 손익분기점은 변화가 없다.

② 영업레버리지도가 3이라는 의미는 매출액이 1% 변화할 때 영업이익이 3% 변화한다는 것이다.

③ 법인세율이 인상되면 손익분기 매출액은 증가한다.

④ 안전한계는 매출액이 손익분기 매출액을 초과하는 금액이다.

⑤ 단위당 공헌이익이 커지면 손익분기점은 낮아진다.

45. ㈜대한은 설립 후 3년이 경과되었다. 경영진은 외부보고 목적의 전부원가계산 자료와 경영의사결정 목적의 변동원가계산에 의한 자료를 비교분석하고자 한다. ㈜대한의 생산과 판매에 관련된 자료는 다음과 같다.

	1차년도	2차년도	3차년도
생 산 량(단위)	40,000	50,000	20,000
판 매 량(단위)	40,000	20,000	50,000

- 1단위당 판매가격은 ₩30이다.
- 변동제조원가는 1단위당 ₩10, 변동판매관리비는 1단위당 ₩4이다.
- 고정제조간접원가는 ₩400,000, 고정판매관리비는 ₩100,000이다.
- 과거 3년 동안 ㈜대한의 판매가격과 원가는 변하지 않았다.

위 자료에 대한 다음 설명 중 옳지 않은 것은?

① 3차년도까지 전부원가계산과 변동원가계산에 따른 누적영업손익은 동일하다.

② 3차년도 변동원가계산에 따른 영업이익은 ₩300,000이다.

③ 2차년도의 경우 전부원가계산에 의한 기말제품 원가가 변동원가계산에 의한 기말제품 원가보다 크다.

④ 변동원가계산에서 고정원가는 모두 당기비용으로 처리한다.

⑤ 3차년도 전부원가계산에 의한 매출원가는 ₩1,120,000이다.

46. ㈜대한은 표준원가계산을 적용하고 있다. 20X1년 1월과 2월에 실제로 생산된 제품 수량과 차이분석 자료는 다음과 같다.

월	실제 생산된 제품 수량	고정제조간접원가 소비차이(예산차이)	고정제조간접원가 조업도차이
1월	1,500단위	₩500 불리	₩1,000 불리
2월	2,000단위	₩500 유리	₩500 유리

㈜대한이 20X1년 1월과 2월에 동일한 표준배부율을 적용하고 있다면, 제품 1단위당 고정제조간접원가 표준배부율은 얼마인가? 단, 고정제조간접원가의 배부기준은 제품 생산량이다.

① ₩3 ② ₩4 ③ ₩5

④ ₩6 ⑤ ₩7

47. ㈜대한은 월드컵에서 한국 축구팀이 우승하면, 10억 원 상당의 경품을 증정하는 이벤트를 실시할 예정이다. 동 경품 이벤트의 홍보효과로 인해 ㈜대한의 기대현금유입액은 한국 축구팀의 우승 여부에 관계없이 3억 원이 증가할 것으로 예상된다. ㈜대한은 경품 이벤트에 대비하는 보험상품에 가입할 것을 고려하고 있다. 동 보험상품 가입 시 한국 축구팀이 월드컵에서 우승하는 경우, 보험사가 10억 원의 경품을 대신 지급하게 된다. 동 상품의 보험료는 1억 원이며, 각 상황에 따른 기대현금흐름은 다음과 같다.

	기대현금흐름(보험료 제외)	
	월드컵 우승 성공	월드컵 우승 실패
보험 가입	3억 원	3억 원
보험 미가입	(−) 7억 원	3억 원

한국 축구팀이 월드컵에서 우승할 가능성이 최소한 몇 퍼센트(%)를 초과하면 ㈜대한이 보험상품에 가입하는 것이 유리한가? 단, 화폐의 시간가치는 고려하지 않는다.

① 5% ② 10% ③ 20%

④ 30% ⑤ 40%

48. ㈜대한의 20X2년 1월부터 4월까지의 예상 상품매출액은 다음과 같다.

월	예상 매출액
1월	₩4,000,000
2월	5,000,000
3월	6,000,000
4월	7,000,000

㈜대한은 20X1년 동안 월말 재고액을 다음 달 예상 매출원가의 10%(이하 재고비율)로 일정하게 유지하였다. 만약 20X2년 초부터 재고비율을 20%로 변경·유지한다면, 20X2년 3월 예상 상품매입액은 재고비율을 10%로 유지하는 경우에 비해 얼마나 증가하는가? 단, ㈜대한의 매출총이익률은 30%로 일정하다고 가정한다.

① ₩50,000   ② ₩60,000   ③ ₩70,000

④ ₩80,000   ⑤ ₩90,000

49. ㈜대한은 제품에 사용되는 부품 A를 자가제조하고 있으나, 외부 공급업체로부터 부품 A와 동일한 제품을 구입하는 방안을 검토 중이다. ㈜대한의 회계팀은 아래의 자료를 경영진에게 제출하였다.

구 분	부품 A 1단위당 금액
직접재료원가	₩38
직접노무원가	35
변동제조간접원가	20
감독관 급여	40
부품 A 전용제조장비 감가상각비	39
공통관리비의 배분	41

- 매년 10,000개의 부품 A를 생산하여 모두 사용하고 있다.
- 만일 외부에서 부품 A를 구입한다면 감독관 급여는 회피가능하다.
- 부품 A 전용제조장비는 다른 용도로 사용하거나 외부 매각이 불가능하다.
- 공통관리비는 회사 전체의 비용이므로 외부 구입 여부와 관계없이 회피가 불가능하다.
- 만일 부품 A를 외부에서 구입한다면, 제조에 사용되던 공장부지는 다른 제품의 생산을 위해서 사용될 예정이며, 연간 ₩240,000의 공헌이익을 추가로 발생시킨다.

㈜대한의 경영진은 부품 A를 자가제조하는 것이 외부에서 구입하는 것과 영업이익에 미치는 영향이 무차별하다는 결론에 도달하였다. 이 경우 외부 공급업체가 제시한 부품 A의 1단위당 금액은 얼마인가?

① ₩93   ② ₩117   ③ ₩133

④ ₩157   ⑤ ₩196

50. 다음 중 원가관리회계의 이론 및 개념들에 대한 설명으로 옳지 않은 것은?

① 안전재고는 재고부족으로 인해 판매기회를 놓쳐서 기업이 입는 손실을 줄여준다.

② 제품의 품질수준이 높아지면, 실패원가가 낮아진다. 따라서 품질과 실패원가는 음(-)의 관계를 가진다.

③ 제약이론은 주로 병목공정의 처리능력 제약을 해결하는 것에 집중해서 기업의 성과를 높이는 방법이다.

④ 제품수명주기원가계산은 특정 제품이 고안된 시점부터 폐기되는 시점까지의 모든 원가를 식별하여 측정한다.

⑤ 적시생산시스템(JIT)은 재고관리를 중요하게 생각하며, 다른 생산시스템보다 안전재고의 수준을 높게 설정한다.

김용재 회계사, 세무사 1차 회계학 연도별 기출문제집

2020

기출문제

2020년 CPA 회계학 기출문제

2020년 CPA 회계학 기출문제

아래 문제들에서 특별한 언급이 없는 한 기업의 보고기간(회계기간)은 매년 1월 1일부터 12월 31일까지이며, 법인세효과는 고려하지 않는다. 또한 기업은 주권상장법인으로 계속해서 한국채택국제회계기준(K - IFRS)을 적용해오고 있다고 가정하고 보기 중에서 물음에 가장 합당한 답을 고르시오.

01. 유통업을 영위하고 있는 ㈜대한은 확정판매계약(취소불능계약)에 따른 판매와 시장을 통한 일반 판매를 동시에 수행하고 있다. ㈜대한이 20X1년 말 보유하고 있는 상품재고 관련 자료는 다음과 같다.

· 기말재고 내역				
항목	수량	단위당 취득원가	단위당 일반판매가격	단위당 확정판매 계약가격
상품A	300개	₩500	₩600	–
상품B	200개	₩300	₩350	₩280
상품C	160개	₩200	₩250	₩180
상품D	150개	₩250	₩300	–
상품E	50개	₩300	₩350	₩290

- 재고자산 각 항목은 성격과 용도가 유사하지 않으며, ㈜대한은 저가법을 사용하고 있고, 저가법 적용 시 항목 기준을 사용한다.
- 확정판매계약(취소불능계약)에 따른 판매 시에는 단위당 추정 판매비용이 발생하지 않을 것으로 예상되며, 일반 판매 시에는 단위당 ₩20의 추정 판매비용이 발생할 것으로 예상된다.
- 재고자산 중 상품B, 상품C, 상품E는 모두 확정판매계약(취소불능계약) 이행을 위해 보유 중이다.
- 모든 상품에 대해 재고자산 감모는 발생하지 않았으며, 기초의 재고자산평가충당금은 없다.

㈜대한의 재고자산 평가와 관련된 회계처리가 20X1년도 포괄손익계산서의 당기순이익에 미치는 영향은 얼마인가?

① ₩11,800 감소   ② ₩10,800 감소   ③ ₩9,700 감소

④ ₩8,700 감소   ⑤ ₩7,700 감소

02. 기업회계기준서 제1040호 '투자부동산'에 대한 다음 설명 중 옳지 않은 것은?

① 소유 투자부동산은 최초 인식시점에 원가로 측정하며, 거래원가는 최초 측정치에 포함한다.

② 계획된 사용수준에 도달하기 전에 발생하는 부동산의 운영손실은 투자부동산의 원가에 포함한다.

③ 투자부동산을 후불조건으로 취득하는 경우의 원가는 취득시점의 현금가격상당액으로 하고, 현금가격상당액과 실제 총지급액의 차액은 신용기간 동안의 이자비용으로 인식한다.

④ 투자부동산을 공정가치로 측정해 온 경우라면 비교할만한 시장의 거래가 줄어들거나 시장가격 정보를 쉽게 얻을 수 없게 되더라도, 당해 부동산을 처분할 때까지 또는 자가사용부동산으로 대체하거나 통상적인 영업과정에서 판매하기 위하여 개발을 시작하기 전까지는 계속하여 공정가치로 측정한다.

⑤ 공정가치모형을 적용하는 경우 투자부동산의 공정가치 변동으로 발생하는 손익은 발생한 기간의 당기손익에 반영한다.

03. ㈜대한은 20X1년 3월 1일부터 공장건물 신축공사를 실시하여 20X2년 10월 31일에 해당 공사를 완료하였다. 동 공장건물은 차입원가를 자본화하는 적격자산이다. ㈜대한의 신축공사와 관련된 자료는 다음과 같다.

구분	20X1.3.1.	20X1.10.1.	20X2.1.1.	20X2.10.1.
공사대금 지출액	₩200,000	₩400,000	₩300,000	₩120,000

종류	차입금액	차입기간	연 이자율
특정차입금A	₩240,000	20X1.3.1.~20X2.10.31.	4%
일반차입금B	₩240,000	20X1.3.1.~20X2.6.30.	4%
일반차입금C	₩60,000	20X1.6.1.~20X2.12.31.	10%

㈜대한이 20X2년에 자본화할 차입원가는 얼마인가? 단, 전기 이전에 자본화한 차입원가는 연평균 지출액 계산 시 포함하지 아니하며, 연평균 지출액, 이자비용은 월할 계산한다.

① ₩16,800   ② ₩17,000   ③ ₩18,800

④ ₩20,000   ⑤ ₩20,800

04. ㈜대한은 제조업을 영위하고 있으며, 20X1년 초에 재화의 생산에 사용할 목적으로 기계장치를 ₩5,000,000에 취득하였다(내용연수: 9년, 잔존가치: ₩500,000, 감가상각방법: 정액법). ㈜대한은 매년 말 해당 기계장치에 대해서 재평가모형을 선택하여 사용하고 있다. ㈜대한의 각 연도 말 기계장치에 대한 공정가치는 다음과 같다.

구분	20X1년 말	20X2년 말
기계장치의 공정가치	₩4,750,000	₩3,900,750

㈜대한의 기계장치 관련 회계처리가 20X2년도 포괄손익계산서의 당기순이익에 미치는 영향은 얼마인가? 단, ㈜대한은 기계장치를 사용하는 기간 동안 재평가잉여금을 이익잉여금으로 대체하지 않으며, 감가상각비 중 자본화한 금액은 없다.

① ₩589,250 감소　　　② ₩599,250 감소　　　③ ₩600,250 감소

④ ₩601,250 감소　　　⑤ ₩602,250 감소

05. ㈜대한은 20X1년 7월 1일 폐기물처리장을 신축하여 사용하기 시작하였으며, 해당 공사에 대한 대금으로 ₩4,000,000을 지급하였다. 이 폐기물처리장은 내용연수 4년, 잔존가치는 ₩46,400, 원가모형을 적용하며 감가상각방법으로는 정액법을 사용한다. ㈜대한은 해당 폐기물처리장에 대해 내용연수 종료시점에 원상복구의무가 있으며, 내용연수 종료시점의 복구비용(충당부채의 인식요건을 충족)은 ₩800,000으로 예상된다. ㈜대한의 복구충당부채에 대한 할인율은 연 10%이며, 폐기물처리장 관련 금융원가 및 감가상각비는 자본화하지 않는다. ㈜대한의 동 폐기물처리장 관련 회계처리가 20X1년도 포괄손익계산서의 당기순이익에 미치는 영향은 얼마인가? 단, 금융원가 및 감가상각비는 월할 계산하며, 단수차이로 인해 오차가 있다면 가장 근사치를 선택한다.

기간 \ 할인율	10%
	단일금액 ₩1의 현재가치
3년	0.7513
4년	0.6830

① ₩1,652,320 감소　　　② ₩1,179,640 감소　　　③ ₩894,144 감소

④ ₩589,820 감소　　　⑤ ₩374,144 감소

06. ㈜대한은 건물(유형자산)에 대해서 원가모형을 선택하여 회계처리 하고 있고 관련 자료는 다음과 같다.

- ㈜대한은 20X1년 초에 본사 건물(유형자산)을 ₩600,000에 취득하였으며, 내용연수는 6년, 잔존가치는 없고, 감가상각방법은 정액법을 사용한다.
- ㈜대한은 20X1년 말 보유중인 건물에 대해서 손상징후를 검토한 결과 손상징후가 존재하여 이를 회수가능액으로 감액하고 해당 건물에 대해서 손상차손을 인식하였다.
- 20X1년 말 건물을 처분하는 경우 처분금액은 ₩370,000, 처분부대원가는 ₩10,000이 발생할 것으로 추정되었다. 20X1년 말 건물을 계속 사용하는 경우 20X2년 말부터 내용연수 종료시점까지 매년 말 ₩80,000의 순현금유입이 있을 것으로 예상되며, 잔존가치는 없을 것으로 예상된다. 미래 순현금유입액의 현재가치 측정에 사용될 할인율은 연 8%이다.
- 20X2년 초 건물의 일상적인 수선 및 유지비용(수익적지출)과 관련하여 ₩20,000이 발생하였다.
- 20X2년 말 건물이 손상회복의 징후가 있는 것으로 판단되었고, 회수가능액은 ₩450,000으로 추정되고 있다.

기간 \ 할인율	8%	
	단일금액 ₩1의 현재가치	정상연금 ₩1의 현재가치
4년	0.7350	3.3121
5년	0.6806	3.9927

㈜대한의 건물 관련 회계처리가 20X2년도 포괄손익계산서의 당기순이익에 미치는 영향은 얼마인가? 단, 단수차이로 인해 오차가 있다면 가장 근사치를 선택한다.

① ₩20,000 증가   ② ₩40,000 증가   ③ ₩80,000 증가
④ ₩92,000 증가   ⑤ ₩100,000 증가

07. ㈜대한은 20X1년 1월 1일 장부금액 ₩500,000, 공정가치 ₩600,000의 기계장치를 ㈜민국리스에게 ₩650,000에 현금 판매(기업회계기준서 제1115호 상 '판매' 조건 충족)하고 동 일자로 기계장치를 5년 동안 리스하였다. ㈜대한은 ㈜민국리스에게 리스료로 매년 말 ₩150,000씩 지급하기로 하였으며, 내재이자율은 연 8%이다. ㈜대한이 리스 회계처리와 관련하여 20X1년 1월 1일 인식할 이전된 권리에 대한 차익(기계장치처분이익)은 얼마인가? 단, 단수차이로 인해 오차가 있다면 가장 근사치를 선택한다.

기간 \ 할인율	8%	
	단일금액 ₩1의 현재가치	정상연금 ₩1의 현재가치
4년	0.7350	3.3121
5년	0.6806	3.9927

① ₩8,516   ② ₩46,849   ③ ₩100,183
④ ₩150,000   ⑤ ₩201,095

08. ㈜대한은 20X1년 1월 1일 ㈜민국리스와 다음과 같은 조건의 금융리스 계약을 체결하였다.

- 리스개시일: 20X1년 1월 1일
- 리스기간: 20X1년 1월 1일부터 20X4년 12월 31일까지
- 리스자산의 리스개시일의 공정가치는 ₩1,000,000이고 내용연수는 5년이다. 리스자산의 내용연수 종료시점의 잔존가치는 없으며, 정액법으로 감가상각한다.
- ㈜대한은 리스기간 종료 시 ㈜민국리스에게 ₩100,000을 지급하고, 소유권을 이전 받기로 하였다.
- ㈜민국리스는 상기 리스를 금융리스로 분류하고, ㈜대한은 리스개시일에 사용권자산과 리스부채로 인식한다.
- 리스의 내재이자율은 연 8%이며, 그 현가계수는 아래의 표와 같다.

할인율 기간	8%	
	단일금액 ₩1의 현재가치	정상연금 ₩1의 현재가치
4년	0.7350	3.3121
5년	0.6806	3.9927

㈜민국리스가 리스기간 동안 매년 말 수취하는 연간 고정리스료는 얼마인가? 단, 단수차이로 인해 오차가 있다면 가장 근사치를 선택한다.

① ₩233,411　　　　② ₩244,132　　　　③ ₩254,768
④ ₩265,522　　　　⑤ ₩279,732

※ 9번과 10번은 서로 독립적이다. ㈜대한의 전환사채와 관련된 다음 〈자료〉를 이용하여 9번과 10번에 대해 각각 답하시오.

〈자료〉

㈜대한은 20X1년 1월 1일 다음과 같은 상환할증금 미지급조건의 전환사채를 액면발행하였다.

액면금액	₩3,000,000
표시이자율	연 10%(매년 12월 31일에 지급)
일반사채 유효이자율	연 12%
상환만기일	20X3년 12월 31일
전환가격	사채액면 ₩1,000당 보통주 3주(주당 액면금액 ₩200)로 전환
전환청구기간	사채발행일 이후 1개월 경과일로부터 상환만기일 30일 이전까지

09. ㈜대한은 20X2년 1월 1일에 전환사채 전부를 동 일자의 공정가치인 ₩3,100,000에 현금으로 조기상환하였다. 만약 조기상환일 현재 ㈜대한이 표시이자율 연 10%로 매년 말에 이자를 지급하는 2년 만기 일반사채를 발행한다면, 이 사채에 적용될 유효이자율은 연 15%이다. ㈜대한의 조기상환으로 발생하는 상환손익이 20X2년도 포괄손익계산서의 당기순이익에 미치는 영향은 얼마인가? 단, 단수차이로 인해 오차가 있다면 가장 근사치를 선택한다.

기간＼할인율	단일금액 ₩1의 현재가치			정상연금 ₩1의 현재가치		
	10%	12%	15%	10%	12%	15%
1년	0.9091	0.8929	0.8696	0.9091	0.8929	0.8696
2년	0.8264	0.7972	0.7561	1.7355	1.6901	1.6257
3년	0.7513	0.7118	0.6575	2.4868	2.4019	2.2832

① ₩76,848 증가   ② ₩76,848 감소   ③ ₩100,000 증가

④ ₩142,676 증가   ⑤ ₩142,676 감소

10. 20X2년 1월 1일에 ㈜대한의 자금팀장과 회계팀장은 위 〈자료〉의 전환사채 조기전환을 유도하고자 전환조건의 변경방안을 각각 제시하였다. 자금팀장은 다음과 같이 [A]를, 회계팀장은 [B]를 제시하였다. ㈜대한은 20X2년 1월 1일에 [A]와 [B] 중 하나의 방안을 채택하려고 한다. ㈜대한의 [A]와 [B] 조건변경과 관련하여 조건변경일(20X2년 1월 1일)에 발생할 것으로 예상되는 손실은 각각 얼마인가?

변경방안	내용
[A]	만기 이전 전환으로 발행되는 보통주 1주당 ₩200을 추가로 지급한다.
[B]	사채액면 ₩1,000당 보통주 3.2주(주당 액면금액 ₩200)로 전환할 수 있으며, 조건변경일 현재 ㈜대한의 보통주 1주당 공정가치는 ₩700이다.

	[A]	[B]
①	₩600,000	₩0
②	₩600,000	₩420,000
③	₩1,800,000	₩0
④	₩1,800,000	₩140,000
⑤	₩1,800,000	₩420,000

11. 20X1년 초 현재 ㈜대한이 기발행한 보통주 10,000주(주당 액면금액 ₩100)가 유통 중에 있으며, 자기주식과 우선주는 없다. 20X1년 중에 발생한 거래는 다음과 같다.

- 20X1년 1월 1일에 발행된 상환할증금 미지급조건의 신주인수권부사채의 액면금액은 ₩1,000,000이고, 행사비율은 사채액면금액의 100%로 사채액면 ₩500당 보통주 1주(주당 액면금액 ₩100)를 인수할 수 있다. 20X1년도 포괄손익계산서의 신주인수권부사채 관련 이자비용은 ₩45,000이며, 법인세율은 20%이다. 한편 20X1년 ㈜대한의 보통주 평균시장가격은 주당 ₩800이며, 20X1년 중에 행사된 신주인수권은 없다.
- 20X1년 3월 1일에 보통주 3,000주의 유상증자(기존의 모든 주주에게 부여되는 주주우선배정 신주발행)를 실시하였는데, 유상증자 직전의 보통주 공정가치는 주당 ₩3,000이고, 유상증자 시점의 발행가액은 주당 ₩2,500이다.
- 20X1년 7월 1일에 취득한 자기주식 500주 중 300주를 3개월이 경과한 10월 1일에 시장에서 처분하였다.

㈜대한이 20X1년도 당기순이익으로 ₩4,000,000을 보고한 경우, 20X1년도 희석주당이익은 얼마인가? 단, 가중평균유통보통주식수는 월할로 계산하며, 단수차이로 인해 오차가 있다면 가장 근사치를 선택한다.

① ₩298 ② ₩304 ③ ₩315
④ ₩323 ⑤ ₩330

12. ㈜대한은 ㈜민국이 다음과 같이 발행한 사채를 20X1년 1월 1일에 발행가액으로 현금취득(취득 시 신용이 손상되어 있지 않음)하고, 기타포괄손익–공정가치로 측정하는 금융자산(FVOCI 금융자산)으로 분류하였다.

- 사채발행일: 20X1년 1월 1일
- 액면금액: ₩1,000,000
- 만기일: 20X3년 12월 31일(일시상환)
- 표시이자율: 연 10%(매년 12월 31일에 지급)
- 사채발행시점의 유효이자율: 연 12%

20X1년 말 ㈜대한은 동 금융자산의 이자를 정상적으로 수취하였으나, ㈜민국의 신용이 손상되어 만기일에 원금은 회수가능 하지만 20X2년부터는 연 6%(표시이자율)의 이자만 매년 말 수령할 것으로 추정하였다. 20X1년 말 현재 동 금융자산의 공정가치가 ₩800,000인 경우, ㈜대한의 20X1년도 포괄손익계산서의 당기순이익과 기타포괄이익에 미치는 영향은 각각 얼마인가? 단, 단수차이로 인해 오차가 있다면 가장 근사치를 선택한다.

기간 \ 할인율	단일금액 ₩1의 현재가치			정상연금 ₩1의 현재가치		
	6%	10%	12%	6%	10%	12%
1년	0.9434	0.9091	0.8929	0.9434	0.9091	0.8929
2년	0.8900	0.8264	0.7972	1.8334	1.7355	1.6901
3년	0.8396	0.7513	0.7118	2.6730	2.4868	2.4019

	당기순이익에 미치는 영향	기타포괄이익에 미치는 영향
①	₩67,623 감소	₩14,239 감소
②	₩67,623 감소	₩98,606 감소
③	₩67,623 감소	₩166,229 감소
④	₩46,616 증가	₩98,606 감소
⑤	₩46,616 증가	₩166,229 감소

13. ㈜대한은 20X1년 1월 1일에 ㈜민국이 발행한 사채(액면금액 ₩1,000,000, 만기 3년, 표시이자율 연 6%(매년 12월 31일에 이자지급), 만기 일시상환, 사채발행시점의 유효이자율 연 10%)를 ₩900,508에 취득(취득 시 신용이 손상되어 있지 않음)하여 기타포괄손익-공정가치로 측정하는 금융자산(FVOCI 금융자산)으로 분류하였다. 20X1년 말과 20X2년 말 동 금융자산의 공정가치는 각각 ₩912,540과 ₩935,478 이며, 손상이 발생하였다는 객관적인 증거는 없다. 한편 ㈜대한은 20X3년 1월 1일에 동 금융자산 전부를 ₩950,000에 처분하였다. ㈜대한의 동 금융자산이 20X2년도 포괄손익계산서의 기타포괄이익과 20X3년도 포괄손익계산서의 당기순이익에 미치는 영향은 각각 얼마인가? 단, 단수차이로 인해 오차가 있다면 가장 근사치를 선택한다.

	20X2년도 기타포괄이익에 미치는 영향	20X3년도 당기순이익에 미치는 영향
①	₩10,118 감소	₩13,615 감소
②	₩10,118 감소	₩14,522 증가
③	₩18,019 감소	₩13,615 감소
④	₩18,019 감소	₩14,522 증가
⑤	₩18,019 감소	₩49,492 증가

14. 기업회계기준서 제1109호 '금융상품' 중 금융자산의 제거에 대한 다음 설명 중 옳지 않은 것은?

① 양도자가 양도자산의 소유에 따른 위험과 보상의 대부분을 보유하지도 이전하지도 않고, 양도자가 양도자산을 통제하고 있다면, 그 양도자산에 지속적으로 관여하는 정도까지 그 양도자산을 계속 인식한다.

② 양도자가 확정가격이나 매도가격에 대여자의 이자수익을 더한 금액으로 재매입하기로 하고 금융자산을 매도한 경우, 양도자는 금융자산의 소유에 따른 위험과 보상의 대부분을 보유하고 있는 것이다.

③ 금융자산 전체가 제거 조건을 충족하는 양도로 금융자산을 양도하고, 수수료를 대가로 해당 양도자산의 관리용역을 제공하기로 한다면 관리용역제공계약과 관련하여 자산이나 부채를 인식하지 않는다.

④ 양도자가 금융자산의 일부에만 지속적으로 관여하는 경우에 양도하기 전 금융자산의 장부금액을 지속적 관여에 따라 계속 인식하는 부분과 제거하는 부분에 양도일 현재 각 부분의 상대적 공정가치를 기준으로 배분한다.

⑤ 양도의 결과로 금융자산 전체를 제거하지만 새로운 금융자산을 획득하거나 새로운 금융부채나 관리용역부채를 부담한다면, 그 새로운 금융자산, 금융부채, 관리용역부채를 공정가치로 인식한다.

15. 기업회계기준서 제1019호 '종업원급여' 중 확정급여제도에 대한 다음 설명 중 <u>옳지 않은</u> 것은?

① 확정급여채무의 현재가치와 당기근무원가를 결정하기 위해서는 예측단위적립방식을 사용하며, 적용할 수 있다면 과거근무원가를 결정할 때에도 동일한 방식을 사용한다.

② 보험수리적손익은 보험수리적 가정의 변동과 경험조정으로 인한 확정급여채무 현재가치의 증감에 따라 생긴다.

③ 과거근무원가는 제도의 개정이나 축소로 생기는 확정급여채무 현재가치의 변동이다.

④ 기타포괄손익에 인식되는 순확정급여부채(자산)의 재측정요소는 후속 기간에 당기손익으로 재분류하지 아니하므로 기타포괄손익에 인식된 금액을 자본 내에서 대체할 수 없다.

⑤ 순확정급여부채(자산)의 재측정요소는 보험수리적손익, 순확정급여부채(자산)의 순이자에 포함된 금액을 제외한 사외적립자산의 수익, 순확정급여부채(자산)의 순이자에 포함된 금액을 제외한 자산인식상한효과의 변동으로 구성된다.

16. 기업회계기준서 제1012호 '법인세'에 대한 다음 설명 중 <u>옳지 않은</u> 것은?

① 이연법인세자산은 차감할 일시적차이, 미사용 세무상결손금의 이월액, 미사용 세액공제 등의 이월액과 관련하여 미래 회계기간에 회수될 수 있는 법인세 금액이다.

② 자산의 세무기준액은 자산의 장부금액이 회수될 때 기업에 유입될 과세대상 경제적효익에서 세무상 차감될 금액을 말하며, 부채의 세무기준액은 장부금액에서 미래 회계기간에 당해 부채와 관련하여 세무상 공제될 금액을 차감한 금액이다.

③ 당기 및 과거기간에 대한 당기법인세 중 납부되지 않은 부분을 부채로 인식한다. 만일 과거기간에 이미 납부한 금액이 그 기간동안 납부하여야 할 금액을 초과하였다면 그 초과금액은 자산으로 인식한다.

④ 매 보고기간말에 인식되지 않은 이연법인세자산에 대하여 재검토하며, 미래 과세소득에 의해 이연법인세자산이 회수될 가능성이 높아진 범위까지 과거 인식되지 않은 이연법인세자산을 인식한다.

⑤ 당기법인세자산과 부채는 기업이 인식된 금액에 대한 법적으로 집행가능한 상계권리를 가지고 있는 경우 또는 순액으로 결제하거나, 자산을 실현하고 부채를 결제할 의도가 있는 경우에 상계한다.

17. 충당부채, 우발부채, 우발자산과 관련된 다음의 회계처리 중 옳은 것은? 단, 각 설명에 제시된 금액은 최선의 추정치라고 가정한다.

① 항공업을 영위하는 ㈜대한은 3년에 한 번씩 항공기에 대해 정기점검을 수행한다. 20X1년 말 현재 ㈜대한은 동 항공기를 1년 동안 사용하였으며, 20X1년 말 기준으로 측정한 2년 후 정기점검 비용 ₩10,000을 20X1년에 충당부채로 인식하였다.

② ㈜민국은 새로운 법률에 따라 20X1년 6월까지 매연 여과장치를 공장에 설치해야 하며 미설치 시 벌과금이 부과된다. ㈜민국은 20X1년 말까지 매연 여과장치를 설치하지 않아 법규 위반으로 인한 벌과금이 부과될 가능성이 그렇지 않을 가능성보다 높으며, 벌과금은 ₩20,000으로 예상된다. ㈜민국은 20X1년에 동 벌과금을 우발부채로 주석공시하였다.

③ ㈜민국이 판매한 제품의 폭발로 소비자가 크게 다치는 사고가 발생하였다. 해당 소비자는 ㈜민국에 손해배상청구소송을 제기하였으며, 20X1년 말까지 재판이 진행 중에 있다. ㈜민국의 담당 변호사는 20X1년 재무제표 발행승인일까지 기업에 책임이 있다고 밝혀질 가능성이 높으나, ㈜민국이 부담할 배상금액은 법적 다툼의 여지가 남아 있어 신뢰성 있게 추정하기가 어렵다고 조언하였다. ㈜민국은 동 소송사건을 20X1년에 우발부채로 주석공시하였다.

④ 제조업을 영위하는 ㈜대한은 20X1년 12월 고객에게 제품을 판매하면서 1년간 확신유형의 제품보증을 하였다. 제조상 결함이 명백할 경우 ㈜대한은 제품보증계약에 따라 수선이나 교체를 해준다. 과거 경험에 비추어 볼 때, 제품보증에 따라 일부가 청구될 가능성이 청구되지 않을 가능성보다 높을 것으로 예상된다. 20X1년 말 현재 ₩5,000의 보증비용이 발생할 것으로 추정되었으며, ㈜대한은 동 제품보증을 20X1년에 우발부채로 주석공시하였다.

⑤ ㈜대한은 20X1년 말 보유 중인 토지가 정부에 의해 강제 수용될 가능성이 높다고 판단하였다. 20X1년 말 현재 보유 중인 토지의 장부금액은 ₩10,000이며 수용금액은 ₩14,000일 것으로 예상된다. ㈜대한은 ₩4,000을 20X1년에 우발자산으로 인식하였다.

18. 다음은 유통업을 영위하는 ㈜대한의 자본과 관련된 자료이다. 20X2년도 포괄손익계산서의 당기순이익은 얼마인가?

[부분재무상태표(20X1년 12월 31일)]

(단위: ₩)

Ⅰ. 자본금	2,000,000
Ⅱ. 주식발행초과금	200,000
Ⅲ. 이익잉여금	355,000
이익준비금	45,000
사업확장적립금	60,000
미처분이익잉여금	250,000
자본총계	2,555,000

(1) ㈜대한은 재무상태표의 이익잉여금에 대한 보충정보로서 이익잉여금처분계산서를 주석으로 공시하고 있다.

(2) ㈜대한은 20X2년 3월 정기 주주총회 결의를 통해 20X1년도 이익잉여금을 다음과 같이 처분하기로 확정하고 실행하였다.

- ₩100,000의 현금배당과 ₩20,000의 주식배당
- 사업확장적립금 ₩25,000 적립
- 현금배당의 10%를 이익준비금으로 적립

(3) 20X3년 2월 정기 주주총회 결의를 통해 확정될 20X2년도 이익잉여금 처분내역은 다음과 같으며, 동 처분내역이 반영된 20X2년도 이익잉여금처분계산서의 차기이월미처분이익잉여금은 ₩420,000이다.

- ₩200,000의 현금배당
- 현금배당의 10%를 이익준비금으로 적립

(4) 상기 이익잉여금 처분과 당기순이익 외 이익잉여금 변동은 없다.

① ₩545,000 ② ₩325,000 ③ ₩340,000
④ ₩220,000 ⑤ ₩640,000

19. ㈜대한은 고객과의 계약에 따라 구매금액 ₩10당 고객충성포인트 1점을 고객에게 보상하는 고객충성제도를 운영한다. 각 포인트는 고객이 ㈜대한의 제품을 미래에 구매할 때 ₩1의 할인과 교환될 수 있다. 20X1년 중 고객은 제품을 ₩200,000에 구매하고 미래 구매 시 교환할 수 있는 20,000포인트를 얻었다. 대가는 고정금액이고 구매한 제품의 개별 판매가격은 ₩200,000이다. 고객은 제품구매시점에 제품을 통제한다. ㈜대한은 18,000포인트가 교환될 것으로 예상하며, 동 예상은 20X1년 말까지 지속된다. ㈜대한은 포인트가 교환될 가능성에 기초하여 포인트당 개별 판매가격을 ₩0.9(합계 ₩18,000)으로 추정한다. 20X1년 중에 교환된 포인트는 없다. 20X2년 중 10,000포인트가 교환되었고, 전체적으로 18,000포인트가 교환될 것이라고 20X2년 말까지 계속 예상하고 있다. ㈜대한은 고객에게 포인트를 제공하는 약속을 수행의무라고 판단한다. 상기 외 다른 거래가 없을 때, 20X1년과 20X2년에 ㈜대한이 인식할 수익은 각각 얼마인가? 단, 단수 차이로 인해 오차가 있다면 가장 근사치를 선택한다.

	20X1년	20X2년
①	₩200,000	₩10,000
②	₩182,000	₩9,000
③	₩182,000	₩10,000
④	₩183,486	₩8,257
⑤	₩183,486	₩9,174

20. 다음은 유통업을 영위하고 있는 ㈜대한의 20X1년 거래를 보여준다. ㈜대한이 20X1년에 인식할 수익은 얼마인가?

> (1) ㈜대한은 20X1년 12월 1일에 고객A와 재고자산 100개를 개당 ₩100에 판매하기로 계약을 체결하고 재고자산을 현금으로 판매하였다. 계약에 따르면, ㈜대한은 20X2년 2월 1일에 해당 재고자산을 개당 ₩120의 행사가격으로 재매입할 수 있는 콜옵션을 보유하고 있다.
>
> (2) ㈜대한은 20X1년 12월 26일에 고객B와 계약을 체결하고 재고자산 100개를 개당 ₩100에 현금으로 판매하였다. 고객B는 계약 개시시점에 제품을 통제한다. 판매계약 상 고객B는 20일 이내에 사용하지 않은 제품을 반품할 수 있으며, 반품 시 전액을 환불받을 수 있다. 동 재고자산의 원가는 개당 ₩80이다. ㈜대한은 기댓값 방법을 사용하여 90개의 재고자산이 반품되지 않을 것이라고 추정하였다. 반품에 ㈜대한의 영향력이 미치지 못하지만, ㈜대한은 이 제품과 고객층의 반품 추정에는 경험이 상당히 있다고 판단한다. 그리고 불확실성은 단기간(20일 반품기간)에 해소될 것이며, 불확실성이 해소될 때 수익으로 인식한 금액 중 유의적인 부분은 되돌리지 않을 가능성이 매우 높다고 판단하였다. 단, ㈜대한은 제품의 회수 원가가 중요하지 않다고 추정하였으며, 반품된 제품은 다시 판매하여 이익을 남길 수 있다고 예상하였다. 20X1년 말까지 반품된 재고자산은 없다.

① ₩20,000   ② ₩9,000   ③ ₩10,000

④ ₩19,000   ⑤ ₩0

21. 기업회계기준서 제1115호 '고객과의 계약에서 생기는 수익'의 측정에 대한 다음 설명 중 옳은 것은?

① 거래가격의 후속변동은 계약 개시시점과 같은 기준으로 계약상 수행의무에 배분한다. 따라서 계약을 개시한 후의 개별 판매가격 변동을 반영하기 위해 거래가격을 다시 배분해야 한다. 이행된 수행의무에 배분되는 금액은 거래가격이 변동되는 기간에 수익으로 인식하거나 수익에서 차감한다.

② 계약을 개시할 때 기업이 고객에게 약속한 재화나 용역을 이전하는 시점과 고객이 그에 대한 대가를 지급하는 시점 간의 기간이 1년 이내일 것이라고 예상한다면 유의적인 금융요소의 영향을 반영하여 약속한 대가를 조정하지 않는 실무적 간편법을 쓸 수 있다.

③ 고객이 현금 외의 형태의 대가를 약속한 계약의 경우, 거래가격은 그 대가와 교환하여 고객에게 약속한 재화나 용역의 개별판매가격으로 측정하는 것을 원칙으로 한다.

④ 변동대가는 가능한 대가의 범위 중 가능성이 가장 높은 금액으로 측정하며 기댓값 방식은 적용할 수 없다.

⑤ 기업이 고객에게 대가를 지급하는 경우, 고객에게 지급할 대가가 고객에게서 받은 구별되는 재화나 용역에 대한 지급이 아니라면 그 대가는 판매비로 회계처리한다.

22. 기업회계기준서 제1102호 '주식기준보상'에 대한 설명이다. 다음 설명 중 옳지 않은 것은?

① 주식결제형 주식기준보상거래에서 가득된 지분상품이 추후 상실되거나 주식선택권이 행사되지 않은 경우에도 종업원에게서 제공받은 근무용역에 대해 인식한 금액을 환입하지 아니한다. 그러나 자본계정 간 대체 곧, 한 자본계정에서 다른 자본계정으로 대체하는 것을 금지하지 않는다.

② 주식결제형 주식기준보상거래에서 지분상품이 부여되자마자 가득된다면 거래상대방은 지분상품에 대한 무조건적 권리를 획득하려고 특정기간에 용역을 제공할 의무가 없다. 이때 반증이 없는 한, 지분상품의 대가에 해당하는 용역을 거래상대방에게서 이미 제공받은 것으로 보아 기업은 제공받은 용역 전부를 부여일에 인식하고 그에 상응하여 자본의 증가를 인식한다.

③ 현금결제형 주식기준보상거래의 경우에 제공받는 재화나 용역과 그 대가로 부담하는 부채를 부채의 공정가치로 측정하며, 부채가 결제될 때까지 매 보고기간 말과 결제일에 부채의 공정가치를 재측정하지 않는다.

④ 기업이 거래상대방에게 주식기준보상거래를 현금이나 지분상품발행으로 결제받을 수 있는 선택권을 부여한 경우에는 부채요소(거래상대방의 현금결제요구권)와 자본요소(거래상대방의 지분상품결제요구권)가 포함된 복합금융상품을 부여한 것으로 본다.

⑤ 기업이 현금결제방식이나 주식결제방식을 선택할 수 있는 주식기준보상거래에서 기업이 현금을 지급해야 하는 현재 의무가 있으면 현금결제형 주식기준보상거래로 보아 회계처리한다.

23. 20X2년 말 ㈜대한의 외부감사인은 수리비의 회계처리 오류를 발견하였다. 동 오류의 금액은 중요하다. 20X1년 1월 1일 본사 건물 수리비 ₩500,000이 발생하였고, ㈜대한은 이를 건물의 장부금액에 가산하였으나 동 수리비는 발생연도의 비용으로 회계처리 하는 것이 타당하다. 20X1년 1월 1일 현재 건물의 잔존내용연수는 10년, 잔존가치는 ₩0이며, 정액법으로 감가상각한다. ㈜대한의 오류수정 전 부분재무상태표는 다음과 같다.

구분	20X0년 말	20X1년 말	20X2년 말
건물	₩5,000,000	₩5,500,000	₩5,500,000
감가상각누계액	(2,500,000)	(2,800,000)	(3,100,000)
장부금액	2,500,000	2,700,000	2,400,000

상기 오류수정으로 인해 ㈜대한의 20X2년 말 순자산 장부금액은 얼마나 변동되는가?

① ₩400,000 감소 ② ₩450,000 감소 ③ ₩500,000 감소
④ ₩420,000 감소 ⑤ ₩50,000 증가

24. 다음은 유통업을 영위하는 ㈜대한의 20X1년 현금흐름표를 작성하기 위한 자료이다. ㈜대한은 간접법으로 현금흐름표를 작성하며, 이자지급 및 법인세납부는 영업활동현금흐름으로 분류한다. ㈜대한이 20X1년 현금흐름표에 보고할 영업활동순현금흐름은 얼마인가?

- 법인세비용차감전순이익: ₩534,000
- 건물 감가상각비: ₩62,000
- 이자비용: ₩54,000(유효이자율법에 의한 사채할인발행차금상각액 ₩10,000 포함)
- 법인세비용: ₩106,800
- 매출채권 감소: ₩102,000
- 재고자산 증가: ₩68,000
- 매입채무 증가: ₩57,000
- 미지급이자 감소: ₩12,000
- 당기법인세부채 증가: ₩22,000

① ₩556,200 ② ₩590,200 ③ ₩546,200
④ ₩600,200 ⑤ ₩610,200

※ 다음 자료를 이용하여 25번과 26번에 답하시오.

㈜대한은 20X1년 7월 1일을 취득일로 하여 ㈜민국을 흡수합병하고, ㈜민국의 기존 주주들에게 현금 ₩350,000을 이전대가로 지급하였다. ㈜대한과 ㈜민국은 동일 지배하에 있는 기업이 아니다. 합병 직전 양사의 장부금액으로 작성된 요약재무상태표는 다음과 같다.

요약재무상태표

계정과목	20X1. 7. 1. 현재 ㈜대한	(단위: ₩) ㈜민국
현금	200,000	100,000
재고자산	360,000	200,000
사용권자산(순액)	–	90,000
건물(순액)	200,000	50,000
토지	450,000	160,000
무형자산(순액)	90,000	50,000
	1,300,000	650,000
유동부채	250,000	90,000
리스부채	–	100,000
기타비유동부채	300,000	200,000
자본금	350,000	150,000
자본잉여금	100,000	50,000
이익잉여금	300,000	60,000
	1,300,000	650,000

〈추가자료〉

다음에서 설명하는 사항을 제외하고 장부금액과 공정가치는 일치한다.

• ㈜대한은 ㈜민국이 보유하고 있는 건물에 대해 독립적인 평가를 하지 못하여 취득일에 잠정적인 공정가치로 ₩60,000을 인식하였다. ㈜대한은 20X1년 12월 31일에 종료하는 회계연도의 재무제표 발행을 승인할 때까지 건물에 대한 가치평가를 완료하지 못했다. 하지만 20X2년 5월 초 잠정금액으로 인식했던 건물에 대한 취득일의 공정가치가 ₩70,000이라는 독립된 가치평가 결과를 받았다. 취득일 현재 양사가 보유하고 있는 모든 건물은 잔존내용연수 4년, 잔존가치 ₩0, 정액법으로 감가상각한다.

• ㈜민국은 기계장치를 기초자산으로 하는 리스계약의 리스이용자로 취득일 현재 잔여리스료의 현재가치로 측정된 리스부채는 ₩110,000이다. 리스의 조건은 시장조건에 비하여 유리하며, 유리한 금액은 취득일 현재 ₩10,000으로 추정된다. 동 리스는 취득일 현재 단기리스나 소액 기초자산 리스에 해당하지 않는다.

• ㈜민국은 취득일 현재 새로운 고객과 향후 5년간 제품을 공급하는 계약을 협상하고 있다. 동 계약의 체결가능성은 매우 높으며 공정가치는 ₩20,000으로 추정된다.

• ㈜민국의 무형자산 금액 ₩50,000 중 ₩30,000은 ㈜대한의 상표권을 3년 동안 사용할 수 있는 권리이다. 잔여계약기간(2년)에 기초하여 측정한 동 상표권의 취득일 현재 공정가치는 ₩40,000이다. 동 상표권을 제외하고 양사가 보유하고 있는 다른 무형자산의 잔존내용연수는 취득일 현재 모두 5년이며, 모든 무형자산(영업권 제외)은 잔존가치 없이 정액법으로 상각한다.

• ㈜민국은 취득일 현재 손해배상소송사건에 계류 중에 있으며 패소할 가능성이 높지 않아 이를 우발부채로 주석공시하였다. 동 소송사건에 따른 손해배상금액의 취득일 현재 신뢰성 있는 공정가치는 ₩10,000으로 추정된다.

25. ㈜대한이 취득일(20X1년 7월 1일)에 수행한 사업결합 관련 회계처리를 통해 최초 인식한 영업권은 얼마인가?

① ₩40,000   ② ₩50,000   ③ ₩60,000

④ ₩70,000   ⑤ ₩90,000

26. 위에서 제시한 자료를 제외하고 추가사항이 없을 때 20X2년 6월 30일 ㈜대한의 재무상태표에 계상될 건물(순액)과 영업권을 제외한 무형자산(순액)의 금액은 각각 얼마인가? 단, ㈜대한은 건물과 무형자산에 대하여 원가모형을 적용하고 있으며, 감가상각비와 무형자산상각비는 월할계산한다.

	건물(순액)	영업권을 제외한 무형자산(순액)
①	₩187,500	₩108,000
②	₩195,000	₩108,000
③	₩195,000	₩116,000
④	₩202,500	₩108,000
⑤	₩202,500	₩116,000

27. 관계기업과 공동기업에 대한 투자 및 지분법 회계처리에 대한 다음 설명 중 옳은 것은?

① 관계기업의 결손이 누적되면 관계기업에 대한 투자지분이 부(-)의 잔액이 되는 경우가 발생할 수 있다.

② 피투자자의 순자산변동 중 투자자의 몫은 전액 투자자의 당기순손익으로 인식한다.

③ 관계기업의 정의를 충족하지 못하게 되어 지분법 사용을 중단하는 경우로서 종전 관계기업에 대한 잔여보유지분이 금융자산이면 기업은 잔여보유지분을 공정가치로 측정하고, '잔여보유지분의 공정가치와 관계기업에 대한 지분의 일부 처분으로 발생한 대가의 공정가치'와 '지분법을 중단한 시점의 투자자산의 장부금액'의 차이를 기타포괄손익으로 인식한다.

④ 하향거래가 매각대상 또는 출자대상 자산의 순실현가능가치의 감소나 그 자산에 대한 손상차손의 증거를 제공하는 경우 투자자는 그러한 손실 중 자신의 몫을 인식한다.

⑤ 관계기업이 해외사업장과 관련된 누적 외환차이가 있고 기업이 지분법의 사용을 중단하는 경우, 기업은 해외사업장과 관련하여 이전에 기타포괄손익으로 인식했던 손익을 당기손익으로 재분류한다.

28. 20X1년 1월 1일 ㈜대한은 ㈜민국의 의결권 있는 보통주 30주(총 발행주식의 30%)를 ₩400,000에 취득하여 유의적인 영향력을 행사하게 되었다. 취득일 현재 ㈜민국의 순자산 장부금액은 ₩1,300,000이며, ㈜민국의 자산·부채 중에서 장부금액과 공정가치가 일치하지 않는 항목은 다음과 같다. ㈜대한이 20X1년 지분법이익으로 인식할 금액은 얼마인가?

• 주식취득일 현재 공정가치와 장부금액이 다른 자산은 다음과 같다.

구분	재고자산	건물(순액)
공정가치	₩150,000	₩300,000
장부금액	100,000	200,000

• 재고자산은 20X1년 중에 전액 외부로 판매되었다.
• 20X1년 초 건물의 잔존내용연수는 5년, 잔존가치 ₩0, 정액법으로 감가상각한다.
• ㈜민국은 20X1년 5월 말에 총 ₩20,000의 현금배당을 실시하였으며, 20X1년 당기순이익으로 ₩150,000을 보고하였다.

---

① ₩59,000   ② ₩53,000   ③ ₩45,000

④ ₩30,000   ⑤ ₩24,000

※ 다음 자료를 이용하여 29번과 30번에 답하시오.

- 제조업을 영위하는 ㈜지배는 20X1년 초 ㈜종속의 의결권 있는 보통주 80%를 취득하여 지배력을 획득하였다.
- 지배력획득일 현재 ㈜종속의 순자산의 장부금액은 ₩400,000이고, 공정가치는 ₩450,000이며, 장부금액과 공정가치가 다른 자산은 토지로 차이내역은 다음과 같다.

	장부금액	공정가치
토지	₩100,000	₩150,000

㈜종속은 위 토지 전부를 20X1년 중에 외부로 매각하고, ₩70,000의 처분이익을 인식하였다.
- 20X1년 중에 ㈜지배는 ㈜종속에게 원가 ₩60,000인 상품을 ₩72,000에 판매하였다. ㈜종속은 ㈜지배로부터 매입한 상품의 80%를 20X1년에, 20%를 20X2년에 외부로 판매하였다.
- ㈜지배와 ㈜종속이 별도(개별)재무제표에서 보고한 20X1년과 20X2년의 당기순이익은 다음과 같다.

구분	20X1년	20X2년
㈜지배	₩300,000	₩400,000
㈜종속	80,000	100,000

- ㈜종속은 20X2년 3월에 ₩10,000의 현금배당을 결의하고 지급하였다.
- ㈜종속은 20X2년 10월 1일에 장부금액 ₩20,000(취득원가 ₩50,000, 감가상각누계액 ₩30,000, 잔존내용연수 4년, 잔존가치 ₩0, 정액법 상각)인 기계를 ㈜지배에 ₩40,000에 매각하였으며, 20X2년 말 현재 해당 기계는 ㈜지배가 보유하고 있다.
- ㈜지배는 별도재무제표상 ㈜종속 주식을 원가법으로 회계처리하고 있다. ㈜지배와 ㈜종속은 유형자산에 대해 원가모형을 적용하고, 비지배지분은 종속기업의 식별가능한 순자산공정가치에 비례하여 결정한다.

---

29. ㈜지배의 20X1년도 연결포괄손익계산서에 표시되는 지배기업소유주귀속당기순이익과 비지배지분귀속당기순이익은 각각 얼마인가? 단, 영업권 손상은 고려하지 않는다.

	지배기업소유주귀속 당기순이익	비지배지분귀속 당기순이익
①	₩321,600	₩5,520
②	₩321,600	₩6,000
③	₩322,080	₩5,520
④	₩327,600	₩5,520
⑤	₩327,600	₩6,000

30. ㈜지배의 20X2년도 연결포괄손익계산서에 표시되는 비지배지분귀속당기순이익은 얼마인가?

① ₩13,210   ② ₩14,650   ③ ₩14,810

④ ₩16,250   ⑤ ₩17,000

31. ㈜지배는 20X1년 초 ㈜종속의 의결권 있는 보통주 800주(총 발행주식의 80%)를 취득하여 지배력을 획득하였다. 지배력획득일 현재 ㈜종속의 순자산 장부금액은 ₩250,000이며, 순자산 공정가치와 장부금액은 동일하다. ㈜종속의 20X1년과 20X2년의 당기순이익은 각각 ₩100,000과 ₩150,000이다. ㈜종속은 20X2년 1월 1일에 200주를 유상증자(주당 발행가액 ₩1,000, 주당 액면가액 ₩500)하였으며, 이 중 100주를 ㈜지배가 인수하였다. ㈜지배는 별도재무제표상 ㈜종속 주식을 원가법으로 회계처리하고 있으며, 비지배지분은 종속기업의 식별가능한 순자산공정가치에 비례하여 결정한다. 20X2년 말 ㈜지배의 연결재무상태표에 표시되는 비지배지분은 얼마인가?

① ₩100,000   ② ₩112,500   ③ ₩125,000
④ ₩140,000   ⑤ ₩175,000

32. ㈜대한은 20X1년 1월 1일 ㈜민국의 의결권 있는 보통주 70%를 ₩210,000에 취득하여 지배력을 획득하였다. 주식취득일 현재 ㈜민국의 자산과 부채는 아래의 자산을 제외하고는 장부금액과 공정가치가 일치하였다.

구분	재고자산	건물(순액)
공정가치	₩20,000	₩60,000
장부금액	10,000	40,000

20X1년 초 ㈜민국의 납입자본은 ₩150,000이고, 이익잉여금은 ₩50,000이었다. ㈜민국의 20X1년 초 재고자산은 20X1년 중에 모두 판매되었다. 또한 ㈜민국이 보유하고 있는 건물의 주식취득일 현재 잔존내용연수는 5년이며, 잔존가치 없이 정액법으로 감가상각한다. 20X1년 ㈜민국의 당기순이익은 ₩40,000이다. ㈜대한의 20X1년 말 연결재무상태표상 비지배지분은 얼마인가? 단, 비지배지분은 주식취득일의 공정가치로 측정하며, 주식취득일 현재 비지배지분의 공정가치는 ₩70,000이었다. 더불어 영업권 손상은 고려하지 않는다.

① ₩67,800   ② ₩72,000   ③ ₩77,800
④ ₩82,000   ⑤ ₩97,800

33. ㈜한국은 20X1년 초 미국에 지분 100%를 소유한 해외현지법인 ㈜ABC를 설립하였다. 종속기업인 ㈜ABC의 기능통화는 미국달러화($)이며 지배기업인 ㈜한국의 표시통화는 원화(₩)이다. ㈜ABC의 20X2년 말 요약재무상태표와 환율변동정보 등은 다음과 같다.

요약재무상태표

㈜ABC		20X2. 12. 31. 현재		(단위: $)
자 산	3,000	부 채		1,500
		자 본 금		1,000
		이 익 잉 여 금		500
	3,000			3,000

- 자본금은 설립 당시의 보통주 발행금액이며, 이후 변동은 없다.
- 20X2년의 당기순이익은 $300이며, 수익과 비용은 연중 균등하게 발생하였다. 그 외 기타 자본변동은 없다.
- 20X1년부터 20X2년 말까지의 환율변동정보는 다음과 같다.

	기초(₩/$)	평균(₩/$)	기말(₩/$)
20X1년	800	?	850
20X2년	850	900	1,000

- 기능통화와 표시통화는 모두 초인플레이션 경제의 통화가 아니다. 수익과 비용은 해당 회계기간의 평균환율을 사용하여 환산하며, 설립 이후 기간에 환율의 유의한 변동은 없었다.

20X2년 말 ㈜ABC의 재무제표를 표시통화인 원화로 환산하는 과정에서 대변에 발생한 외환차이가 ₩100,000일 때, 20X1년 말 ㈜ABC의 원화환산 재무제표의 이익잉여금은 얼마인가?

① ₩30,000   ② ₩100,000   ③ ₩130,000

④ ₩300,000   ⑤ ₩330,000

34. 파생상품 및 위험회피회계에 대한 다음 설명 중 옳은 것은?

① 현금흐름위험회피에서 위험회피수단의 손익은 기타포괄손익으로 인식한다.

② 기업은 위험회피관계의 지정을 철회함으로써 자발적으로 위험회피회계를 중단할 수 있는 자유로운 선택권을 이유에 상관없이 가진다.

③ 확정계약의 외화위험회피에 공정가치위험회피회계 또는 현금흐름위험회피회계를 적용할 수 있다.

④ 해외사업장순투자의 위험회피는 공정가치위험회피와 유사하게 회계처리한다.

⑤ 고정금리부 대여금에 대하여 고정금리를 지급하고 변동금리를 수취하는 이자율스왑으로 위험회피하면 이는 현금흐름위험회피 유형에 해당한다.

35. ㈜대한은 제조공정에서 사용하는 금(원재료)을 시장에서 매입하고 있는데, 향후 예상매출을 고려할 때 금 10온스를 20X2년 3월 말에 매입할 것이 거의 확실하다. 한편 ㈜대한은 20X2년 3월 말에 매입할 금의 시장가격 변동에 따른 미래현금흐름변동위험을 회피하기 위해 20X1년 10월 1일에 다음과 같은 금선도계약을 체결하고, 이에 대해 위험회피회계를 적용(적용요건은 충족됨을 가정)하였다.

- 계약기간: 6개월(20X1. 10. 1. ~ 20X2. 3. 31.)
- 계약조건: 결제일에 금 10온스의 선도계약금액과 결제일 시장가격의 차액을 현금으로 수수함(금선도계약가격: ₩200,000/온스)
- 금의 현물가격, 선도가격에 대한 자료는 다음과 같다.

일자	현물가격(₩/온스)	선도가격(₩/온스)
20X1년 10월 1일	190,000	200,000(만기 6개월)
20X1년 12월 31일	195,000	210,000(만기 3개월)
20X2년 3월 31일	220,000	

- 현재시점의 현물가격은 미래시점의 기대현물가격과 동일하며, 현재가치평가는 고려하지 않는다.

㈜대한은 예상과 같이 20X2년 3월 말에 금(원재료)을 시장에서 매입하여 보유하고 있다. 금선도계약 만기일에 ㈜대한이 당기손익으로 인식할 파생상품평가손익은 얼마인가?

① ₩50,000 손실 ② ₩100,000 손실 ③ ₩0
④ ₩50,000 이익 ⑤ ₩100,000 이익

36. 「국가회계기준에 관한 규칙」과 「지방자치단체 회계기준에 관한 규칙」의 자산에 대한 다음 설명 중 옳지 않은 것은?

① 지방자치단체는 주민의 편의를 위해서 1년 이상 반복적 또는 계속적으로 사용되는 도서관, 주차장, 공원, 박물관 및 미술관 등을 재정상태표에 주민편의시설로 표시한다.

② 국가는 무형자산의 상각대상금액을 내용연수동안 체계적으로 배부하기 위해 정액법 등 다양한 방법을 사용할 수 있다.

③ 국가는 압수품 및 몰수품이 화폐성자산일 경우 압류 또는 몰수 당시의 시장가격으로 평가한다.

④ 지방자치단체는 문화재, 예술작품, 역사적 문건 및 자연자원은 자산으로 인식하지 않고 필수보충정보의 관리책임자산으로 보고한다.

⑤ 지방자치단체의 장기투자증권은 매입가격에 부대비용을 더하고 이에 종목별로 총평균법을 적용하여 산정한 취득원가로 평가함을 원칙으로 한다.

37. 「국가회계기준에 관한 규칙」의 부채에 대한 다음 설명 중 옳지 않은 것은?

① 국가안보와 관련된 부채는 기획재정부장관과 협의하여 부채로 인식하지 아니할 수 있다. 이 경우 해당 중앙관서의 장은 해당 부채의 종류, 취득시기 및 관리현황 등을 별도의 장부에 기록하여야 한다.

② 비화폐성 외화부채에서 발생한 손익을 조정항목에 반영하는 경우 그 손익에 포함된 환율변동효과는 재정운영순원가에 반영한다.

③ 국채의 액면가액과 발행가액의 차이는 국채할인(할증)발행차금 과목으로 액면가액에 빼거나 더하는 형식으로 표시하며, 그 할인(할증)발행차금은 발행한 때부터 최종 상환할 때까지의 기간에 유효이자율로 상각 또는 환입하여 국채에 대한 이자비용에 더하거나 뺀다.

④ 퇴직급여충당부채는 재정상태표일 현재 「공무원연금법」 및 「군인연금법」을 적용받지 아니하는 퇴직금 지급대상자가 일시에 퇴직할 경우 지급하여야 할 퇴직금으로 평가한다.

⑤ 장기차입부채는 재정상태표일부터 1년 후에 만기가 되는 확정부채로서 국채, 공채, 장기차입금 및 기타 장기차입부채 등을 말한다.

38. 「지방자치단체 회계기준에 관한 규칙」에 대한 다음 설명 중 옳지 않은 것은?

① 장기연불조건의 매매거래, 장기금전대차거래 또는 이와 유사한 거래에서 발생하는 채권·채무로서 명목가액과 현재가치의 차이가 중요한 경우에는 이를 현재가치로 평가한다. 현재가치는 당해 채권·채무로 인하여 받거나 지급할 총금액을 유효이자율로 할인한 가액으로 하는데 당해 거래의 유효이자율을 확인하기 어려운 경우에는 유사한 조건의 지방채수익률을 적용한다.

② 회계정책의 변경에 따른 영향은 해당 회계연도 재정상태표의 순자산에 반영한다. 다만, 회계정책의 변경에 따른 누적효과를 합리적으로 추정하기 어려운 경우에는 회계정책의 변경에 따른 영향을 해당 회계연도와 그 회계연도 후의 기간에 반영할 수 있다.

③ 사회기반시설은 초기에 대규모 투자가 필요하고 파급효과가 장기간에 걸쳐 나타나는 지역사회의 기반적인 자산으로서 도로, 도시철도, 상수도시설, 수질정화시설, 하천부속시설 등을 말한다.

④ 재고자산은 구입가액에 부대비용을 더하고 이에 선입선출법을 적용하여 산정한 가액을 취득원가로 한다. 다만, 실물흐름과 원가산정방법 등에 비추어 다른 방법을 적용하는 것이 보다 합리적이라고 인정되는 경우에는 개별법, 이동평균법 등을 적용하고 그 내용을 주석으로 공시한다.

⑤ 수익은 자산의 증가 또는 부채의 감소를 초래하는 회계연도 동안의 거래로 생긴 순자산의 증가를 말한다. 다만, 관리전환이나 기부채납 등으로 생긴 순자산의 증가는 수익에 포함하지 않는다.

39. 「국가회계법」과 「지방회계법」에 대한 다음 설명 중 옳지 <u>않은</u>것은?

① 기획재정부장관은 회계연도마다 중앙관서결산보고서를 통합하여 국가의 결산보고서를 작성한 후 국무회의의 심의를 거쳐 대통령의 승인을 받아야 한다.

② 지방자치단체의 출납은 회계연도가 끝나는 날 폐쇄한다. 다만, 해당 회계연도의 예산에 포함된 경우로서 회계연도 말에 계약 이행이 완료되어 회계연도 내에 지출하기가 곤란한 경우에는 다음 회계연도 1월 20일까지 지출 처리를 할 수 있다.

③ 국가의 결산보고서는 결산 개요, 세입세출결산(중앙관서결산보고서 및 국가결산보고서의 경우에는 기금의 수입지출결산을 포함하고, 기금결산보고서의 경우에는 기금의 수입지출결산을 말한다), 재무제표, 국세징수활동표로 구성된다.

④ 중앙관서의 장은 지방자치단체의 회계 사무에 관한 법령을 제정·개정 또는 폐지하려는 경우에는 행정안전부장관 및 감사원과 미리 협의하여야 한다. 이 경우 행정안전부장관은 지방자치단체의 장의 의견을 들어야 한다.

⑤ 「국가회계법」은 일반회계·특별회계 및 기금의 회계 및 결산에 관하여 다른 법률에 우선하여 적용한다.

40. 다음은 일반회계만으로 구성된 중앙부처 A의 20x1 회계연도 자료이다.

중앙부처 A(일반회계)

· 20X1년 중 발생한 프로그램순원가는 ₩20,000이다.

· 20X1년 중 건물의 회수가능액이 장부가액에 미달하였고, 그 미달액이 중요하여 자산감액손실로 ₩3,000을 인식하였다. 이는 프로그램과 관련이 없다.

· 20X1년 중 투자목적 단기투자증권을 ₩2,000에 취득하였으며, 20X1년 기말 공정가액은 ₩7,000이다.

· 20X1년 중 이자수익 ₩6,000이 발생하였으며 프로그램 운영과 관련이 없다.

· 20X1년 중 청구권이 확정된 부담금수익 ₩4,000 중 ₩2,000이 납부되었다.

· 20X1년 중 제재금수익 ₩2,000이 발생하였다.

상기 거래가 20x1 회계연도 중앙부처 A(일반회계) 재정운영표의 재정운영결과에 미치는 영향과 국가 재정운영표의 재정운영결과에 미치는 영향을 올바르게 나타낸 것은? 단, 재무제표 작성과정에서 상계할 내부거래는 없으며, 상기 제시된 자료 이외의 항목은 없다고 가정한다.

	중앙부처 A 일반회계	대한민국 정부
①	₩11,000 증가	₩11,000 증가
②	₩12,000 증가	₩6,000 증가
③	₩12,000 증가	₩12,000 증가
④	₩17,000 증가	₩11,000 증가
⑤	₩17,000 증가	₩12,000 증가

41. ㈜대한은 단일상품을 제조하는 기업으로 종합원가계산제도를 채택하고 있으며, 재고자산 평가방법은 선입선출법(FIFO)을 사용한다. 제품제조 시 직접재료는 공정 초에 전량 투입되며 전환원가(가공원가)는 공정에 걸쳐 균등하게 발생한다. 다음은 ㈜대한의 당기 생산 및 제조에 관한 자료이다.

항목	물량
기초재공품(가공완성도%)	1,800개(90%)
당기착수물량	15,000개
기말재공품(가공완성도%)	3,000개(30%)

당기에 발생한 직접재료원가는 ₩420,000이며, 전환원가는 ₩588,600이다. 당기 매출원가는 ₩1,070,000, 기초제품재고는 ₩84,600, 기말제품재고는 ₩38,700이다. 당기 기초재공품은 얼마인가?

① ₩140,000   ② ₩142,000   ③ ₩144,000
④ ₩145,000   ⑤ ₩146,000

42. ㈜대한은 제품 A와 제품 B를 생산하는 기업으로, 생산량을 기준으로 제품별 제조간접원가를 배부하고 있다. ㈜대한은 제품별 원가계산을 지금보다 합리적으로 하기 위해 활동기준원가계산제도를 도입하고자 한다. 다음은 활동기준원가계산에 필요한 ㈜대한의 활동 및 제조에 관한 자료이다.

활동	활동원가(₩)	원가동인
재료이동	1,512,000	운반횟수
조립작업	7,000,000	기계작업시간
도색작업	7,200,000	노동시간
품질검사	8,000,000	생산량
총합계(제조간접원가)	23,712,000	

원가동인	제품별 사용량	
	제품 A	제품 B
운반횟수	400회	230회
기계작업시간	600시간	800시간
노동시간	3,000시간	6,000시간
생산량	X개	Y개

㈜대한이 위 자료를 바탕으로 활동기준원가계산에 따라 제조간접원가를 배부하면, 생산량을 기준으로 제조간접원가를 배부하였을 때보다 제품 A의 제조간접원가가 ₩3,460,000 더 작게 나온다. 활동기준원가계산으로 제조간접원가를 배부하였을 때 제품 B의 제조간접원가는 얼마인가?

① ₩8,892,000   ② ₩9,352,000   ③ ₩11,360,000
④ ₩12,352,000   ⑤ ₩14,820,000

43. ㈜대한은 표준원가계산제도를 채택하고 있으며, 20X1년도 생산 및 제조와 관련된 자료는 다음과 같다.

직접재료 구매량	3,100kg
직접재료 실제사용량	2,900kg
직접재료 단위당 표준사용량	3kg
직접재료 단위당 표준가격	₩50/kg
직접재료 단위당 실제가격	₩60/kg
예상(기준)생산량	800개
실제생산량	1,000개
제조간접원가예산액(Y)	Y=₩700,000+₩500×기계시간
제품단위당 표준기계시간	7시간
실제총기계시간	8,000시간
기계시간당 실제변동제조간접원가	₩470/기계시간
실제고정제조간접원가	₩820,000

㈜대한의 20X1년도 직접재료원가 가격차이(구매량기준), 직접재료원가 수량차이, 변동제조간접원가 소비차이, 변동제조간접원가 능률차이, 고정제조간접원가 조업도차이 중 옳지 않은 것은?

① 직접재료원가 가격차이(구매량기준): ₩31,000(불리한 차이)

② 직접재료원가 수량차이: ₩5,000(유리한 차이)

③ 변동제조간접원가 소비차이: ₩240,000(유리한 차이)

④ 변동제조간접원가 능률차이: ₩500,000(불리한 차이)

⑤ 고정제조간접원가 조업도차이: ₩120,000(불리한 차이)

44. 전부원가계산, 변동원가계산, 초변동원가계산과 관련한 다음 설명 중 가장 옳은 것은? 단, 직접재료원가, 직접노무원가, 제조간접원가는 ₩0보다 크다고 가정한다.

① 변동원가계산은 초변동원가계산에 비해 경영자의 생산과잉을 더 잘 방지한다.

② 변동원가계산은 전환원가(가공원가)를 모두 기간비용으로 처리한다.

③ 기초재고가 없다면, 당기 판매량보다 당기 생산량이 더 많을 때 전부원가계산상의 당기 영업이익보다 초변동원가계산상의 당기 영업이익이 더 작다.

④ 변동원가계산상의 공헌이익은 주로 외부이용자를 위한 재무제표에 이용된다.

⑤ 제품의 재고물량이 늘어나면 변동원가계산의 공헌이익계산서상 영업이익은 전부원가계산의 손익계산서상 영업이익보다 항상 낮거나 같다.

※ 다음 자료를 이용하여 45번과 46번에 답하시오.

(1) 다음은 단일제품 A를 생산하는 ㈜대한의 20X1년도 생산 및 제조에 대한 자료이다.

구분	생산량(개)	제조원가(₩)
1월	1,050	840,000
2월	1,520	1,160,000
3월	1,380	983,000
4월	2,130	1,427,600
5월	1,400	1,030,000
6월	1,730	1,208,000
7월	1,020	850,400
8월	1,800	1,282,300
9월	1,640	(중략)
10월	1,970	(중략)
11월	1,650	1,137,400
12월	1,420	1,021,800

(2) ㈜대한의 회계담당자는 향후 생산량에 따른 원가를 예측하고, 변동원가계산서 작성에 필요한 자료를 얻기 위해 중략된 자료를 포함한 위 자료를 이용하여 원가모형을 추정하였다. ㈜대한의 회계담당자가 회귀분석을 통해 추정한 원가모형은 다음과 같다.

- 원가추정모형: $Y = a + b \times X$
- Y = 제조원가(₩)
- a = 296,000 (t − value: 3.00, 유의도 0.01 이하)
- b = 526 (t − value: 4.00, 유의도 0.01 이하)
- X = 생산량(개)
- R^2(결정계수) = 0.96

45. 위 자료를 바탕으로 다음 설명 중 가장 옳은 것은?

① R^2는 추정된 회귀분석의 설명력을 나타내는 것으로 1보다 클수록 높은 설명력을 가진다.

② 회귀분석을 통해 추정한 계수값인 a와 b의 유의도와 t-value가 낮아 분석결과 값을 신뢰할 수 없다.

③ 제품 A의 단위당 판매액이 ₩700이고 단위당 변동판매관리비가 ₩10일 때 제품 A에 대한 단위당 공헌이익은 ₩26이다.

④ 제품 A를 2,000개 생산한다면 회귀분석을 통해 추정한 제조원가는 ₩1,348,000이다.

⑤ 9월과 10월의 중략된 제조원가자료를 사용하면 고저점법을 통해 더 정확한 원가를 추정할 수 있다.

46. 위 자료를 바탕으로 ㈜대한의 회귀분석으로 추정한 제조원가와 고저점법으로 추정한 제조원가가 같아지는 생산량은 얼마인가?

① 1,000개   ② 1,500개   ③ 2,000개

④ 3,000개   ⑤ 4,000개

47. ㈜대한은 동일 공정에서 세 가지 결합제품 A, B, C를 생산한다. 제품 A, 제품 B는 추가가공을 거치지 않고 판매되며, 제품 C는 추가가공원가 ₩80,000을 투입하여 추가가공 후 제품 C+로 판매된다. ㈜대한이 생산 및 판매한 모든 제품은 주산품이다. ㈜대한은 제품 A, 제품 B, 제품 C+를 각각 판매하였을 때 각 제품의 매출총이익률이 연산품 전체매출총이익률과 동일하게 만드는 원가배부법을 사용한다. 다음은 ㈜대한의 결합원가배부에 관한 자료이다. 제품 C+에 배부된 결합원가는 얼마인가?

제품	배부된 결합원가	판매(가능)액
A	?	₩96,000
B	₩138,000	?
C+	?	?
합계	₩220,000	₩400,000

① ₩10,000   ② ₩12,000   ③ ₩15,000

④ ₩20,000   ⑤ ₩30,000

48. ㈜대한은 두 개의 제조부문(절단부문, 조립부문)과 두 개의 지원부문(전력부문, 수선부문)을 통해 제품을 생산한다. ㈜대한은 상호배분법을 사용하여 지원부문의 원가를 제조부문에 배부하고 있다. 원가배부 기준은 전력부문은 전력(kw)이며, 수선부문은 수선(시간)이다. 제조부문에 배부된 원가 및 배부기준과 관련된 내역은 다음과 같다. 전력부문에서 발생한 부문원가는 얼마인가?

구분	제조부문		지원부문	
	절단부문	조립부문	전력부문	수선부문
배부 받은 원가(₩)	7,400	4,200		
전력(kw)	100	60	50	40
수선(시간)	60	30	60	30

① ₩4,000   ② ₩6,300   ③ ₩7,600

④ ₩10,000   ⑤ ₩12,500

49. ㈜대한은 자동차를 생산하여 판매한다. ㈜대한의 원가관리 담당자는 효율적으로 원가를 관리하기 위해 다음과 같이 제품의 품질원가(예방원가, 평가원가, 내부실패원가, 외부실패원가로 구성)를 측정하였다.

내용	품질원가
불량률을 낮추기 위한 생산직원들의 교육훈련비	₩5,400
제조단계에서 발생한 불량품을 폐기하기 위해 지불한 비용	₩6,100
공정별 품질검사를 진행하는 직원들의 관리비	₩3,200
완성품을 검사하는 기계의 수선유지비	₩10,200
고객 제품보증수리센터에서 근무하는 직원의 인건비	₩24,700
높은 품질의 부품조달을 위한 우수협력 업체 조달 비용	₩2,300
품질검사 과정에서 발견한 불량품 재작업으로 인해 발생한 생산직원의 특근수당	₩7,400
제품 리콜로 인해 발생한 미래매출감소의 기회원가	₩9,300
총합계	₩68,600

㈜대한이 지금보다 예방원가를 50% 확대하면 내부실패원가와 외부실패원가를 각각 20%와 10% 절감할 수 있다고 한다. ㈜대한이 지금보다 예방원가를 50% 확대할 때 품질원가의 총합계는 얼마인가?

① ₩65,200   ② ₩66,350   ③ ₩67,280
④ ₩72,000   ⑤ ₩73,050

50. ㈜대한은 유리컵을 생산하는 기업으로 종합원가계산제도를 채택하고 있으며, 재고자산 평가방법은 선입선출법(FIFO)을 사용한다. 직접재료는 공정 초에 전량 투입되며, 전환원가(가공원가)는 공정에 걸쳐 균등하게 발생한다. 다음은 ㈜대한의 생산 및 제조에 관한 자료이다.

항목	물량
기초재공품(가공완성도%)	800개 (70%)
당기착수물량	6,420개
기말재공품(가공완성도%)	1,200개 (40%)

품질검사는 가공완성도 80% 시점에 이루어지며, 당기에 품질검사를 통과한 물량의 5%를 정상공손으로 간주한다. 당기에 착수하여 당기에 완성된 제품이 4,880개일 때 ㈜대한의 비정상공손은 몇 개인가?

① 34개   ② 56개   ③ 150개
④ 284개   ⑤ 340개

김용재 회계사, 세무사 1차 회계학 연도별 기출문제집

2019

기출문제

2019년 CPA 회계학 기출문제

아래 문제들에서 특별한 언급이 없는 한 기업의 보고기간(회계기간)은 매년 1월 1일부터 12월 31일까지이며, 법인세효과는 고려하지 않는다. 또한 기업은 주권상장법인으로 계속해서 한국채택국제회계기준(K – IFRS)을 적용해오고 있다고 가정하고 보기 중에서 물음에 가장 합당한 답을 고르시오.

01. 재무보고를 위한 개념체계에 대한 다음 설명 중 옳지 않은 것은?

① 재무보고서는 정확한 서술보다는 상당 부분 추정, 판단 및 모형에 근거하며, '개념체계'는 그 추정, 판단 및 모형의 기초가 되는 개념을 정한다.

② 원가는 재무보고로 제공될 수 있는 정보에 대한 포괄적 제약요인이다. 재무정보의 보고에는 원가가 소요되고, 해당 정보 보고의 효익이 그 원가를 정당화한다는 것이 중요하다.

③ 실물자본유지개념을 사용하기 위해서는 현행원가기준에 따라 측정해야 한다. 그러나 재무자본유지개념은 특정한 측정기준의 적용을 요구하지 아니하며, 재무자본유지개념 하에서 측정기준의 선택은 기업이 유지하려는 재무자본의 유형과 관련이 있다.

④ 근본적 질적 특성을 적용하는 것은 어떤 규정된 순서를 따르지 않는 반복적인 과정이다.

⑤ 중요성은 개별 기업 재무보고서 관점에서 해당 정보와 관련된 항목의 성격이나 규모 또는 이 둘 모두에 근거하여 해당 기업에 특유한 측면의 목적적합성을 의미한다.

02. ㈜대한의 20X1년도 현금흐름표상 영업에서 창출된 현금(영업으로부터 창출된 현금)은 ₩100,000이다. 다음에 제시된 자료를 이용하여 계산한 ㈜대한의 20X1년도 포괄손익계산서상 법인세비용차감전순이익은 얼마인가? 단, 이자와 배당금 수취, 이자지급 및 법인세납부는 영업활동으로 분류한다.

감가상각비	₩2,000	미지급이자 감소	₩1,500
유형자산처분이익	1,000	재고자산(순액) 증가	3,000
이자비용	5,000	매입채무 증가	4,000
법인세비용	4,000	매출채권(순액) 증가	2,500
재고자산평가손실	500	미수배당금 감소	1,000
배당금수익	1,500	미지급법인세 감소	2,000

① ₩90,000   ② ₩96,500   ③ ₩97,000
④ ₩97,500   ⑤ ₩99,000

03. ㈜대한은 20X1년 초 건물을 ₩1,000,000에 취득하여 투자부동산으로 분류하고 원가모형을 적용하여 정액법으로 감가상각(내용연수 10년, 잔존가치 ₩0)하였다. 그러나 20X2년에 ㈜대한은 공정가치모형이 보다 더 신뢰성 있고 목적적합한 정보를 제공하는 것으로 판단하여, 동 건물에 대하여 공정가치모형을 적용하기로 하였다. 동 건물 이외의 투자부동산은 없으며, 원가모형 적용 시 20X1년 말 이익잉여금은 ₩300,000이었다. 건물의 공정가치가 다음과 같은 경우, 동 건물의 회계처리와 관련된 설명 중 옳지 않은 것은? 단, 이익잉여금 처분은 없다고 가정한다.

구분	20X1년 말	20X2년 말
건물의 공정가치	₩950,000	₩880,000

① 20X2년 말 재무상태표에 표시되는 투자부동산 금액은 ₩880,000이다.
② 20X2년도 포괄손익계산서에 표시되는 투자부동산평가손실 금액은 ₩70,000이다.
③ 20X2년 재무제표에 비교 표시되는 20X1년 말 재무상태표상 투자부동산 금액은 ₩950,000이다.
④ 20X2년 재무제표에 비교 표시되는 20X1년도 포괄손익계산서상 감가상각비 금액은 ₩100,000이다.
⑤ 20X2년 재무제표에 비교 표시되는 20X1년 말 재무상태표상 이익잉여금 금액은 ₩350,000이다.

04. ㈜대한은 20X1년 초에 기업이 결제방식을 선택할 수 있는 주식기준보상을 종업원에게 부여하였다. ㈜대한은 결제방식으로 가상주식 1,000주(주식 1,000주에 상당하는 현금을 지급) 또는 주식 1,200주를 선택할 수 있고, 각 권리는 종업원이 2년 동안 근무할 것을 조건으로 한다. 또한 종업원이 주식 1,200주를 제공받는 경우에는 주식을 가득일 이후 2년 동안 보유하여야 하는 제한이 있다. ㈜대한은 부여일 이후 2년 동안 배당금을 지급할 것으로 예상하지 않으며, 부여일과 보고기간 말에 추정한 주식결제방식의 주당 공정가치와 주당 시가는 다음과 같다.

구분	20X1년 초	20X1년 말
주식 1,200주 결제방식의 주당 공정가치	₩400	₩480
주당 시가	₩450	₩520

종업원 주식기준보상약정과 관련하여 (A)현금을 지급해야 하는 현재의무가 ㈜대한에게 있는 경우와 (B)현금을 지급해야 하는 현재의무가 ㈜대한에게 없는 경우, 20X1년도에 ㈜대한이 인식할 주식보상비용은 각각 얼마인가? 단, 주식기준보상약정을 체결한 종업원 모두가 20X2년 말까지 근무할 것으로 예측하였고, 이 예측은 실현되었다고 가정한다.

	(A)	(B)
①	₩225,000	₩240,000
②	₩225,000	₩288,000
③	₩260,000	₩240,000
④	₩260,000	₩288,000
⑤	₩275,000	₩288,000

05. ㈜대한이 재고자산을 실사한 결과 20X1년 12월 31일 현재 창고에 보관중인 상품의 실사금액은 ₩2,000,000인 것으로 확인되었다. 추가자료 내용은 다음과 같다.

(1) ㈜대한이 20X1년 12월 21일 ㈜서울로부터 선적지인도조건(F.O.B. shipping point)으로 매입한 원가 ₩250,000의 상품이 20X1년 12월 31일 현재 운송 중에 있다. 이 상품은 20X2년 1월 5일 도착예정이며, 매입 시 발생한 운임은 없다.

(2) ㈜대한은 20X1년 10월 1일에 ㈜부산으로부터 원가 ₩150,000의 상품에 대해 판매를 수탁받았으며 이 중 원가 ₩40,000의 상품을 20X1년 11월 15일에 판매하였다. 나머지 상품은 20X1년 12월 31일 현재 ㈜대한의 창고에 보관 중이며 기말 상품의 실사금액에 포함되었다. 수탁 시 발생한 운임은 없다.

(3) ㈜대한은 20X1년 12월 19일에 ㈜대전에게 원가 ₩80,000의 상품을 ₩120,000에 판매 즉시 인도하고 2개월 후 ₩130,000에 재구매하기로 약정을 체결하였다.

(4) 20X1년 11월 10일에 ㈜대한은 ㈜강릉과 위탁판매계약을 체결하고 원가 ₩500,000의 상품을 적송하였으며, ㈜강릉은 20X1년 12월 31일 현재까지 이 중 80%의 상품을 판매하였다. 적송 시 발생한 운임은 없다.

(5) ㈜대한은 단위당 원가 ₩50,000의 신상품 10개를 20X1년 10월 15일에 ㈜광주에게 전달하고 20X2년 2월 15일까지 단위당 ₩80,000에 매입할 의사를 통보해 줄 것을 요청하였다. 20X1년 12월 31일 현재 ㈜대한은 ㈜광주로부터 6개의 상품을 매입하겠다는 의사를 전달받았다.

위의 추가자료 내용을 반영한 이후 ㈜대한의 20X1년 12월 31일 재무상태표에 표시될 기말상품재고액은 얼마인가? 단, 재고자산감모손실 및 재고자산평가손실은 없다고 가정한다.

① ₩2,330,000   ② ₩2,430,000   ③ ₩2,520,000
④ ₩2,530,000   ⑤ ₩2,740,000

06. 유통업을 영위하는 ㈜대한의 20X1년도 기초 재고자산은 ₩855,000이며, 기초 재고자산평가충당금은 ₩0이다. 20X1년도 순매입액은 ₩7,500,000이다. ㈜대한의 20X1년도 기말 재고자산 관련 자료는 다음과 같다.

조	항목	장부 수량	실제 수량	단위당 원가	단위당 순실현가능가치
A	A1	120개	110개	₩800	₩700
	A2	200개	200개	₩1,000	₩950
B	B1	300개	280개	₩900	₩800
	B2	350개	300개	₩1,050	₩1,150

㈜대한은 재고자산감모손실과 재고자산평가손실을 매출원가에 포함한다. ㈜대한이 항목별기준 저가법과 조별기준 저가법을 각각 적용할 경우, ㈜대한의 20X1년도 포괄손익계산서에 표시되는 매출원가는 얼마인가?

	항목별기준	조별기준
①	₩7,549,000	₩7,521,000
②	₩7,549,000	₩7,500,000
③	₩7,519,000	₩7,500,000
④	₩7,519,000	₩7,498,000
⑤	₩7,500,000	₩7,498,000

07. ㈜대한은 20X1년 1월 1일에 기계장치 1대를 ₩600,000에 취득하고 해당 기계장치에 대해 재평가모형을 적용하기로 하였다. 동 기계장치의 내용연수는 5년, 잔존가치는 ₩50,000이며 정액법을 사용하여 감가상각한다. ㈜대한은 동 기계장치에 대해 매년 말 감가상각 후 재평가를 실시하고 있다. 동 기계장치의 20X1년 말 공정가치는 ₩510,000이며, 20X2년 말 공정가치는 ₩365,000이다. 동 기계장치와 관련한 ㈜대한의 20X1년도 및 20X2년도 자본의 연도별 증감액은 각각 얼마인가? 단, 재평가잉여금을 이익잉여금으로 대체하지 않으며, 손상차손은 고려하지 않는다. 또한 재평가모형을 선택하여 장부금액을 조정하는 경우 기존의 감가상각누계액 전부를 제거하는 방법을 적용한다.

	20X1년	20X2년
①	₩20,000 증가	₩20,000 감소
②	₩20,000 증가	₩30,000 감소
③	₩90,000 증가	₩125,000 감소
④	₩90,000 감소	₩125,000 감소
⑤	₩90,000 감소	₩145,000 감소

08. ㈜대한은 공장건물을 신축하기로 하고 ㈜청주건설과 도급계약을 체결하였다. 공장건물 건설공사는 20X1년 1월 1일에 시작하여 20X2년 6월 30일에 완료될 예정이다. 동 공장건물은 차입원가를 자본화하는 적격자산에 해당한다. ㈜대한은 공장건물 건설공사를 위해 20X1년 1월 1일에 ₩3,000,000, 20X1년 7월 1일에 ₩5,000,000, 20X1년 10월 1일에 ₩4,000,000을 각각 지출하였다. ㈜대한의 차입금 내역은 다음과 같다.

차입금	차입금액	차입일	상환일	연 이자율	이자지급조건
A	₩4,000,000	20X1.1.1.	20X2.9.30.	8%	단리/매년말 지급
B	₩6,000,000	20X0.9.1.	20X2.12.31.	10%	단리/매년말 지급
C	₩8,000,000	20X1.4.1.	20X3.6.30.	6%	단리/매년말 지급

이들 차입금 중에서 차입금A는 동 공장건물의 건설공사를 위한 특정차입금이며, 차입금B와 차입금C는 일반차입금이다. 특정차입금 중 ₩1,000,000은 20X1년 1월 1일부터 20X1년 6월 30일까지 연 이자율 5%의 정기예금에 예치하였다. ㈜대한이 20X1년에 자본화할 차입원가는 얼마인가? 단, 연평균지출액, 이자비용, 이자수익은 월할로 계산한다.

① ₩320,000   ② ₩470,000   ③ ₩495,000

④ ₩520,000   ⑤ ₩535,000

09. ㈜대한은 20X1년 1월 1일에 현금 ₩80,000을 지급하고 기계장치를 취득하였다. ㈜대한은 동 기계장치에 대해 내용연수는 5년, 잔존가치는 ₩0으로 추정하였으며 감가상각방법으로 정액법을 사용하기로 하였다. 20X1년 말 동 기계장치에 자산손상 사유가 발생하여 ㈜대한은 자산손상을 인식하기로 하였다. 20X1년 12월 31일 현재 동 기계장치의 회수가능액은 ₩50,000이다. ㈜대한은 20X2년 1월 1일 동 기계장치의 잔존내용연수를 6년으로, 잔존가치를 ₩5,000으로 재추정하여 변경하였다. 20X2년 12월 31일 현재 동 기계장치의 회수가능액은 ₩30,000이다. ㈜대한이 20X2년 12월 31일 재무상태표에 동 기계장치의 손상차손누계액으로 표시할 금액은 얼마인가? 단, ㈜대한은 동 기계장치에 대해 원가모형을 선택하여 회계처리하고 있다.

① ₩21,500   ② ₩25,000   ③ ₩26,500

④ ₩28,500   ⑤ ₩30,000

10. 기업회계기준서 제1038호 '무형자산'에서 "내부적으로 창출한 무형자산의 원가는 그 자산의 창출, 제조 및 경영자가 의도하는 방식으로 운영될 수 있게 준비하는 데 필요한 직접 관련된 모든 원가를 포함한다"고 설명하고 있다. 다음 중 내부적으로 창출한 무형자산의 원가에 포함하지 <u>않는</u> 것은 무엇인가?

① 무형자산의 창출에 사용되었거나 소비된 재료원가, 용역원가

② 무형자산에 대한 법적 권리를 등록하기 위한 수수료

③ 무형자산의 창출을 위하여 발생한 종업원급여

④ 무형자산을 운용하는 직원의 교육훈련과 관련된 지출

⑤ 무형자산의 창출에 사용된 특허권과 라이선스의 상각비

11. ㈜대한의 20X1년 1월 1일 현재 자본 관련 자료는 다음과 같다.

보통주-자본금	₩5,000,000
(주당 액면금액 ₩5,000, 발행주식수 1,000주)	
보통주-주식발행초과금	3,000,000
이익잉여금	1,500,000
자본총계	₩9,500,000

20X1년에 발생한 ㈜대한의 자기주식거래는 다음과 같다.

20X1년 3월 1일 :	자기주식 60주를 주당 ₩6,000에 취득하였다.
5월 10일 :	자기주식 20주를 주당 ₩7,500에 처분하였다.
7월 25일 :	자기주식 10주를 주당 ₩5,000에 처분하였다.
9월 15일 :	자기주식 20주를 주당 ₩4,500에 처분하였다.
10월 30일 :	자기주식 10주를 소각하였다.
11월 20일 :	대주주로부터 보통주 20주를 무상으로 증여받았으며, 수증 시 시가는 주당 ₩8,000이었다.

㈜대한의 20X1년도 당기순이익은 ₩300,000이다. ㈜대한은 선입선출법에 따른 원가법을 적용하여 자기주식거래를 회계처리한다. ㈜대한의 20X1년 12월 31일 재무상태표에 표시되는 자본총계는 얼마인가?

① ₩9,710,000   ② ₩9,730,000   ③ ₩9,740,000

④ ₩9,820,000   ⑤ ₩9,850,000

12. ㈜대한은 20X1년 1월 1일에 ㈜민국의 사채를 발행가액으로 취득하였으며 사채의 발행조건은 다음과 같다 (취득 시 신용이 손상되어 있지 않음). ㈜대한은 사업모형 및 사채의 현금흐름 특성을 고려하여 취득한 사채를 상각후원가로 측정하는 금융자산으로 분류하였다.

> - 사채발행일 : 20X1년 1월 1일
> - 만기일 : 20X3년 12월 31일(일시상환)
> - 액면금액 : ₩1,000,000
> - 이자지급 : 매년 12월 31일에 연 7% 지급
> - 사채발행시점의 유효이자율 : 연 10%

20X3년 1월 1일에 ㈜대한과 ㈜민국은 다음과 같은 조건으로 재협상하여 계약상 현금흐름을 변경하였으며, 20X3년 1월 1일의 현행이자율은 연 13%이다. ㈜대한은 재협상을 통한 계약상 현금흐름의 변경이 금융자산의 제거조건을 충족하지 않는 것으로 판단하였다.

> - 만기일 : 20X5년 12월 31일로 연장(일시상환)
> - 이자지급 : 20X3년부터 매년 12월 31일에 연 5% 지급

㈜대한이 계약상 현금흐름의 변경과 관련하여 인식할 변경손익은 얼마인가? 단, 단수차이로 인해 오차가 있다면 가장 근사치를 선택한다.

기간 \ 할인율	단일금액 ₩1의 현재가치		정상연금 ₩1의 현재가치	
	10%	13%	10%	13%
1년	0.9091	0.8850	0.9091	0.8850
2년	0.8264	0.7831	1.7355	1.6681
3년	0.7513	0.6931	2.4868	2.3612

① ₩0
② ₩97,065 이익
③ ₩97,065 손실
④ ₩161,545 이익
⑤ ₩161,545 손실

13. ㈜대한은 ㈜민국이 발행한 사채(발행일 20X1년 1월 1일, 액면금액 ₩3,000,000으로 매년 12월 31일에 연 8% 이자지급, 20X4년 12월 31일에 일시상환)를 20X1년 1월 1일에 사채의 발행가액으로 취득하였다(취득 시 신용이 손상되어 있지 않음). ㈜대한은 취득한 사채를 상각후원가로 측정하는 금융자산으로 분류하였으며, 사채발행시점의 유효이자율은 연 10%이다. ㈜대한은 ㈜민국으로부터 20X1년도 이자 ₩240,000은 정상적으로 수취하였으나 20X1년 말에 상각후원가로 측정하는 금융자산의 신용이 손상되었다고 판단하였다. ㈜대한은 채무불이행확률을 고려하여 20X2년부터 20X4년까지 다음과 같은 현금흐름을 추정하였다.

> • 매년 말 수취할 이자 : ₩150,000
> • 만기에 수취할 원금 : ₩2,000,000

또한 ㈜대한은 ㈜민국으로부터 20X2년도 이자 ₩150,000을 수취하였으며, 20X2년 말에 상각후원가로 측정하는 금융자산의 채무불이행확률을 합리적으로 판단하여 20X3년부터 20X4년까지 다음과 같은 현금흐름을 추정하였다.

> • 매년 말 수취할 이자 : ₩210,000
> • 만기에 수취할 원금 : ₩2,000,000

㈜대한이 20X2년도에 인식할 손상차손환입은 얼마인가? 단, 단수차이로 인해 오차가 있다면 가장 근사치를 선택한다.

기간 \ 할인율	단일금액 ₩1의 현재가치		정상연금 ₩1의 현재가치	
	8%	10%	8%	10%
1년	0.9259	0.9091	0.9259	0.9091
2년	0.8573	0.8264	1.7832	1.7355
3년	0.7938	0.7513	2.5770	2.4868
4년	0.7350	0.6830	3.3120	3.1698

① ₩0
② ₩104,073
③ ₩141,635
④ ₩187,562
⑤ ₩975,107

14. 기업회계기준서 제1109호 '금융상품' 중 계약상 현금흐름 특성 조건을 충족하는 금융자산으로서 사업모형을 변경하는 경우의 재분류 및 금융자산의 제거에 대한 다음 설명 중 옳은 것은?

① 금융자산을 기타포괄손익-공정가치 측정 범주에서 상각후원가 측정 범주로 재분류하는 경우에는 최초 인식시점부터 상각후원가로 측정했었던 것처럼 재분류일에 금융자산을 측정한다.

② 양도자가 발생 가능성이 높은 신용손실의 보상을 양수자에게 보증하면서 단기 수취채권을 매도한 것은 양도자가 소유에 따른 위험과 보상의 대부분을 이전하는 경우의 예이다.

③ 금융자산을 기타포괄손익-공정가치 측정 범주에서 당기손익-공정가치 측정 범주로 재분류하는 경우에 계속 공정가치로 측정하며, 재분류 전에 인식한 기타포괄손익누계액은 자본에서 당기손익으로 재분류하지 않는다.

④ 양도자가 매도한 금융자산을 재매입시점의 공정가치로 재매입할 수 있는 권리를 보유하고 있는 것은 양도자가 소유에 따른 위험과 보상의 대부분을 보유하는 경우의 예이다.

⑤ 양도자가 매도 후에 미리 정한 가격으로 또는 매도가격에 양도자에게 금전을 대여하였더라면 그 대가로 받았을 이자수익을 더한 금액으로 양도자산을 재매입하는 거래는 양도자가 소유에 따른 위험과 보상의 대부분을 이전하는 경우의 예이다.

15. ㈜대한은 20X1년 1월 1일에 다음과 같은 상환할증금 미지급조건의 비분리형 신주인수권부사채를 액면발행하였다.

> • 사채의 액면금액은 ₩1,000,000이고 만기는 20X3년 12월 31일이다.
> • 액면금액에 대하여 연 10%의 이자를 매년 말에 지급한다.
> • 신주인수권의 행사기간은 발행일로부터 1개월이 경과한 날부터 상환기일 30일 전까지이다.
> • 행사비율은 사채액면금액의 100%로 행사금액은 ₩20,000(사채액면금액 ₩20,000당 보통주 1주(주당 액면금액 ₩5,000)를 인수)이다.
> • 원금상환방법은 만기에 액면금액의 100%를 상환한다.
> • 신주인수권부사채 발행 시점에 일반사채의 시장수익률은 연 12%이다.

㈜대한은 신주인수권부사채 발행 시 인식한 자본요소(신주인수권대가) 중 행사된 부분은 주식발행초과금으로 대체하는 회계처리를 한다. 20X3년 1월 1일에 ㈜대한의 신주인수권부사채 액면금액 중 40%에 해당하는 신주인수권이 행사되었다. 다음 설명 중 옳은 것은? 단, 단수차이로 인해 오차가 있다면 가장 근사치를 선택한다.

기간 \ 할인율	단일금액 ₩1의 현재가치		정상연금 ₩1의 현재가치	
	10%	12%	10%	12%
1년	0.9091	0.8929	0.9091	0.8929
2년	0.8264	0.7972	1.7355	1.6901
3년	0.7513	0.7118	2.4868	2.4019

① 20X1년 1월 1일 신주인수권부사채 발행시점의 자본요소(신주인수권대가)는 ₩951,990이다.

② 20X2년도 포괄손익계산서에 인식할 이자비용은 ₩114,239이다.

③ 20X2년 말 재무상태표에 부채로 계상할 신주인수권부사채의 장부금액은 ₩966,229이다.

④ 20X3년 1월 1일 신주인수권의 행사로 증가하는 주식발행초과금은 ₩319,204이다.

⑤ 20X3년도 포괄손익계산서에 인식할 이자비용은 ₩70,694이다.

16. 기업회계기준서 제1012호 '법인세'에 대한 다음 설명 중 옳지 않은 것은?

① 미사용 세무상결손금과 세액공제가 사용될 수 있는 미래 과세소득의 발생가능성이 높은 경우 그 범위 안에서 이월된 미사용 세무상결손금과 세액공제에 대하여 이연법인세자산을 인식한다.

② 부채의 세무기준액은 장부금액에서 미래 회계기간에 당해 부채와 관련하여 세무상 공제될 금액을 차감한 금액이다. 수익을 미리 받은 경우, 이로 인한 부채의 세무기준액은 당해 장부금액에서 미래 회계기간에 과세되지 않을 수익을 차감한 금액이다.

③ 이연법인세 자산과 부채의 장부금액은 관련된 일시적차이의 금액에 변동이 없는 경우에도 세율이나 세법의 변경, 예상되는 자산의 회수 방식 변경, 이연법인세자산의 회수가능성 재검토로 인하여 변경될 수 있다.

④ 과세대상수익의 수준에 따라 적용되는 세율이 다른 경우에는 일시적차이가 소멸될 것으로 예상되는 기간의 과세소득(세무상결손금)에 적용될 것으로 기대되는 평균세율을 사용하여 이연법인세 자산과 부채를 측정한다.

⑤ 당기에 취득하여 보유중인 토지에 재평가모형을 적용하여 토지의 장부금액이 세무기준액보다 높은 경우에는 이연법인세부채를 인식하며, 이로 인한 이연법인세효과는 당기손익으로 인식한다.

17. 20X1년 1월 1일에 설립된 ㈜대한은 확정급여제도를 채택하고 있으며, 관련 자료는 다음과 같다. 순확정급여부채(자산) 계산 시 적용한 할인율은 연 7%로 변동이 없다.

〈20X1년〉
• · 20X1년 말 사외적립자산의 공정가치는 ₩1,000,000이다.
• 20X1년 말 확정급여채무의 현재가치는 ₩1,200,000이다.
〈20X2년〉
• 20X2년도 당기근무원가는 ₩300,000이다.
• 20X2년 말에 일부 종업원의 퇴직으로 ₩150,000을 사외적립자산에서 현금으로 지급하였다.
• 20X2년 말에 ₩200,000을 현금으로 사외적립자산에 출연하였다.
• 20X2년 말 확정급여채무에서 발생한 재측정요소와 관련된 회계처리는 다음과 같다.
(차변) 보험수리적손실 466,000   (대변) 확정급여채무 466,000

㈜대한의 20X2년 말 재무상태표에 표시될 순확정급여부채가 ₩400,000인 경우, (A)20X2년 말 현재 사외적립자산의 공정가치 금액과 (B)확정급여제도 적용이 20X2년도 당기순이익에 미치는 영향은 각각 얼마인가?

	(A)	(B)
①	₩568,000	₩286,000 감소
②	₩568,000	₩314,000 감소
③	₩1,416,000	₩286,000 감소
④	₩1,500,000	₩286,000 감소
⑤	₩1,500,000	₩314,000 감소

18. 기업회계기준서 제1033호 '주당이익'에 대한 다음 설명 중 옳지 않은 것은?

① 기본주당이익 정보의 목적은 회계기간의 경영성과에 대한 지배기업의 보통주 1주당 지분의 측정치를 제공하는 것이다.

② 기업이 공개매수 방식으로 우선주를 재매입할 때 우선주의 장부금액이 우선주의 매입을 위하여 지급하는 대가의 공정가치를 초과하는 경우 그 차액을 지배기업의 보통주에 귀속되는 당기순손익을 계산할 때 차감한다.

③ 가중평균유통보통주식수를 산정하기 위한 보통주유통일수 계산의 기산일은 통상 주식발행의 대가를 받을 권리가 발생하는 시점이다. 채무상품의 전환으로 인하여 보통주를 발행하는 경우 최종이자발생일의 다음날이 보통주유통일수를 계산하는 기산일이다.

④ 조건부로 재매입할 수 있는 보통주를 발행한 경우 이에 대한 재매입가능성이 없어질 때까지는 보통주로 간주하지 아니하고, 기본주당이익을 계산하기 위한 보통주식수에 포함하지 아니한다.

⑤ 잠재적보통주는 보통주로 전환된다고 가정할 경우 주당계속영업이익을 감소시키거나 주당계속영업손실을 증가시킬 수 있는 경우에만 희석성 잠재적보통주로 취급한다.

19. ㈜대한은 20X1년 1월 1일 만기가 2년을 초과하는 사채를 발행하였으며, 이는 회사의 유일한 사채이다. 동 사채는 액면이자를 매년 12월 31일에 지급하며, 액면금액을 만기일에 일시상환하는 조건이다. 사채 발행 이후 발행조건의 변경은 없다. 동 사채에 대한 20X1년도와 20X2년도의 관련 이자 정보는 다음과 같다.

구분	20X1년도	20X2년도
연도말 액면이자 지급액	₩120,000	₩120,000
포괄손익계산서상 연간 이자비용	₩148,420	₩152,400

상기 사채의 발행시점의 유효이자율은 얼마인가? 단, 사채발행비와 조기상환, 차입원가 자본화는 발생하지 않았으며, 단수차이로 인해 오차가 있다면 가장 근사치를 선택한다.

① 14%   ② 15%   ③ 16%

④ 17%   ⑤ 18%

20. 다음은 ㈜대한과 관련하여 20X1년에 발생한 사건이다.

> 가. ㈜대한은 20X1년부터 해저유전을 운영한다. 관련 라이선싱 약정에 따르면, 석유 생산 종료시점에는 유정 굴착장치를 제거하고 해저를 원상 복구하여야 한다. 최종 원상 복구원가의 90%는 유정 굴착장치 제거와 그 장치의 건설로 말미암은 해저 손상의 원상 복구와 관련이 있다. 나머지 10%의 원상 복구원가는 석유의 채굴로 생긴다. 20X1년 12월 31일 현재 굴착장치는 건설되었으나 석유는 채굴되지 않은 상태이다. 20X1년 12월 31일 현재 유정 굴착장치 제거와 그 장치의 건설로 말미암은 손상의 원상 복구에 관련된 원가(최종 원가의 90%)의 최선의 추정치는 ₩90,000이며, 석유 채굴로 생기는 나머지 10%의 원가에 대한 최선의 추정치는 ₩10,000이다.
>
> 나. 20X1년 8월 A씨의 결혼식이 끝나고 10명이 식중독으로 사망하였다. 유족들은 ㈜대한이 판매한 제품 때문에 식중독이 발생했다고 주장하면서 ㈜대한에 민사소송을 제기하였다(손해배상금 ₩50,000). ㈜대한은 그 책임에 대해 이의를 제기하였다. 회사의 자문 법무법인은 20X1년 12월 31일로 종료하는 연차 재무제표의 발행승인일까지는 ㈜대한에 책임이 있는지 밝혀지지 않을 가능성이 높다고 조언하였다.

상기 사건들에 대하여, 20X1년 말 ㈜대한의 재무상태표에 표시되는 충당부채는 얼마인가? 단, 기초잔액은 없는 것으로 가정한다.

① ₩150,000   ② ₩140,000   ③ ₩100,000

④ ₩90,000   ⑤ ₩0

21. 기업회계기준서 제1115호 '고객과의 계약에서 생기는 수익'에 대한 다음 설명 중 옳은 것은?

① 일반적으로 고객과의 계약에는 기업이 고객에게 이전하기로 약속하는 재화나 용역을 분명히 기재한다. 따라서 고객과의 계약에서 식별되는 수행의무는 계약에 분명히 기재한 재화나 용역에만 한정된다.

② 고객에게 재화나 용역을 이전하는 활동은 아니지만 계약을 이행하기 위해 수행해야 한다면, 그 활동은 수행의무에 포함된다.

③ 수행의무를 이행할 때(또는 이행하는 대로), 그 수행의무에 배분된 거래가격(변동대가 추정치 중 제약받는 금액을 포함)을 수익으로 인식한다.

④ 거래가격은 고객에게 약속한 재화나 용역을 이전하고 그 대가로 기업이 받을 권리를 갖게 될 것으로 예상하는 금액이며, 제삼자를 대신해서 회수한 금액도 포함한다.

⑤ 거래가격의 후속 변동은 계약 개시시점과 같은 기준으로 계약상 수행의무에 배분한다. 따라서 계약을 개시한 후의 개별 판매가격 변동을 반영하기 위해 거래가격을 다시 배분하지는 않는다.

22. ㈜대한은 ㈜민국 소유의 토지에 건물을 건설하기로 ㈜민국과 계약을 체결하였다. 그 계약의 내용 및 추가정보는 다음과 같다.

> • ㈜민국은 계약 개시일부터 30일 이내에 ㈜대한이 토지에 접근할 수 있게 한다.
> • 해당 토지에 ㈜대한의 접근이 지연된다면(불가항력적인 사유 포함), 지연의 직접적인 결과로 들인 실제원가에 상당하는 보상을 ㈜대한이 받을 권리가 있다.
> • 계약 개시 후에 생긴 그 지역의 폭풍 피해 때문에 ㈜대한은 계약 개시 후 120일이 지나도록 해당 토지에 접근하지 못하였다.
> • ㈜대한은 청구의 법적 기준을 검토하고, 관련 계약 조건을 기초로 집행할 수 있는 권리가 있다고 판단하였다.
> • ㈜대한은 계약변경에 따라 ㈜민국에게 재화나 용역을 추가로 제공하지 않고 계약변경 후에도 나머지 재화와 용역 모두는 구별되지 않으며 단일 수행의무를 구성한다고 판단하였다.
> • ㈜대한은 계약 조건에 따라 지연의 결과로 들인 특정 직접원가를 제시할 수 있으며, 청구를 준비하고 있다.
> • ㈜민국은 ㈜대한의 청구에 처음에는 동의하지 않았다.

계약변경과 관련하여 상기 거래에 대한 다음 설명 중 옳지 않은 것은?

① 계약변경은 서면이나 구두 합의, 또는 기업의 사업 관행에서 암묵적으로 승인될 수 있다.

② ㈜대한과 ㈜민국이 계약변경 범위에 다툼이 있더라도, 계약변경은 존재할 수 있다.

③ ㈜대한과 ㈜민국이 계약 범위의 변경을 승인하였지만 아직 이에 상응하는 가격 변경을 결정하지 않았다면, 계약변경은 존재할 수 없다.

④ ㈜대한과 ㈜민국은 계약변경으로 신설되거나 변경되는 권리와 의무를 집행할 수 있는지를 판단할 때에는 계약 조건과 그 밖의 증거를 포함하여 관련 사실 및 상황을 모두 고려한다.

⑤ ㈜대한은 계약변경에 대해 거래가격과 수행의무의 진행률을 새로 수정하여 그 계약변경은 기존 계약의 일부인 것처럼 회계처리한다.

23. 다음은 ㈜대한의 20X1년과 20X2년의 수취채권, 계약자산, 계약부채에 대한 거래이다.

- ㈜대한은 고객에게 제품을 이전하기로 한 약속을 수행의무로 식별하고, 제품을 고객에게 이전할 때 각 수행의무에 대한 수익을 인식한다.
- ㈜대한은 20X2년 1월 31일에 ㈜민국에게 제품A를 이전하는 취소 불가능 계약을 20X1년 10월 1일에 체결하였다. 계약에 따라 ㈜민국은 20X1년 11월 30일에 대가 ₩1,000 전액을 미리 지급하여야 하나 ₩300만 지급하였고, 20X2년 1월 15일에 잔액 ₩700을 지급하였다. ㈜대한은 20X2년 1월 31일에 제품A를 ㈜민국에게 이전하였다.
- ㈜대한은 ㈜만세에게 제품B와 제품C를 이전하고 그 대가로 ₩1,000을 받기로 20X1년 10월 1일에 계약을 체결하였다. 계약에서는 제품B를 먼저 인도하도록 요구하고, 제품B의 인도 대가는 제품C의 인도를 조건으로 한다고 기재되어 있다. ㈜대한은 제품의 상대적 개별 판매가격에 기초하여 제품B에 대한 수행의무에 ₩400을, 제품C에 대한 수행의무에 ₩600을 배분한다. ㈜대한은 ㈜만세에게 20X1년 11월 30일에 제품B를, 20X2년 1월 31일에 제품C를 각각 이전하였다.

상기 거래에 대하여, 20X1년 12월 31일 현재 ㈜대한의 수취채권, 계약자산, 계약부채 금액은 각각 얼마인가? 단, 기초잔액은 없는 것으로 가정한다.

	수취채권	계약자산	계약부채
①	₩0	₩400	₩0
②	₩400	₩0	₩0
③	₩700	₩400	₩1,000
④	₩1,000	₩400	₩1,000
⑤	₩1,100	₩0	₩1,000

24. 기업회계기준서 제1116호 '리스'에 대한 다음 설명 중 옳은 것은?

① 리스기간이 12개월 이상이고 기초자산이 소액이 아닌 모든 리스에 대하여 리스이용자는 자산과 부채를 인식하여야 한다.

② 일부 예외적인 경우를 제외하고, 단기리스나 소액 기초자산 리스를 이용하는 리스이용자는 해당 리스에 관련되는 리스료를 리스기간에 걸쳐 정액 기준이나 다른 체계적인 기준에 따라 비용으로 인식할 수 있다.

③ 리스이용자의 규모, 특성, 상황이 서로 다르기 때문에, 기초자산이 소액인지는 상대적 기준에 따라 평가한다.

④ 단기리스에 대한 리스회계처리 선택은 리스별로 적용해야 한다.

⑤ 소액 기초자산 리스에 대한 리스회계처리 선택은 기초자산의 유형별로 적용해야 한다.

25. ㈜대한리스는 20X1년 1월 1일 ㈜민국과 다음과 같은 금융리스계약을 약정과 동시에 체결하였다.

- 리스개시일 : 20x1년 1월 1일
- 리스기간 : 20x1년 1월 1일 ~ 20x3년 12월 31일(3년)
- 연간 정기리스료 : 매년 말 ₩500,000 후급
- 리스자산의 공정가치는 ₩1,288,530이고 내용연수는 4년이다. 내용연수 종료시점에 잔존가치는 없으며, ㈜민국은 정액법으로 감가상각한다.
- ㈜민국은 리스기간 종료시점에 ₩100,000에 리스자산을 매수할 수 있는 선택권을 가지고 있고, 그 선택권을 행사할 것이 리스약정일 현재 상당히 확실하다. 동 금액은 선택권을 행사할 수 있는 날(리스기간 종료시점)의 공정가치보다 충분히 낮을 것으로 예상되는 가격이다.
- ㈜대한리스와 ㈜민국이 부담한 리스개설직접원가는 각각 ₩30,000과 ₩20,000이다.
- ㈜대한리스는 상기 리스를 금융리스로 분류하고, ㈜민국은 리스개시일에 사용권자산과 리스부채를 인식한다.
- 리스의 내재이자율은 연 10%이며, 그 현가계수는 아래 표와 같다.

기간	단일금액 ₩1의 현재가치	정상연금 ₩1의 현재가치
3년	0.7513	2.4868
4년	0.6830	3.1698

상기 리스거래가 ㈜대한리스와 ㈜민국의 20X1년도 당기순이익에 미치는 영향은? 단, 단수차이로 인해 오차가 있다면 가장 근사치를 선택한다.

	㈜대한리스	㈜민국
①	₩131,853 증가	₩466,486 감소
②	₩131,853 증가	₩481,486 감소
③	₩131,853 증가	₩578,030 감소
④	₩134,853 증가	₩466,486 감소
⑤	₩134,853 증가	₩481,486 감소

26. 기업회계기준서 제1103호 '사업결합'에 대한 다음 설명 중 옳지 않은 것은?

① 사업이라 함은 투입물, 산출물 및 산출물을 창출할 수 있는 과정으로 구성되며 이 세 가지 요소 모두 사업의 정의를 충족하기 위한 통합된 집합에 반드시 필요하다.

② 공동약정 자체의 재무제표에서 공동약정의 구성에 대한 회계처리에는 기업회계기준서 제1103호 '사업결합'을 적용하지 않는다.

③ 동일 지배하에 있는 기업이나 사업 간의 결합에는 기업회계기준서 제1103호 '사업결합'을 적용하지 않는다.

④ 일반적으로 지배력을 획득한 날이라 함은 취득자가 법적으로 대가를 이전하여, 피취득자의 자산을 취득하고 부채를 인수한 날인 종료일이다.

⑤ 취득자가 피취득자에게 대가를 이전하지 않더라도 사업결합이 이루어질 수 있다.

27. ㈜대한은 20X1년 7월 1일 ㈜민국의 A부문을 ₩450,000에 인수하였다. 다음은 20X1년 7월 1일 현재 ㈜민국의 A부문 현황이다. A부문에 귀속되는 부채는 없다.

	A부문	
㈜민국	20X1년 7월 1일 현재	(단위 : ₩)
계정과목	장부금액	공정가치
토 지	200,000	220,000
건 물	150,000	200,000
기 계 장 치	50,000	80,000
	400,000	

공정가치는 실제보다 과대평가되지 않았다. 20X1년 7월 1일 현재 건물과 기계장치의 잔존 내용연수는 각각 10년과 5년이며 모두 잔존가치 없이 정액법으로 감가상각한다. 20X1년 말까지 ㈜대한은 동 자산들을 보유하고 있으며 손상징후는 없다. 취득일 현재 ㈜민국의 A부문에 표시된 자산 외에 추가적으로 식별가능한 자산은 없으며 20X1년 말까지 다른 거래는 없다.

㈜민국의 A부문이 (가)별도의 사업을 구성하고 ㈜대한이 지배력을 획득하여 사업결합 회계처리를 하는 상황과 (나)별도의 사업을 구성하지 못하여 ㈜대한이 자산 집단을 구성하는 각 자산의 취득원가를 결정하기 위한 회계처리를 하는 상황으로 나눈다. 각 상황이 20X1년 7월 1일부터 20X1년 12월 31일까지 ㈜대한의 당기순이익에 미치는 영향은 각각 얼마인가?

	(가)	(나)
①	₩32,000 증가	₩16,200 감소
②	₩32,000 감소	₩16,200 감소
③	₩18,000 감소	₩32,400 감소
④	₩18,000 증가	₩32,400 증가
⑤	₩18,000 감소	₩32,400 증가

28. 기업회계기준서 제1027호 '별도재무제표'에 대한 다음 설명 중 옳지 않은 것은?

① 별도재무제표를 작성할 때, 종속기업, 공동기업, 관계기업에 대한 투자자산은 원가법, 기업회계기준서 제1109호 '금융상품'에 따른 방법, 제1028호 '관계기업과 공동기업에 대한 투자'에서 규정하고 있는 지분법 중 하나를 선택하여 회계처리한다.

② 종속기업, 공동기업, 관계기업으로부터 받는 배당금은 기업이 배당을 받을 권리가 확정되는 시점에 투자자산의 장부금액에서 차감하므로 당기손익으로 반영되는 경우는 없다.

③ 종속기업, 관계기업, 공동기업 참여자로서 투자지분을 소유하지 않은 기업의 재무제표는 별도재무제표가 아니다.

④ 기업회계기준서 제1109호 '금융상품'에 따라 회계처리하는 투자의 측정은 매각예정이나 분배예정으로 분류되는 경우라 하더라도 기업회계기준서 제1105호 '매각예정비유동자산과 중단영업'을 적용하지 않는다.

⑤ 기업회계기준서 제1110호 '연결재무제표'에 따라 연결이 면제되는 경우, 그 기업의 유일한 재무제표로서 별도재무제표만을 재무제표로 작성할 수 있다.

※ 다음 자료를 이용하여 29번과 30번에 답하시오.

㈜대한은 20X1년 초에 ㈜민국의 보통주 30%를 ₩350,000에 취득하여 유의적인 영향력을 행사하고 있으며 지분법을 적용하여 회계처리한다. 20X1년 초 현재 ㈜민국의 순자산 장부금액과 공정가치는 동일하게 ₩1,200,000이다.

〈추가자료〉

• 다음은 ㈜대한과 ㈜민국 간의 20X1년 재고자산 내부거래 내역이다.

판매회사 → 매입회사	판매회사 매출액	판매회사 매출원가	매입회사 장부상 기말재고
㈜대한 → ㈜민국	₩25,000	₩20,000	₩17,500

• 20X2년 3월 31일 ㈜민국은 주주에게 현금배당금 ₩10,000을 지급하였다.
• 20X2년 중 ㈜민국은 20X1년 ㈜대한으로부터 매입한 재고자산을 외부에 모두 판매하였다.
• 다음은 ㈜민국의 20X1년도 및 20X2년도 포괄손익계산서 내용의 일부이다.

구분	20X1년	20X2년
당기순이익	₩100,000	₩(-)100,000
기타포괄이익	₩50,000	₩110,000

---

29. 20X1년 말 현재 ㈜대한의 재무상태표에 표시되는 ㈜민국에 대한 지분법적용투자주식 기말 장부금액은 얼마인가?

① ₩403,950   ② ₩400,000   ③ ₩395,000

④ ₩393,950   ⑤ ₩350,000

30. 지분법 적용이 ㈜대한의 20X2년도 당기순이익에 미치는 영향은 얼마인가?

① ₩18,950 감소   ② ₩28,950 감소   ③ ₩33,950 증가

④ ₩38,950 증가   ⑤ ₩38,950 감소

㈜대한은 20X1년 초에 ㈜민국의 보통주 80%를 ₩1,200,000에 취득하여 지배력을 획득하였다. 지배력 획득시점의 ㈜민국의 순자산 장부금액은 공정가치와 동일하다. 다음은 지배력 획득일 현재 ㈜민국의 자본 내역이다.

㈜민국	20X1년 1월 1일
보통주자본금(주당 액면금액 ₩100)	₩500,000
자본잉여금	200,000
이익잉여금	800,000
	₩1,500,000

〈추가자료〉

· 20X1년과 20X2년 ㈜대한과 ㈜민국 간의 재고자산 내부거래는 다음과 같다. 매입회사 장부상 남아있는 각 연도말 재고자산은 다음 회계연도에 모두 외부에 판매되었다.

연도	판매회사 → 매입회사	판매회사 매출액	판매회사 매출원가	매입회사 장부상 기말재고
20x1	㈜대한 → ㈜민국	₩80,000	₩64,000	₩40,000
20x1	㈜민국 → ㈜대한	₩50,000	₩40,000	₩15,000
20x2	㈜대한 → ㈜민국	₩100,000	₩70,000	₩40,000
20x2	㈜민국 → ㈜대한	₩80,000	₩60,000	₩20,000

· ㈜대한은 20X1년 4월 1일에 보유 토지 ₩90,000을 ㈜민국에게 ₩110,000에 매각하였다. ㈜대한과 ㈜민국은 20X2년 12월 말부터 보유 토지에 대해 재평가모형을 적용하기로 함에 따라 ㈜민국은 ㈜대한으로부터 매입한 토지를 ₩120,000으로 재평가하였다.

· ㈜대한의 20X1년과 20X2년 당기순이익은 각각 ₩300,000과 ₩200,000이며, ㈜민국의 20X1년과 20X2년 당기순이익은 각각 ₩80,000과 ₩100,000이다.

· ㈜대한의 별도재무제표상 ㈜민국의 주식은 원가법으로 표시되어 있다. 연결재무제표 작성 시 비지배지분은 종속기업의 식별가능한 순자산 공정가치에 비례하여 결정한다.

31. 20X1년 말 ㈜대한의 연결재무상태표에 표시되는 비지배지분은 얼마인가?

① ₩300,000   ② ₩313,800   ③ ₩315,400

④ ₩316,000   ⑤ ₩319,800

32. ㈜대한의 20X2년도 연결포괄손익계산서에 표시되는 지배기업소유주귀속당기순이익과 비지배지분귀속당기순이익은 각각 얼마인가?

	지배기업소유주귀속 당기순이익	비지배지분귀속 당기순이익
①	₩264,400	₩18,400
②	₩264,400	₩19,000
③	₩264,400	₩19,600
④	₩274,400	₩19,600
⑤	₩274,400	₩21,600

33. ㈜대한은 20X1년 1월 1일 ㈜민국의 보통주 80%를 ₩450,000에 취득하여 지배력을 획득하였으며, 동일자에 ㈜민국은 ㈜만세의 주식 60%를 ₩200,000에 취득하여 지배력을 획득하였다. 지배력 획득시점에 ㈜민국과 ㈜만세의 순자산 공정가치와 장부금액은 동일하다. 다음은 지배력 획득시점 이후 20X1년 말까지 회사별 순자산 변동내역이다.

구분	㈜대한	㈜민국	㈜만세
20X1. 1. 1.	₩800,000	₩420,000	₩300,000
별도(개별)재무제표상 당기순이익	100,000	80,000	50,000
20X1. 12. 31.	₩900,000	₩500,000	₩350,000

20X1년 7월 1일 ㈜대한은 ㈜민국에게 장부금액 ₩150,000인 기계장치를 ₩170,000에 매각하였다. 매각시점에 기계장치의 잔존 내용연수는 5년, 정액법으로 상각하며 잔존가치는 없다. 20X1년 중 ㈜민국이 ㈜만세에게 판매한 재고자산 매출액은 ₩100,000(매출총이익률은 30%)이다. 20X1년 말 현재 ㈜만세는 ㈜민국으로부터 매입한 재고자산 중 40%를 보유하고 있다.

㈜대한과 ㈜민국은 종속회사 투자주식을 별도재무제표상 원가법으로 표시하고 있다. ㈜대한의 20X1년도 연결포괄손익계산서에 표시되는 비지배지분귀속당기순이익은 얼마인가? 단, 연결재무제표 작성 시 비지배지분은 종속기업의 식별가능한 순자산 공정가치에 비례하여 결정한다.

① ₩19,600 ② ₩20,000 ③ ₩38,600

④ ₩39,600 ⑤ ₩49,600

34. ㈜대한(기능통화와 표시통화는 원화(₩))은 20X1년 1월 1일에 일본소재 기업인 ㈜동경(기능통화는 엔화(¥))의 보통주 80%를 ¥80,000에 취득하여 지배력을 획득하였다. 지배력 획득일 현재 ㈜동경의 순자산 장부금액과 공정가치는 ¥90,000으로 동일하다. ㈜동경의 20X1년도 당기순이익은 ¥10,000이며 수익과 비용은 연중 균등하게 발생하였다. 20X1년 말 ㈜동경의 재무제표를 표시통화인 원화로 환산하는 과정에서 대변에 발생한 외환차이는 ₩19,000이다. ㈜동경은 종속회사가 없으며, 20X1년의 환율정보는 다음과 같다.

(환율 : ₩/¥)

20X1년 1월 1일	20X1년 12월 31일	20X1년 평균
10.0	10.2	10.1

㈜대한은 ㈜동경 이외의 종속회사는 없으며 지배력 획득일 이후 ㈜대한과 ㈜동경 간의 내부거래는 없다. 기능통화와 표시통화는 초인플레이션 경제의 통화가 아니며, 위 기간에 환율의 유의한 변동은 없었다. 20X1년 말 ㈜대한의 연결재무상태표상 영업권 금액과 비지배지분 금액은 각각 얼마인가? 단, 연결재무제표 작성 시 비지배지분은 종속기업의 식별가능한 순자산 공정가치에 비례하여 결정한다.

	영업권	비지배지분
①	₩80,000	₩190,000
②	₩80,800	₩204,000
③	₩81,600	₩204,000
④	₩81,600	₩206,000
⑤	₩82,000	₩206,000

35. 기업회계기준서 제1109호 '금융상품'에 대한 다음 설명 중 옳지 않은 것은?

① 인식된 자산이나 부채, 인식되지 않은 확정계약, 예상거래나 해외사업장순투자는 위험회피대상항목이 될 수 있다. 이 중 위험회피대상항목이 예상거래(또는 예상거래의 구성요소)인 경우 그 거래는 발생 가능성이 매우 커야 한다.

② 사업결합에서 사업을 취득하기로 하는 확정계약은 외화위험을 제외하고는 위험회피대상항목이 될 수 없다. 그러나 지분법적용투자주식과 연결대상 종속기업에 대한 투자주식은 공정가치위험회피의 위험회피대상항목이 될 수 있다.

③ 해외사업장순투자의 위험회피에 대한 회계처리 시, 위험회피수단의 손익 중 위험회피에 효과적인 것으로 결정된 부분은 기타포괄손익으로 인식하고 비효과적인 부분은 당기손익으로 인식한다.

④ 현금흐름위험회피가 위험회피회계의 적용조건을 충족한다면 위험회피대상항목과 관련된 별도의 자본요소(현금흐름위험회피적립금)는 (가)위험회피 개시 이후 위험회피수단의 손익누계액과 (나)위험회피 개시 이후 위험회피대상항목의 공정가치(현재가치) 변동 누계액 중 적은 금액(절대금액 기준)으로 조정한다.

⑤ 외화위험회피의 경우 비파생금융자산이나 비파생금융부채의 외화위험 부분은 위험회피수단으로 지정할 수 있다. 다만, 공정가치의 변동을 기타포괄손익으로 표시하기로 선택한 지분상품의 투자는 제외한다.

36. 「국가회계기준에 관한 규칙」에서 정하는 자산과 부채의 평가에 대한 다음 설명 중 옳지 않은 것은?

① 사회기반시설 중 관리·유지 노력에 따라 취득 당시의 용역 잠재력을 그대로 유지할 수 있는 시설에 대해서는 감가상각하지 아니하고 관리·유지에 투입되는 비용으로 감가상각비용을 대체할 수 있다. 다만, 효율적인 사회기반시설 관리시스템으로 사회기반시설의 용역 잠재력이 취득 당시와 같은 수준으로 유지된다는 것이 객관적으로 증명되는 경우로 한정한다.

② 재정상태표에 표시하는 부채의 가액은 「국가회계기준에 관한 규칙」에서 따로 정한 경우를 제외하고는 원칙적으로 만기상환가액으로 평가한다.

③ 투자목적의 장기투자증권 또는 단기투자증권인 경우에는 재정상태표일 현재 신뢰성 있게 공정가액을 측정할 수 있으면 그 공정가액으로 평가하며, 장부가액과 공정가액의 차이금액은 순자산변동표에 조정항목으로 표시한다.

④ 일반유형자산 및 사회기반시설의 내용연수를 연장시키거나 가치를 실질적으로 증가시키는 지출은 자산의 증가로 회계처리하고, 원상회복시키거나 능률유지를 위한 지출은 비용으로 회계처리한다.

⑤ 장기연불조건의 거래, 장기금전대차거래 또는 이와 유사한 거래에서 발생하는 채권·채무로서 명목가액과 현재가치의 차이가 중요한 경우에도 명목가액으로 평가한다.

37. 「국가회계기준에 관한 규칙」에 대한 다음 설명 중 옳지 않은 것은?

① 무형자산은 해당 자산의 개발원가 또는 매입가액에 부대비용을 더한 금액을 취득원가로 하여 평가하며, 정액법에 따라 해당 자산을 사용할 수 있는 시점부터 합리적인 기간 동안 상각한다. 이 경우 상각기간은 독점적·배타적인 권리를 부여하고 있는 관계 법령이나 계약에서 정한 경우를 제외하고는 20년을 초과할 수 없다.

② 재고자산의 시가가 취득원가보다 낮은 경우에는 시가를 재정상태표 가액으로 한다. 이 경우 원재료 외의 재고자산의 시가는 순실현가능가액을 말하며, 생산과정에 투입될 원재료의 시가는 현재 시점에서 매입하거나 재생산하는 데 드는 현행대체원가를 말한다.

③ 중앙관서 또는 기금의 재정운영표를 통합하여 작성하는 국가의 재정운영표는 내부거래를 제거하여 작성하되 재정운영순원가, 비교환수익 등 및 재정운영결과로 구분하여 표시하고, 재정운영결과는 각 중앙관서별로 구분하여 표시한다.

④ 화폐성 외화자산과 화폐성 외화부채는 재정상태표일 현재의 적절한 환율로 평가한다. 이에 따라 발생하는 환율변동효과는 외화평가손실 또는 외화평가이익의 과목으로 하여 재정운영순원가에 반영한다.

⑤ 보증충당부채는 보증약정 등에 따른 피보증인인 주채무자의 채무불이행에 따라 국가회계실체가 부담하게 될 추정 순현금유출액의 현재가치로 평가한다.

38. 「국가회계기준에 관한 규칙」과 「지방자치단체 회계기준에 관한 규칙」에 대한 다음 설명 중 옳지 않은 것은?

① 국가의 우발자산은 과거의 거래나 사건으로 발생하였으나 국가회계실체가 전적으로 통제할 수 없는 하나 이상의 불확실한 미래 사건의 발생 여부로만 그 존재 유무를 확인할 수 있는 잠재적 자산을 말하며, 경제적 효익의 유입 가능성이 매우 높은 경우 주석에 공시한다.

② 국가의 일반유형자산 및 사회기반시설에 대한 사용수익권은 재정상태표에 부채로 표시한다.

③ 국가의 자산은 유동자산, 투자자산, 일반유형자산, 사회기반시설, 무형자산 및 기타 비유동자산으로 구분하여 재정상태표에 표시하고, 지방자치단체의 자산은 유동자산, 투자자산, 일반유형자산, 주민편의시설, 사회기반시설, 기타비유동자산으로 분류한다.

④ 지방자치단체의 기타비유동부채는 유동부채와 장기차입부채에 속하지 아니하는 부채로서 퇴직급여충당부채, 장기예수보증금, 장기선수수익 등을 말한다.

⑤ 지방자치단체의 장기투자증권은 매입가격에 부대비용을 더하고 이에 종목별로 총평균법을 적용하여 산정한 취득원가로 평가함을 원칙으로 한다.

39. 「지방회계법」 및 「지방자치단체 회계기준에 관한 규칙」에 대한 다음 설명 중 옳지 않은 것은?

① 미수세금은 합리적이고 객관적인 기준에 따라 평가하여 대손충당금을 설정하고 이를 미수세금 금액에서 차감하는 형식으로 표시한다.

② 「지방회계법」에 따른 재무제표는 지방회계기준에 따라 작성하여야 하고, 「공인회계사법」에 따른 공인회계사의 검토의견을 첨부하여야 한다.

③ 교환거래로 생긴 수익은 재화나 서비스 제공의 반대급부로 생긴 사용료, 수수료 등으로서 수익창출활동이 끝나고 그 금액을 합리적으로 측정할 수 있을 때에 인식한다.

④ 지방자치단체의 회계처리와 재무보고는 발생주의·복식부기 방식에 의하며, 예산회계와 재무회계의 차이에 대한 명세서는 주석으로 공시한다.

⑤ 지방자치단체의 장은 회계처리를 적정하게 하고, 공무원의 부정·비리를 예방하기 위하여 「지방회계법」에 따른 회계책임관으로 하여금 회계관계공무원의 회계처리에 관한 사항 등을 관리·감독하는 등 내부통제를 하게 하여야 한다.

40. 다음은 중앙관서 A부처의 20X1회계연도 재무제표 작성을 위하여 수집한 회계자료이다.

- 기초순자산은 ₩10,000(기본순자산 ₩2,000, 적립금 및 잉여금 ₩7,000, 순자산조정 ₩1,000)이다.
- 프로그램총원가 ₩35,000과 프로그램수익 ₩15,000이 발생하였다.
- 행정운영을 위해 발생한 인건비 ₩7,000과 경비 ₩3,000은 모두 관리운영비로 인식한다.
- 제재금수익은 ₩3,000, 국고수입은 ₩14,000, 비배분수익은 ₩8,000, 부담금수익은 ₩9,000이다.
- 비배분비용은 ₩6,000, 국고이전지출은 ₩2,000이다.
- 파생상품에서 발생한 평가손실은 ₩4,000이며 이것은 미래예상거래의 현금흐름변동위험을 회피하는 계약에서 발생한 것이다.

A부처는 일반회계만으로 구성되었고, 재무제표 작성과정에서 상계할 내부거래는 없으며, 상기 제시된 자료 이외의 항목은 없다고 가정한다. A부처의 20x1회계연도 재무제표에 대한 설명으로 옳지 않은 것은?

① A부처의 재정운영표에 표시되는 재정운영순원가는 ₩28,000이다.

② A부처의 재정운영표에 표시되는 재정운영결과는 ₩28,000이다.

③ A부처의 순자산변동표에서 재원의 조달 및 이전란에 표시되는 금액은 ₩24,000이다.

④ A부처의 순자산변동표상 기말 적립금 및 잉여금은 ₩3,000이다.

⑤ A부처의 순자산변동표상 기말순자산은 ₩58,000이다.

41. ㈜대한은 정상개별원가계산을 사용하고 있으며, 제조간접원가 배부기준은 기본원가(prime costs)이다. 20X1년 제조간접원가 예정배부율은 기본원가의 40%이었다. 20X1년도 생산 및 판매 자료는 다음과 같다.

(1) 기초재고자산 중 재공품 및 제품의 작업별 원가는 다음과 같다.

항목	기초재공품		기초제품
	작업#102	작업#103	작업#101
기본원가	₩4,000	₩3,500	₩5,000
제조간접원가	2,000	1,750	2,500
합계	₩6,000	₩5,250	₩7,500

(2) 당기에 작업 #102와 #103에 소비된 기본원가는 각각 ₩1,500과 ₩1,000이었다.

(3) 당기에 신규로 착수된 작업은 없었고, 작업 #102와 #103은 완성되었다.

(4) 당기에 작업 #101과 #102는 각각 ₩8,300과 ₩10,000에 판매되었다.

(5) 당기에 제조간접원가 실제발생액은 ₩1,250이었다.

(6) ㈜대한은 배부차이를 원가요소기준비례배부법으로 조정한다.

배부차이 조정 후 매출총이익은 얼마인가?

① ₩2,210   ② ₩2,320   ③ ₩2,440

④ ₩2,520   ⑤ ₩2,550

42. ㈜대한은 결합공정과 추가공정을 통해 제품을 생산하며, 분리점에서 순실현가능가치를 기준으로 결합원가를 배부한다. 20X1년의 생산 및 원가자료는 다음과 같다.

> (1) 제1공정
> 제1공정에서는 원재료를 투입하여 제품A 100단위와 제품B 300단위를 생산하였으며, 결합원가는 총 ₩40,000이었다. 제품A는 단위당 ₩200에 판매되고, 제품B는 제2공정에서 추가가공을 거쳐 제품C로 판매된다.
>
> (2) 제2공정
> 당기에 제1공정으로부터 대체된 제품B는 제품C 280단위로 생산되었으며, 추가가공원가는 총 ₩12,400이었다. 제품C의 단위당 판매가격은 ₩150이다. 제품B를 제품C로 추가 가공하는 과정에서 부산물 20단위가 생산되었다. 부산물은 단위당 ₩20에 즉시 판매할 수 있다. 부산물은 생산시점에 순실현가능가치로 인식한다.

제품C의 총제조원가는 얼마인가? 단, 각 공정의 기초 및 기말 재공품은 없다.

① ₩35,600　　　　② ₩36,000　　　　③ ₩36,400
④ ₩36,700　　　　⑤ ₩37,000

43. ㈜대한은 20X1년 초에 설립되었으며 단일제품을 생산한다. 20X1년과 20X2년에 전부원가계산에 의한 영업활동 결과는 다음과 같다.

항목	20X1년	20X2년
생산량	100단위	120단위
판매량	80단위	110단위
매출액	₩24,000	₩33,000
매출원가	17,600	22,400
매출총이익	₩6,400	₩10,600
판매관리비	5,600	6,200
영업이익	₩800	₩4,400

㈜대한은 재공품 재고를 보유하지 않으며, 원가흐름 가정은 선입선출법이다. 20X2년도 변동원가계산에 의한 영업이익은 얼마인가? 단, 두 기간의 단위당 판매가격, 단위당 변동제조원가, 고정제조간접원가, 단위당 변동판매관리비, 고정판매관리비는 동일하다.

① ₩3,200　　　　② ₩3,400　　　　③ ₩3,600
④ ₩3,800　　　　⑤ ₩4,200

44. ㈜대한은 표준종합원가계산을 사용하고 있다. 정상공손이 반영되기 전의 제품 단위당 표준원가는 다음과 같다.

항목	제품 단위당 표준원가
직접재료원가	₩20
전환원가	30
합계	₩50

직접재료는 공정초에 모두 투입되며, 전환원가는 공정 전반에 걸쳐 평균적으로 발생한다. 당기의 생산활동에 관한 자료는 다음과 같다.

항목	물량	전환원가 완성도
기초재공품	300단위	50%
기말재공품	500	80%
완성품	2,000	
공손품	100	

㈜대한은 공정의 60% 시점에서 품질검사를 실시하며, 당기에 검사를 통과한 합격품의 2%를 정상공손으로 허용한다. 정상공손원가는 합격품원가에 가산하고 비정상공손원가는 기간비용으로 처리한다. 정상공손원가 배부 후 표준원가로 기록된 완성품원가와 기말재공품원가는 각각 얼마인가? 단, 전기와 당기의 단위당 표준원가는 동일하고, 공손품은 전량 폐기된다.

	완성품원가	기말재공품원가
①	₩101,000	₩21,380
②	₩101,000	₩22,000
③	₩101,520	₩21,380
④	₩101,520	₩22,000
⑤	₩101,520	₩22,380

45. 표준원가계산제도를 사용하고 있는 ㈜대한은 보급형 스키를 뱃치(batch) 단위로 생산한다. 제품 1뱃치를 생산할 때마다 새로운 작업준비를 해야 한다. 변동작업준비원가는 모두 작업준비활동으로 인해 발생하는 원가이며, 원가동인은 작업준비시간이다. 20X1년 초에 설정한 연간 예산자료와 20X1년 말에 수집한 실제결과는 다음과 같다.

항목	예산자료	실제결과
생산 및 판매량	10,000단위	11,000단위
뱃치크기(뱃치당 제품수량)	200단위	200단위
뱃치당 작업준비시간	1시간	0.8시간
변동작업준비원가 총액	₩1,500	₩1,100

20X1년도 변동작업준비원가에 대한 소비차이(spending variance)와 능률차이(efficiency variance)는 각각 얼마만큼 유리 또는 불리한가? 단, 기초 및 기말 재고자산은 없다.

	소비차이	능률차이
①	₩220 유리	₩330 유리
②	₩220 유리	₩330 불리
③	₩330 불리	₩220 유리
④	₩330 유리	₩220 유리
⑤	₩0	₩550 불리

46. ㈜대한은 제품A를 생산하며, 연간 최대생산능력은 10,000단위이다. ㈜대한은 20X1년 초에 제품A의 예상수요량인 9,500단위를 생산·판매하기로 하고 종합예산을 편성하였다. 제품A의 단위당 판매가격과 원가예산은 다음과 같다.

항목	단위당 금액
판매가격	₩40
직접재료원가	12
직접노무원가	5
제조간접원가	8
변동판매비	2

단위당 제조간접원가에는 단위당 변동원가 ₩5와 단위당 고정원가 ₩3(10,000단위 기준)이 포함되어 있다. 예산편성 직후에 ㈜대한은 ㈜민국으로부터 제품A 1,000단위를 단위당 ₩30에 공급해 달라는 특별주문을 받았다. ㈜민국의 특별주문량 1,000단위는 전량 수락하거나 거절해야 한다. ㈜대한이 ㈜민국에 제품A를 판매할 경우에는 단위당 변동판매비의 50%를 절감할 수 있다. 한편, ㈜대한은 ㈜만세로부터 제품A와 동일한 제품을 단위당 ₩25에 필요한 만큼 공급받을 수 있다. ㈜대한이 ㈜민국의 주문을 수락하면 ㈜대한의 예산영업이익은 얼마나 증가 또는 감소하는가? 단, ㈜대한은 이익을 극대화 하고자 한다.

① ₩4,000 감소   ② ₩4,000 증가   ③ ₩5,500 감소

④ ₩5,500 증가   ⑤ ₩6,000 증가

※ 다음 자료를 이용하여 47번과 48번에 답하시오.

㈜대한은 사업부 A와 B로 구성되어 있고, 각 사업부는 이익중심점으로 운영된다. 사업부A는 동일한 기계를 이용하여 성능이 다른 두 종류의 제품 X와 Y를 생산하며, 각 제품과 관련된 자료는 다음과 같다.

항목	제품X	제품Y
단위당 판매가격	₩40	₩7
단위당 직접재료원가	₩5	₩2
단위당 기타 변동제조원가	(단위당 1시간, 시간당 ₩10) ₩10	(단위당 0.2시간, 시간당 ₩10) ₩2
연간 외부수요량	20,000단위	30,000단위

〈주〉 상기 표에서 시간은 기계시간을 의미함

사업부A의 연간 고정제조간접원가는 ₩200,000이고, 연간 이용 가능한 기계시간은 25,000시간이다.

사업부B는 제품Q를 생산한다. 제품Q 1단위를 생산하기 위해서는 외부업체로부터 특수부품S 1단위를 단위당 ₩40에 구매해야 한다. 제품Q와 관련된 자료는 다음과 같다.

항목		제품Q
단위당 판매가격		₩100
단위당 직접재료원가	특수부품S	₩40
	일반부품G	₩10
단위당 기타 변동제조원가		₩20
연간 외부수요량		3,000단위

사업부B의 연간 고정제조간접원가는 ₩30,000이다. 사업부B는 외부수요를 충족할 만큼 충분한 생산능력을 갖추고 있다. 최근에 ㈜대한의 생산기술부서는 제품Q를 생산하기 위해 특수부품S 1단위 대신에 제품X 1단위를 투입할 수 있으며, 이러한 부품 교체가 제품Q의 단위당 판매가격, 단위당 일반부품G의 원가, 단위당 기타 변동제조원가, 외부수요량에 미치는 영향은 없다고 보고하였다. ㈜대한은 생산기술부서의 보고를 토대로 특수부품S를 사업부A의 제품X로 교체하는 방안을 고려하고 있다.

47. 특수부품S를 사업부A의 제품X로 교체할 경우, 회사전체의 영업이익은 얼마나 증가 또는 감소하는가?

① ₩30,000 증가   ② ₩30,000 감소   ③ ₩45,000 증가

④ ₩45,000 감소   ⑤ ₩50,000 증가

48. 특수부품S를 사업부A의 제품X로 교체할 경우, 사업부A가 현재의 영업이익을 감소시키지 않기 위해 사업부B에 제시할 수 있는 제품X의 단위당 최소판매가격은 얼마인가?

① ₩18   ② ₩20   ③ ₩24

④ ₩27   ⑤ ₩30

49. ㈜대한은 연속된 공정 A와 B를 거쳐서 완제품을 생산한다. 완제품의 단위당 판매가격은 ₩50이다. 직접재료원가 이외의 운영원가는 모두 고정원가로 간주한다. 20X1년에 공정별 생산 및 원가자료는 다음과 같다.

항목	공정A	공정B
시간당 생산능력	15단위	10단위
연간 이용가능시간	2,000시간	2,000시간
연간 생산량	20,000단위	20,000단위
단위당 직접재료원가	₩10	₩10
연간 고정운영원가	₩120,000	₩140,000

㈜대한은 공정B의 종료단계에서 품질검사를 실시한다. 당기 중에 공정B에서 불량품 100단위가 생산되었다면, 불량품 100단위로 인해 영업이익은 얼마나 감소하는가? 단, ㈜대한의 기초 및 기말 재고자산은 없으며, 불량품은 전량 폐기된다.

① ₩2,000   ② ₩2,500   ③ ₩3,000

④ ₩4,000   ⑤ ₩5,000

50. ㈜대한은 단일제품을 생산하며 20X1년의 판매가격 및 원가자료는 다음과 같다.

항목	단위당 금액
판매가격	₩50
변동제조원가	20
변동판매비	5

고정제조원가와 고정판매비는 각각 ₩20,000과 ₩10,000이다. ㈜대한의 경영자는 판매촉진을 위해 인터넷 광고를 하려고 한다. 인터넷 광고물 제작에는 ₩5,000의 고정판매비가 추가로 지출된다. 인터넷 광고를 하지 않을 경우 판매량은 1,200단위와 1,800단위 사이에서 균등분포(uniform distribution)를 이루고, 인터넷 광고를 하면 판매량은 1,500단위와 2,000단위 사이에서 균등하게 분포한다. ㈜대한이 인터넷 광고를 함으로써 기대영업이익은 얼마나 증가 또는 감소하는가?

① ₩0   ② ₩1,250 증가   ③ ₩1,250 감소

④ ₩2,250 증가   ⑤ ₩2,250 감소

제2부

정답 및 해설편

1장 CTA 회계학개론 기출문제

2장 CPA 회계학 기출문제

김용재 회계사, 세무사 1차 회계학 연도별 기출문제집

정답 및 해설

1장 CTA 회계학개론 기출문제

1. 2024년 CTA 회계학개론 기출문제

1.	③	6.	②	11.	④	16.	①	21.	③	26.	①	31.	③	36.	④
2.	②	7.	④	12.	④	17.	②	22.	③	27.	②	32.	④	37.	①
3.	①	8.	①	13.	⑤	18.	④	23.	④	28.	③	33.	③	38.	⑤
4.	⑤	9.	⑤	14.	④	19.	①	24.	②	29.	③	34.	①	39.	⑤
5.	⑤	10.	④	15.	①	20.	②	25.	②	30.	③	35.	②	40.	⑤

01. ①
회계변경 및
오류수정 말문제

ㄱ, ㄹ은 회계정책의 변경에 해당하지 않는다. ㅁ은 오류수정에 해당한다.

02. ②
자본유지개념

		명목화폐	불변구매력	실물자본
영업이익		이익: 40,000	이익: 20,000	이익: **15,000**
보유 이익	초과이익			자본유지조정 : **25,000**
	물가상승		100,000×20%=20,000	

총이익: (3,000−2,000)×40단위=40,000
자본유지조정: 100,000×(2,500−2,000)/2,000=25,000

03. ①
투자활동
현금흐름

	CF	=	관련 손익	−	△관련 자산	+	△관련 부채
투자활동	(30,000)		10,000 처분이익 (40,000) 감가상각비		(10,000) 기계장치		10,000 감누

04. ⑤
연속상환사채의
조건변경

(1) 현금흐름

	X1말	X2말	X3말	X4말	X5말
액면금액	200,000	200,000	200,000	200,000	200,000
액면이자	80,000	64,000	48,000	32,000	16,000
계	280,000	264,000	248,000	232,000	216,000

(2) 정답 찾기
① X1초 발행금액
  : 280,000×0.9091+264,000×0.8265+248,000×0.7513+232,000×0.6830+216,000×0.6209
  =951,637 (X)
② X2년도 이자비용: (951,637×1.1−280,000)×10%=76,680 (X)
③ X3년초 제거될 사채의 장부금액: (951,637×1.1−280,000)×1.1−264,000=579,481 (X)
④ X3년초 인식할 사채의 장부금액(12%, 3기): 600,000×0.7118=427,080 (X)
  − X3초 조건 변경 후 PV(10%, 3기): 600,000×0.7513=450,780

- 실질적 조건 변경 여부: 579,481×0.9=521,533〉450,780 (실질적 O)
⑤ 조건변경이익: 579,481−427,080=**152,401** (O)
  - 채무자이므로 이익을 인식한다.

05. ⑤
신주인수권부사채

① X1초 신주인수권대가: 11,160 (X)

사채	1,000,000×0.7513+50,000×2.4869	=875,645
할증금	150,000×0.7513	=112,695
자본		**11,660**
계		1,000,000

  - 상환할증금: 1,000,000×15%=150,000

② X1년도 이자비용: (875,645+112,695)×10%=98,834 (X)
③ X2초 행사 시 자본 증가액: (1,000,000+123,965)×40%=449,586 (X)
  - X2초 할증금 장부금액: 112,695×1.1=123,965
④ X2초 행사 후 사채 장부금액: 913,210+123,965×(1−40%)=987,589 (X)
  - X2초 사채 장부금액: 875,645×1.1−50,000=913,210
⑤ X2년도 이자비용: 987,589×10%=98,758 (O)

06. ②
주식기준보상-내재가치로 측정하는 경우

	명수	×개수	×금액	×1/n	=누적액	비용
X1	(100−5−12)	10	(53−50)	1/3	830	830
X2	(100−5−8−7)	10	(55−50)	2/3	2,667	1,836
X3	(100−5−8−15)	10	(60−50)	3/3	7,200	**4,533**
X4	(100−5−8−15)	10	(70−50)		14,400	7,200
	(100−5−8−15−40)	10	(70−50)		**6,400**	

주식선택권의 공정가치를 신뢰성 있게 측정할 수 없으므로, 매 보고기간 말과 결제일에 내재가치(주가−행사가격)로 측정하고, 내재가치 변동액은 비용으로 인식해야 한다.

07. ④
지배력

피투자자를 지배하기 위해서는 1)힘, 2)변동이익에 대한 노출 또는 권리, 3)힘을 사용하는 능력을 '모두' 가져야 한다. 이 중 하나만 갖고 있다면 지배할 수 없다.

08. ①
할인권

(1) 할인권의 개별 판매가격: 1,500×(30%−10%)×80%=240
  - 고객이 선택권을 행사하지 않고도 받을 수 있는 할인액(10%)과 선택권이 행사될 가능성(80%)을 모두 조정한다.

(2) 계약부채(할인권): 2,000×240/(2,000+240)=**214**

09. ⑤
재고자산 말문제

① 리베이트는 재고자산의 매입원가에서 **차감**한다.
② 정상신용조건의 매입가격과 실제 지급액 간의 차이는 **이자비용**으로 인식한다.
③ 확정판매계약 또는 용역계약을 이행하기 위하여 보유하는 재고자산의 순실현가능가치는 **계약가격**에 기

초한다.

④ 완성될 제품이 원가 이상으로 판매될 것으로 예상하는 경우에는 그 생산에 투입하기 위해 보유하는 원재료 및 기타 소모품을 **감액하지 아니한다.** 그러나 원재료 가격이 하락하여 제품의 원가가 순실현가능가치를 초과할 것으로 예상된다면 해당 원재료를 순실현가능가치로 **감액한다.** 결론이 뒤바뀌었다.

10. ④
원가흐름의 가정
& 저가법

(1) BQ 및 BP (총평균법)

BQ: 300－200＋300＋400－400＝400개

BP: (300개×@100＋300개×@120＋400개×@130)/1,000개＝@118

(2) 저가법 평가

BQ × BP	400개×@118＝47,200
감모손실	정상감모(80%): 2,832 비정상감모(20%): 708
AQ × BP	370개×@118
평가충당금	(2,960)
AQ × 저가	370개×@110＝40,700

AQ: 2,960/(118－110)＝370개

감모손실: 30개×@118＝3,540

(3) 매출원가

재고자산

기초(순액)	－	매출원가	76,592
		기타비용	708
매입	118,000	기말(순액)	40,700
계	118,000	계	118,000

11. ④
처분자산집단에
대한 손상차손

	재고자산	FVOCI	유형자산 I	유형자산 II	영업권	계
손상 전	1,000	1,000	1,000	3,000	1,000	7,000
영업권					(1,000)	(1,000)
손상 후	1,000	1,000	1,000	3,000	－	6,000
손상	－	－	(500)	(1,500)		(2,000)
손상 후	**1,000**	1,000	500	**1,500**		4,000

처분자산집단에 대한 손상차손은 1) 영업권을 먼저 제거한 후, 재고자산과 금융자산을 제외한 2) 유형자산에 잔여 손상차손을 배부하면 된다.

12. ④
투자부동산말문제

부분별로 분리하여 매각할 수 없다면 재화나 용역의 생산 또는 제공이나 관리목적에 사용하기 위하여 **보유하는 부분이 경미한 경우에만 해당 부동산을 투자부동산으로 분류한다.** 직접 사용 부분이 중요하면 투자부동산으로 분류할 수 없다.

13. ⑤
무형자산 말문제

무형자산 원가의 인식은 그 자산을 경영자가 의도하는 방식으로 운용될 수 있는 상태에 이르면 중지한다. 따라서 무형자산을 사용하거나 재배치하는 데 발생하는 원가는 **자산의 장부금액에 포함하지 않는다.**

14. ④
재평가모형 손상
차손

X2년도 당기비용: 감가상각비＋손상차손＝400＋140＝**540**

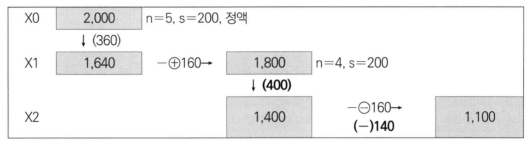

15. ①
정부보조금

X3년도 당기비용: (1)＋(2)＝**10,469**

(1) 감가상각비: (50,000－17,059)/5＝6,588
  － 정부보조금: 50,000×(10%－1%)×3.7908＝17,059

(2) 이자비용: {(32,940×1.1－500)×1.1－500}×10%＝3,881
  － X1초 차입금: 50,000×0.6209＋500×3.7908＝32,940

16. ①
차입원가 자본화

(1) X1년 자본화 차입원가: 3,075

X1		12.31		
4.1	100,000×9/12	＝75,000		
11.1	30,000×2/12	＝5,000		
	130,000	80,000		
특정	90,000×9/12	＝67,500	(3%)	→2,025
일시	(30,000)×3/12	＝(7,500)	(2%)	→(150)
일반	(80,000	－60,000)	(6%)	→1,200 (한도: 3,000)
				3,075
R	3,000/50,000＝6%			
B	60,000×8/12	＝40,000	(5%)	→2,000
C	30,000×4/12	＝10,000	(10%)	→1,000
계		50,000		3,000

(2) X2년 자본화 차입원가: 5,250

X2		10.31		
전기	130,000×10/12	=108,333		
2.1	20,000×9/12	=15,000		
7.1	20,000×4/12	=6,667		
		130,000		
특정	90,000×10/12	=75,000	(3%)	→2,250
일반	(130,000	−75,000)	(6%)	→3,300 (한도: 3,000)
				5,250
R	3,000/50,000=6%			
B	60,000×8/12	=40,000	(5%)	→2,000
C	30,000×4/12	=10,000	(10%)	→1,000
계		50,000		3,000

17. ②
충당부채의 계산

(1) 연도별 예상품질보증비
    X2년: 1,800×20%+3,000×50%+7,000×30%=3,960
    X3년: 3,000×30%+4,000×60%+5,000×10%=3,800

(2) X1말 제품보증충당부채: 3,960×0.9091+3,800×0.8264=**6,740**
    − 예상영업손실은 충당부채로 인식하지 않는다.

18. ④
교환

(1) 세무의 기계장치 공정가치: 7,000−1,000=6,000
    상업적실질이 있는데 처분손실 1,000을 인식하였으므로 구자산 공정가치는 구자산 장부금액보다
    1,000이 작은 6,000이다.

(2) 세무가 국세로부터 취득한 기계장치의 취득원가: 6,500

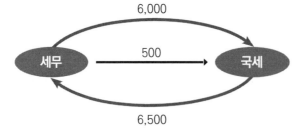

(3) X2년도 감가상각비: (7,500−500)×(3/6×6/12+2/6×6/12)=**2,917**
    − 취득원가: 6,500+500(설치장소 준비원가)+500(설치원가)=7,500
    − X1.7.1 취득, 내용연수 3년, 연수합계법 상각이므로 상각률은 3/6과 2/6이 반씩 적용된다.

19. ①
주당순이익

(1) n: 20,000

	1.1	4.1	9.1	계
주식수	10,000	2,000	(4,350)	
주식배당	+8,000			
무상증자	×1.1	×1.1		
가중평균	×12/12	×9/12	×4/12	
계	19,800	1,650	(1,450)	**20,000**

- 12.31에 전환된 보통주는 n 계산 시 무시한다.
- 무상증자로 보는 주식수: 4,000주×(10,000−5,000)/10,000=2,000
- 무상증자율: 2,000/20,000=10%

(2) 우선주 배당금: 5,000주×@5,000×10%=2,500,000
- 기중 전환된 우선주에 대해서는 전환일까지에 대해 우선주 배당금을 지급하는데, 우선주가 12월 31일에 전환되었으므로 1년치 배당금을 전부 지급 받는다.

(3) 기본 eps: (10,000,000−2,500,000)/20,000=**375**

20. ②
중간재무보고

중간재무보고서는 최소한 다음의 구성요소를 포함하여야 한다. '선별적 주석'이 누락되었다.
(1) 요약재무상태표
(2) 요약된 하나 또는 그 이상의 포괄손익계산서
(3) 요약자본변동표
(4) 요약현금흐름표
(5) 선별적 주석

21. ③
정기리스료의
산정

고정리스료×2.4869+400,000×0.7513=2,000,000
→고정리스료=**683,373**

22. ③
법인세회계 말문제

상계 권리를 갖고 있고 'and' 의도가 있어야 상계한다. 'or' 이 아니다.

23. ④
일반목적재무
보고

많은 현재 및 잠재적 투자자, 대여자 및 그 밖의 채권자는 정보를 제공하도록 보고기업에 직접 **요구할 수 없고**, 그들이 필요로 하는 재무정보의 많은 부분을 일반목적재무보고서에 **의존해야만 한다.**

24. ②
배당금의 배분

	우선주	보통주	계
누적적	2,000,000×3%×3회=180,000	8,000,000×2%=160,000	340,000
부분참가적	min[①, ②]=40,000 ①2,000,000×(5%−3%)=40,000 ②260,000×2/10=52,000	260,000−40,000=220,000	260,000
계	220,000	**380,000**	600,000

생산설비 보험료	50,000
생산직관리자 급여(간접노무원가)	30,000
공장건물 감가상각비	70,000
OH 계	150,000

		가산		차감		
원재료	기초	40,000	기말	60,000		
	매입액	**290,000**				⌐ DM
가공원가	DL	110,000				
	OH	150,000				⌐ 당기총제조원가
재공품	기초	90,000	기말	100,000		⌐ 당기제품제조원가
제품	기초	80,000	기말	120,000		⌐ 매출원가 480,000

― 생산직근로자 급여는 직접노무원가, 생산직관리자 급여는 간접노무원가에 해당한다.

	S1	S2	P1	P2
배부 전	250,000	400,000		
		0.2	0.4	0.4
수선	(A)	0.2A	0.4A	0.4A
	0.2			
동력	0.2B	(B)		
배부 후	―	―	231,250	418,750

$250,000 - A + 0.2B = 0$
$400,000 + 0.2A - B = 0$
→ $A = 343,750$, $B = 468,750$

	S1	S2	P1	P2
배부 전	250,000	400,000		
		0.2	0.4	0.4
수선	(343,750)	68,750	137,500	137,500
	0.2		0.2	0.6
동력	93,750	(468,750)	**93,750**	**281,250**
배부 후	―	―	231,250	418,750

S2가 제조부문에 제공한 용역비율
― P1: 93,750/468,750 = **20%**
― P2: 281,250/468,750 = **60%**

	현금흐름	=	손익	−	△자산	+	△부채
노무원가	(40,000)		(50,000)				10,000 미지급임금

직접노무원가: 50,000×80%=40,000
간접노무원가: 50,000×20%=10,000

	가산		차감		
원재료	기초 매입액		기말		┘ DM 30,000
가공원가	DL OH	40,000 20,000			┘ 당기총제조원가
재공품	기초	10,000	기말	25,000	┘ 당기제품제조원가
제품	기초	15,000	기말	20,000	┘ 매출원가 70,000

OH 예정 배부액: 40,000×50%=20,000
― 배부차이 조정전 매출원가를 대입했으므로 OH에도 예정배부액을 대입해야 한다.

DM: 70,000−40,000−20,000−10,000−15,000+25,000+20,000=30,000
간접재료원가: 5,000+40,000−10,000−30,000=5,000
― 배부차이 조정 전 매출원가가 70,000이기 때문에 DM은 30,000이며, '기초 원재료＋매입액−기말 원재료≠DM'이므로 간접재료원가가 존재한다.

OH 실제 발생액: 5,000(간재)＋10,000(간노)＋15,000(제조경비)=30,000
배부차이: 20,000−30,000=10,000 과소 배부
배부차이 조정 후 매출원가: 70,000＋10,000=80,000
매출총이익: 100,000−80,000=**20,000**

28. ③
활동기준원가계산

(1) 기존의 제조간접원가 배부방법에 따른 제품 A의 단위당 제조간접원가
 : 81,600/48,000×60=102
 ― 총 직접노무원가: 60×200단위＋90×400단위=48,000
 ― 배부해야 할 OH가 81,600인데, 직접노무원가를 기준으로 OH를 배부하고 있다. 따라서 총 직접노무원가로 나눈 뒤, 제품 A의 단위당 직접노무원가를 곱하면 단위당 OH가 계산된다.

(2) 활동기준원가계산에 따른 제품 A의 단위당 제조간접원가

	A
재료이동	21,000×50/70=15,000
작업준비	21,600×80/180=9,600
검사	39,000×200/600=13,000
OH 계	37,600
÷생산량	÷200단위
단위당 OH	188

(3) OH 증가액: 188−102=**86**

29. ③
종합원가계산

재공품(평균법)		가공원가 완성품환산량
기초 1,000 (0.2)	완성 6,000 (1)	6,000
착수 7,000	기말 2,000 (0.4)	800
		6,800
		@325

가공원가 완성품환산량 단위당 원가: 260,000/800개＝@325
당기에 발생한 전환원가: 6,800×@325－65,000＝**2,145,000**

30. ③
공손

재공품(선입선출법)		완성품환산량		
		재료원가A	재료원가B	가공원가
기초 1,000 (1)(0)(0.6)	완성 8,000			
	1,000 (0)(1)(0.4)	－	1,000	400
	7,000* (1)(1)(1)	7,000	7,000	7,000
	공손 1,000 (1)(0)(0.5)			
	정상 800	800	－	400
	비정상 200	200	－	100
착수 9,000	기말 1,000* (1)(0)(0.6)	1,000	－	600
		9,000	8,000	8,500
		@20	@10	@30

*정상공손수량: (7,000＋1,000)×10%＝800

완환량 단위당 원가
－ 재료원가 A: 180,000/9,000＝@20
－ 재료원가 B: 80,000/8,000＝@10
－ 전환원가: 255,000/8,500＝@30

정상공손원가: 800×@20＋400×@30＝28,000

완성품원가: 7,000×@20＋8,000×@10＋7,400×@30＋(30,000＋33,500)＋28,000×7/8
＝**530,000**

31. ③
부산물

	매출액	NRV	결합원가	제조원가
X	60×200단위＝12,000	12,000－4,000＝8,000	9,000	9,000＋4,000＝13,000
Y	40×250단위＝10,000	10,000－2,000＝8,000	9,000	9,000＋2,000＝11,000
B			2,000	2,000
계			20,000	

부산물의 순실현가능가치(＝결합원가 배분액): (15－5)×200단위＝2,000
－ 판매비는 순실현가능가치 계산 시에는 차감하지만, 제조원가에는 포함되지 않는다.

기말재고자산
: 13,000×20단위/200단위＋11,000×50단위/250단위＋2,000×50단위/200단위＝**4,000**

32. ④
고정제조간접원가
차이분석

	AQ × AP		AQ × SP		SQ × SP
변동OH			3,200×4,250 ＝①13,600,000	능률차이 1,275,000 불	③2,900×4,250 ＝②12,325,000
고정OH			17,100,000	조업도차이 ⑤**570,000 불**	③2,900×5,700 ＝④16,530,000

변동OH SP: 12,750,000/3,000시간＝4,250/시간
고정OH SP: 17,100,000/3,000시간＝5,700/시간

33. ④
학습곡선

신제품 2,000단위에 투입되는 직접노무시간: 2,560－1,600＝960시간

누적 생산량	단위당 평균 직접노무시간	총 직접노무시간
1,000대	1시간	1,000시간
2,000대	1시간×80%＝0.8시간	0.8시간×2,000대＝1,600시간
4,000대	1시간×80%²＝0.64시간	0.64시간×4,000대＝2,560시간

DM	400,000×2,000/1,000＝	800,000
DL	960시간×2,000＝	1,920,000
변동OH	1,920,000×50%＝	960,000
총 변동 제조원가		**3,680,000**

34. ①
복수제품 CVP
분석

(1) 고정원가
: 600단위×@300＋2,400단위×@200＝660,000
－ 손익분기점 상태에서는 공헌이익이 고정원가와 일치한다.

(2) 손익분기점 판매량

	제품 X	제품 Y	제품 Z
단위당 공헌이익	300	200	220
가중평균 단위당 공헌이익	300×0.3＋200×0.2＋220×0.5＝240		
손익분기점 판매량	660,000/240＝2,750단위		
	825단위 (30%)	**550단위** (20%)	1,375단위 (50%)

35. ②
정규분포

(1) 목표이익 달성을 위한 판매량: $(400,000+3,000,000)/(2,000-1,000)=3,400$개

(2) 목표이익 이상 발생할 확률

$Z=(3,400-4,200)/800=-1$

정규분포에서 'Z>−1'일 확률은 'Z<1'일 확률과 같으므로, 확률은 **84.1%**이다.

36. ④
변동원가계산과
전부원가계산의
영업이익차이조정

(1) 연도별 고정OH 배부율

X1년: $240,000/2,000$단위$=120$

X2년: $336,000/2,400$단위$=140$

X3년: $264,000/2,200$단위$=120$

(2) 이익차이 조정

	X1	X2	X3
변동원가계산	44,000	50,000	46,000
＋기말　고정	②300단위×@120=①36,000	④200단위×@140=③28,000	⑥300단위×@120=⑤36,000
－기초　OH	−	②300단위×@120=(36,000)	④200단위×@140=(28,000)
＝전부원가계산	80,000	42,000	54,000

(3) 판매량

	X1	X2	X3
기초	−	300단위	200단위
＋생산량	2,000단위	2,400단위	2,200단위
－기말	(300단위)	(200단위)	(300단위)
＝판매량	1,700단위	**2,500단위**	**2,100단위**

37. ①
특별주문

(1) 단위당 변동원가

생산량에 따라 변하는 변동원가: $480,000/8,000$대$=60/$대

묶음수에 따라 변하는 변동원가: $160,000/160$묶음$=1,000/$묶음

(2) 계산기 1대당 최소금액: **110**

특별주문의 공헌이익	(P−60)×3,000대−1,000×30묶음	3,000P−210,000
고정원가 증가		−
기회비용	(200−80)×1,000대	=(120,000)
증분이익		3,000P−330,000≥0

− 특별주문 수락 시 감소하는 정규시장 판매량: $8,000+3,000-10,000=1,000$대

− 정규시장 판매 시 단위당 변동원가: $(480,000+160,000)/8,000$대$=80$

38. ⑤
자본예산

① 매년 순현금유입액

(1) X1~X5년: $300,000-30,000=270,000$ (X)

− 감가상각비: $(1,200,000-200,000)/5=200,000$

− 법인세비용차감전순이익: $300,000-200,000=100,000$

－법인세비용: 100,000×0.3＝30,000
② 회수기간: 1,200,000/270,000＝4.44년 (X)
③ 평균투자액: (1,200,000＋200,000)/2＝700,000 (X)
④ 법인세비용차감전순이익: 100,000 (X)
⑤ 회계적이익률: 70,000/700,000＝**10%** (O)
    －당기순이익: 100,000－30,000＝70,000

39. ⑤
현금예산

(1) 월별 매출원가
    7월: 300,000×70%＝210,000
    8월: 400,000×70%＝280,000

(2) 월별 기말 재고
    6월: 210,000×20%＝42,000
    7월: 280,000×20%＝56,000

(3) 7월 매입액: 210,000＋56,000－42,000＝224,000

(4) 8월 매입액: 301,000
    － 8월 현금지출액: 224,000×60%＋8월 매입액×40%＝254,800

(5) 8월 기말 재고: 56,000＋301,000－280,000＝77,000

(6) 9월 예상 매출액: 385,000/70%＝**550,000**
    － 9월 예상 매출원가: 77,000/20%＝385,000

40. ⑤
투자중심점의
성과평가

(1) ROI＝세전영업이익/총자산
    → 세전영업이익: 400,000×30%＝120,000

(2) 경제적 부가가치(EVA)＝영업이익×(1－법인세율)－투하자본×가중평균자본비용
    ＝120,000×(1－20%)－300,000×12.2%＝**59,400**
    － 투하자본: 400,000－100,000＝300,000
    － 가중평균자본비용: 10%×0.8×0.4＋15%×0.6＝12.2%

1.	②	6.	①	11.	④	16.	④	21.	③	26.	②	31.	①	36.	⑤
2.	④	7.	③	12.	⑤	17.	②	22.	⑤	27.	③	32.	②	37.	①
3.	③	8.	③	13.	②	18.	①	23.	④	28.	③	33.	②	38.	②
4.	④	9.	⑤	14.	②	19.	②	24.	④	29.	④	34.	④	39.	⑤
5.	③	10.	①	15.	⑤	20.	④	25.	①	30.	⑤	35.	③	40.	④

01. ②
개념체계

역사적원가 〉 공정가치 〉 현행원가

(1) 역사적원가: 100,000＋20,000＝120,000
자산의 역사적 원가는 자산을 취득 또는 창출하기 위하여 지급한 대가와 거래원가를 포함한다. 따라서 거래원가 20,000을 가산해야 한다.

(2) 공정가치: 98,000＋20,000＝118,000
공정가치는 측정일에 시장참여자 사이의 정상거래에서 자산을 매도할 때 받을 가격이다. 공정가치는 거래원가와 무관하다. 98,000은 거래원가가 차감된 금액이므로, 다시 더해야 공정가치를 구할 수 있다.

(3) 현행원가: 110,000＋5,000＝115,000
자산의 현행원가는 측정일 현재 동등한 자산의 원가로서 측정일에 지급할 대가와 그 날에 발생할 거래원가를 포함한다. 따라서 거래원가 5,000을 가산해야 한다.

02. ④
유형자산 재평가
모형

당기순이익에 미치는 영향: −감가상각비−재평가손실＝−700,000−400,000＝**1,100,000 감소**

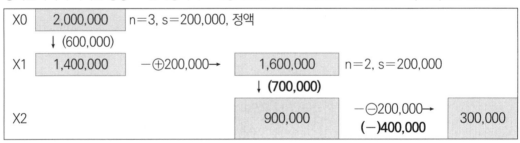

03. ③
신용손상

X1년 당기순이익에 미치는 영향: (1)−(2)＝**(−)172,885** (단수차이)
(1) 이자수익: 939,240×12%＝112,709
(2) 손상차손: 30,000×2.4018＋300,000×0.7118＝285,594

04. ④
정부보조금

X2년도 감가상각비: 500,000−80,000＝**420,000**

정부보조금 환입액

(1) X1년도: 500,000×400,000/(2,000,000−0)=100,000

(2) X2년도: 400,000×500,000/(2,600,000−100,000)=80,000

간편법

취득원가 순액: 2,000,000−500,000=1,500,000

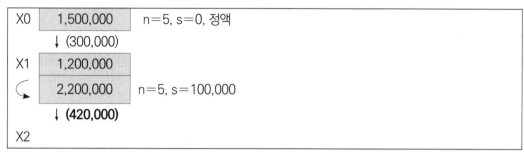

정부보조금을 원가차감법으로 회계처리하고, 정액법으로 상각하므로 정부보조금을 취득원가에서 차감하는 간편법을 사용해도 된다.

05. ③
재고자산 말문제

순실현가능가치를 추정할 때 **재고자산의 보유 목적을 고려한다.** 보유 목적에 따라 순실현가능가치의 추정 방법은 달라진다. ③번 선지가 어려웠기 때문에 나머지 선지를 제거하는 방식으로 답을 골랐어야 한다.

06. ①
투자부동산 말문제

지배기업 또는 다른 종속기업에게 부동산을 리스하는 경우, 이러한 부동산은 연결재무제표에 **투자부동산으로 분류할 수 없다.** 연결 실체 관점에서는 자가사용부동산에 해당하기 때문이다.

07. ③
사채의 상환

	유효이자(12%)	액면이자(8%)	상각액	BV
X0				1,807,900
X1	216,948	160,000	56,948	1,864,848
X2	223,782	160,000	63,782	1,928,630

X1초 사채의 발행금액: 1,900,504−92,604=1,807,900

사채발행비를 고려한 유효이자율: 216,948/1,807,900=12%

사채상환이익: (1,928,630+160,000)−2,000,000=**88,630**

− 경과이자를 포함하여 상환하였으므로 사채의 장부금액에 액면이자를 더한 금액에서 상환금액을 차감해야 한다.

08. ③
소매재고법

	원가	매가		원가	매가
기초	80,000	100,000	매출	⑤788,200	1,026,000
매입	756,000	1,000,000	**정**상		50,000
순인상		95,000	**종업원할인**		
순인하		(50,000)			
비정상	(10,000)	(15,000)	기말	④37,800	③54,000
계	①826,000	②1,130,000	계	①826,000	②1,130,000

원가율(평균법, 저가법): 826,000/(1,130,000＋50,000)＝70%
기말 재고자산 원가: 54,000×70%＝37,800
매출원가: 826,000－37,800＝788,200
매출총이익: 1,026,000－788,200＝**237,800**

09. ⑤
라이선스

X1년도 수익: (1)＋(2)＝**1,950,000**
(1) 설비: 1,500,000(고정대가)
  － 설비는 X1년도에 인도되었으므로 X1년도에 수익을 인식한다.
(2) 판매기준 로열티: (7,000,000＋8,000,000)×3%＝450,000

판매기준 로열티의 수익은 다음 중 나중의 사건이 일어날 때 인식한다.
① 후속 판매나 사용
② 판매기준 로열티의 일부나 전부가 배분된 수행의무를 이행함
  판매는 11월과 12월에 이루어졌으며, 계약일부터 라이선스를 부여하였으므로 수행의무도 계약일에 이루어졌다고 볼 수 있다. 따라서 11월 매출액분만 아니라 12월 매출액에 대해서도 로열티 수익을 인식할 수 있다.

10. ①
재무제표 표시

① 기타포괄손익의 항목은 다음 중 한 가지 방법으로 표시할 수 있다.
⑴ **관련 법인세 효과를 차감한 순액으로 표시 (O)**
⑵ 기타포괄손익의 항목과 관련된 법인세 효과 반영 전 금액으로 표시하고, 각 항목들에 관련된 법인세 효과는 단일 금액으로 합산하여 표시
② 재무제표 이외의 보고서는 한국채택국제회계기준의 적용범위에 해당하지 않는다. (X)
③ 당기 재무제표를 이해하는 데 목적적합하다면 서술형 정보의 경우에도 비교정보를 포함한다. (X)
④ 유동성 순서에 따른 표시방법이 신뢰성 있고 더욱 목적적합한 정보를 제공하는 경우를 제외하고는 유동자산과 비유동자산, 유동부채와 비유동부채로 재무상태표에 구분하여 표시한다. 즉, 유동성 순서에 따른 표시방법이 더 나은 경우에는 사용해도 되므로, 허용되지 않는 것은 아니다. (X)
⑤ 한국채택국제회계기준의 요구에 따라 공시되는 정보가 중요하지 않다면 그 공시를 제공할 필요는 없다. (X)

11. ④
일괄취득

(1) 건물의 취득원가: (14,000,000＋1,000,000)×6,400,000/(9,600,000＋6,400,000)＝6,000,000
  － 취득 관련 직접원가는 취득원가에 가산한다. 공통으로 발생한 원가이므로 토지와 건물에 공정가치 비율로 안분한다.

(2) X2년도 감가상각비: (6,000,000－1,000,000)×(4/10×6/12＋3/10×6/12)＝**1,750,000**
  － X1.7.1에 취득하였으므로 X2년에는 4/10과 3/10의 상각률이 각각 6개월씩 적용된다.

12. ⑤
조건 변경

X2년도 당기순이익: 조건변경이익－이자비용＝177,907－94,484＝**83,423 증가**

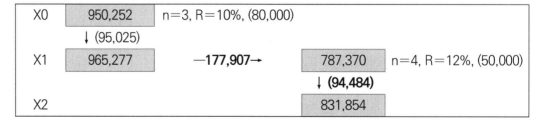

Step 1. 조건 변경 시점까지 상각하기
X1말 PV: 950,252×1.1－80,000＝965,277

Step 2. 조건 변경 후의 현금흐름을 '역사적' 이자율로 현재가치하기
X2초 조건 변경 후 PV(4년, 10%): 1,000,000×0.6830＋50,000×3.1699＝841,495

Step 3. 조건 변경이 실질적인지 판단하기
965,277×90%＝868,749>841,495 (실질적)

Step 4. 채권, 채무 금액 조정하기 & 이자수익 인식하기
조건 변경이 실질적이므로, 현행 이자율(12%)로 다시 할인한다.

(1) 조건변경이익: 965,277－787,370＝177,907
　　－ X2초 조건 변경 후 PV(4년, 12%): 1,000,000×0.6355＋50,000×3.0374＝787,370
　　－ ㈜세무는 사채의 발행자로, 부채가 감소하는 것이므로 이익이 계상된다.

(2) X2년도 이자비용: 787,370×12%＝94,484
　　－ 조건 변경이 실질적이어서 부채를 12%로 할인했기 때문에 이자비용도 12%로 인식한다.

13. ②
희석 EPS

(1) n＝10,200

가중평균	1.1	7.1	계
	10,000 ×12/12	400 ×6/12	
	10,000	200	10,200

7.1 전환우선주로 전환된 보통주: 2,000주/5주＝400주

(2) 희석 EPS: 700

	분자	분모	EPS	희석여부
기본	693,600[1]	10,200	68	
신주인수권	0	3,000[2]	0	O
희석 EPS	693,600	13,200	**53**(희석)	
전환우선주	300,000	800[3]	375	X

[1]보통주 귀속 NI: 993,600－300,000＝693,600
－ 우선주 배당금: (5,000주－2,000주)×@1,000×10%＝300,000

[2]신주인수권 분모 조정 사항: 10,000×9/12×(5,000－3,000)/5,000＝3,000
[3]전환우선주 분모 조정 사항: 5,000주/5주－400주×6/12＝800주

14. ②
연결-지배NI

1. FV－BV 차이

	FV－BV	X1
건물	100,000	(10,000)

2. 영업권: 900,000−(1,000,000+100,000)×80%=20,000

3. 내부거래

	X1
상향 (재고)	(10,000)

미실현이익: 50,000/1.25×25%=10,000

− ㈜세무는 내부거래의 구매자이다. 따라서 ㈜세무의 장부상에 기재된 50,000은 매가에 해당한다. 원가에 25%의 이익을 가산하였으므로 1.25를 나누면 원가는 40,000이고, 여기에 다시 25%를 곱하면 남은 재고자산의 매출총이익이 10,000으로 계산된다.

4. 당기순이익 조정

X1	지배	종속	계
조정 전	250,000	120,000	
내부거래		(10,000)	
FV 차이		(10,000)	
−손상			
−배당			
조정 후	250,000	100,000	350,000
지배(80%)	250,000	80,000	**330,000**
비지배(20%)		20,000	20,000

15. ⑤
주식기준보상
말문제

① 현금결제형 주식기준보상거래의 경우에 제공받는 재화나 용역과 그 대가로 부담하는 부채를 부채의 공정가치로 측정하며, 부채가 결제될 때까지 매 보고기간 말과 결제일에 부채의 공정가치를 **재측정한다.** (X)

② 주식결제형 주식기준보상거래로 가득된 지분상품이 추후 상실되거나 주식선택권이 행사되지 않은 경우에도 종업원에게서 제공받은 근무용역에 대해 인식한 금액을 **환입하지 않는다.** (X)

③ 부여한 지분상품의 공정가치를 신뢰성 있게 추정할 수 없어 내재가치로 측정한 경우에는 **매 보고기간 말과 최종 결제일에 내재가치를 재측정하고 내재가치 변동액은 당기손익으로 인식한다.** (X)

④ 시장조건이 있는 지분상품을 부여한 때에는 **그러한 시장조건이 충족되는지에 관계없이** 다른 모든 가득조건(예: 정해진 기간에 계속 근무하는 종업원에게서 제공받는 근무용역)을 충족하는 거래상대방에게서 제공받는 재화나 용역을 인식해야 한다. (X)

⑤ 거래상대방이 결제방식을 선택할 수 있는 경우, 거래상대방이 주식 결제를 선택하면 부채가 제거되고 발행금액에 포함된다. (O)

16. ④
전환사채 조기
상환

(1) X2년초 전환사채의 장부금액(10%, 2기): 1,150,000×0.8265+50,000×1.7355=1,037,250

(2) X2년초 일반사채의 공정가치(12%, 2기): 1,150,000×0.7972+50,000×1.6901=1,001,285

(3) 사채상환이익: (1,037,250−1,001,285)×50%=17,983 (단수차이)

1. 상환할증금: $1,000,000 \times 15\% = 150,000$

2. 발행가액 분석

부채	$1,150,000 \times 0.7513 + 50,000 \times 2.4869$	=①988,340
자본		③11,660
계		②1,000,000

3. X1년말 전환사채 장부금액
   : $988,340 \times 1.1 - 50,000 = 1,037,174$

|상환 시 회계처리|

전환사채	518,587	현금	500,643
		사채상환이익	**17,944**
전환권대가	5,830	현금	49,357
자본	43,527		

17. ②
종업원급여

(1) 퇴직급여: 172,500 손실
(2) 기타포괄손익: 1,500 손실

	비용	자산	상한효과	부채	OCI
기초		300,000		305,000	
이자(10%)	500	30,000		30,500	
출연(1.1)		180,000			
─이자 월할	(18,000)	18,000			
당기	190,000			190,000	
지급		(150,000)		(150,000)	
재측정 전	**172,500**	378,000		375,500	
재측정		(3,000)		(2,500)	(500)
재측정 후		375,000		373,000	
상한효과			(1,000)		(1,000)
인식 후		375,000	(1,000)	373,000	**(1,500)**

― 사외적립자산의 적립 및 퇴직금의 지급은 주로 기말에 이루어지나, 본 문제에서는 사외적립자산 출연을 기초에 하였다. 따라서 출연분에 대해서는 1년치 이자를 추가로 인식해야 한다.
― 기타포괄손익은 현재 손실인 상황이기 때문에 보기를 음수로 제시했으면 하는 아쉬움이 남는다. 객관식이기 때문에 어쩔 수 없이 2번을 답으로 고를 수 밖에 없다.

18. ①
법인세회계
말문제

자산의 세무기준액은 자산의 장부금액이 회수될 때 기업에 유입될 과세대상 경제적효익에서 세무상 **차감**될 금액을 말한다.

19. ②
영업활동 현금흐름
-간접법

영업CF	=	NI	−	비영업 손익	−	△영업 자산	+	△영업 부채
100,000		**115,000**		25,000 감가상각비 (30,000) 토지처분이익		(15,000) 매출채권		10,000 사할차 상각액 (10,000) 미지급이자 5,000 법인세부채

20. ④
충당부채 말문제

충당부채는 최초 인식과 관련 있는 지출에만 사용한다. 본래의 충당부채와 관련된 지출에만 그 충당부채를 사용한다.

21. ③
법인세회계-기타
세무조정

	X1(20%)	X2~(20%)
EBT	1,000,000	
자기주식처분이익	20,000*	
재고자산평가손실	30,000	(30,000)
접대비	50,000	
토지	(100,000)	100,000
재평가잉여금	100,000*	
과세소득	1,100,000	
법인세부담액	220,000	(6,000) 20,000

1. 기초 제거	이연법인세부채	—	이연법인세자산	—
2. 기말 계상	이연법인세자산	6,000	이연법인세부채	20,000
3. 당기 부채&비용	법인세비용	**234,000**	당기법인세부채	220,000
	자기주식처분이익	4,000	법인세비용	**4,000**
4. 기타 세무조정	재평가잉여금	20,000	법인세비용	**20,000**

법인세비용: 234,000 − 4,000 − 20,000 = **210,000**

법인세비용 상계액
- 자기주식처분이익: 20,000 × 20% = 4,000
- 재평가잉여금(OCI): 100,000 × 20% = 20,000

22. ⑤
자본 말문제

보유자가 발행자에게 특정일이나 그 후에 확정되었거나 결정 가능한 금액으로 상환해줄 것을 청구할 수 있는 권리가 있는 우선주는 **금융부채**이다.

23. ④
리스의 변경

리스기간을 단축하므로 리스이용자인 ㈜세무는 리스변경을 다음과 같이 회계처리한다.
(1) 리스부채 및 사용권자산 감소 (대차차액은 PL)

① 리스부채: 잔여리스료를 **기존** 할인율로 할인한 금액으로 재평가
② 사용권자산: 줄어든 리스기간에 비례하여 사용권자산 감소
③ 대차차액: PL

(2) 리스부채 재조정 (대차차액은 사용권자산)
① 리스부채: 잔여리스료를 **수정** 할인율로 할인한 금액으로 재평가
② 사용권자산: 리스부채의 변동을 똑같이 반영

	사용권자산	리스부채	PL
X1	248,408	257,707	
감소	↓ −82,803	↓ −79,377	−3,426
	165,605	178,330	
재조정	↓ −4,780	↓ −4,780	
	160,825	173,550	
상각	↓ (80,413)	↓ (17,355)	−97,768
X2	80,412	90,905	

(1) 리스부채 및 사용권자산 감소 (대차차액은 PL)
① 리스부채 감소분: $178{,}330 - 257{,}707 = (-)79{,}377$
  − X1년 말 리스부채(8%, 2기): $100{,}000 \times 1.7833 = 178{,}330$
② 사용권자산 감소분: $248{,}408 \times 1/3 = 82{,}803$
③ PL: $79{,}377 - 82{,}803 = (-)3{,}426$

리스부채	79,377	사용권자산	82,803
PL	3,426		

(2) 리스부채 재조정 (대차차액은 사용권자산)
① 리스부채 증감: $173{,}550 - 178{,}330 = (-)4{,}780$ 감소
  X1년 말 리스부채(10%, 2기): $100{,}000 \times 1.7355 = 173{,}550$
② 사용권자산 증감: $(-)4{,}780$ 감소

리스부채	4,780	사용권자산	4,780

(3) 감가상각비 및 이자비용
① 감가상각비: $160{,}825/2 = 80{,}413$
  − X2년 초 사용권자산: $248{,}408 - 82{,}803 - 4{,}780 = 160{,}825$
    X1년 말 리스부채(10%, 2기): $100{,}000 \times 1.7355 = 173{,}550$
② 이자비용: $173{,}550 \times 10\% = 17{,}355$

감가상각비	80,413	사용권자산	80,413
이자비용	17,355	현금	100,000
리스부채	82,645		

(4) X2년도 당기순이익: 리스부채 및 사용권자산 감소 시 손익−감가상각비−이자비용
  $= (-)3{,}426 - 80{,}413 - 17{,}355 = \mathbf{(-)101{,}194}$

24. ④
오류수정

	X1	X2
수정 전 NI		500,000
x1 재고	(10,000)	10,000
x2 재고		5,000
x1 미지급이자	(7,000)	7,000
x2 미지급이자		(3,000)
배당금수익		(6,000)
지분법이익		120,000
수정 후 NI		**633,000**

(1) 배당금수익

　주식을 원가법으로 회계처리했다는 것은 주식을 취득원가 그대로 두고, 배당금 수령액은 일반적인 금융
자산처럼 배당금수익(PL)으로 인식했다는 것을 의미한다. 지분법에서는 배당금 수령액을 배당금수익이
아닌 주식 장부금액의 차감으로 인식하므로 배당금수익만큼 당기순이익을 감소시켜야 한다.

(2) 지분법이익

　지분법에서는 피투자회사의 당기순이익 중 지분율에 해당하는 금액만큼 지분법이익을 인식해야 하므로
120,000(=400,000×30%)만큼 당기순이익을 증가시켜야 한다.

25. ①
정상원가계산

	가산		차감		
원재료	기초	20,000	기말	30,000	
	매입액	90,000			┘ DM
가공원가	DL	140,000			
	OH	②21,000			┘ 당기총제조원가
재공품	기초	25,000	기말	38,000	┘ 당기제품제조원가
제품	기초	44,000	기말	32,000	┘ 매출원가 ①240,000

매출원가: 300,000×(1−20%)=①240,000
직접노무시간: 140,000/40=③3,500시간
OH 예정배부율: 21,000/3,500시간=④**6/시간**

26. ②
고정제조간접원가
차이분석

	AQ × AP		AQ × SP		SQ × SP
변동OH		소비차이	900×540 =⑤486,000	능률차이 ⑥**41,040 불**	③824×540 =④444,960
고정OH		예산차이	625,000	조업도차이 110,000 불	②824×625 =①515,000

(1) SP
　변동OH: 540,000/1,000=540
　고정OH: 625,000/1,000=625

27. ③
공손

(1) 검사시점 통과기준 비정상공손수량: 139개

재공품(평균법)

기초 250 (1)(0.8)	완성 1,210 (1)(1)
	⟨ 250
	960*
	공손 240 (1)(0.4)
	⟨ 정상 101
	비정상 139
착수 1,250	기말 50* (1)(0.6)

정상공손수량: (960＋50)×10%＝101개

(2) 검사시점 도달기준 비정상공손수량: 139개

재공품(평균법)

기초 250 (1)(0.8)	완성 1,210 (1)(1)
	⟨ 250
	960*
	공손 240* (1)(0.4)
	⟨ 정상 125
	비정상 115
착수 1,250	기말 50* (1)(0.6)

정상공손수량: (960＋50＋240)×10%＝125개

(3) 비정상공손수량의 차이: 24개
    통과기준과 도달기준의 정상공손수량은 '공손 수량×정상공손허용률'만큼 차이가 난다. 따라서 240×10%＝24개이다.

28. ③
변동원가계산과
전부원가계산의
영업이익 차이조정

고정OH 배부율: 358,400/3,200개＝@112
변동원가계산 단위당 제품원가: 800－112＝@688
변동원가계산 기말제품재고액: 300개×@688＝**206,400**

29. ④
활동기준원가계산

(1) 원가동인

	제품 A	제품 B	계
배치 수	1,800개/150개＝12	3,000개/200개＝15	
이동횟수	12×2회＝24회	15×2회＝30회	54회
검사시간	12×2회×2시간＝48시간	15×2회×1시간＝30시간	78시간

(2) 활동원가

	제품 A	제품 B
재료이동	189,000×24회/54회=84,000	189,000×30회/54회=105,000
재료가공	1,000,000×300시간/800시간 =375,000	1,000,000×500시간/800시간 =625,000
품질검사	234,000×48시간/78시간=144,000	234,000×30시간/78시간=90,000
계	**603,000**	820,000

30. ⑤
정상원가계산

(1) 배부차이: 6,000/30%=20,000 과대배부

	재고자산	매출원가	계
조정 전 배부차이	(6,000)	(14,000)	(20,000)
계			

배부차이를 각 계정에서 차감하므로 과대배부인 상황이다.

(2) 예정 배부액: 180,000+20,000=200,000

(3) 실제 직접노무시간: 200,000/160=**1,250시간**

31. ①
정상개별원가계산

DM			20,000
DL	절단공정	30,000×1,200/2,000=18,000	48,000
	조립공정	40,000×600/800=30,000	
OH		48,000×120%=	57,600
계			**125,600**

32. ②
부산물

	매출액	NRV	결합원가
A	1,350×100=135,000	135,000	13,950
B	550×320=176,000	176,000−11,000=165,000	17,050
계			31,000

제품 B 순실현가능가치(=결합원가 배분액): 13,950×165,000/135,000=17,050

부산물 C 결합원가 배분액: 31,960−(13,950+17,050)=960
부산물 C의 단위당 판매가격(=순실현가능가치): 960/300kg=**3.2**
— 부산물 C는 추가가공원가가 없으므로 단위당 판매가격과 순실현가능가치가 같다.

33. ②
품질원가

증분이익: $-1,500 \times 50\% + 3,000 \times 40\% = $ **450**

통제원가: 2,500			
예방원가: 1,500		평가원가: 1,000	
납품업체 평가	500	완제품검사	700
품질교육훈련	1,000	재공품검사	300
실패원가: 4,000			
내부실패원가: 1,000		외부실패원가: 3,000	
공손품재작업	400	보증수리원가	2,000
불량품 폐기	600	반품재작업	1,000

34. ④
완화된 가정의
CVP분석

단위당 공헌이익: $100 - 60 = 40$
첫 번째 구간의 고정원가: $40 \times 860 = 34,400$
두 번째 구간의 고정원가: $34,400 + 17,600$(문제 제시) $= 52,000$
두 번째 구간의 손익분기점: $52,000/40 = $ **1,300단위**

35. ③
생산중단

제품 A의 공헌이익 증가분	$30,000 \times 50\% = 15,000$
제품 C의 공헌이익 감소분	(20,000)
증분이익	**(5,000)**

36. ⑤
외부대체

B의 단위당 최대대체가격(M): $160 + 50,000/1,000$단위 $= 210$
이익 균등 대체가격(E): $(160 + 210)/2 = 185$
→ $210 + 185 = $ **395**

37. ①
제약이론

매출액 증가	1,000단위 $\times 95\% \times @120$	$= 114,000$
제1공정 변동원가 증가	1,000단위 $\times @20$	$= (20,000)$
제2공정 변동원가 증가	1,000단위 $\times @10$	$= (10,000)$
최대생산능력 증가원가		(80,000)
증분이익		**4,000**

38. ②
완전정보의 기대
가치

(1) 기존정보 하의 기대가치(기계 A): $9,000 \times 0.4 + 1,000 \times 0.6 = 4,200$
 − 기계 A의 기대이익이 기계 B의 기대이익보다 더 크므로, 기존정보 하에서는 기계 A를 구입한다.

(2) 완전정보 하의 기대가치: $9,000 \times 0.4 + K \times 0.6 = 0.6K + 3,600$
 − 불황일 때는 기계 B의 이익이 더 크므로, 불황일 때 이익은 K이다.

(3) 완전정보의 기대가치: (2) − (1) $= 0.6K - 600 = 600$
 → $K = $ **2,000**

39. ⑤
법인세를 고려한
CVP분석

세전이익: $(1,000-600)\times$판매량$-1,900,000=400\times$판매량$-1,900,000$
법인세비용: $(450\times$판매량$-1,800,000)\times20\%=90\times$판매량$-360,000$
세후순이익$=$세전이익$-$법인세비용$=310\times$판매량$-1,540,000=41,000$
→ 판매량$=$**5,100단위**

40. ④
전부원가계산
하에서 CVP분석

(1) 변동원가계산에 의한 손익분기점
　: 고정원가/단위당 공헌이익$=500,000/400=1,250$단위
① 고정원가: $200,000+300,000=500,000$
② 단위당 공헌이익: $1,000-280-320=400$

(2) 전부원가계산에 의한 손익분기점
　: 고정판관비/단위당 매출총이익$=300,000/300=1,000$단위
① 단위당 고정OH: $200,000/2,000$단위$=100$
② 단위당 매출총이익: 단위당 공헌이익$-$단위당 고정OH$=400-100=300$

(3) 손익분기점 차이: $1,250$단위$-1,000$단위$=$**250단위**

3. 2022년 CTA 회계학개론 기출문제

1.	③	6.	①	11.	②	16.	⑤	21.	④	26.	⑤	31.	①	36.	③
2.	④	7.	③	12.	②	17.	①	22.	①	27.	④	32.	③	37.	③
3.	②	8.	①	13.	⑤	18.	⑤	23.	③	28.	④	33.	⑤	38.	②
4.	④	9.	①	14.	③	19.	②	24.	④	29.	②	34.	①	39.	④
5.	④	10.	②	15.	⑤	20.	②	25.	③	30.	⑤	35.	①	40.	②

01. ③
재무정보의 질적 특성

중립적 정보는 목적이 없거나 행동에 대한 영향력이 없는 정보를 의미하지 않는다.

02. ④
무형자산 말문제

① 내용연수가 비한정인 무형자산의 비한정 내용연수를 유한 내용연수로 변경하는 것은 회계**추정**의 변경이다.
② 자산을 운용하는 직원의 교육훈련과 관련된 지출은 비용처리한다.
③ 내부적으로 창출한 브랜드, 제호, 출판표제, 고객 목록과 이와 실질이 유사한 항목은 무형자산으로 인식하지 않는다.
⑤ 내용연수가 비한정인 무형자산은 상각하지 않는다. 내용연수가 유한한 무형자산이 경제적 효익이 소비될 것으로 예상되는 형태를 신뢰성 있게 결정할 수 없을 때 정액법을 적용한다.

03. ②
연속상환사채

(1) 현금흐름

	X1말	X2말	X3말	X4말
액면금액		400,000	400,000	400,000
액면이자	60,000	60,000	40,000	20,000
현금흐름 계	60,000	460,000	440,000	420,000

X1초에 발행하지만 X2년 말부터 400,000씩 상환하므로 X1말과 X2말 이자는 60,000이다.

(2) 발행금액: $60,000 \times 0.9434 + 460,000 \times 0.8900 + 440,000 \times 0.8396 + 420,000 \times 0.7921$
$= 1,168,110$

(2) X2말 장부금액: $(1,168,110 \times 1.06 - 60,000) \times 1.06 - 460,000 = $ **788,888** (단수차이)
$\fallingdotseq 440,000 \times 0.9434 + 420,000 \times 0.8900 = $ **788,896**

참고 유효이자율 상각표

	유효이자(6%)	액면이자(5%)	액면금액 상환액	장부금액
X0				1,168,110
X1	70,087	60,000		1,178,197
X2	70,692	60,000	400,000	**788,888**
X3	47,333	40,000	400,000	396,222
X4	23,773	20,000	400,000	(5) (단수차이)

04. ④
투자부동산 말문제

① 판매하기 위해 취득한 부동산은 **재고자산**으로 분류한다. (X)

② 장래 용도를 결정하지 못한 채로 보유하고 있는 토지는 **투자부동산**으로 분류한다. (X)

③ 호텔을 소유하고 직접 경영하는 경우 투숙객에게 제공하는 용역이 전체 계약에서 유의적인 비중을 차지하므로 **자가사용부동산**으로 분류한다. (X)

⑤ 사무실 건물의 소유자가 그 건물을 사용하는 리스이용자에게 경미한 비중의 보안과 관리용역을 제공하는 경우 부동산 보유자는 당해 부동산을 **투자부동산**으로 분류한다. (X)

05. ④
유형자산
원가모형

X0	280,000	n=4, s=0, 정액			
	↓ (70,000)				
X1	210,000	—(60,000)→	150,000(큰거)	n=3, s=0, 정액	
	↓ (70,000)		↓ (50,000)		
X2	140,000(한도)	←40,000—	100,000		

틀린 문장들을 수정하면 다음과 같다.

① 20X1년 손상차손은 ₩60,000이다.

② 20X1년 감가상각비는 ₩70,000이다.

   − 시운전비는 유형자산의 원가에 포함하고, 시제품의 매각액은 당기손익으로 처리한다.

   − 재배치 과정에서 발생하는 원가는 전부 비용처리한다.

③ 20X2년 감가상각비는 ₩50,000이다.

⑤ 20X2년 손상차손환입액은 ₩40,000이다.

06. ①
차입원가 자본화

X1		12.31			
7.1	12,000,000×6/12	=6,000,000			
		6,000,000			
특정	2,000,000×6/12	=1,000,000	(5%)	→50,000	
일시	(1,000,000)×3/12	=(250,000)	(2%)	→(5,000)	
일반	(6,000,000	−750,000)	**(2%)**	→105,000	(한도: 520,000)
				150,000	

일반차입금 자본화액: 150,000−(50,000−5,000)=105,000

일반차입금 자본화이자율: 105,000/(6,000,000−750,000)=**2%**

07. ③
재무제표 표시

비용의 성격에 대한 정보가 미래현금흐름을 예측하는 데 유용하다.

08. ①
생물자산

당기순이익에 미치는 영향

: −1,000,000+10,000,000+4,500,000−5,000,000+500,000=**9,000,000 증가**

1.1	(차)	생물자산	25,000,000	(대)	현금	26,000,000
		평가손실(PL)	**1,000,000**			
12.25	(차)	수확물	10,000,000	(대)	**평가이익(PL)**	**10,000,000**
	(차)	재고자산	10,000,000	(대)	수확물	10,000,000
12.27	(차)	현금	4,500,000	(대)	**매출**	**4,500,000**
	(차)	**매출원가**	**5,000,000**	(대)	재고자산	5,000,000
12.31	(차)	생물자산	500,000	(대)	**평가이익(PL)**	**500,000**

수확물은 최초 인식 후 재고자산으로 분류한다. 기말에 저가법을 적용하여 NRV(11,000)가 BP(10,000)보다 크므로 평가손실을 인식하지 않는다.

09. ①
충당부채 말문제

① 항공기를 정비하지 않고 그대로 사용하거나, 아예 팔아버리면 미래의 지출을 회피할 수 있으므로, 충당부채를 인식하지 않는다.

② 법률 제정이 거의 확실하므로 충당부채를 인식한다.

③ 사업부 폐쇄에 대한 공식적이고 구체적인 계획이 존재하고, 구조조정 당사자(해고될 인원)가 기업이 구조조정을 실행할 것이라는 정당한 기대를 가지므로 의제의무가 생기며, 충당부채를 인식한다.

④ 오염된 토지를 정화한다는 방침을 공표하고 준수하므로 의제의무가 생기며, 충당부채를 인식한다.

⑤ 매연여과장치 설치에 대해서는 충당부채를 인식하지 않으나, 벌과금이 부과될 가능성이 높으므로 충당부채를 인식한다.

10. ②
유형자산 재평가
모형

(1) 기계장치의 취득원가: 800,000

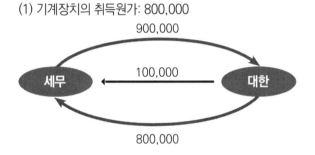

(2) 기계장치의 재평가

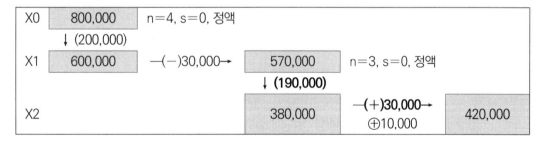

(3) X2년도 당기순이익: 30,000(재평가이익)−190,000(감가상각비)=(−)160,000

11. ②
FVPL 금융부채

	유효이자(12%)	액면이자(8%)	상각액	장부금액
X0	1,000,000×0.7118+80,000×2.4018=			903,944
X1.4.1	27,118	20,000	7,118	**911,062**
X1	108,473	80,000		

FVPL 금융부채는 공정가치로 평가한다. 따라서 X1.4.1의 시장이자율인 12%로 할인하며, 사채발행비용은 금융부채의 장부금액에 영향을 미치지 않는다. 사채발행비용은 당기비용 처리한다.

12. ②
저가법

재고자산(X2)

기초(순액)	100,000	**매출원가**	**488,500**
		기타비용	5,250
매입	600,000	기말(순액)	206,250
계	700,000	계	700,000

(1) X1년 말(=X2년 초) 재고자산

BQ × BP	
감모손실	
AQ × BP	
평가충당금	
AQ × 저가	400개 × @250 = 100,000

X2년도 매출원가를 물었으므로, X2년 초 재고자산의 순액이 필요하다. 따라서 X1년 말 재고자산의 마지막 줄만 채운다. 우리는 재고자산 원장에 기타비용을 채울 것인데, 문제에서 평가손실(=기말 평가충당금−기초 평가충당금)은 기타비용으로 분류하지 않으므로 구할 필요가 없다. 따라서 기초 평가충당금 또한 필요하지 않다.

(2) X2년 말 재고자산

BQ × BP	650개 × @350 = 227,500
감모손실	(8,750)
AQ × BP	625개 × @350 = 218,750
평가충당금	(12,500)
AQ × 저가	625개 × @330 = **206,250**

비정상적: (25개−10개) × @350 = **5,250**

13. ⑤
연결과 지분법
비교

1. FV−BV

	FV−BV	X1
재고자산	50,000	(35,000)

2. 영업권: 700,000−(1,000,000+50,000)×60%=70,000

3. 내부거래: 없음

4. 당기순이익 조정

X1	지배	종속	계
조정 전	85,000	50,000	
내부거래			
FV 차이		(35,000)	
－손상			
－배당			
조정 후	85,000	15,000	100,000
지배(60%)		9,000	94,000
비지배(40%)		6,000	6,000

5. 답 찾기

① 영업권: 70,000 (X)

② 비지배 NI: 15,000×40%＝6,000 (X)

③ 지배 NI: 연결 NI－비지배 NI＝100,000(문제 제시)－6,000＝94,000 (X)

④ 원가법 적용 별도재무제표상 당기순이익: 85,000 (X)
- 연결 NI가 100,000이므로 조정 후 지배기업의 NI는 85,000이다. 하향거래, 영업권 손상차손 및 배당이 문제에 제시되지 않았기 때문에 조정 전 지배기업의 NI도 85,000이다. 종속기업 투자를 원가법으로 표시하면 지배기업은 종속기업과 관련된 손익을 인식하지 않으므로 조정 전 지배기업의 NI만 표시된다.

⑤ 지분법 적용 별도재무제표상 당기순이익: 85,000＋9,000＝94,000 (O)
- 지분법을 적용하는 경우 ㈜세무는 지분법이익을 인식한다. 지분법이익은 (50,000－35,000)×60%＝9,000이므로 조정 전 지배기업의 NI에 9,000을 가산한 금액이 별도재무제표상 NI가 된다.

14. ③
주식기준보상-
조건 변경

	명수	×개수	×금액	×1/n	＝누적액	비용
X1	300×0.8	10	200	1/4	120,000	120,000
X2	300×0.9	10	200	2/4	270,000	**168,000**
	300×0.9	10	20	1/3	18,000	

15. ⑤
자본거래가 자본에
미치는 영향

기초 자본		3,000,000
4.1	12,000×100주	＝1,200,000
7.30		(200,000)
10.1	11,000×20주	＝(220,000)
11.30	13,000×10주	＝130,000
CI	850,000＋130,000	＝980,000
기말 자본		**4,890,000**

16. ⑤
계약자산,
계약부채,
수취채권

X1.12.15	계약자산	8,000	매출	8,000
X2.1.10	수취채권	2,000	매출	2,000
	수취채권	8,000	계약자산	8,000
X2.1.15	현금	10,000	수취채권	10,000

(1) 거래가격의 배분
A: 8,000, B: 2,000
원칙적으로 수행의무가 두 개 이상인 경우 상대적 개별 판매가격을 기준으로 거래가격을 배분한다. 하지만 잔여접근법으로 거래가격을 배분하기로 하며, A의 개별 판매가격만 제시되어 있으므로, B에 배분되는 거래가격은 2,000(=10,000−8,000)이다.

(2) X1.12.15
제품 A를 인도하였으므로 8,000의 매출을 인식한다. 하지만 제품 A에 대한 대가는 제품 B까지 모두 인도한 이후에 받을 권리가 생기므로 수취채권이 아닌 계약자산을 인식한다.

(3) X2.1.10
제품 B를 인도하였으므로 2,000의 매출을 인식한다. 이제 제품 B까지 모두 인도하였으므로 수취채권을 인식하며, 제품 A에 대한 계약자산도 수취채권으로 재분류한다.

(4) X2.1.15
현금을 모두 수령하였으므로 수취채권을 제거하고 현금을 계상한다.

(5) 정답 찾기
① X1년에는 수취채권이 표시되지 않는다.
② X1년 말 계약자산은 8,000이다.
③ X1년 수익은 8,000이다.
④ X1년 말 계약부채는 표시되지 않는다.
⑤ ㈜세무의 20X2년 1월 10일 회계처리로 인하여 계약자산은 **₩8,000 감소한다.**

17. ①
리스 말문제

리스이용자는 리스개시일에 그날 현재 지급되지 않은 리스료의 현재가치로 리스부채를 측정한다. 리스의 **내재이자율**을 쉽게 산정할 수 있는 경우에는 그 이자율로 리스료를 할인한다. 그 이자율을 쉽게 산정할 수 없는 경우에는 리스이용자의 **증분차입이자율**을 사용한다. 내재이자율을 산정할 수 없는 경우 증분차입이자율을 사용하는 것이지, 그 반대가 아니다.

18. ⑤
기본 EPS

(1) n=1,030

	1.1	4.1	10.1	계
	800	200	(60)	
무상증자	×1.1	×1.1		
가중평균	×12/12	×9/12	×3/12	
	880	165	(15)	**1,030**

유상증자로 보는 주식 수: 300×1,000/1,500=200주

무상증자로 보는 주식 수: 300−200＝100주
　＝300주×(1,500−1,000)/1,500＝100주
무상증자율＝100/(800＋200)＝10%

(2) EPS: (575,300−50,000)/1,030＝**510**
　우선주가 비누적적이므로 당기에 결의된 배당금을 차감한다.

19. ②
금융자산 말문제

'원금과 이자지급으로 구성되어 있는 현금흐름이 발생하는 금융자산'이란 채무상품을 의미한다.

ㄴ. 계약상 현금흐름의 수취와 금융자산의 매도 둘 다를 통해 목적을 이루는 사업모형 하에서 금융자산을 보유하고, 금융자산의 계약 조건에 따라 특정일에 원금과 원금잔액에 대한 이자 지급만으로 구성되어 있는 현금흐름이 발생하는 금융자산은 **기타포괄손익−공정가치**로 측정한다.

ㄹ. 금융자산을 기타포괄손익−공정가치 측정 범주에서 당기손익−공정가치 측정 범주로 재분류하는 경우, 재분류 전에 인식한 기타포괄손익누계액은 재분류일에 **재분류조정으로 자본에서 당기손익으로 재분류한다.**

20. ②
신주인수권부사채

1. 상환할증금: 100,000×5%＝5,000

2. X1말 상환할증금: 5,000×0.89＝4,450

3.신주인수권 행사로 증가하는 자본
　: 행사가＋할증금 감소액＝60주×1,000＋4,450×60%＝**62,670**

행사 시 회계처리

X2초	현금	**60,000**	자본금	61,980
	할증금	**2,670**	& 주발초	
	대가	690		

할증금 감소액: 4,450×60%＝2,670
대가 감소액: 1,150×60%＝690
자본 증가액: 61,980−690＝**62,670**
− 주식의 액면금액을 주지 않았기 때문에 자본금과 주발초의 금액을 각각 구할 수는 없다.
− 신주인수권대가의 주발초 대체 여부는 제시하지 않았으나, 대체하는 것으로 회계처리하였다.

참고 발행가액 분석

액면사채	100,000×0.8396＋4,000×2.6730	＝①94,652
할증금	5,000×0.8396	②4,198
자본		④1,150
계		③100,000

21. ④
사채의 오류수정

	X1
수정 전 NI	100,000
사채발행비	9,500
이자비용	(4,340)
수정 후 NI	**105,160**

1. 사채발행비: 사채발행비는 사채의 발행금액에서 차감해야 하나, 비용처리하였으므로 비용을 부인한다.

2. 이자비용: 4,340 증가
(1) 오류 수정 전 이자비용: $274,000 \times 10\% = 27,400$
(2) 오류 수정 후 이자비용: $264,500 \times 12\% = 31,740$
　　- 오류를 수정하면 사채의 발행금액은 $264,500(=274,000-9,500)$이고, 유효이자율은 12%가 된다.

22. ①
영업활동 현금흐름
-간접법

영업CF	=	NI	−	비영업 손익	−	△영업 자산	+	△영업 부채
850,000		880,000[1]		10,000 감가비 & 유형자산처분손익		(10,000) 매출채권 (35,000) 재고자산 5,000 사할차 상각액		

[1]NI: $1,000,000(EBT) - 120,000(법인세비용) = 880,000$

(1) 건물 관련 현금흐름

건물 CF	=	관련 손익	−	△건물	+	△감가상각누계액
30,000		**(10,000)**		50,000		(10,000)

건물 관련 현금흐름을 제시하였는데, 건물과 감누의 기초 기말 잔액을 같이 제시하였으므로 관련 손익을 계산해야 한다.
건물 관련 현금흐름을 직접법 공식에 대입하면 건물과 관련된 손익이 손실 10,000으로 계산된다. 이 금액은 감가상각비와 유형자산처분손익의 합이다. 문제에 건물 처분에 대한 자료가 제시되지 않았으므로 감가상각비와 유형자산처분손익을 각각 구할 수는 없지만, 둘 다 비영업손익이므로 영업CF 계산 시에는 부인하면 된다.

(2) 사채 관련 현금흐름
사채의 발행 및 상환이 없었으므로, 사채 관련 현금흐름은 이자지급액을 의미한다. 이자비용 30,000 중 5,000은 사할차 상각으로, 나머지 25,000은 실제로 지급된 금액이다.

23. ③
법인세회계

	X2(20%)	X3(20%)	X4~(20%)
EBT	500,000		
감가상각비	(80,000)	(80,000)	(80,000)
접대비	130,000		
과세소득	550,000		
법인세부담액	110,000	(16,000)	(16,000)

기말 이연법인세자산＝16,000＋16,000＝32,000

1. 기초 제거	이연법인세부채	—	이연법인세자산	48,000
2. 기말 계상	이연법인세자산	32,000	이연법인세부채	—
3. 당기 부채&비용	법인세비용	**126,000**	당기법인세부채	110,000

차감할 일시적차이가 사용될 수 있는 과세소득의 발생가능성은 매우 높으므로, 이연법인세자산을 전부 인식한다.

24. ④
종업원급여

	비용	자산	부채	OCI
기초		600,000	1,000,000	
이자(10%)	40,000	60,000	100,000	
당기	240,000		240,000	
지급		(100,000)	(100,000)	
적립		300,000		
재측정 전	280,000	860,000	1,240,000	
재측정		(10,000)	(40,000)	**30,000**
재측정 후		850,000	1,200,000	

25. ③
제조원가의 흐름

	가산		차감		
원재료	기초	80,000	기말	60,000	
	매입액	960,000			└ DM 980,000
가공원가	DL(0.4)	1,050,000			
	OH(1)				└ 당기총제조원가
재공품	기초	100,000	기말	75,000	└ 당기제품제조원가
제품	기초	125,000	기말	80,000	└ 매출원가 2,100,000

매출원가: 2,500,000×(1−16%)＝2,100,000
DL: 1,050,000/1.4×0.4＝300,000
기본원가: DM＋DL＝980,000＋300,000＝**1,280,000**

26. ⑤
종합원가계산

완환량	평균법		FIFO		기초재공품
가공원가	2,400	−	1,800	=	600
재료원가	3,000	−	2,000	=	1,000

기초재공품의 전환원가 완성도: 600/1,000＝**60%**

27. ④
보조부문원가

(1) 단일배분율법: 337,500

	절단부문	조립부문	합계
OH	540,000×5/8=337,500	540,000×3/8=202,500	540,000

(2) 이중배분율법: 300,000

	절단부문	조립부문	합계
변동OH	240,000×5/8=150,000	240,000×3/8=90,000	240,000
고정OH	300,000×1/2=150,000	300,000×1/2=150,000	300,000
계	300,000	240,000	540,000

(3) 차이: 337,500−300,000=**37,500**

간편법 300,000×(5/8−1/2)=37,500
변동OH는 단일배부율법과 이중배분율법 모두 실제사용량을 기준으로 배부하므로 차이가 발생하지 않는다. 따라서 배부율이 차이가 나는 고정OH만 분석하면 답을 쉽게 구할 수 있다.

28. ④
ABC 말문제

원가의 발생행태보다 원가를 소비하는 활동에 초점을 맞추어 원가를 집계하여 배부하기 때문에 전통적인 원가계산보다 정확한 제품원가 정보를 제공한다.

29. ②
균등이익률법

	매출액	제조원가	결합원가
A	1,000단위×@2,000 =2,000,000	2,000,000×70% =1,400,000	1,400,000−850,000 =**550,000**
B	1,500단위×@3,000 =4,500,000	4,500,000×70% =3,150,000	
계	6,500,000	4,550,000	

기업 전체의 매출원가: 1,690,000+390,000+520,000+850,000+1,100,000=4,550,000
기업 전체의 매출원가율: 4,550,000/6,500,000=70%
− 균등매출총이익률법은 판매비를 제외한 제조원가만을 기준으로 원가율을 계산한다. 판매비는 매출총이익 계산 시 차감하지 않기 때문이다.

30. ⑤
표준종합원가계산

		완성품환산량	
	재공품(FIFO)	재료원가	가공원가
기초 1,000 (1)(0.4)	완성 5,500		
	⟨ 1,000 (0)(0.6)	−	600
	4,500 (1)(1)	4,500	4,500
착수 5,200	기말 700 (1)(0.6)	700	420
		5,200	5,520
		@24	@26

완성품원가: 5,500×@50=**275,000**

− 전기와 당기의 제품 단위당 표준원가가 동일하므로 완성품 수량에 한꺼번에 단위당 표준원가를 곱해도 된다.

기말재공품원가: 700×@24+420×@26=**27,720**

31. ①
정상원가계산

(1) 배부차이: 600,000−630,000=30,000 과소배부

배부액: 150,000+200,000+250,000=600,000

발생액: 630,000 (OH 원장 차변 금액)

(2) 매출원가조정법

	재공품	제품	매출원가	계
조정 전 배부차이	500,000	600,000	900,000 30,000	2,000,000 30,000
계	500,000	600,000	930,000	2,030,000

(3) 총원가비례법

	재공품	제품	매출원가	계
조정 전 배부차이	500,000 7,500	600,000 9,000	900,000 13,500	2,000,000 30,000
계	507,500	609,000	913,500	2,030,000

(4) 당기순이익 증감: 913,500−930,000=**(−)16,500 감소**

매출원가조정법 적용 시 매출원가가 16,500만큼 증가하므로 당기순이익은 감소한다.

32. ③
**제한된 자원의
사용**

(1) 제약식

기계시간: 0.5A+B≤1,000

노무시간: 1.5A+2B≤2,400

목적함수: Z=Max 30A+50B

(2) 기울기(A의 계수/B의 계수)

기계시간: 0.5/1=0.5

노무시간: 1.5/2=0.75

목적함수: 30/50=0.6

목적함수의 기울기 0.6이 0.5~0.75 사이에 있으므로 두 제약식의 교점에서 Z가 극대화된다.

(3) 이익 극대화를 위한 제품별 생산량

0.5A+B=1,000

1.5A+2B=2,400

→ A=(2×1,000−1×2,400)/(0.5×2−1.5×1)=**800**, B=**600**

1. 원가함수 추정

33. ⑤
CVP분석

	X1년	X2년
단위당 변동원가	(1,650,000−1,200,000)/(300−200) =4,500	(1,900,000−1,725,000)/(400−350) =3,500
고정원가	1,200,000−4,500×200단위 =300,000	1,725,000−3,500×350단위 =500,000

− X2년에 원가구조가 달라졌으므로 원가함수를 재추정해야 한다.

2. 연도별 총고정제조원가

X1년: 300,000×2=600,000

X2년: 500,000×2=1,000,000

총고정제조원가 증감액: 1,000,000−600,000=400,000 증가(④ X)

− 위에서 추정한 원가함수는 반기별 함수이므로 고정원가도 반기별 고정원가이다. 따라서 연 단위 손익계산서를 작성할 때에는 2배를 해야 한다.

3. 변동원가계산 손익계산서

	X1		X2	
매출액 변동원가	7,500×500단위= 4,500×500단위=	3,750,000 (2,250,000)	7,500×750단위= 3,500×750단위=	5,625,000 (2,625,000)
공헌이익 고정원가		1,500,000 (600,000)		3,000,000 (1,000,000)
영업이익		900,000		2,000,000

4. 영업레버리지도=공헌이익/영업이익

X1년: 1,500,000/900,000=1.67

X2년: 3,000,000/2,000,000=1.5 (① X)

− 영업레버리지도는 감소하였다. (③ X)

5. X2년 안전한계율: 1/영업레버리지도=1/1.5=67% (② X)

6. 손익분기점 판매량=고정원가/단위당 공헌이익

X1년: 600,000/(7,500−4,500)=200단위

X2년: 1,000,000/(7,500−3,500)=250단위

손익분기점 증가: 250−200=**50단위** (⑤ O)

34. ①
외부대체

외부구입비용	(35,000)
변동원가 감소	33,000
고정원가 감소	400
공헌이익 증가	200
증분이익	**(1,400)**

(1) 외부구입비용: 35×1,000단위=35,000

350 | 김용재 회계사, 세무사 1차 회계학 연도별 기출문제집

(2) 변동원가 감소: 33×1,000단위＝33,000

35. ①
고정제조간접
원가 차이분석

고정OH	실제 발생액	예산차이	예산액	조업도차이	SQ × SP
5월			예산액	1,000 불리	예산액－1,000
6월			예산액	600 불리	예산액－600

월별 표준원가 배부액(SQ × SP)
- 5월: 예산액/기준조업도×100＝예산액－1,000
- 6월: 예산액/기준조업도×120＝예산액－600
→ (예산액－1,000)×120/100＝예산액－600, 예산액＝**3,000**

36. ③
학습곡선

누적 생산량	10단위당 평균 직접노무시간	총 직접노무시간	증분 노동시간
10단위	x	x	
20단위	1.6x/2＝③**0.8x**	x+0.6x＝②**1.6x**	①**0.6x**

① 첫 10단위를 생산할 때 필요한 직접노무시간을 x라고 하자. 두 번째 10단위를 생산할 때 필요한 직접노무시간은 60%인 0.6x이다.
② 따라서 20단위를 생산할 때 총 직접노무시간은 1.6x이다.
③ 생산량이 2배가 되었으므로 평균 직접노무시간을 2로 나누면 0.8x이며, 학습률은 80%이다.

37. ③
대체가격

(1) 내부대체 시 고정원가 증가분: 없음

(2) 기회비용: (50－35)×30,000단위＝450,000
- 내부대체 수락 시 포기해야 하는 부품X 판매량: 40,000단위＋20,000단위×2－50,000단위 ＝30,000단위 (Xplus는 1단위 생산 시 X 2단위를 포기해야 하므로 사실상 X 40,000단위를 추가로 생산하는 것이나 마찬가지이다.)

(3) 최소대체가격: 단위당 변동원가＋기회비용/대체 수량
＝35＋20＋450,000/20,000단위＝**77.5**

38. ②
현금예산

상품(1월)		상품(2월)		상품(3월)	
기초 10,000	판매 80,000	기초 9,000	판매 90,000	기초	판매 105,000
매입 79,000	기말 9,000	매입 91,500	기말 10,500	매입	기말

(1) 월별 매출원가
1월: 100,000×80%＝80,000
2월: 120,000×75%＝90,000
3월: 150,000×70%＝105,000

(2) 월별 기초 상품 재고
  1월: 10,000 (문제에서 X1년 말 재고 제시)
  2월: 90,000×10%＝9,000
  3월: 105,000×10%＝10,500

(3) 월별 상품 매입액
  1월: 80,000＋9,000－10,000＝79,000
  2월: 90,000＋10,500－9,000＝91,500

(4) 2월 현금지출예산: 79,000×60%＋91,500×40%＝**84,000**
  － 1월 매입액의 60%, 2월 매입액의 40%가 2월에 현금으로 지급된다.

39. ④
직접재료원가
차이분석

	AQ × SP	배합차이	실제투입량계 ×표준비율×SP	수율차이	SQ × SP
A	150kg×30 ＝4,500	③900 불리	300kg×0.4×30 ＝3,600	－	120kg×30 ＝3,600
B	150kg×20 ＝3,000	600 유리	300kg×0.6×20 ＝3,600	－	180kg×20 ＝3,600
계	7,500	②300 불리	7,200	④－	7,200
		①수량차이 300 불리			

① 수량차이: 300 불리
② 배합차이: 예상보다 300 더 발생했다.
③ 배합차이(A): 예상보다 900 더 발생했다.
⑤ 실제투입량 합계가 증가하면 (400－300)×(0.4×30＋0.6×20)＝2,400 불리한 수율차이가 발생한다.

40. ②
복수제품
CVP분석

(1) 제품별 매출 배합: 1:1
  제품 A의 판매량: 200,000/4,000＝50단위
  제품 B의 판매량: 100단위－50단위＝50단위
  － 제품별 판매량이 동일하므로 매출 배합은 1:1이다.

(2) Set당 공헌이익: 125,000/50＝2,500

(3) 손익분기점 Set 판매량: 150,000/2,500＝60Set

(4) 손익분기점을 달성하기 위한 제품 B의 판매량: 60Set×1＝**60단위**

1.	③	6.	⑤	11.	①	16.	①	21.	②	26.	③	31.	②	36.	③
2.	④	7.	⑤	12.	②	17.	②	22.	③	27.	①	32.	④	37.	②
3.	③	8.	③	13.	④	18.	②	23.	③	28.	④	33.	①	38.	④
4.	②	9.	⑤	14.	③	19.	⑤	24.	②	29.	④	34.	④	39.	⑤
5.	④	10.	①	15.	①	20.	⑤	25.	②	30.	③	35.	⑤	40.	②

01. ③
재고자산 말문제

후속 생산단계에 투입하기 전에 보관이 필요한 경우 이외의 보관원가는 재고자산의 취득원가에 포함할 수 없으며 발생기간의 비용으로 인식하여야 하는 원가에 해당한다.

02. ④
유형자산 말문제

① 자산이 운휴 중이거나 적극적인 사용상태가 아니어도 감가상각이 완전히 이루어지기 전까지는 **감가상각을 중단하지 않는다.**

② 유형자산의 잔존가치와 내용연수는 적어도 **매 회계연도 말에 재검토**한다.

③ 유형자산의 전체원가에 비교하여 해당 원가가 유의적이지 않은 부분은 별도로 분리하여 감가상각할 수 **있다.**

④ 자산의 사용을 포함하는 활동에서 창출되는 수익에 기초한 감가상각방법은 적절하지 않다. 그러한 활동으로 창출되는 수익은 일반적으로 자산의 경제적효익의 소비 외의 요소를 반영한다. 예를 들어, 수익은 그 밖의 투입요소와 과정, 판매활동과 판매 수량 및 가격 변동에 영향을 받는다. 수익의 가격 요소는 자산이 소비되는 방식과 관계가 없는 인플레이션에 영향을 받을 수 있다.

⑤ 유형자산의 공정가치가 장부금액을 초과하더라도 **감가상각액을 계속 인식한다.**

03. ③
유형자산 재평가모형

X2년도 당기순이익에 미치는 영향: (−)125,000(감가비)＋140,000(재평가이익)＝**15,000 증가**

X0	1,000,000	n＝5, s＝200,000, 정액
	↓ (160,000)	
X1	840,000 −(−) 140,000→ 700,000	n＝4, s＝200,000, 정액
	↓ (125,000)	
	575,000 −(+) 140,000→ ⊕ 85,000	800,000

04. ②
차입원가 자본화

```
X1                          12.31
7.1    300,000×6/12      ＝150,000
10.1   960,000×3/12      ＝240,000
10.1   (240,000)×3/12    ＝(60,000)
12.1   1,200,000×1/12    ＝100,000
                           430,000

특정   500,000×6/12      ＝250,000    (8%)    →20,000
일시   (200,000)×3/12    ＝(50,000)   (10%)   →(5,000)
일반   (430,000         −200,000)    (7%)    →16,100    (한도: 70,000)
```

				31,100

R	=70,000/1,000,000=7%			
A	500,000×12/12	=500,000	(8%)	→40,000
B	1,000,000×6/12	=500,000	(6%)	→30,000
계		1,000,000		70,000

05. ④
복구충당부채

X2년 당기비용: 351,715(감가비)+21,515(이자비용)=**373,230**

(1) X2년 감가비: (1,204,900−200,000)×(4/10×6/12+3/10×6/12)=351,715
　─ 7.1 취득 후 연수합계법으로 상각하고 있기 때문에 상각률을 6개월씩 적용해야 한다.
　복구충당부채: 300,000×0.6830=204,900
　설비자산의 취득원가: 1,000,000+204,900=1,204,900

(2) X2년 이자비용: 215,145×10%=21,515
　X1년 말 복구충당부채: 204,900×(1+10%×6/12)=215,145
　─ 7.1에 복구충당부채를 계상하므로, X1년에는 6개월 치 이자비용만 가산한 뒤, X2년에 10%의 이자율을 곱한다.

06. ⑤
지속적 관여

㈜대한은 양도받은 동 매출채권을 제3자에게 매도할 수 있는 능력이 없으므로, ㈜대한이 매출채권을 통제할 수 있는 상황은 아니다. 따라서 ㈜세무가 통제할 수 있는 상황으로 보아야 한다. ㈜세무는 위험과 보상의 대부분을 이전하지도 않고 보유하지도 않는데, 통제는 가능하므로 다음과 같이 지속적 관여 정도까지 자산을 인식해야 한다.

관련부채: 100,000(지급 보증액)+20,000(보증의 공정가치)=**120,000**

회계처리

현금	480,000	매출채권	500,000
지속적 관여 자산	100,000	관련 부채	**100,000**
처분손실	40,000	관련 부채	**20,000**

07. ⑤
유형자산
원가모형

X0	700,000	n=5, s=100,000, 정액			
	↓ (120,000)				
X1	580,000	—(20,000)→	560,000	n=4, s=100,000, 정액	
			↓ (115,000)		
X2			445,000	—(15,000)→	**430,000**

X2년도 감가상각비: (560,000−100,000)/4=115,000
X2년도 손상차손: 130,000−115,000=15,000

X2년 말 회수가능액: 445,000−15,000=430,000

간편법 x2말 회수가능액: x1말 장부금액−(감가상각비+손상차손)=560,000−130,000=430,000

08. ③
저가법

	A	B
BQ × BP	50개 × @1,000 = 50,000	100개 × @2,000 = 200,000
감모손실	(20,000)	(60,000)
AQ × BP	30개 × @1,000 = 30,000	70개 × @2,000 = 140,000
평가충당금	(2,000)	(7,000)
AQ × 저가	20개 × @900 + 10개 × @1,000 = 28,000	70개 × @1,900 = 133,000

항목별 저가=min[BP, NRV]
① A
  − 20단위: min[1,000, 900]=900
  − 10단위: min[1,000, 1,300−300]=1,000
② B: min[2,000, 2,200−300]=1,900
  − 일반 판매 시 A와 B 모두 300의 판매비용이 발생하므로 NRV 계산 시 예상 판매가격에서 판매비용을 차감해야 한다.

재고자산

기초(순액)	−	매출원가	415,000
		기타비용	24,000
매입	600,000	기말(순액)	161,000
계	600,000	계	600,000

기초 재고: 기초에 설립하였으므로 없다.
기말 재고(순액): 28,000+133,000=161,000
매입액: 200단위×@1,000+200단위×@2,000=600,000
기타비용(비정상감모손실): (20,000+60,000)×30%=24,000
− 정상감모손실과 재고자산평가손실은 매출원가에 가산하므로, 비정상감모손실만 기타비용으로 처리한다.

09. ⑤
금융자산 계정
재분류

X2년 당기손익: (−)22,869+80,000+49,420=**106,551 증가**

X0	950,252	n=3, r=10%, (80,000)					
	↓ 95,025						
X1	965,277	—(10,000)→	955,277	—⊖22,869→	932,408		
					↓ **80,000**		
X2					932,408	—(+)**49,420**→	981,828

(1) X1말 금융자산평가손익(OCI): 932,408−(965,277−10,000)=(−)22,869 손실
  − FVOCI 금융자산은 기대신용손실이 있더라도 B/S상에 공정가치로 표시되어야 한다. 또한, 손상차손은 PL로 인식한다. 따라서 OCI로 인식하는 금융자산평가손익은 기대신용손실을 차감한 상각후원

가와 공정가치의 차이이다.
 ─ FVOCI 금융자산을 FVPL 금융자산으로 재분류할 경우 OCI 잔액을 PL로 재분류 조정한다.

(2) 이자수익: 1,000,000×8%＝80,000
 ─ 재분류 후 FVPL로 분류하므로 액면이자만 이자수익으로 인식한다.

(3) X2년말 평가손익: 981,828−932,408＝49,420 이익

회계처리

X1.1.1	FVOCI	950,252	현금	950,252
X1.12.31	현금	80,000	이자수익	95,025
	FVOCI	15,025		
	손상차손	10,000	손실충당금	10,000
	OCI	22,869	FVOCI	22,869
X2.1.1 (재분류일)	FVPL	932,408	FVOCI	942,408
	손실충당금	10,000		
	PL	**22,869**	OCI	22,869
X2.12.31	현금	80,000	**이자수익**	**80,000**
	FVPL	49,420	**PL**	**49,420**

재분류일 현재 FVOCI 금융자산의 장부금액은 932,408이지만, 이 중 10,000은 손실충당금으로 인해 차감된 것이므로 재분류일에 FVOCI 942,408과 손실충당금 10,000을 동시에 제거해야 한다.

10. ①
재무제표 표시

② 각각의 재무제표는 전체 재무제표에서 **동등한 비중**으로 표시한다.
③ 상이한 성격이나 기능을 가진 항목은 구분하여 표시한다. 다만 중요하지 않은 항목은 성격이나 기능이 유사한 항목과 **통합하여 표시할 수 있다.**
④ 동일 거래에서 발생하는 수익과 관련비용의 상계표시가 거래나 그 밖의 사건의 실질을 반영한다면 그러한 거래의 결과는 **상계하여 표시한다.**
⑤ 부적절한 회계정책은 이에 대하여 공시나 주석 또는 보충 자료를 통해 설명하더라도 **정당화될 수 없다.**

11. ①
사업결합

1. 종속기업의 순자산 FV: 3,200,000−2,800,000＋50,000＝450,000

2. 영업권: 이전대가−종속기업의 순자산 FV×100%
 ＝700,000−450,000×100%＝**250,000**
 ─ 흡수합병 시 두 회사는 하나가 되므로, 종속기업에 대한 지분율은 100%이다.

12. ②
투자부동산 계정
재분류

X2년도 당기순이익: 200,000(재분류이익)−360,000(감가상각비)=(−)160,000 감소

X1.4.1	2,000,000	
	↓ 400,000	
X1	2,400,000	
	↓ 200,000	
X2.4.1	2,600,000	n=5, s=200,000, 정액
	↓ (360,000)=(2,600,000−200,000)/5×9/12	
X2	2,240,000	

13. ④
재무정보의 측정
기준

사용가치와 이행가치는 미래현금흐름에 기초하기 때문에 자산을 취득하거나 부채를 인수할 때 발생하는 거래원가는 **포함하지 않는다.**

14. ③
일반목적재무보고

너무 어려운 말장난이었다. 보고기업의 경제적자원 및 청구권의 '변동'은 그 기업의 재무성과, 그리고 채무상품이나 지분상품의 발행과 같은 그 밖의 사건이나 거래에서 발생한다. 틀렸어도 상심하지 말자.

15. ①
종업원급여

	비용	자산	부채	OCI
기초		560,000	600,000	
이자(15%)	6,000	84,000	90,000	
당기	450,000		450,000	
지급		(150,000)	(150,000)	
적립		400,000		
재측정 전	**456,000**	894,000	990,000	
재측정		26,000	60,000	**(34,000)**
재측정 후		920,000	1,050,000	

'할인율을 제외한 보험수리적 가정': 할인율은 퇴직급여에 반영하므로, 보험수리적가정에는 할인율이 반영되지 않는다. 문제 풀이와 전혀 관계가 없으니 할인율 제외라는 표현을 무시하자.

16. ①
조건 변경

X0				
	↓			
X1	500,000	—(119,773)→	380,227	n=5, R=8%, (10,000)

Step 1. 조건 변경 시점까지 상각하기
X2말 조건 변경 전 PV: 500,000×0.9070+25,000×1.8594=499,985 (≒500,000)
− 유효이자율과 표시이자율이 모두 5%로 동일하므로, 장부금액이 액면금액과 동일하다.

Step 2. 조건 변경 후의 현금흐름을 '역사적' 이자율로 할인하기
X2말 조건 변경 후 PV: 500,000×0.7835+10,000×4.3295=435,045

Step 3. 조건 변경이 실질적인지 판단하기
500,000×0.9=450,000〉435,045 (실질적)

Step 4. 채권, 채무 금액 조정하기 & 이자수익 인식하기

X2말 조건 변경 후 PV(현행 이자율-8%): $500,000 \times 0.6806 + 10,000 \times 3.9927 = $ **380,227**

— 조건 변경이 실질적이므로 현행 이자율로 다시 할인한다.

17. ②
현금결제형 주식
기준보상

	명수	×개수	×금액	×1/n	=누적액	비용
X1	(100-10-15)	10	1,000	1/3	250,000	250,000
X2	(100-10-12-8)	10	1,260	2/3	588,000	338,000
X3	(100-10-12-5)	10	1,400	3/3	1,022,000	**434,000**
	(73-28)	10	1,400		630,000	

X3년말 회계처리〉

비용	**434,000**	부채	434,000
부채	392,000	현금	336,000
		비용	**56,000**

현금 지급액: $28명 \times 10개 \times @1,200 = 336,000$

X3년도 비용: $434,000 - 56,000 = $ **378,000**

18. ②
리스의 변경

	사용권자산	리스부채	PL
X3	51,954	55,782	
감소	↓(17,318)	↓(18,594)	+1,276
	34,636	37,188	
재조정	↓ +3,828	↓ +3,828	
	38,464	41,016	
상각	↓(19,232)		
X4	**19,232**		

(1) 리스부채 및 사용권자산 감소 (대차차액은 PL)

① 리스부채 증감: $55,782/3 = 18,594$

 — X3년 말 리스부채(5%, 2기): $30,000 \times 1.8594 = 55,782$

② 사용권자산 감소분: $51,954/3 = 17,318$

 — X3년 말 사용권자산: $30,000 \times 4.3295 \times 2/5 = 51,954$

③ PL: $18,594 - 17,318 = 1,276$ 이익

(2) 리스부채 재조정 (대차차액은 사용권자산)

① 리스부채 증감: $41,016 - 37,188 = 3,828$ 증가

 — X4년 초 리스부채(8%, 2기): $23,000 \times 1.7833 = 41,016$

② 사용권자산 증감: 3,828 증가

(3) X4년 말 사용권자산: $(34,636 + 3,828)/2 = $ **19,232**

회계처리

X4.1.1	리스부채	18,594	사용권자산	17,318
			PL	1,276
	사용권자산	3,828	리스부채	3,828
X4.12.31	감가상각비	19,232	사용권자산	19,232
	이자비용	3,281	현금	23,000
	리스부채	19,719		

19. ⑤
현금흐름표 말문제

단기매매목적으로 보유하는 유가증권의 취득과 판매에 따른 현금흐름은 **영업**활동으로 분류한다.

20. ⑤
사채발행비 &
기중상환

	유효이자(10%)	액면이자(5%)	상각액	BV
X0				875,657
X1	87,566	50,000	37,566	913,223
X2	91,322	50,000	41,322	954,545
X3.4.1	23,864	12,500	11,364	965,909

X1초 BV: $1,000,000 \times 0.7938 + 50,000 \times 2.5771 - 46,998 = 875,657$
사채발행비를 고려한 유효이자율: $87,566/875,657 = 10\%$

X2말 장부금액: $(875,657 \times 1.1 - 50,000) \times 1.1 - 50,000 = 954,545$
사채상환손익: $954,545 \times (1 + 10\% \times 3/12) \times 60\% - 570,000 = $ **17,045 이익**

21. ②
고객충성제도

Step 1. 계약부채: $1,000,000 \times 250,000/(1,000,000 + 250,000) = 200,000$

Step 2. 매출 = 현금 수령액 − 계약부채 = $1,000,000 - 200,000 = 800,000$

Step 3. X1년 포인트 매출 = X1년 포인트 매출 누적액 = 80,000
X1년 포인트 매출 (누적액): $200,000 \times 180,000/450,000 = 80,000$

Step 4. X2년 포인트 매출 = X2년 포인트 매출 누적액 − X1년 포인트 매출 누적액
X2년 포인트 매출 누적액: $200,000 \times 432,000/480,000 = 180,000$
X2년 포인트 매출: $180,000 - 80,000 = 100,000$

X2년 말 계약부채 잔액: $200,000 - 80,000 - 100,000 = $ **20,000**

▶ **빠른풀이** $200,000 \times (480,000 - 180,000 - 252,000)/480,000 = $ **20,000**
문제에서 연도별 매출액이 아니라, X2년 말 계약부채 잔액을 물었기 때문에 매출 시 계약부채를 먼저 구한 뒤, X2년 말 '1−포인트 교환율'인 0.1을 곱하면 된다.

회계처리

X1년 매출 시	현금	1,000,000	계약부채	200,000
			매출	800,000
X1년 말	계약부채	80,000	매출	80,000
X2년 말	계약부채	100,000	매출	100,000

22. ③
건설계약

	X1년	X2년
진행률	?	300,000/500,000＝60%
누적계약수익	120,000	600,000×60%＝360,000
계약수익	120,000	240,000
계약원가	120,000	180,000
공사손익	0	**60,000**

23. ③
기본 EPS

(1) n＝10,120

	1.1	4.1	7.1	10.1	계
가중평균	10,000 ×12/12	160 ×9/12	(250) ×6/12	500 ×3/12	
	10,000	120	(125)	125	**10,120**

전환사채 전환으로 발행하는 보통주식수: 20,000/50×40%＝160주

전환우선주 전환으로 발행하는 보통주식수: 1,000주/2주＝500주
ㅡ 전환우선주 2주당 보통주 1주로 전환된다.

(2) 우선주 배당금: (3,000주－1,000주)×@100×10%＝20,000
기중 전환된 전환우선주에 대해서는 우선주배당금을 지급하지 않는다.

(3) EPS: (1,335,600－20,000)/10,120＝**130**

24. ②
무보증잔존가치
감소

X1년 초 리스채권: 8,152,500＋50,000＝8,202,500
X2년 말 리스채권: (8,202,500×1.1－2,000,000)×1.1－2,000,000＝5,725,025

리스채권손상차손: min[200,000, 400,000]×0.7513＝150,260
ㅡ 무보증잔존가치가 200,000이라는 것은 예상잔존가치가 800,000(＝600,000＋200,000)이라는 것을
의미한다. 예상잔존가치가 1,000,000에서 800,000으로 200,000 감소하였다. 무보증잔존가치 감소액
의 한도는 최초의 무보증잔존가치인 400,000인데, 한도를 초과하지 않으므로 무보증잔존가치의 감소
분을 손상차손으로 인식한다. 남은 리스기간이 3년이므로 3년 현가계수를 이용한다.

X3년 초 리스채권: 5,725,025－150,260＝5,574,765
X3년도 이자수익: 5,574,765×10%＝**557,477 (단수차이)**

회계처리

X1.1.1	리스채권	8,202,500	현금	8,152,500	
			현금	50,000	
X1.12.31	현금	2,000,000	이자수익	820,250	
			리스채권	1,179,750	
X2.12.31	현금	2,000,000	이자수익	702,275	
			리스채권	1,297,725	
X3.1.1	손상차손	150,260	리스채권	150,260	⌐ 5,574,765 (단수차이)
X3.12.31	현금	2,000,000	**이자수익**	**557,477**	
			리스채권	1,442,523	

간편법

무보증잔존가치 추정 변경 후 20X3년 초 리스채권
: $2,000,000 \times 2.4868 + (600,000 + 200,000) \times 0.7513 = 5,574,640$
- 무보증잔존가치 추정 변경 후 예상잔존가치는 800,000이므로 800,000을 이용하여 20X3년 초 리스채권을 바로 계산할 수 있다.

X3년도 이자수익: $5,574,640 \times 10\% = \mathbf{557,464}$

25. ②
순실현가능가치법

1. 결합원가 계산

결합공정			완성품환산량	
			재료원가	가공원가
기초 —		완성 4,000 (1)(1)	4,000	4,000
착수 5,000		기말 1,000 (1)(0.3)	1,000	300
			5,000	4,300
			@50	@30

완환량 단위당 원가
- 재료원가: $250,000/5,000 = 50$
- 가공원가: $129,000/4,300 = 30$

완성품원가: $4,000 \times (@50 + @30) = 320,000$
- 결합공정의 완성품원가가 제품 A와 제품 B에 배부될 결합원가이다.

2. 결합원가 배분

	매출액	NRV	결합원가	제조원가
A	4,000×@200 =800,000	800,000−200,000 =600,000	240,000	240,000+200,000 =440,000
B	1,000×@200 =200,000	200,000	80,000	
계	1,000,000	800,000	320,000	

3. 제품 A의 단위당 제조원가: 440,000/4,000단위=**110**

26. ③
표준원가계산
말문제

총원가비례배분법은 각 계정별 총액을 기준으로 배분하는 방법이므로, 직접재료원가 구입가격차이를 직접 재료원가 능률차이계정에 **배분하지 않는다.**

27. ①
현금흐름
손익분기점

세전이익: 360,000/(1−25%)=480,000

매출액 변동원가	3,000,000 ×0.4	
공헌이익 고정원가	1,200,000 (720,000)	×2.5
영업이익(=세전이익)	480,000	

영업레버리지도=1/안전한계율=2.5
공헌이익: 480,000×2.5=1,200,000
공헌이익률=1,200,000/3,000,000=40%

감가상각비: 720,000×30%=216,000
고정원가−감가상각비=504,000

'현금흐름분기점 매출액=S'라고 하면
S×0.4−504,000−(S×0.4−720,000)×0.25=0
→ S=**1,080,000**

28. ④
공손

재공품(FIFO)		완성품환산량		
		재료원가A	재료원가B	가공원가
기초 500 (1)(0)(0.6)	완성 3,500			
	500* (0)(1)(0.4)	—	500	200
	3,000* (1)(1)(1)	3,000	3,000	3,000
	공손 500 (1)(0)(0.8)			
	정상 350	350	—	280
	비정상 150	150	—	120
착수 4,500	기말 1,000 (1)(0)(0.6)	1,000	—	600
		4,500	3,500	4,200
		@20	@25	@50

(1) 정상공손수량: (500+3,000)×10%=350개

(2) 완환량 단위당 원가
 − 재료원가A: 90,000/4,500=@20
 − 재료원가B: 87,500/3,500=@25
 − 가공원가: 210,000/4,200=@50

(3) 정상공손원가: 350×@20+280×@50=21,000

(4) 완성품원가: (11,200+18,000)+3,000×@20+3,500×@25+3,200×@50+21,000=**357,700**

29. ④
직접노무원가
차이분석

	AQ × AP		AQ × SP		SQ × SP
DL	⑦5,300시간×⑧**260** =1,378,000	임률차이 53,000 불	⑥5,300시간×⑤250 =①1,325,000	능률차이 50,000 유	③5,500시간×④250 =②1,375,000

① 1,378,000−53,000=1,325,000
② 1,325,000+50,000=1,375,000
③ SQ: 실제 생산량×단위당 표준투입량=1,000단위×5.5시간=5,500시간
④ 1,375,000/5,500=250
⑤ 같은 금액을 옮겨 적었다.
⑥ 1,325,000/250=5,300
⑦ 같은 금액을 옮겨 적었다.
⑧ 1,378,000/5,300=**260**

30. ③
변동종합원가계산

(1) 전환원가 완성품환산량
　기초재고: 1,500×0.4+800=1,400단위
　기말재고: 800×0.5+1,000=1,400단위

(2) 초변동원가계산에 의한 영업이익: **315,000**

초변동원가계산		**315,000**
+기말　　　가공원가 −기초	1,400×@30	=42,000
	1,400×@30	=(42,000)
=전부원가계산		315,000

초변동원가계산과 전부원가계산은 변동가공원가와 고정OH만큼 차이가 나는데, 이를 더하면 가공원가와 같다.

31. ②
변동원가계산과
전부원가계산의
영업이익차이조정

변동원가계산		
+기말　　　고정OH −기초	1,600단위×@125	=200,000
		−
=전부원가계산		

고정OH 배부율: 250,000/2,000단위=@125
기말 수량: 200,000/125=1,600단위
판매 수량: 2,000−1,600=**400단위**

32. ④
정상원가계산

	가산		차감		
원재료	기초	3,000	기말	4,000	
	매입액	21,000			└ DM ①20,000
가공원가	DL	30,000			
	OH	②25,000			└ 당기총제조원가
재공품	기초	50,000	기말	45,000	└ 당기제품제조원가
제품	기초	70,000	기말	60,000	└ 매출원가 90,000

DL: 20,000×60%/40%=30,000
OH 예정배부액: 25,000
OH 실제 발생액: 25,000+7,000=**32,000**

33. ①
불확실성하의
의사결정

1. 성과표

수요량	기대이익=판매량×2−200,000	
	하늘색	핑크색
50,000단위	−100,000(0.0)	−100,000(0.1)
100,000	0(0.2)	0(0.1)
200,000	200,000(0.2)	200,000(0.2)
300,000	400,000(0.4)	400,000(0.2)
400,000	600,000(0.2)	600,000(0.4)

2. 기대영업이익
   하늘색: 200,000×0.2+400,000×0.4+600,000×0.2=320,000
   핑크색: −100,000×0.1+200,000×0.2+400,000×0.2+600,000×0.4=350,000
   → 핑크색이 30,000 유리

   간편법

   하늘색과 핑크색의 판매단가, 변동원가, 고정원가 모두 동일하므로 기대 판매량을 이용하여 기대영업이익
   차이를 구할 수도 있다.
   하늘색의 기대 판매량: 100,000×0.2+200,000×0.2+300,000×0.4+400,000×0.2=260,000
   핑크색의 기대 판매량
   : 50,000×0.1+100,000×0.1+200,000×0.2+300,000×0.2+400,000×0.4=275,000
   →기대영업이익 차이: (275,000−260,000)×2=**30,000**

34. ④
학습곡선

누적 생산량	단위당 평균 직접노무시간	총 직접노무시간
1대	100시간	100시간×1대=100시간
2대		
4대	100시간×80%²=64시간	64시간×4대=256시간

DM	85,000×4대＝	340,000
DL	1,000×256시간＝	256,000
OH	500×256시간＝	128,000
총 제조원가		**724,000**

35. ⑤
투자중심점의
성과평가

3년간 현금흐름 합계: 100,000＋80,000＋60,000＝240,000

회수기간: 3년＋(280,000−240,000)/50,000＝**3.8년**

－ 현금절감액이 연중 균일하게 발생하므로 4년차의 0.8년이 경과되었을 때 남은 40,000을 회수한다.

36. ③
종합예산

제품(2분기)		제품(3분기)	
기초 600	판매 3,000	기초 1,000	판매 5,000
생산 3,400	기말 1,000	생산 4,400	기말 400
직접재료(2분기)		직접재료(3분기)	
기초 6,800	투입 68,000	기초 8,800	투입 88,000
구입 70,000	기말 8,800	구입	기말

(1) 분기별 기말 제품 수량

　　1분기: 3,000×20%＝600통

　　2분기: 5,000×20%＝1,000통

　　3분기: 2,000×20%＝400통

(2) 분기별 제품 생산 수량

　　2분기: 3,000＋1,000−600＝3,400통

　　3분기: 5,000＋400−1,000＝4,400통

(3) 분기별 직접재료 투입량

　　2분기: 3,400×20kg＝68,000kg

　　3분기: 4,400×20kg＝88,000kg

(4) 분기별 기말 직접재료 수량

　　1분기: 68,000kg×10%＝6,800kg

　　2분기: 88,000kg×10%＝8,800kg

(5) 2분기 직접재료 구매예산: 70,000kg×20＝**140,000**

　　－ 2분기 직접재료 구매량: 68,000＋8,800−6,800＝70,000kg

37. ②
외부대체

제품 A 구입가격	18×1,000단위	＝(18,000)
제품 A 변동원가 감소분	(5＋4＋1)×1,000단위	＝10,000
감독자급여 감소분		3,000
제품 B 증분이익	5,000−3,000	＝2,000
증분이익		**(3,000) 불리**

38. ④
품질원가

통제원가			
①예방원가: 80,000		②평가원가: 180,000	
제품설계원가	$1,000 \times 80 = 80,000$	시험검사원가	$6,000 \times 0.5 \times 60 = 180,000$
실패원가			
③내부실패원가: 240,000		**④외부실패원가: 430,000**	
재작업원가	$6,000 \times 10\% \times 400 = 240,000$	보증수리원가 기회비용	$6,000 \times 5\% \times 500 = 150,000$ $400 \times (1,500-800) = 280,000$

⑤ 총품질원가: $80,000 + 180,000 + 240,000 + 430,000 = 930,000$ (O)

39. ⑤
제약이론

① 설치수량 20개 증가 시 이익 증가분: $(40,000-30,000) \times 20$대$=200,000<300,000$(추가원가)
→ 설치수량을 증가시키지 않는다. (X)
② 장비설치가 병목공정이므로 장비제조는 외부에서 추가로 구입하지 않는다. (X)
③ 설치수량 50개 증가 시 이익 증가분: $(40,000-30,000) \times 50$대$=500,000<550,000$(추가원가)
→ 설치수량을 증가시키지 않는다. (X)
④ 설치수량 증가 시 개당 이익 증가분: $40,000-30,000=10,000<12,000$(추가원가)
→ 설치수량을 증가시키지 않는다. (X)
⑤ 오류 설치수량 20개 감소 시 이익 증가분: $40,000 \times 20$개$=800,000>700,000$(추가원가)
→ 오류 설치수량을 감소시킨다. (O)
– 오류 설치수량 감소 시 추가되는 직접재료원가 없이 판매가격을 회수할 수 있으므로 개당 증분 이익
은 10,000이 아닌 40,000이다.

40. ②
투자중심점의
성과평가

경제적 부가가치(EVA)=영업이익×(1－법인세율)－투하자본×가중평균자본비용
$=400,000 \times (1-40\%) - 1,500,000 \times 11.4\% = $ **69,000**

(1) 투하자본: 총자산－유동부채$=2,000,000-500,000=1,500,000$
(2) 가중평균자본비용(WACC)$=10\% \times (1-40\%) \times 6/15 + 15\% \times 9/15 = 11.4\%$

5. 2020년 CTA 회계학개론 기출문제

1.	⑤	6.	⑤	11.	⑤	16.	③	21.	⑤	26.	③	31.	②	36.	①
2.	⑤	7.	⑤	12.	①	17.	③	22.	④	27.	③	32.	②	37.	④
3.	③	8.	④	13.	④	18.	②	23.	②	28.	①	33.	⑤	38.	③
4.	①	9.	①	14.	①	19.	④	24.	④	29.	③	34.	⑤	39.	④
5.	①	10.	②	15.	③	20.	②	25.	③	30.	④	35.	②	40.	⑤

01. ⑤
재무정보의 질적
특성

보강적 질적특성은 정보가 목적적합하지 않거나 나타내고자 하는 바를 충실하게 표현하지 않으면 그 정보를 유용하게 만들 수 **없다.**

02. ⑤
측정기준

경제적효익을 창출할 가능성이 낮더라도 권리가 경제적자원의 정의를 충족할 수 있고, 따라서 자산이 될 수 있다.

03. ③
수익 말문제

변동대가(금액)는 둘 중 **기업이 받을 권리**를 갖게 될 대가(금액)를 더 잘 예측할 것으로 예상하는 방법을 사용하여 추정한다. 변동대가는 고객이 기업에게 지급하는 것이므로, 기업이 받을 권리를 갖는다.
⑤번은 지엽적인 문장이므로 넘어가자.

04. ①
감가상각의 변경

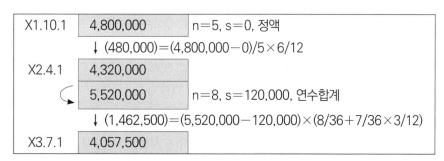

X2.4.1과 X3.7.1의 장부금액이 필요하므로 X1말, X2말 장부금액을 구하지 않고 바로 두 시점의 장부금액을 구했다.

처분손익: $4,000,000 - 4,057,500 = (-)57,500$ **손실**

05. ①
재무비율

매출원가: $1,000,000 \times (1 - 15\%) = 850,000$
평균 재고자산: 매출원가/재고자산회전율 $= 850,000 / 680\% = 125,000$
기말 재고자산(=재고자산 손실액): 평균 재고자산 $\times 2 -$ 기초 재고자산
$= 125,000 \times 2 - 100,000 = 150,000$

06. ⑤
자본거래

기초 자본잉여금	100,000
주식발행초과금	90,000
감자차익	50,000
자기주식처분이익	25,000
기말 자본잉여금	**265,000**

(1) 주식발행초과금: $(700-500)\times600주-30,000=90,000$

(2) 감자차익: $(1-0.8)\times3,000주\times@500-250,000=50,000$
  ― 이월결손금 보전을 위한 주식병합은 자본금과 이월결손금이 동시에 감소하므로 무상감자와 같다. 3,000주를 1주당 0.8주로 주식병합 시 2,400주만 남으므로 600주가 감소한다. 일반적인 주식병합과 달리 액면금액이 ₩500으로 불변이며, 자본금은 감소한다.

(3) 자기주식처분이익: $(700-650)\times500주=25,000$

회계처리

2.1	현금	420,000	자본금	300,000
			주식발행초과금	**120,000**
	주식발행초과금	**30,000**	현금	30,000
3.10	자본금	300,000	이월결손금	250,000
			감자차익	**50,000**
5.2	유형자산처분손실	400,000	유형자산	400,000
	현금	40,000	보험금수익	40,000
8.23	이익준비금	200,000	자본금	200,000
9.30	현금	80,000	정부보조금	80,000
11.17	현금	350,000	자기주식	325,000
			자기주식처분이익	**25,000**

이익준비금은 이익잉여금 중 법정적립금에 해당하며, 자본잉여금과 무관하다.

07. ⑤
소매재고법

	원가	매가		원가	매가
기초	12,000	14,000	매출	⑤652,800	999,500
매입	650,000	999,500	**정**상	**100**	200
순인상		500	**종**업원할인		
순인하		(300)			
비정상			기말	④9,100	③14,000
계	①662,000	②1,013,700	계	①662,000	②1,013,700

원가율(FIFO, 저가법): $(662,000-12,000)/(1,013,700-14,000+300)=65\%$
기말 재고자산 원가: $14,000\times65\%=9,100$
매출원가: $652,800+100=\textbf{652,900}$
― 매출원가 계산 시 정상파손원가까지 포함해야 한다.

08. ④
저가법

BQ × BP	500개×@900	
감모손실	(18,000)	〈 정상감모: 12,600 비정상감모: 5,400
AQ × BP	480개×@900	
평가충당금	(48,000)	
AQ × 저가	480개×@800＝384,000	

재고자산

기초(순액)	**589,400**	매출원가	1,050,000
		기타비용	5,400
매입	850,000	기말(순액)	384,000
계	1,439,400	계	1,439,400

(1) 매입액: 800,000＋60,000－10,000＝850,000
　　매입운임은 매입액에 가산하고, 관세환급금은 매입액에 차감한다.

(2) 매출원가
　　'재고자산의 정상적인 수량부족과 평가손실을 반영하지 않은' 매출원가는 989,400이므로, 정상감모와
　　평가손실까지 포함한 총 매출원가는 1,050,000(＝989,400＋12,600＋48,000)이다. (기초 평가충당
　　금에 대한 언급이 없으므로 기말 평가충당금이 곧 평가손실이다.)

(3) 기초 재고
　　매출원가에 기타비용으로 분류되는 비정상감모와, 기말 재고 순액을 가산하면 판매가능재고는
　　1,439,400이다. 여기에 매입액을 차감하면 기초 재고를 구할 수 있다.

　　간편법 기초재고자산: 일반적인 매출원가＋BQ×BP－매입액
　　＝989,400＋450,000－850,000＝**589,400**
　－ 989,400에는 정상감모와 평가손실이 반영되어 있지 않으므로, 기말 재고를 '정상감모와 평가손실이 포
　　함된' 금액인 BQ×BP로 보면 기초재고를 구할 수 있다.

09. ①
고객 및 공급자에
대한 현금흐름

X1년 말 현금: 300,000＋284,000＝**584,000**
－ 현금흐름: 1,784,000－1,500,000＝284,000 증가

	현금흐름	＝	영업 손익	－	△영업 자산	＋	△영업 부채
고객	1,784,000		1,800,000 매출액 (7,000) 손상차손		(10,000) 매출채권		1,000 손실충당금
공급자	(1,500,000)		(1,500,000) 매출원가		(20,000) 재고자산		20,000 매입채무

자료상 기말 금액이 왼쪽에, 기초 금액이 오른쪽에 있으므로 주의하자. 또한, 재무상태표 계정과목은 'X1년
말－X0년 말' 금액을 이용하지만, 포괄손익계산서 계정과목은 X1년도 금액을 이용한다. X0년도 손익은
X0년도 현금흐름을 구할 때 이용한다.

10. ②
유형자산
원가모형

X0	2,000,000		n=10, s=400,000, 정액		
X1	↓ (320,000)=(2,000,000−400,000)×2/10				
X2	1,680,000	—(280,000)→	1,400,000(큰거)	n=8, s=400,000, 정액	
X3	↓ (320,000)		↓ (250,000)=(1,400,000−400,000)×2/8		
X4	1,360,000(한도)	←210,000—	1,150,000		

11. ⑤
지분상품
회계처리

① 20X1년 취득원가: 100,000+500=100,500 (X)

② 20X1년 평가이익: 110,000−100,500=9,500 (X)

③ 20X2년 평가손실: 98,000−110,000+9,500=(−)2,500 (X)

　− FVOCI 평가이익과 평가손실은 모두 OCI이므로 이익과 손실 계정을 별도로 사용한다. 따라서 이익을 먼저 제거한 뒤, 초과분만 손실로 인식한다. 회계처리를 참고하자.

④ 20X3년 처분 직전 평가손실 잔액

　: 9,500−12,000+1,000=99,000−100,500=(−)1,500 (X)

　'처분 직전'이라는 것은 처분하기 전 공정가치로 평가한 후를 의미한다. 따라서 99,000을 기준으로 계산한다.

⑤ 20X3년 당기손실: 200 (O)

　− FVOCI 선택 금융자산의 처분 시 발생한 부대비용은 당기비용으로 인식한다.

회계처리

X1초	FVOCI	100,500	현금	100,500
X1말	FVOCI	9,500	평가이익(OCI)	9,500
X2말	평가이익(OCI)	9,500	FVOCI	12,000
	평가손실(OCI)	2,500		
X3중	FVOCI	1,000	평가손실(OCI)	1,000
	현금	99,000	FVOCI	99,000
	처분손실(PL)	200	현금	200

X2말에는 평가손실이 생기지만, FVOCI 금융자산 평가이익은 OCI이므로, X1말에 계상된 이익 9,500을 먼저 상계한 후, 초과분 2,500만 평가'손실'로 인식한다.

12. ①
자본유지개념

		명목화폐	불변구매력	실물자본
영업이익		이익: 400	이익: 220	이익: **100**
보유이익	초과이익			자본유지조정
	물가상승		1,800×10%=180	: **300**

총이익: 2,200−1,800=400
자본유지조정: 1,800×(700−600)/600=300

13. ④
정부보조금

X3.7.1 감가상각누계액: $(1,200,000-200,000) \times 27/60 = 450,000$

X3.7.1까지 정부보조금 환입액의 누적액

: $360,000 \times 450,000/(1,200,000-200,000) = 360,000 \times 27/60 = 162,000$

X3.7.1 정부보조금 잔액: $360,000 - 162,000 = \textbf{198,000}$

14. ①
배당금의 배분

	우선주	보통주	계
누적적	$2,000,000 \times 6\% \times 3 = 360,000$	$3,000,000 \times 4\% = 120,000$	480,000
완전참가	$520,000 \times 2/5 = 208,000$	$520,000 \times 3/5 = 312,000$	520,000
계	568,000	**432,000**	1,000,000

15. ③
보고기간 후 사건

① 보고기간 후에 발생한 상황을 나타내는 사건은 수정을 요하지 않는 보고기간후사건이다. 수정을 요하지 않는 보고기간후사건을 반영하기 위하여 재무제표에 인식된 금액을 수정하지 아니한다. (X)

② 투자자산의 공정가치 하락은 일반적으로 보고기간말의 상황과 관련된 것이 아니라 보고기간 후에 발생한 상황이 반영된 것이다. 따라서 그 투자자산에 대해서 재무제표에 인식된 금액을 수정하지 아니한다. (X)

④ 보고기간말에 존재하였던 상황에 대한 정보를 보고기간 후에 추가로 입수한 경우에는 그 정보를 반영하여 공시 내용을 수정한다. (X)

⑤ 경영진이 보고기간 후에, 기업을 청산하거나 경영활동을 중단할 의도를 가지고 있거나, 청산 또는 경영활동의 중단 외에 다른 현실적 대안이 없다고 판단하는 경우에는 계속기업의 기준에 따라 재무제표를 작성해서는 아니 된다. (X)

16. ③
중간재무보고

① 한국채택국제회계기준에 따라 중간재무보고서를 작성한 경우, 그 사실을 공시해야 한다. (X)

② 중간재무보고서상의 재무상태표는 당해 중간보고기간 말과 직전 연차보고기간 말을 비교하는 형식으로 작성한다. (X)

④ 중간재무보고서를 작성할 때 인식, 측정, 분류 및 공시와 관련된 중요성의 판단은 해당 중간기간의 재무자료에 근거하여 이루어져야 한다. (X)

⑤ 중간재무보고서상의 재무제표는 연차재무제표보다 더 빨리 보고되므로 적시성은 높고, 신뢰성은 낮다. (X)

17. ③
리스 말문제

① 제조자 또는 판매자인 리스제공자의 운용리스 체결은 판매와 동등하지 않으므로 운용리스 체결 시점에 **매출이익을 인식하지 않는다.**

② 금융리스로 분류되는 경우 리스제공자는 자신의 **리스순투자** 금액에 일정한 기간수익률을 반영하는 방식으로 리스기간에 걸쳐 금융수익을 인식한다.

④ 기초자산의 소유에 따른 위험과 보상의 대부분을 이전하는 리스는 **금융**리스로 분류하고, 기초자산의 소유에 따른 위험과 보상의 대부분을 이전하지 않는 리스는 **운용**리스로 분류한다.

⑤ 제조자 또는 판매자인 리스제공자의 금융리스 체결은 금융리스 체결 시점에 기초자산의 원가(원가와 장부금액이 다를 경우에는 장부금액)에서 **무보증잔존가치의 현재가치**를 뺀 금액을 매출원가로 인식한다.

18. ②
신주인수권부사채

1. 상환할증금: $1,000,000 \times 13.5\% = 135,000$

2. 발행가액 분석

액면사채	1,000,000×0.7118＋70,000×2.4018	＝①879,926
할증금	135,000×0.7118	＝②96,093
자본		④23,981
계		③1,000,000

3. X1년도 이자비용: (879,926＋96,093)×12%＝**117,122**

19. ④
새로운 사채의
발행을 통한 기존
사채의 상환

사채A X4초 BV: 1,000,000×0.8264＋50,000×1.7355＝913,175

사채B 발행금액: 1,000,000×0.8573＋30,000×1.7833＝**910,799**
－ 사채A와 사채B는 별도의 사채이므로 사채B 발행 시 유효이자율로 할인하여 사채B의 발행금액을 계산한다.

상환손익: 913,175－910,799＝**2,376 이익** (단수차이)

회계처리

현금	910,799	사채(B)	**910,799**
사채(A)	913,175	현금	910,799
		상환이익	**2,376**

20. ②
법인세회계

	X1(20%)	X2~(18%)
EBT	700,000	
FVPL 금융자산	100,000	(100,000)
접대비	100,000	
미수이자	(20,000)	20,000
과세소득	880,000	
법인세부담액	176,000	(18,000) 3,600

(1) FVPL 금융자산
세법에서는 금융자산의 공정가치 평가를 인정하지 않으므로, X1년도에는 손不 유보 세무조정이 발생하며, X2년도에 손入 △유보 세무조정이 발생하며 유보가 추인된다.

(2) 미수이자
세법에서는 이자수익을 현금주의로 인식하므로 미수이자는 인정하지 않으며, 이후에 실제로 이자를 수령할 때 수익으로 인식한다.

1. 기초 제거	이연법인세부채	－	이연법인세자산	－
2. 기말 계상	이연법인세자산	18,000	이연법인세부채	3,600
3. 당기 부채&비용	법인세비용	**161,600**	당기법인세부채	176,000

－ 20X1년 초에 설립되었으므로 기초 이연법인세자산, 부채는 없다.
－ 일시적 차이가 사용될 수 있는 미래 과세소득의 발생가능성은 높으므로, 이연법인세자산을 전부 인식한다.

21. ⑤
충당부채의 계산

X3년말 충당부채: (3,000＋4,000＋6,000)×@200×5%－(20,000＋30,000＋40,000)=**40,000**

참고 충당부채의 증감

	X1년	X2년	X3년
기초 충당부채	−	10,000	20,000
＋제품보증비	30,000	40,000	60,000
－지출액	20,000	30,000	40,000
기말 충당부채	10,000	20,000	**40,000**

22. ④
희석 EPS

(1) n＝10,350

	1.1	4.1	9.1	계
무상증자 가중평균	8,000 ×1.1 ×12/12	2,000 ×1.1 ×9/12	(300) ×4/12	
	8,800	1,650	(100)	**10,350**

유상증자로 보는 주식 수: 3,000×400/600＝2,000주
무상증자로 보는 주식 수: 3,000－2,000＝1,000주
무상증자율＝1,000/(8,000＋2,000)＝10%

(2) 잠재적 보통주

	분모
기본	10,350
옵션	600개×(500－300)/500×3/12＝60
전환사채	500,000/10,000＝50
희석 EPS	**10,460**

① 옵션: 10.1에 발행하였으므로 3/12를 곱해야 한다.
② 전환사채: 전년도에 발행하여, 당년도 12.31까지 전환되지 않았으므로 50주가 전부 포함된다.

23. ②
종업원급여

	비용	자산	부채	OCI
기초		720,000	900,000	
이자(10%)	18,000	72,000	90,000	
당기	120,000		120,000	
지급(9.1)		(90,000)	(90,000)	
－이자 월할		(3,000)	(3,000)	
적립(10.1)		60,000		
－이자 월할	(1,500)	1,500		
재측정 전	136,500	760,500	1,017,000	
순부채			**256,500**	

이자 월할 금액

— 지급: (90,000)×10%×4/12＝(3,000)

— 적립: 60,000×10%×3/12＝1,500

사외적립자산의 공정가치 및 확정급여채무의 현재가치를 제시하지 않았으므로 재측정은 생략한다.

24. ④

건설계약

(1) 연도별 공사손익

	X1년	X2년
진행률	432,000/720,000＝60%	580,000/725,000＝80%
누적계약수익	850,000×60%＝510,000	850,000×80%＝680,000
계약수익	510,000	170,000
계약원가	(432,000)	(148,000)
공사손익	78,000	**22,000**

(2) X1년 말 미청구공사: 120,000

계정과목	누적 수익		누적 청구액		누적 수령액		잔액
미청구공사	510,000	—	390,000			＝	**120,000**
공사미수금			390,000	—	450,000	＝	(60,000)
현금					450,000	＝	450,000
계	510,000					＝	510,000

25. ③

사업결합

1. 종속기업의 순자산 FV

현금	100,000
매출채권	100,000
제품	240,000
투자부동산	250,000
토지	300,000
매입채무	(50,000)
사채	(170,000)
건물	400,000
계	1,170,000

취득자는 취득일에 매각예정비유동자산으로 분류한 비유동자산을 순공정가치로 측정한다.

2. 영업권: 이전대가—종속기업의 순자산 FV×100%

＝1,200,000－1,170,000＝**30,000**

— 흡수합병 시 종속기업에 대한 지분율은 100%이다.

26. ③
종합원가계산

재공품		완성품환산량	
		재료원가	가공원가
기초 ─	완성 60 (1)(1)	60	60
착수 100	기말 40 (1)(0.25)	40	10
		100	70

(1) 완환량 단위당 원가

재료원가: 40,000/100=400

가공원가: 70,000/70=1,000

(2) 기말재공품원가: $40 \times @400 + 10 \times @1,000 = $ **26,000**

27. ③
특별주문

특별주문의 공헌이익	$2,000 \times$ 판매가격 $- 1,200,000$
고정원가 증가	─
기회비용	(400,000)
증분이익	$2,000 \times$ 판매가격 $- 1,600,000 \geq 0$

(1) 특별주문의 공헌이익: (판매가격-600)$\times 2,000$단위$=2,000 \times$판매가격$-1,200,000$

─ 단위당 변동원가: $500+100=600$

(2) 고정원가 증가: 없음

(3) 기회비용: $(1,000-600) \times 1,000$단위$=400,000$

─ 기존 거래 감소분: 1,000단위 (문제에서 제시)

(4) 최저 판매가격

'증분이익≥ 0'이어야 하므로 최저 판매가격은 **800**이다.

28. ①
정상원가계산

예정 배부율: 40,000/2,000=20/기계시간

예정 배부액: 2,100시간$\times 20=42,000$

실제 발생액: $42,000-3,000=$ **39,000**

29. ③
활동기준원가계산

(1) 활동별 배부율

작업준비	100,000/100=1,000
절삭작업	600,000/3,000=200
품질검사	90,000/150=600

(2) 제품B의 단위당 제조간접원가

	제품 B
작업준비	1,000×50=50,000
절삭작업	200×1,200=240,000
품질검사	600×60=36,000
OH 계	326,000
생산량	÷2,000단위
단위당 OH	=163

30. ④
실제개별원가계산

(1) DM: 기초+매입−기말
　−A: 20,000+40,000−10,000=50,000
　−B: 10,000+30,000−15,000=25,000

(2) DL

	현금흐름	=	관련 손익	−	△관련 자산	+	△관련 부채
DL−A	(45,000)		(43,000)				(2,000)
DL−B	(60,000)		(57,000)				(3,000)

(3) 당기제품제조원가

	제품A	제품B
DM	50,000	25,000
DL	43,000	57,000
OH	30,000×43/100=12,900	30,000×57/100=17,100
계	105,900	99,100

31. ②
공손

(1) 정상공손수량: (500+1,300+400)×10%=220

	재공품		완성품환산량	
			재료원가	가공원가
기초 500 (1)(0.3)	완성 1,800			
	〈 500*			
	1,300*			
	공손 300 (1)(0.5)			
	〈 정상 220		220	110
	비정상 80			
착수 2,000	기말 400* (1)(0.7)			
	단위당 원가(문제 제시)		@2,000	@500

(2) 정상공손원가: 220×@2,000+110×@500=**495,000**

32. ② 균등이익률법

	매출액	제조원가	결합원가
A	60,000	60,000×60%=36,000	
B	20,000	20,000×60%=12,000	12,000−4,000=**8,000**
계	80,000	48,000	

기업 전체의 매출원가율: (36,000+12,000)/80,000=60%

33. ⑤ 단계배부법

	유지	동력	금형	조립
부문개별원가	120,000	80,000	200,000	300,000
부문공통원가	20,000	40,000	60,000	80,000
배부 전	140,000	120,000	260,000	380,000
유지	(140,000)	28,000	56,000	56,000
배부 후	−	148,000		
동력		(148,000)	88,800	59,200
배부 후	−	−	**404,800**	495,200

34. ⑤ CVP분석

'X2년의 매출액=S'라고 하자.

X2년의 영업이익=S×(1−45%−15%)−27,000=18,000 → S=**112,500**

− 변동매출원가율=45,000/100,000=45%

− 고정원가: 15,000+4,000+8,000=27,000

35. ② 제한된 자원의 사용

최대공헌이익: 3,000단위×@24+2,000단위×@60=**192,000**

	제품A	제품B	제품C
단위당 판매가격	50	60	120
단위당 변동원가	(20)	(36)	(60)
단위당 공헌이익	30	24	60
단위당 기계시간	÷2시간	÷1시간	÷3시간
기계시간당 공헌이익	15(3순위)	24(1순위)	20(2순위)
생산량 (기계시간)	−	3,000단위 (3,000시간)	2,000단위 (6,000시간)

36. ① 전부원가계산

(1) 연도별 단위당 고정원가(=고정제조간접원가)

X1	X2	X3
600,000/60,000=10	600,000/30,000=20	600,000/50,000=12

− 고정원가 안에 고정판관비가 포함되어 있다면 위 식이 성립하지 않을텐데, 이렇게 안 하고서는 문제를 풀 수 없으므로 고정판관비가 없다고 가정하고 문제를 풀 것이다.

(2) X1년 전부원가계산 하의 영업이익

: 40,000단위×단위당 공헌이익−40,000단위×@10=800,000

→ 단위당 공헌이익＝@30

(3) X3년 전부원가계산 하의 영업이익
   : 40,000단위×@30−(10,000단위×@20＋30,000단위×@12)＝**640,000**

37. ④
변동제조간접원가
차이분석

	AQ × AP			AQ × SP		SQ × SP
변동OH	130,000	④소비차이 **50,000 불**	8,000×②10 ＝③80,000	능률차이 8,000 불	①7,200×②10 ＝72,000

① SQ: 실제 생산량×단위당 표준투입량＝3,600단위×2시간＝7,200단위
② SP＝능률차이/(AQ−SQ)＝8,000/(8,000−7,200)＝10

38. ③
종합예산

제품(5월)			제품(6월)	
기초 생산	판매 4,000 기말 400	→	기초 400 생산 4,100	판매 4,000 기말 500

(1) 월별 기말 제품 수량
   5월: 4,000×10%＝400단위
   6월: 5,000×10%＝500단위

(2) 6월 제품 생산 수량: 4,000＋500−400＝4,100단위

(3) 6월 직접노무원가예산: 16,400×@60＝**984,000**
   − 6월 직접노무시간: 4,100×4시간＝16,400시간
   − 6월 시간당 임금: 50＋5＋5＝60

39. ④
특별주문

특별주문의 공헌이익	(180−140−10)×100대	＝3,000
고정원가 증가		(1,200)
기회비용	(200−140)×10대	＝(600)
증분이익		**1,200**

40. ⑤
매출차이분석

실제시장규모 ×실제시장점유율 ×가중평균 단위당 예산공헌이익	시장점유율 차이	실제시장규모 ×예산시장점유율 ×가중평균 단위당 예산공헌이익	시장규모 차이	예산시장규모 ×예산시장점유율 ×가중평균 단위당 예산공헌이익
126,000대 ×@48.75 ＝①6,142,500	1,023,750 유리	1,050,000대 ×③10%×@48.75 ＝②5,118,750		
	└	매출수량차이	┘	

가중평균 단위당 예산공헌이익: (60×30,000＋45×90,000)/120,000＝48.75
예산시장규모: (30,000대＋90,000대)/10%＝④**1,200,000대**

1.	②	6.	②	11.	①	16.	①	21.	④	26.	⑤	31.	①	36.	③
2.	⑤	7.	⑤	12.	④	17.	③	22.	①	27.	②	32.	③	37.	②
3.	⑤	8.	⑤	13.	③	18.	②	23.	②	28.	③	33.	⑤	38.	①
4.	④	9.	①	14.	④	19.	③	24.	②	29.	②	34.	②	39.	②
5.	⑤	10.	③	15.	①	20.	③	25.	④	30.	④	35.	⑤	40.	③

01. ②
조별 저가법

1. 항목별기준(＝종목별기준)

재고자산

기초(순액)		매출원가	8,000,000
매입		기말(순액)	810,500
계	8,810,500	계	8,810,500

매출원가와 기말 재고의 합이 8,810,500이므로, 판매가능상품(기초＋매입)도 8,810,500이다.

기말 재고(순액): 126,000＋81,000＋123,500＋480,000＝810,500

	A	B	C	D
BQ × BP	150개×@1,000 =150,000	180개×@500 =90,000	200개×@750 =150,000	430개×@1,200 =516,000
감모손실	(10,000)	—	(7,500)	(36,000)
AQ × BP	140개×@1,000 =140,000	180개×@500 =90,000	190개×@750 =142,500	400개×@1,200 =480,000
평가충당금	(14,000)	(9,000)	(19,000)	—
AQ × 저가	140개×@900 =126,000	180개×@450 =81,000	190개×@650 =123,500	400개×@1,200 =480,000

2. 조별기준

재고자산

기초(순액)		매출원가	**7,981,000**
매입		기말(순액)	829,500
계	8,810,500	계	8,810,500

조별기준으로 저가법을 적용하더라도 판매가능상품은 8,810,500인데, 기말 재고가 829,500이므로, 매출원가는 7,981,000이 된다. 평가손실은 매출원가에 포함하므로 평가손실 변화는 매출원가에 반영된다.

기말 재고(순액): 207,000＋622,500＝829,500

	I (A, B)	II (C, D)
BQ × BP	150개×@1,000＋180개×@500 ＝240,000	200개×@750＋430개 ×@1,200＝666,000
감모손실	(10,000)	(43,500)
AQ × BP	140개×@1,000＋180개×@500 ＝230,000	190개×@750＋400개×@1,200 ＝622,500
평가충당금	(23,000)	—
AQ × 저가	min[230,000, 140개×@900＋180개 ×@450]＝207,000	min[622,500, 190개×@650＋400개 ×@1,300]＝622,500

> **별해** 조별 매출원가＝항목별 매출원가－기말 재고 증가분
> ＝8,000,000－190개×(750－650)＝7,981,000

02. ⑤
반품가능판매

① 20X1년 매출액: 95개×@200＝19,000 (O)
② 20X1년 이익: 95개×@(200－150)＝19,000(매출)－14,250(매출원가)＝4,750 (O)
③ 회수권: 5개×@150＝750 (O)
④ 반품 여부에 따라 고객으로부터 수취할 수 있는 대가가 변동하므로, 거래가격은 변동대가이다. 변동대가는
   받게 될 금액을 추정하여 수익으로 인식한다. (O)
⑤ 20X1년 말 부채: 5개×@200＝1,000 (X)

회계처리

판매 시	현금	20,000	환불부채	⑤**1,000**	
			매출	①19,000	
	회수권	③750	재고자산	15,000	
	매출원가	②14,250			

03. ⑤
전환사채

1. 상환할증금: 100,000×13.24%＝13,240

2. 발행가액 분석

부채	113,240×0.7118＋6,000×2.4018	＝①95,015
자본		③4,985
계		②100,000

① 전환사채 발행시점 부채요소의 장부금액은 ₩95,015이다. (O)
② 20X1년 12월 31일 전환사채의 자본요소는 ₩4,985이다. (O)
③ 20X2년 부채 증가금액은 ₩6,050이다. (O)
   : (95,015×1.12－6,000)×12%－6,000＝6,050
④ 전환청구 시 전환권대가 대체액: 4,985×40%＝1,994 (O)
⑤ 사채상환손익(PL): 현행이자율이 제시되지 않았으므로 사채상환손익을 구할 수 없다. 나머지 선지가 모

두 맞는 문장이므로 ⑤번이 답이다.

04. ④
감가상각의 변경

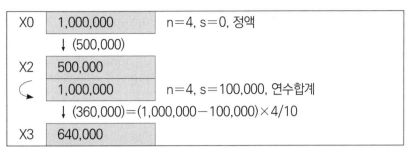

처분손실=장부금액-처분가액=640,000-처분가액=60,000

→ 처분가액=**580,000**

05. ⑤
교환

계산형 말문제였고, 각 선지별로 다른 상황을 주었기 때문에 시간이 많이 소요되는 문제이다. 현장에서는 풀지 말고 넘겼어야 한다.

① 상업적 실질 O, FV가 신뢰성 있게 측정-㈜세무 입장

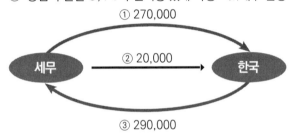

㈜세무의 입장을 물었기 때문에 ㈜세무의 공정가치를 기준으로 신자산의 취득원가를 계산해야 한다. ㈜세무가 교환취득한 기계장치의 취득원가는 **₩290,000**이다. (X)

② 상업적 실질 O, FV가 신뢰성 있게 측정-㈜한국 입장

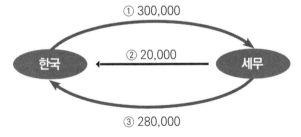

①번과 같은 상황이지만, ㈜한국의 입장을 물었으므로 ㈜한국의 공정가치를 기준으로 신자산의 취득원가를 계산해야 한다. ㈜한국이 교환취득한 기계장치의 취득원가는 **₩280,000**이다. (X)

③ 상업적 실질 O, 세무의 FV가 명백 X

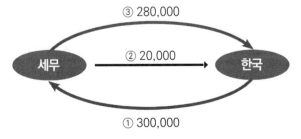

세무 입장임에도 불구하고 세무의 공정가치가 명백하지 않으므로 한국의 FV를 먼저 적는다. ㈜세무가

교환취득한 기계장치의 취득원가는 **₩300,000**이다. (X)

참고 ㈜세무의 유형자산처분손익

: 280,000(다시 구한 세무의 FV)−280,000(세무의 BV)=0

− 세무의 FV가 명백하지 않으므로, 한국의 FV를 바탕으로 세무의 FV를 문제에 제시된 270,000이 아닌 280,000으로 다시 구했다. 유형자산처분손익은 280,000을 기준으로 계산해야 한다.

④ 교환거래에 상업적 실질이 없으면 계산해보지 않고도 양사 모두 처분손익은 0이다. (X)

⑤ 상업적 실질 O, FV가 신뢰성 있게 측정
양사의 처분손익은 '구 자산의 FV−구 자산의 BV'로 계산된다. 양사 모두 손실을 인식하므로 맞는 선지이다. (O)
세무: 270,000−280,000(세무의 BV)=(−)10,000 손실
한국: 300,000−330,000(한국의 BV)=(−)30,000 손실

06. ②
유형자산
재평가모형

X2년 당기순이익: 5,000(토지 재평가이익)−3,000(감가상각비)+500(건물 재평가이익)=**2,500 증가**

(1) 토지 재평가

	X0		X1		X2
	100,000	−(−) 5,000→	95,000	−(+) 5,000→ ⊕ 20,000	120,000

(2) 건물 재평가

X0	10,000	n=4, s=0, 정액

↓ (2,500)

X1	7,500	−(−) 500→	7,000

9,000 n=3, s=0, 정액

↓ (3,000)

X2			6,000	−(+) 500→	6,500

07. ⑤
계약변경

구분	기존	잔여	추가
수량	30개	170개	100개
단가	@1,000	(170개×@1,000+100개 ×@800)/270개=925.9	

추가 제품의 계약금액이 개별 판매가격을 반영하지 않으므로 잔여가 기존과 구분되는지 여부를 판단해야 한다. 기준서에서 본 사례는 기존과 잔여는 구분되는 것으로 보았으므로, 기존계약을 종료하고 새로운 계약을 체결한 것처럼 처리해야 한다.

X1.1.1~X1.6.30 수익: 30개×@1,000+108개×@925.9=**130,000**

08. ⑤
재매입 약정

①~③ 고객이 풋옵션을 보유하는 상황에서 풋옵션을 행사할 유인이 유의적이고, 풋옵션의 행사가격 (210,000)이 원래 판매가격(200,000)보다 크므로, 금융약정으로 회계처리한다. 따라서 ㈜한국은 금융자산을, ㈜세무는 금융부채를 인식한다.

④ 20X1년 6월 30일 이자비용: 210,000－200,000＝10,000

⑤ 풋옵션을 행사하지 않았으므로, 콜옵션이 소멸되면서 부채가 제거되고, 매출을 인식한다. 이자비용을 인식하면서 부채를 210,000으로 증가시켰으므로 20X1년 6월 30일 매출액은 **210,000**이다. (X)

|㈜세무의 회계처리|

X1.1.1	현금	200,000	부채	200,000
X1.6.30	이자비용	10,000	부채	10,000
X1.6.30	부채	210,000	매출	210,000
	매출원가	100,000	재고자산	100,000

09. ①
정부보조금

X1년도 당기순이익: (－)감가상각비＋정부보조금 환입액＋유형자산처분손익
＝(－)50,000＋12,500－112,500＝**(－)150,000 감소**

(1) X1년도 감가상각비: (2,000,000－1,200,000)×25%×3/12＝50,000

(2) X1년도 정부보조금 환입액: 450,000×50,000/(2,000,000－200,000)＝12,500

(3) 유형자산처분손익: 처분가액－장부금액＝500,000－612,500＝(－)112,500 손실
　X1.4.1 감가상각누계액: 1,200,000＋50,000＝1,250,000
　X1.4.1까지 정부보조금 환입액의 누적액
　: 450,000×1,250,000/(2,000,000－200,000)＝312,500
　X1.4.1 정부보조금 잔액: 450,000－312,500＝137,500
　X1.4.1 장부금액: 2,000,000－1,250,000－137,500＝612,500

취득	2,000,000	(450,000)	r＝25%
	↓(1,200,000)	↓300,000	
X1	800,000	(150,000)	
	↓(50,000)	↓12,500	
X1.4.1	750,000	(137,500)	

별해 당기순이익＝기말 자산－기초 자산
＝500,000(현금 수령액)－(800,000－150,000)＝**(－)150,000 감소**

10. ③
**리스부채의
재측정**

실전에서는 풀지 않았어야 하는 문제이다. 난이도가 굉장히 높고, 푸는데 시간도 많이 걸린다.

(1) A
　지수나 요율(이율)의 변동이 아닌 다른 이유로 리스료가 변동하는 경우 리스부채의 증감을 가져오지 않는다.

(2) B

재측정 전 X1말 리스부채(B): 53,496×1.08=57,776
  −X1초 리스부채: 30,000×(0.9259+0.8573)=53,496
  −리스료가 기초 지급 조건이므로 주의하자.
② 재측정 후 X1말 리스부채(B): 33,000×(1+0.9259)=63,555
  −20X2년 초부터 지급할 리스료: 30,000×132/120=33,000
③ 리스부채 증가: 63,555−57,776=**5,779 (단수차이)**

|기초자산 A 회계처리|

X1.1.1	사용권자산	139,160	리스부채	89,160
			현금	50,000
X1.12.31	감가상각비	46,387	사용권자산	46,387
	이자비용	7,133	리스부채	7,133
	비용	2,000	미지급비용	2,000

기초자산 사용수익과 관련된 비용: 200,000×1%=2,000

|기초자산 B 회계처리|

X1.1.1	사용권자산	83,496	리스부채	53,496
			현금	30,000
X1.12.31	감가상각비	27,832	사용권자산	27,832
	이자비용	4,280	리스부채	4,280
	사용권자산	5,779	**리스부채**	**5,779**

11. ① 자동조정오류

X1	X2
1,100,000	(400,000)
기초 이잉	NI
기말 이잉 700,000	

1,100,000의 비용을 X1년도에 부인한 뒤, X2년에 400,000을 비용으로 인식한다.
 − X1년도 비용: 1,200,000×3개월/36개월=100,000
 − X2년도 비용: 1,200,000×12개월/36개월=400,000

|계정별 증감|

기초 이익잉여금	보험료(비용)	기말 선급비용(자산)
1,100,000 증가	400,000 증가	700,000 증가

|오류수정 회계처리|

X2말	비용	400,000	이익잉여금	1,100,000
	선급보험료	700,000		

① 전기이월이익잉여금(＝기초 이익잉여금): ₩1,100,000 증가 (O)

② 당기 비용: ₩400,000 발생 (X)

③ 기말 이익잉여금: ₩700,000 증가 (X)

④ 기말 자산: ₩700,000 증가 (X)

⑤ 기말 순자산(＝자본): ₩700,000 증가 (X)

     – 동 오류와 관련된 자본 항목은 이익잉여금밖에 없으므로, 기말 이익잉여금의 변동으로 답하면 된다.

12. ④
중단영업

④번을 제외한 나머지 선지가 모두 틀렸으므로 ④번을 답으로 골랐어야 한다. ④번 문장은 기억하지 않아도 된다.

① 중단영업은 이미 처분되었거나 **매각예정으로 분류된** 기업의 구분단위이다.

② 세후 중단영업손익과 중단영업에 포함된 자산이나 처분자산집단을 공정가치에서 처분부대원가를 뺀 금액으로 측정하거나 처분함에 따른 세후 손익의 합계를 포괄손익계산서에 **단일금액으로 표시한다.**

③ 중단영업의 영업활동, 투자활동 및 재무활동으로부터 발생한 순현금흐름은 **주석이나 재무제표 본문에 표시한다.**

⑤ 매각예정으로 분류하였으나 중단영업의 정의를 충족하지 않는 비유동자산(또는 처분자산집단)을 재측정하여 인식하는 평가손익은 **계속영업손익**에 포함한다.

13. ③
희석 EPS

(1) n＝900

	1.1	4.1	7.1	계
가중평균	1,000 ×12/12	(200) ×9/12	100 ×6/12	
	1,000	(150)	50	900

(2) 잠재적 보통주가 EPS에 미치는 영향

	분자	분모	EPS	희석여부
기본	⑤856,800	①900	⑥**952**	
신주인수권	0	②120	0	
	④856,800	③1,020	840	

② 신주인수권으로 인한 분모 증가분: 600개×(10,000－8,000)/10,000＝120

    –신주인수권은 분자가 0이므로, 무조건 희석효과가 발생한다.

④ 희석 EPS의 분자＝1,020×840＝856,800

    – 신주인수권은 분자 조정 사항이 없으므로 이 금액이 그대로 ⑤'당기순이익－우선주배당금'이 된다.

⑥ 기본 EPS＝856,800/900＝952

14. ④
중간예납세액

	X1(20%)	X2~(20%)
EBT	?	(235,000) 65,000
일시적차이	10,000	
과세소득	?	
법인세부담액	70,000	(47,000) 13,000

기초 유보 대비 기말 유보가 10,000 증가하였으므로 과세소득도 10,000 증가한다.

1. 기초 제거	이연법인세부채 10,000	이연법인세자산	42,000
2. 기말 계상	이연법인세자산 47,000	이연법인세부채	13,000
3. 당기 부채&비용	법인세비용 **68,000**	당기법인세자산	30,000
		당기법인세부채	40,000

기초 이연법인세부채: 50,000×20%=10,000
기초 이연법인세자산: 210,000×20%=42,000
법인세부담액 70,000 중 기중에 30,000을 납부하였으므로, 당기법인세부채는 40,000이다.

15. ①
영업활동현금흐름
-간접법

영업CF	=	NI	−	비영업 손익	−	△영업 자산	+	△영업 부채
627,500		500,000		3,500 금융자산처분손실 50,000 유형자산처분손실 40,000 감가상각비 (5,000) 사채상환이익		30,000 매출채권 (17,000) 재고자산		13,000 매입채무 (2,000) 당기법인세부채 15,000 이연법인세부채

법인세납부는 영업활동으로 분류하므로, 법인세비용은 부인하지 않고, 법인세부채의 증감은 그대로 반영한다.

16. ①
일반목적재무보고

규제기관 그리고(투자자, 대여자와 그 밖의 채권자가 아닌) 일반대중도 일반목적재무보고서가 유용하다고 여길 수 있다. 그렇더라도 일반목적재무보고서는 이러한 그 밖의 집단을 주요 대상으로 한 것이 아니다.

17. ③
차입원가 자본화

X1		12.31			
4.1	2,000,000×9/12	=1,500,000			
6.1	4,800,000×7/12	=2,800,000			
		4,300,000			
특정	1,000,000×9/12	=750,000	(5%)	→37,500	
일반	(4,300,000	−750,000)	(10%)	→355,000	(한도: 300,000)
				337,500	
R	=300,000/3,000,000=10%				
일반	1,500,000×12/12	=1,500,000	(8%)	→120,000	
일반	1,800,000×10/12	=1,500,000	(12%)	→180,000	
계		3,000,000		300,000	

18. ②
투자부동산 평가모형

(1) 건물을 원가모형으로 평가하는 경우 건물이 당기순이익에 미치는 영향: 140,000 증가

X1	1,000,000	
	↓ 200,000	
X2.7.1	1,200,000	n=10, s=0, 정액
	↓ (60,000)	
X2	1,140,000	

(2) 건물을 재평가모형으로 평가하는 경우 건물이 당기순이익에 미치는 영향: 0

X1	1,000,000		
	↓ 200,000		
X2.7.1	1,200,000	n=10, s=0, 정액	
	↓ (60,000)		
X2	1,140,000	—(−) 140,000→	1,000,000

(3) 재평가모형 적용 시 X2년 당기순이익: 750,000(원가모형)−140,000=**610,000**

19. ③
무형자산 말문제

내용연수가 비한정인 무형자산을 유한 내용연수로 재평가하는 경우에는 자산손상의 징후에 해당한다. 회수 가능액이 장부금액보다 작다면 손상차손을 인식한다.

	명수	×개수	×금액	×1/n	=누적액
A	90	20	300	×9/12	405,000
B		200	320		64,000
C				80,000+50,000=	130,000
계					**599,000**

(1) A

종업원과의 거래에서는 부여한 지분상품의 공정가치에 기초하여 보상원가를 측정한다.

(2) B

종업원이 아닌 상대방과의 거래는 재화나 용역을 제공받는 날, 제공받는 재화나 용역의 공정가치로 측정한다. 하지만 제공받는 재화나 용역의 공정가치를 신뢰성 있게 측정할 수 없는 경우 부여된 지분상품의 공정가치로 측정한다.

(3) C

종업원이 아닌 상대방과의 거래는 재화나 용역을 제공받는 날, 제공받는 재화나 용역의 공정가치로 측정한다. 따라서 지급한 주식을 원재료의 공정가치로 측정한다.

회계처리

A	주식보상비용	405,000	자본요소	405,000
B	기계장치	64,000	자본요소	64,000
C	원재료	130,000	자본요소	130,000

(1) ㈜한국 〉 ㈜민국

원칙적으로, 금융자산을 FVPL로 분류하든, FVOCI로 분류하든 CI에 미치는 영향은 동일하다. 취득 시 지급한 대가가 같으며, 기말에 공정가치로 평가하기 때문이다. 그런데 ㈜한국의 경우 매입수수료가 ㈜민국에 비해 적으므로 ㈜한국의 CI가 ㈜민국의 CI에 비해 크다.

(2) ㈜민국 〉 ㈜대한

FVOCI와 AC의 당기순이익은 같다. 그런데 문제에서 CI에 미치는 영향을 물었으므로, OCI가 이익인지, 손실인지에 따라 CI의 대소가 결정된다.

㈜대한은 매입수수료를 취득원가에 가산하여 취득원가가 898,084가 된다. 하지만 여전히 할인발행 상황이므로 X1말 상각후원가는 1,000,000보다 작다. 따라서 X1년말 평가손익(OCI)은 양수이며, ㈜민국(FVOCI)의 CI가 ㈜대한(AC)의 CI보다 크다.

X1년 당기순이익: 69,399(이자수익)−50,000(손상차손)=**19,399 증가**

X2년 당기순이익: 71,751(이자수익)+50,000−328,524(손상차손)=**(−)206,773 감소**

X0	867,484	n=4, R=8%, (40,000)	
	↓ 69,399		
X1	896,883	—(−)50,000→ ←(+)50,000—	846,883
	↓ 71,751		
X2	928,634	—(328,524)→	600,110

X1초 취득원가: 1,000,000×0.735+40,000×3.3121=867,484
X2말 장부금액: 700,000×0.8573=600,110

23. ②
사채의 상환

	유효이자(10%)	액면이자(5%)	상각액	BV
X0				875,645
X1	87,565	50,000	37,565	913,210
X2	91,321	50,000	41,321	954,531

X1말(=X2초) 장부금액: 875,645×1.1−50,000=913,210
사채상환손익: 913,210×상환비율−637,000=2,247
→ 상환비율=70%

X2말 장부금액: (913,210×1.1−50,000)×30%=**286,359**
− X2초에 70%를 상환하였으므로 X2말에는 30%만 남는다.

24. ②
금융리스
회계처리

이자비용+감가상각비: **433,942**
(1) 이자비용: 1,093,140×10%=109,314
　　− 리스부채: 500,000×1.7355+300,000×0.7513=1,093,140
　　− 리스료는 매년 초 지급조건이므로 주의하자.

(2) 감가상각비: (1,623,140−0)/5=324,628
　　− 사용권자산: 리스부채+리스개설직접원가+리스개시일에 지급한 리스료
　　　=1,093,140+30,000+500,000=1,623,140
　　− 연장선택권을 행사하는 경우 소유권이 이전되므로 기초자산의 경제적 내용연수인 5년간 상각해야
　　　한다.

회계처리

X1.1.1	사용권자산	1,623,140	리스부채	1,093,140
			현금	500,000
			현금	30,000
X1.12.31	감가상각비	324,628	사용권자산	324,628
	이자비용	109,314	리스부채	109,314

25. ④
보고기간 후 사건

④번만 수정을 요하지 않는 보고기간후사건이다.

26. ⑤
제조원가의 흐름

	가산		차감		
원재료	기초	27,000	기말	9,000	
	매입액	83,000			┘ DM 101,000
가공원가	DL	205,000			
	OH	205,000			┘ 당기총제조원가
재공품	기초	30,000	기말	15,000	┘ 당기제품제조원가 **526,000**
제품	기초	35,000	기말	28,000	┘ 매출원가 **533,000**

DM: 27,000+83,000-9,000=101,000
DL: 기초원가-DM=306,000-101,000=205,000

OH: DL/0.5×0.5=205,000

전환원가 (1)	
DL (0.5) 205,000	OH (0.5) 205,000

27. ②
제조원가의 흐름

	현금흐름	=	관련 손익	−	△관련 자산	+	△관련 부채
OH	(700,000)		**(735,000)**		(115,000) 선급비용		150,000 미지급비용

기초 선급비용: 35,000
기말 선급비용: 150,000
기초 미지급비용: 50,000
기말 미지급비용: 200,000

28. ③
종합원가계산

완환량	평균법		FIFO		기초재공품
가공원가	35,000	−	25,000	=	10,000
재료원가	87,000	−	47,000	=	40,000

기초재공품의 전환원가 완성도: 10,000/40,000=**25%**

29. ②
활동기준원가
계산

(1) 활동별 판매관리비

	고객주문처리	고객관계관리	계
급여	800,000	1,200,000	2,000,000
기타	200,000	800,000	1,000,000
계	1,000,000	2,000,000	3,000,000

(2) 활동별 배부율

고객주문처리	1,000,000/2,000회=500/회
고객관계처리	2,000,000/100명=20,000/명

(3) 홍길동의 영업이익

매출액	25,000×30회=	750,000
매출원가	750,000×60%=	(450,000)
고객주문처리원가	500×30회=	(15,000)
고객관계처리원가		(20,000)
영업이익		**265,000**

30. ④
추가가공
의사결정

	증분이익	추가가공 유불리
A	(23−20)×3,000−10,000=(−)1,000	불리
B	(40−30)×2,000−15,000=5,000	**유리**
C	(50−40)×2,000−15,000=5,000	**유리**

31. ①
균등확률분포

(1) 120,000의 이익을 달성하기 위한 판매량
 : (120,000+630,000)/150=5,000단위
 − 단위당 공헌이익: 225×40%/60%=150

(2) 판매량이 5,000단위 이상일 확률
 (6,000−5,000)/(6,000−2,000)=**25%**

32. ③
변동원가계산

(1) 단위당 변동제조원가: 490,000/500=980

직접재료원가	250,000
직접노무원가	80,000
변동제조간접원가	160,000
총 변동제조원가	490,000

 − 제조원가는 500단위를 생산하는데 발생한 원가이므로 500단위로 나눠야 단위당 제조원가가 계산된다.

(2) 영업이익: 33,000

매출액	1,300×400단위=	520,000
(변동)매출원가	980×400단위=	(392,000)
변동판매관리비		(40,000)
공헌이익		88,000
고정원가	40,000+15,000=	(55,000)
영업이익		**33,000**

 − 판매량: 기초 제품수량+생산량−기말 제품수량=0+500−100=400단위
 − 판매관리비는 판매량에 비례하여 발생한다. 400단위를 판매하는데 변동판매관리비 40,000이 발생한 것이므로 40,000을 전부 비용화한다.

33. ⑤
완화된 가정의
CVP분석

단위당 공헌이익: $150-(10+15+25)=100$

고정원가: $(14+6)\times2,000$단위$=40,000$

세전이익$=100\times$판매량$-40,000$

법인세비용$=(100\times$판매량$-40,000+10,000)\times20\%$

– 10,000은 손금으로 인정되지 않으므로 10,000을 세전이익에 가산한 뒤 세율을 곱해야 한다.

세후순이익: $100\times$판매량$-40,000-(100\times$판매량$-30,000)\times20\%=16,000$

→ 판매량**=625단위**

34. ②
복수제품 CVP
분석

(1) 제품별 매출액 (매출액 구성비율)

　　A: $200\times1=200$ (40%)

　　B: $150\times2=300$ (60%)

(2) 기업 전체의 공헌이익률: $40\%\times40\%+50\%\times60\%=46\%$

(3) 목표이익 달성을 위한 매출액: $(34,500+23,000)/46\%=125,000$

35. ⑤
직접재료원가
차이분석

	AQ × AP		AQ × SP		SQ × SP
구입 시점	⑤6,300kg×12 =75,600	가격차이 12,600 불	⑤6,300kg×10 =63,000		
사용 시점			④5,600kg×10 =③56,000	능률차이 4,000 유	①6,000kg×10 =②60,000

① SQ: 2,000단위×3kg=6,000kg

⑤ AQ(실제 구입량): 12,600/(12−10)=6,300kg

기말 재료량: 구입량−사용량=6,300kg−5,600kg=**700kg**

> **참고** 가격차이를 구입 시점에서 분리한 이유

문제에서 기말 직접재료 재고량을 물었는데, 당기에 영업을 개시하였으므로 '구입량−사용량'이 기말 재고량과 같다. 그런데 문제에서 구입량을 제시하지 않았으므로, 구입량을 우리가 구해야 한다. 이를 바탕으로 가격차이를 구입 시점에서 분리하는 상황이라는 것을 유추할 수 있다. 하지만 이는 문제를 푸는 입장에서의 접근법이고, '가격차이를 구입 시점에서 분리한다'는 언급이 문제에 있어야 한다. 문제를 잘못 냈다.

36. ③
고정제조간접원가
차이분석

	실제 발생액		예산액		SQ × SP
고정OH	=12,000	예산차이 2,000 불리	=10,000	조업도차이 4,000 유리	1,400×10 =14,000

SQ: 700단위×2시간=1,400

SP: 예산액/기준조업도=10,000/기준조업도=10

→ 기준조업도**=1,000 기계작업시간**

37. ②
특별주문

특별주문의 공헌이익	(130－60)×1,500개－15묶음×@1,000	＝90,000
기회비용	(200－60)×500개－10묶음×@1,000	＝(60,000)
증분이익		**30,000**

－ 생산량에 따라 변하는 단위당 변동원가: 240,000/4,000개＝60
－ 특별주문 묶음 수: 1,500개/100개＝15묶음
－ 정규시장에 4,000개 판매 시 묶음 수: 4,000/50＝80묶음
－ 묶음수에 따라 변하는 단위당 변동원가: 80,000/80묶음＝1,000

－ 특별주문 수락 시 감소하는 정규시장 판매량: 4,000＋1,500－5,000＝500개
－ 특별주문 수락 시 정규시장 묶음 감소 수: 500개/50개＝10묶음

38. ①
품질원가

예방원가가 평가원가보다 **₩110**(＝200－90) 더 크다.

통제원가			
예방원가: 200		평가원가: 90	
납품업체평가	90		
설계엔지니어링	20	원재료 검사	40
예방적 설비유지	30	재공품 검사	50
품질교육훈련	60		
실패원가			
내부실패원가: 10		외부실패원가: 100	
공손품 재작업	10	반품 재작업	10
		보증수리원가	70
		반품 재검사	20

39. ②
**완전정보의 기대
가치**

(1) 성과표

상황\대안	정상 (P=0.6)	비정상 (P=0.4)
조사 O	20,000	50,000
조사 X	－	90,000

(2) 기존정보 하의 기대가치＝min[①, ②]＝32,000 (조사 O)
① 조사 O: 20,000×0.6＋50,000×0.4＝32,000
② 조사 X: 90,000×0.4＝36,000
   － 성과표에 있는 금액이 수익이 아닌 비용이므로 작은 것이 기존정보 하의 기대가치가 된다.

(3) 완전정보 하의 기대가치: 50,000×0.4＝20,000

(4) 완전정보의 기대가치: (2)－(1)＝**12,000**

40. ③
대체가격

1. 내부대체 전: 1안 선택, 공헌이익=320,000
1안) @180에 4,000단위 판매
공헌이익: $(180-100)\times4,000=320,000$
2안) @200에 3,000단위 판매
　공헌이익: $(200-100)\times3,000=300,000$

2. 내부대체 후: 2안 선택, 공헌이익≥320,000
내부대체하더라도 내부대체 전에 비해 공헌이익이 감소하면 안되므로 공헌이익은 320,000 이상이어야
한다.
(1) 외부 판매분 공헌이익: $(200-100)\times3,000=300,000$
최대생산능력이 5,000단위인데 2,000단위를 내부대체하면 외부에 3,000단위밖에 판매할 수 없다.
(2) 내부 대체분 공헌이익=320,000−300,000(외부 판매분 공헌이익)≥20,000
내부대체 후 공헌이익이 320,000 이상이어야 하므로, 내부 대체분 공헌이익은 20,000 이상이어야 한다.
$(p-100)\times2,000$단위≥20,000
→ p≥110

김용재 회계사, 세무사 1차 회계학 연도별 기출문제집

정답 및 해설

2장 CPA 회계학 기출문제

1.	①	6.	⑤	11.	⑤	16.	②	21.	②	26.	④	31.	④	36.	③	41.	⑤	46.	①
2.	②	7.	③	12.	④	17.	③	22.	①	27.	⑤	32.	②	37.	⑤	42.	③	47.	④
3.	④	8.	⑤	13.	②	18.	⑤	23.	③	28.	①	33.	⑤	38.	④	43.	②	48.	⑤
4.	④	9.	③	14.	③	19.	②	24.	①	29.	③	34.	①	39.	①	44.	①	49.	④
5.	③	10.	②	15.	④	20.	④	25.	④	30.	⑤	35.	①	40.	②	45.	②	50.	③

01. ①
개념체계

보고기업이 지배−종속관계로 모두 연결되어 있지는 않은 둘 이상 실체들로 구성된다면 그 보고기업의 재무제표를 '**결합**재무제표'라고 부른다.

02. ②
저가법

이동평균법 풀이에 시간이 너무 많이 걸리므로 실전에서는 풀지 않았어야 하는 문제이다.

(1) 장부상 기말재고 (있어야 하는 기말재고): 42,000 (100개)

	수량	단가	금액	잔액	잔량
1.1	100	@300	30,000	30,000	100개
6.1	400	@400	160,000	190,000	500개
7.1	(300)		(114,000)	76,000	200개
9.1	100	@500	50,000	126,000	300개
10.1	(200)		(84,000)	**42,000**	100개

— 계속기록법과 평균법을 적용하므로 이동평균법으로 계산한다.

(2) 기말재고 분석

```
BQ×BP        100개×@420=42,000

AQ×BP        100개×@420=42,000

AQ×저가       100개×@300=30,000
```

BP: 42,000/100개=420
AQ=BQ=100개 (실제 수량과 장부수량이 일치한다)
저가: min[420, 300]=300

(3) 매출원가

재고자산

기초(순액)	26,000	매출원가	**206,000**
		기타비용	—
매입	210,000	기말(순액)	30,000

기초재고(순액): 30,000−4,000=26,000
감모손실은 없으며, 평가손실을 매출원가에서 조정하므로 기타비용은 없다.

(4) 매출총이익: 300개×@600＋200개×@500－206,000=**74,000**

(1) 전기 지출액: 1,000,000＋2,000,000－500,000(정부보조금)=2,500,000
  － 자본화한 차입원가는 연평균 지출액 계산 시 포함하지 않으므로, X1년도 차입원가 자본화 금액은 구하지 않아도 된다.

(2) 차입원가 자본화액: 162,000

X2		9.30			
전기	2,500,000×9/12	=1,875,000			
4.1	1,500,000×6/12	=750,000			
9.1	2,400,000×1/12	=200,000			
		2,825,000			
특정	1,500,000×6/12	=750,000	(5%)	→37,500	
일반	(2,825,000	−750,000)	(6%)	→124,500	(한도: 180,000)
				162,000	
R	=180,000/3,000,000=6%				
A	2,000,000×9/12	=1,500,000	(4%)	→60,000	
B	2,000,000×9/12	=1,500,000	(8%)	→120,000	
계		3,000,000		180,000	

X3년도 당기순이익: −980,000(감가비)−470,000(재평가손실)=**(−)1,450,000**

X0	6,000,000	n=10, s=500,000, 정액				
	↓ (550,000)					
X1	5,450,000	−(−)450,000→	5,000,000	n=9, s=500,000		
			↓ (500,000)			
X2			4,500,000	−(+)450,000→ ⊕550,000	5,500,000	n=5, s=600,000
					↓ (980,000)	
X3				4,520,000	−⊖550,000→ **(−)470,000**	3,500,000

지엽적인 문제였다. 실전에서는 넘겼어야 한다.
미래경제적효익이 기업에 유입될 가능성은 무형자산의 내용연수 동안의 경제적 상황에 대한 **경영자**의 최선의 추정치를 반영하는 합리적이고 객관적인 가정에 근거하여 평가하여야 한다.

06. ⑤
투자부동산 말문제

투자부동산을 공정가치로 측정해 온 경우라면 비교할만한 시장의 거래가 줄어들거나 시장가격 정보를 쉽게 얻을 수 없게 되더라도, 당해 부동산을 처분할 때까지 또는 자가사용부동산으로 대체하거나 통상적인 영업 과정에서 판매하기 위하여 개발을 시작하기 전까지는 **계속하여 공정가치로 측정한다.**

07. ③
회계정책의 변경
-투자부동산

	X1	X2
감가상각비 부인 평가손익 인식	400,000 (500,000)	300,000
	X1말 이잉 100,000 감소	X2 당기순이익 300,000 증가
	X2말 이잉 200,000 증가	

회계정책 변경 후 X1말 이익잉여금: 300,000－100,000＝200,000
회계정책 변경 후 X2년 당기순이익: 700,000＋300,000＝1,000,000
－ 700,000은 투자부동산 회계처리를 반영하기 전 금액이므로 감가상각비를 부인하면 안 된다.
X2말 이익잉여금: 200,000＋1,000,000＝**1,200,000**

별해 X2말 이익잉여금의 변화 이용
변경 선 X2말 이익잉어금: 300,000＋700,000＝1,000,000
－ 문제에 제시된 X1말 이잉에 X2년 NI를 가산하면 X2말 이잉이 계산된다.
변경 후 X2말 이익잉여금: 1,000,000＋200,000＝**1,200,000**

08. ⑤
금융상품 말문제

금융자산을 재분류하는 경우에 그 재분류를 재분류일부터 **전진적으로 적용한다.**

09. ③
채무상품 회계처리

X1 당기순이익: (1)＋(2)＋(3)＝**399,755 증가**
(1) A사채: 207,218
　　이자수익: 2,000,000×6%＝120,000
　　평가손익: 1,888,234－1,801,016＝87,218

(2) B사채
　　이자수익: 1,425,366×10%＝142,537

(3) C사채
　　이자수익: 500,000×10%＝50,000
　　－ FVOCI 금융자산의 평가손익은 OCI로 인식하므로 NI에 미치는 영향은 이자수익밖에 없다.

10. ②
조건변경

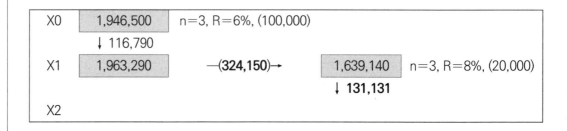

Step 1. 조건 변경 시점까지 상각하기
X1초 PV: $2,000,000 \times 0.8396 + 100,000 \times 2.6730 = 1,946,500$
X2초 PV: $1,946,500 \times 1.06 - 100,000 = 1,963,290$
$\fallingdotseq 2,000,000 \times 0.8900 + 100,000 \times 1.8334 = 1,963,340$

Step 2. 조건 변경 후의 현금흐름을 '역사적' 이자율로 할인하기
X2초 조건 변경 후 PV: $2,000,000 \times 0.8396 + 20,000 \times 2.6730 = 1,732,660$

Step 3. 조건 변경이 실질적인지 판단하기
$1,963,290 \times 0.9 = 1,766,961 \rangle 1,732,660$ (실질적)

Step 4. 채권, 채무 금액 조정하기 & 이자비용 인식하기
조건 변경이 실질적이므로, 현행 이자율(8%)로 다시 할인한다.
(1) X2초 조건 변경 후 PV: $2,000,000 \times 0.7938 + 20,000 \times 2.5770 = 1,639,140$

(2) 조건변경손익: $1,963,290 - 1,639,140 = \textbf{324,150 이익}$
 — ㈜대한은 채무자로, 부채가 감소하는 것이므로 이익이 계상된다.

(3) 이자비용: $1,639,140 \times 8\% = \textbf{131,131}$

11. ⑤
전환사채

1. 상환할증금: $1,000,000 \times 6\% = 60,000$

2. 발행가액 분석

부채	$(1,000,000 + 60,000) \times 0.7938 + 40,000 \times 2.5770$	=①944,508
자본		③35,492
계		②980,000

3. X2말 전환사채 장부금액(A)
 : $\{(944,508 \times 1.08 - 40,000) \times 1.08 - 40,000\} \times (1 - 60\%) = \textbf{407,390}$

4. 전환권대가 장부금액(B)
 : $35,492 \times (1 - 60\%) = \textbf{14,197}$

12. ④
신주인수권부사채

1. 상환할증금: $100,000 \times (6\% - 4\%) \times (1.06^2 + 1.06 + 1) = 6,367$

2. 발행가액 분석

액면사채	$100,000 \times 0.7938 + 4,000 \times 2.5770$	=①89,688
할증금	$6,367 \times 0.7938$	=②5,054
자본		④5,258
계		③100,000

3. 신주인수권 행사로 증가하는 주발초
: (10주×10,000+5,458+5,258−10주×5,000)×40%=**24,286**
− X2초 할증금: 5,054×1.08=5,458

행사 시 회계처리

X2초	현금	40,000	자본금	20,000
	할증금	2,183		
	대가	2,103	주발초	**24,286**

13. ②
충당부채의 계산

X3말 충당부채: 1,000개×730×3%−8,000=**13,900**
− 보증기간이 1년이므로 X3말 현재 X2년도 판매분에 대해서는 보증의무가 존재하지 않는다. 따라서 X3년도 판매분에 대해서만 충당부채만 계상한다.

14. ③
법인세회계

	X2(24%)	X3(22%)	X4~(20%)
EBT	1,200,000		
감가상각비	(50,000)		
FVPL금융자산	90,000	(90,000)	
퇴직급여충당금	(20,000)	(20,000)	(40,000)
접대비 한도초과	30,000		
과세소득	1,250,000	(110,000)	(40,000)
법인세부담액	300,000	(24,200)	(8,000)

− 퇴직급여 한도초과액은 X2년부터 4년간 20,000씩 추인되므로 X4년과 X5년에 총 40,000 추인된다.
− 기말 이연법인세자산: 24,200+8,000=32,200

1. 기초 제거	이연법인세부채	—	이연법인세자산	31,200
2. 기말 계상	이연법인세자산	32,200	이연법인세부채	—
3. 당기 부채&비용	법인세비용	**299,000**	당기법인세부채	300,000

15. ④
오류수정

	X0	X1	X2
상품	100,000	(100,000) 150,000	(150,000)
기계장치		60,000 (15,000)	(15,000)
사채		(1,587)	(1,714)
	X2 전기이월 이잉: **193,413 증가**		NI: **166,714 감소**

(1) 기계장치
감가상각비 증가액: 60,000/4=15,000
− X2말 잔존내용연수가 2년이므로, X1초 잔존내용연수는 4년이다.

(2) 사채 이자비용 증가액

X1: $94,842 \times 8\% - 6,000 = 1,587$

X2: $(94,842 \times 1.08 - 6,000) \times 8\% - 6,000 = 1,714$

16. ②
계약변경

X3년 수익: $(1,000,000 + 900,000 \times 4년)/5년 = \mathbf{920,000}$

— 추가된 기간에 대한 용역 대가가 개별 판매가격을 반영하지 않지만, 계약변경일 이후에 제공할 용역이 이미 제공한 용역과 구별된다. 따라서 '기존 계약을 종료하고 새로운 계약을 체결한 것처럼' 회계처리해야 한다.

17. ③
건설계약

	X1년	X2년
진행률	$1,000,000/4,000,000 = 25\%$	$3,000,000/4,000,000 = 75\%$
누적계약수익	$5,000,000 \times 25\% = 1,250,000$	$5,000,000 \times 75\% = 3,750,000$
계약수익	1,250,000	2,500,000
계약원가	(1,000,000)	(2,000,000)
공사손익	250,000	**500,000**

18. ⑤
종업원급여 말문제

순확정급여부채(자산)의 순이자는 연차보고기간 **초**의 순확정급여부채(자산)와 할인율을 사용한다.

19. ②
주식기준보상
말문제

현금결제형 주식기준보상거래의 경우에 제공받는 재화나 용역과 그 대가로 부담하는 부채를 부채의 공정가치로 측정한다. 또 부채가 결제될 때까지 매 보고기간 말과 결제일에 부채의 공정가치를 재측정하고, 공정가치의 변동액은 **당기손익**으로 인식한다.

20. ④
주식기준보상
중도청산

1. 청산 전 SO 잔액: 4,000,000

	명수	×개수	×금액	×1/n	=누적액	비용
X1	100	100	600	1/3	2,000,000	2,000,000
X2	100	100	600	2/3	4,000,000	2,000,000

2. 잔여 비용: $6,000,000 - 4,000,000 = 2,000,000$

— 가득 시 SO 잔액: $100 \times 100 \times 600 \times \mathbf{3/3} = 6,000,000$

3. 청산비용: $7,000,000 - 6,600,000 = 400,000$

— 현금 지급액: $100명 \times 100개 \times @700 = 7,000,000$

— 주식선택권 공정가치: $100명 \times 100개 \times @660 = 6,600,000$

4. 중도 청산 시 당기순이익 $= (-)2,000,000(잔여비용) - 400,000(청산비용) = \mathbf{(-)2,400,000\ 감소}$

회계처리

잔여 비용	주식보상비용(잔여 비용)	**2,000,000**	주식선택권	2,000,000
	주식선택권	6,000,000	현금	7,000,000
청산	자본요소	600,000		
	주식보상비용(청산 비용)	**400,000**		

— 자본요소 감소액: 6,600,000−6,000,000=600,000

21. ②
리스 말문제

광장히 지엽적인 문제였다. 풀 때는 넘겼어야 한다.
계약의 약정시점에, 계약 자체가 리스인지, 계약이 리스를 포함하는지를 판단한다.

22. ①
금융리스

X1초 리스부채: 743,823×2.4868+200,000×0.7513=2,000,000
X1말 리스부채: 2,000,000×1.1−743,823=**1,456,177**

23. ③
주당순이익 말문제

희석주당이익을 계산할 때 희석효과가 있는 옵션이나 주식매입권은 행사된 것으로 가정한다. 이 경우 권리행사에서 예상되는 현금유입액은 보통주를 **회계기간의 평균시장가격**으로 발행하여 유입된 것으로 가정한다.

24. ①
조건부발행보통주

(1) n=105,000

	1.1	5.1	9.1
기초 가중평균	100,000 ×12/12	5,000 ×8/12	5,000 ×4/12
	100,000	3,333	1,667

(2) 희석 eps=**382**

	분자	분모	eps
기본	42,000,000	105,000	400
영업점	0	5,000[1]	
희석	42,000,000	110,000	**382**

[1]5,000×4/12+5,000×8/12=5,000
—조 건부발행보통주는 그 조건이 충족된 상태라면 회계기간 초부터 포함한다.

간편법 희석 eps의 분모
희석 eps 계산 시에는 영업점을 기초에 개점했다고 보므로, 분모는 110,000(=100,000+5,000×2개)이 된다.
→ 희석 eps: 42,000,000/110,000=382

25. ④
영업활동 현금흐름
-직접법

	현금흐름	=	영업 손익	−	△영업 자산	+	△영업 부채
공급자	(660,000)		**(921,000)** 매출원가 (3,000) 평가손실 11,000 외화환산이익		130,000 재고자산		3,000 평가충당금 120,000 매입채무

- 평가손실: 평가손실은 관련 손익에 반영되어야 하는데 기타비용으로 처리하였으므로 매출원가 밑에 따로 써야 한다.
- 현금매입액: 문제에서 공급자에 대한 현금유출액 총액을 제시하였으므로 따로 쓸 필요 없다. 참고로, 외상매입액은 635,000(=660,000−25,000)이다.

26. ④
사업결합

(1) 이전대가: 800,000+300주×@10,000=3,800,000
   - 교부 주식 수: 900,000(자본금)÷1,000(액면금액)÷3주=300주

(2) 순자산 공정가치

유동자산 유형자산 무형자산 부채	2,300,000−300,000+250,000	800,000 =2,250,000 700,000 (600,000)
계		3,150,000

- 매각예정비유동자산은 순공정가치로 평가해야 하나, 공정가치로 포함되어 있으므로 금액을 감소시켜야 한다.

(3) 영업권: 3,800,000−3,150,000=**650,000**

27. ⑤
사업결합 말문제

해당 의무를 이행하기 위하여 경제적 효익이 있는 자원이 유출될 가능성이 높지 않더라도 **취득자는 취득일에 사업결합으로 인수한 우발부채를 인식한다.**

28. ①
관계기업투자주식

1. FV−BV

	FV−BV	X1
건물	40,000	(2,000)

2. 영업권 상당액: 50,000−(150,000+40,000)×25%=2,500 (염가매수차익 없음)

3. 내부거래: 없음

4. 지분법이익

X1	관계
조정 전 내부거래	20,000
FV 차이	(2,000)
조정 후	18,000
투자(25%) ＋염가매수차익	4,500 —
지분법이익	4,500

5. X1년말 관계기업투자주식 장부금액

X1	관계
취득원가	50,000
Σ지분법이익	4,500
Σ지분법자본변동	(2,000)
－Σ배당액×R	10,000×25%＝(2,500)
관투	**50,000**

지분법자본변동: (－)8,000×25%＝(－)2,000

29. ③
공동약정 말문제

공동약정은 '둘 이상의' 당사자들이 공동지배력을 보유하는 약정으로, '모든' 당사자들이 공동지배력을 보유하는 것은 아니다. 모든 당사자들이 공동지배력을 보유하지 않아도 공동약정이 될 수 있다.

30. ⑤
연결 말문제

① 투자자가 피투자자에 대한 힘이 있고 피투자자에 관여함에 따라 변동이익에 노출되거나 변동이익에 대한 권리가 있을 뿐만 아니라, 자신의 이익금액에 영향을 미치도록 자신의 힘을 사용하는 능력이 있다면 투자자는 피투자자를 지배한다. 세 조건을 '모두' 충족해야 지배력을 갖는다.

② 지배기업과 종속기업의 재무제표는 보고기간 종료일이 같아야 하는 것이 원칙이며, 어떠한 경우라도 종속기업의 재무제표일과 연결재무제표일의 차이는 **3개월**을 초과해서는 안 된다.

③ 보고기업은 총포괄손익을 지배기업의 소유주와 비지배지분에 귀속시킨다. 다만, 비지배지분이 부(－)의 잔액이 되더라도 총포괄손익을 지배기업의 소유주와 **비지배지분에 귀속시킨다.**

④ 연결재무제표를 작성할 때 잠재적 의결권이나 잠재적 의결권을 포함하는 그 밖의 파생상품이 있는 경우에 당기순손익과 자본변동을 지배기업지분과 비지배기업지분에 배분하는 비율은 현재의 소유지분에만 기초하여 결정하고 **잠재적 의결권과 그 밖의 파생상품의 행사 가능성이나 전환 가능성은 반영하지 아니한다.**

31. ④
비지배지분

1. FV－BV

	FV－BV	X1	X2
재고자산	10,000	(10,000)	
건물	40,000	(5,000)	(5,000)

2. 영업권: $200,000-(150,000+50,000)\times80\%=40,000$

3. 내부거래

	X1	X2
하향 (재고)	(10,000) 5,000	5,000

4. 당기순이익 조정

X1	지배	종속	계
조정 전	50,000	30,000	
내부거래	(5,000)		
FV 차이		(15,000)	
－손상			
－배당			
조정 후	45,000	15,000	60,000
지배(80%)	45,000	12,000	57,000
비지배(20%)		3,000	3,000

X2	지배	종속	계
조정 전	60,000	20,000	
내부거래	5,000		
FV 차이		(5,000)	
－손상			
－배당	(8,000)		
조정 후	57,000	15,000	72,000
지배(80%)	57,000	12,000	**69,000**
비지배(20%)		3,000	3,000

5. 비지배지분
   X1년말: $200,000\times20\%+3,000=$**43,000**
   참고 X2년말: $200,000\times20\%+3,000+3,000-10,000\times20\%=44,000$

(1) 기능통화로의 환산
   기말 매출채권($): €$300\times\$1.1/€=\$330$
   외환차이: $\$330-\$360=(-)\$30$

(2) 표시통화로의 환산

X1년 말 B/S	
① 자산-부채: 기말환율 $=\$(7,000-4,500-30)\times1,400$ $=3,458,000$	② 자본: 자본 증가 시점의 환율 　-자본금: 증자일의 환율 　　$=\$1,500\times1,300=1,950,000$ 　-이익잉여금: NI가 집계된 연도의 평균환율 　　$=\$(4,000-3,000-30)\times1,340=1,299,800$ ③ OCI: 대차차액 　$=3,458,000-1,950,000-1,299,800$ 　$=208,200$

　― 기능통화로의 환산으로 인해 자산과 당기순이익이 각각 $30씩 감소한다.

(3) 총포괄이익: NI+OCI=1,299,800+208,200=**1,508,000**

34. ①
환율변동효과
말문제

해외사업장을 처분하는 경우 기타포괄손익과 별도의 자본항목으로 인식한 해외사업장 관련 외환차이의 누계액은 당기손익으로 **재분류한다.** (해외사업장환산차이는 재분류조정 대상이다.)

35. ①
공정가치위험회피

	11.1	손익	12.31	손익	4.30
확정계약	(1,300)	-100	(1,400)	+20	(1,380)
선도매입	1,300	+100	1,400	-20	1,380

X1말 확정계약: $-100\times\$2,000=$**부채 200,000**

회계처리

11.1	―회계처리 없음―			
12.31	PL	200,000	확정계약(부채)	**200,000**
	선도계약	200,000	PL	200,000
4.30	확정계약	40,000	PL	40,000
	PL	40,000	선도계약	40,000
4.30	현금	160,000	선도계약	160,000
	확정계약	160,000	현금	2,760,000
	선박	2,600,000		

36. ③
국가회계예규

장기연불조건의 거래, 장기금전대차거래 또는 이와 유사한 거래에서 발생하는 미수채권, 대여금 등으로서 명목가액과 현재가치의 차이가 중요한 경우에는 현재가치를 취득원가로 한다. 다만, 미수채권 중 "장기미수국세", 대여금 중 "전대차관대여금", "정부내예탁금"은 **현재가치로 평가하지 아니한다.** 틀릴 수밖에 없는 문제였다.

37. ⑤
수익과 비용

지방자치단체의 수익과 비용에는 물품 소관의 전환, 기부채납 등으로 생긴 순자산의 증감은 포함하지 아니한다.

38. ④
국가회계예규

국고금회계는 일반회계와 기타특별회계(우체국보험특별회계는 제외한다)의 국고금과 관련된 회계처리에 대해 적용하며, 일반회계와 기타특별회계(우체국보험특별회계는 제외한다)의 국고금은 해당 국가회계실체의 재정상태표에 표시하지 않고 **국고금회계의 재정상태표에 표시한다.**

39. ①
지방회계법

지방자치단체의 결산서는 결산개요, 세입세출**결산**, 재무제표(주석 포함), **성과보고서**로 구성된다.

40. ②
순자산변동표

(1) 재원의 조달 및 이전

제재금수익	5,000
부담금수익	6,000
국고수입	20,000
국고이전지출	(5,000)
계	26,000

중앙관서 A부처는 행정형회계(일반회계)이므로 비교환수익(제재금수익, 부담금수익)이 순자산변동표상 재원의 조달로 기록된다.

(2) 기말순자산: 59,000

	기본순자산	적립금 및 잉여금	순자산조정	순자산 계
기초	8,000	28,000	4,000	40,000
재정운영결과		(10,000)		(10,000)
재원의 조달 및 이전		26,000		26,000
투자증권 평가이익			3,000	3,000
기말	8,000	44,000	7,000	**59,000**

41. ⑤
제조원가의 흐름

① 기본원가: DM＋DL＝550＋600(공장근로자급여)＝1,150
② 제조간접원가: 1,450

간접재료원가	150
공장감독자급여(간접노무원가)	300
공장감가상각비(제조경비)	1,000
계	1,450

③ 재고불능원가(판관비): 150(판매직급여)＋350(관리직급여)＋100(광고선전비)＝600
④ 당기총제조원가: 기본원가＋OH＝1,150＋1,450＝2,600
⑤ 당기제품제조원가

	가산		차감		
제조원가	DM	550			
	DL	600			
	OH	1,450			
재공품	기초	—	기말	50	┘ **당기제품제조원가: 2,550**

— ㈜대한은 기초에 설립되었으므로 기초 재공품은 없다.

42. ③

정상개별원가계산

(1) OH 예정배부율: 32,000/4,000＝8/직접노무시간

(2) OH 예정배부액: 2,000시간×8＝16,000

(3) 배부차이: 16,000－12,500＝3,500 과대배부

(4) 작업별 원가

	#101 (매출원가)	#102 (제품)	#103 (재공품)	합계
DM	4,000	4,000	2,000	10,000
DL	3,000	2,000	4,000	9,000
OH(＝8×직접노무시간)	8,000	4,000	4,000	16,000
조정 전 합계	15,000	10,000	10,000	35,000
배부차이(총원가 비례법)	(1,500)	(1,000)	(1,000)	(3,500)
조정 후 합계	**13,500**	9,000	9,000	31,500

(5) 매출총이익: 16,000－13,500＝**2,500**

43. ②

종합원가계산

(1) 재료원가 완환량 단위당 원가: 500,000/10,000＝@50

		완성품환산량	
	재공품(FIFO)	재료원가	가공원가
기초 1,000 (1)(?)	완성 9,000		
	⟨ 1,000 (0)(?)	—	
	8,000 (1)(1)	8,000	
착수 10,000	기말 2,000 (1)(0.4)	2,000	800
		10,000	
		@50	

(2) 기말 재공품원가: 164,000

		가산		차감		
제조원가	DM	500,000				
	가공	720,000				
재공품	기초	200,000	기말	**164,000**		⌐ 당기제품제조원가
제품	기초	300,000	기말	156,000		⌐ 매출원가: 1,400,000

(3) 완환량 단위당 전환원가＝**80**

　　기말 재공품원가: 2,000개×@50＋800개×완환량 단위당 전환원가＝164,000

44. ①
보조부문원가의
배분

(1) C부문에 배부되는 OH: 217,500

	A	B	C	D
배부 전	240,000	200,000		
A	(240,000)	60,000	120,000	60,000
배부 후	—	260,000		
B		(260,000)	97,500	162,500
배부 후		—	217,500	

(2) 갑제품의 단위당 DL: 3,000

　　갑제품의 단위당 제조원가: 12,000/1.2＝10,000

DM	4,825
DL	**3,000**
OH	217,500/100단위＝2,175
합계	10,000

45. ②
표준원가계산

	AQ × AP		AQ × SP		SQ × SP
DL			④650×2,000 ＝⑤1,300,000	능률차이 ⑦**20,000 불**	③640×2,000 ＝⑥1,280,000
변동 OH			④650×1,200 ＝780,000	능률차이 12,000 불	③640×1,200 ＝768,000
고정 OH			60,000	조업도차이 4,000 유	③640×②100 ＝①64,000

② 고정OH SP: 60,000/(300단위×2시간)＝@100

46. ①
변동원가계산

(1) 변동원가계산 하의 순이익

　: (3,600−600−500−300−400)×3,000단위−(고정OH＋400,000)＝4,400,000

　→ 고정OH: 600,000

(2) 전부원가계산 하의 순이익

변동원가계산		4,400,000
＋기말　　고정OH	1,000단위×150＝	150,000
−기초	—	—
＝전부원가계산		**4,550,000**

고정OH 배부율: 600,000/4,000단위＝150

47. ④
학습모형

(1) 200단위 생산 시 신제품 X의 단위당 직접노무원가: 1,620

DM	900
DL	1,620
OH	800
계	3,320

(2) 200단위 생산 시 신제품 X의 단위당 평균 직접노무시간: 1,620/@200＝8.1시간

(3) 학습률: $\sqrt{8.1/10}$ ＝ 90%

누적 생산량	단위당 평균 직접노무시간
50단위	500시간/50단위＝10시간
100단위	
200단위	8.1시간

48. ⑤
CVP분석 말문제

영업레버리지도는 안전한계율의 역수이므로, 안전한계율이 높아지면 영업레버리지도는 낮아진다.
① 손익분기점은 '고정원가/단위당 공헌이익'이므로 단위당 공헌이익이 커지면 손익분기점은 낮아진다.
② 이익은 '공헌이익－총고정원가'이므로 공헌이익이 총고정원가보다 클 경우에는 이익이 발생한다.
③ 변동원가계산에서는 생산량과 이익이 무관하므로 판매량에 의해서만 손익분기점이 결정된다. 따라서 생산량과 판매량이 다른 경우에도 변동원가계산의 손익분기점은 변화가 없다.
④ 영업레버리지도는 '공헌이익/영업이익'이고, 이는 '공헌이익/(공헌이익－고정원가)'로 바꾸어 쓸 수 있다. 고정원가가 감소하면 분모가 커지므로 영업레버리지도는 낮아진다.

49. ④
제한된 자원의 사용

	A	B
단위당 공헌이익	520	600
단위당 직접재료 투입량 (＝DM/X의 kg당 구입가격)	320/80＝4kg	400/80＝5kg
자원당 공헌이익	520/4kg＝130	600/5kg＝120
생산순서	1순위	3순위
생산량	800단위	800/5＝160단위
직접재료 사용량	800×4＝3,200	4,000－3,200＝800

최대공헌이익: 800단위×@520＋160단위×@600＝**512,000**

50. ③
대체가격

(1) 내부대체 시 고정원가 증가분: 없음

(2) 기회비용: (90－60－20)×5,000단위＝50,000
  － 내부대체 수락 시 포기해야 하는 제품 X 판매량: 10,000단위＋5,000단위－10,000단위＝5,000단위

(3) 최소대체가격: 단위당 변동원가＋(내부대체 시 고정원가 증가분＋기회비용)/대체 수량
  ＝60＋50,000/5,000단위＝**70**

1.	③	6.	④	11.	①	16.	②	21.	②	26.	②	31.	③	36.	⑤	41.	③	46.	①
2.	⑤	7.	①	12.	①	17.	④	22.	①	27.	⑤	32.	②	37.	①	42.	②	47.	①
3.	④	8.	②	13.	④	18.	⑤	23.	④	28.	④	33.	⑤	38.	③	43.	②	48.	⑤
4.	②	9.	③	14.	①	19.	⑤	24.	②	29.	③	34.	④	39.	③	44.	④	49.	④
5.	①	10.	②	15.	④	20.	⑤	25.	④	30.	⑤	35.	③	40.	②	45.	①	50.	③

01. ③
개념체계

자산이나 부채를 인식하고 이에 따른 결과로 수익, 비용 또는 자본변동을 인식하는 것이 재무제표이용자들에게 **목적적합한 정보와 표현충실성과 같이 유용한 정보를 모두 제공하는 경우에만 자산이나 부채를 인식한다.** 어느 하나가 아니라 모두 제공해야 한다.

02. ⑤
개념체계

보고기업의 경제적자원 및 청구권은 채무상품이나 지분상품의 발행과 같이 재무성과 외의 사유로도 변동될 수 있다.

03. ④
저가법

이동평균법 풀이에 시간이 너무 많이 걸리므로 실전에서는 풀지 않았어야 하는 문제이다.
(1) 장부상 기말재고 (있어야 하는 기말재고): 48,000 (200개)

	수량	단가	금액	잔액	잔량
1.1	100	@200	20,000	20,000	100
3.1	200	@200	40,000	60,000	300
6.1	200	@300	60,000	120,000	500
7.1	(200)		(48,000)	72,000	300
11.1	(100)		(24,000)	**48,000**	**200**

— 계속기록법과 가중평균법을 적용하므로 이동평균법으로 계산한다.
— 9.1 매입계약 체결분은 도착지 인도조건으로 매입하였는데 12월말 현재 운송중이므로 매입이 이루어지지 않는다.

(2) 감모 후 기말재고 수량 (실제 기말재고)

실사 수량	300
수탁품	(160)
적송품	20
계	160

(3) 기말재고 분석

BQ×BP	200개×@240＝48,000
AQ×BP	160개×@240＝38,400
AQ×저가	160개×@200＝32,000

— BP: 48,000/200개=240
— 저가: min[240, 200]=200

(4) 매출원가

	상품		
기초(순액)	17,000	매출원가	**85,000**
		기타비용	—
매입	100,000	기말(순액)	32,000

— 기초 재고(순액): 20,000−3,000=17,000
— 감모손실과 평가손실을 매출원가에서 조정하므로 기타비용은 없다.

04. ②
재고자산 말문제

굉장히 지엽적인 문제였다. 실전에서는 1번과 2번 중에 하나를 찍고 넘어가야 한다.
순실현가능가치는 통상적인 영업과정에서 재고자산의 판매를 통해 실현할 것으로 기대하는 순매각금액을 말한다. 공정가치는 측정일에 재고자산의 주된 (또는 가장 유리한) 시장에서 시장참여자 사이에 일어날 수 있는 그 재고자산을 판매하는 정상거래의 가격을 반영한다. 전자는 기업특유가치이지만, 후자는 그러하지 아니하다.

05. ①
유형자산 재평가
모형

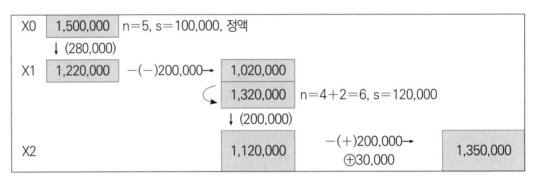

(1) X1년도 당기순이익: (−)280,000(감가상각비)−200,000(재평가손실)=**(−)480,000**
(2) X2년도 당기순이익: (−)200,000(감가상각비)+200,000(재평가이익)=**0**

06. ④
유형자산
원가모형

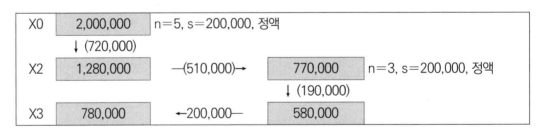

X3년 당기순이익: 손상차손환입−감가상각비=200,000−190,000=**10,000 증가**

참고 손상차손환입 한도: 1,280,000−360,000=920,000 ()780,000)
원가모형임에도 불구하고 다른 문제들처럼 한도에 걸리지 않았으므로 주의하자.

07. ①
무형자산 기준서

개별 취득하는 무형자산과 사업결합으로 취득하는 무형자산은 무형자산 인식조건 중 자산에서 발생하는 미래경제적효익이 기업에 유입될 가능성이 높다는 조건을 **항상 충족하는 것으로 본다.**

08. ②
투자부동산 계정 재분류

X0	2,000,000	n=20, s=200,000, 정액
	↓ (180,000)	
X2	1,820,000	
	↓ (45,000)	
X3.7.1	1,775,000	—⊕725,000→

2,500,000
↓ 500,000
X3	3,000,000

X3년 당기순이익: -(1)+(2)=**455,000**

(1) 감가상각비: (1,820,000-200,000)/20×6/12=45,000

(2) 투자부동산평가이익: 3,000,000-2,500,000=500,000

투자부동산 공정가치모형은 감가상각을 하지 않고, 평가손익만 PL로 인식한다.

(3) 재분류 손익: 2,500,000-1,775,000=725,000 (OCI)

유형자산을 공정가치모형을 적용하는 투자부동산으로 재분류하였으므로, 재분류 시 공정가치로 평가하며, 평가손익은 재평가모형 논리대로 인식한다. 평가증이므로 재평가잉여금(기타포괄이익)을 인식하며, 당기순이익에 미치는 영향이 없다.

09. ③
차입원가 자본화

(1) 전기 지출액: 300,000+400,000-200,000(정부보조금)=500,000

- 전기 이전에 자본화한 차입원가는 연평균 지출액 계산 시 포함하지 않으므로, X1년도 차입원가 자본화 금액은 구하지 않아도 된다.

X2		9.30		
전기	500,000×9/12	=375,000		
1.1	300,000×9/12	=225,000		
9.1	120,000×1/12	=10,000		
		610,000		
특정	240,000×9/12	=180,000	(6%)	→10,800
일반	(610,000	-180,000)	(7%)	→30,100 (한도: 12,600)
				23,400

R	=12,600/180,000=7%			
B	240,000×6/12	=120,000	(6%)	→7,200
C	60,000×12/12	=60,000	(9%)	→5,400
계		180,000		12,600

- 일반차입금 자본화액이 한도에 걸렸으니 주의하자.

```
X0   946,520   n=3, R=6%, (40,000)
       ↓ 56,791
X1   963,311   ─(251,311)→   712,000   ─⊖12,000→   700,000
                                        ←⊕12,000─
               ↓ 42,720
X2                           754,720   ─(+)188,680→   943,400   ─⊖123,400→   820,000
```

(1) X1년 총포괄손익: ①−②+③=56,791−251,311−12,000=(−)206,520

① 이자수익: 946,520×6%=56,791

② 손상차손: 963,311−712,000=251,311
   − X1년 말 상각후원가: 800,000×0.89=712,000

③ 공정가치평가손익: 700,000−712,000=(−)12,000

별해 총포괄손익＝기말 자산(사채, 현금)−기초 자산
: (700,000+40,000)−946,520=(−)206,520

(2) X2년 당기순이익: ①+②=231,400

① 이자수익: 712,000×6%=42,720

② 손상차손환입: 943,400−754,720=188,680
   − X2년 말 상각후원가: 1,000,000×0.9434=943,400

Step 1. 조건 변경 시점까지 상각하기
X1말 조건 변경 전 PV: 950,244×1.1−80,000=965,268

Step 2. 조건 변경 후의 현금흐름을 '역사적' 이자율로 할인하기
X1말 조건 변경 후 PV: 1,000,000×0.7513+50,000×2.4868=875,640

Step 3. 조건 변경이 실질적인지 판단하기
제거조건(＝실질적 변경)을 충족하지 않는다고 문제에서 제시하였다.

Step 4. 채권, 채무 금액 조정하기
조건 변경 후 채권: 875,640+124,360=1,000,000
− 조건 변경이 실질적이지 않으므로 수수료를 채권의 장부금액에 가산한다.
조건변경손익: 875,640−965,268=(−)89,628 손실
− ㈜대한은 채권자로, 자산이 감소하는 것이므로 손실이 계상된다.

Step 5. 이자수익 인식하기
X2년 이자수익: 1,000,000×5%=50,000
− 수수료가 발생하였으므로 새로운 유효이자율로 상각해야 한다.
− 현재가치가 액면금액과 동일하므로, 유효이자율은 표시이자율인 5%과 같다.

회계처리

X1.1.1	AC 금융자산	950,244	현금	950,244	
X1.12.31	현금	80,000	이자수익	95,024	
	AC 금융자산	15,024			⌐ 965,268
	조건변경손실	89,628	AC 금융자산	89,628	
	AC 금융자산	124,360	현금	124,360	⌐ 1,000,000
X2.12.31	현금	50,000	이자수익	50,000	

12. ① 기중상환

X2년 당기순이익: −(1)＋(2)＝**(−)3,945 (단수차이)**

(1) 이자비용
: 1,037,766×(40%＋60%×3/12)×4%＝22,831
  − X1년말 금융부채 장부금액: 1,000,000×0.9246＋60,000×1.8861＝1,037,766
  − 40%는 12개월을 모두 보유하지만, 60%는 3개월만 보유하므로 월할상각을 해야 한다.

(2) 상환손익
: 1,037,766×(1＋4%×3/12)×60%−610,000＝18,886 이익

별해 당기순이익＝기초 사채−상환금액−기말 사채−기말 액면이자 지급액
＝1,037,766−610,000−407,711−24,000＝(−)3,945
  − 기초 사채: 1,037,766
  − 기말 사채: (1,037,766×1.04−60,000)×40%＝407,711
  − 액면이자 지급액: 60,000×40%＝24,000

13. ③ 자산인식상한

자산인식상한효과에 대한 순확정급여부채(자산)의 순이자도 당기손익으로 인식한다.

14. ① 종업원급여

	비용	자산	부채	OCI
기초		900,000	1,200,000	
이자(10%)	30,000	90,000	120,000	
지급(5.1)		(240,000)	(240,000)	
−월할 상각		(16,000)	(16,000)	
출연(9.1)		120,000		
−월할 상각	(4,000)	4,000		
당기	300,000		300,000	
재측정 전	**326,000**	858,000	1,364,000	
재측정		62,000	36,000	**26,000**
재측정 후		920,000	1,400,000	

당기순이익: 326,000 감소
기타포괄이익: 26,000 증가
총포괄이익: (−)326,000＋26,000＝**(−)300,000**

별해 총포괄이익＝기말 순자산－기초 순자산－출연액
＝(920,000－1,400,000)－(900,000－1,200,000)－120,000＝(－)300,000

15. ④
배당금의 배분

(1) 누적적, 부분참가적: 540,000

	우선주	보통주	계
누적	6,000,000×2%×3회＝360,000	10,000,000×2%＝200,000	560,000
부분참가	min[①, ②]＝180,000 ① 6,000,000×(5%－2%)＝180,000 ② 520,000×6/16＝195,000	520,000－180,000＝340,000	520,000
계	540,000	**540,000**	1,080,000

(2) 비누적적, 완전참가적

	우선주	보통주	계
비누적	6,000,000×2%＝120,000	10,000,000×2%＝200,000	320,000
완전참가	760,000×6/16＝285,000	760,000×10/16＝475,000	760,000
계	405,000	**675,000**	1,080,000

16. ②
신주인수권부사채

1. 상환할증금: 1,000,000×10%＝100,000

2. 발행가액 분석

액면사채	1,000,000×0.7938＋40,000×2.5770	＝①896,880
할증금	100,000×0.7938	＝②79,380
자본		④**23,740**
계		③1,000,000

17. ④
신주인수권부사채

신주인수권 행사로 증가하는 자본: (행사가격＋상환할증금 장부금액)×40%
＝(1,000,000＋85,730)×40%＝**434,292**
－ X2초 상환할증금: 79,380×1.08＝85,730

행사 시 회계처리

X2초	현금	400,000	자본금	100,000
	상환할증금	34,292		
	신주인수권대가	9,496	주발초	343,788

18. ⑤
시장조건과
비시장조건

1. 연도별 연평균 매출액증가율 추정치 및 1인당 주식선택권 수량

	연평균 매출액증가율 추정치	1인당 가득되는 주식선택권 수량
X1	15%	200개
X2	(15%＋11%＋11%)/3＝12.3%	150개
X3	(15%＋11%＋1%)/3＝9%	0개

문제에 제시된 매출액증가율은 비시장조건이므로 매출액증가율 달성여부에 따라 주식선택권 수량을 바꿔주어야 한다.

2. X3년도 당기순이익에 미치는 영향: **3,000,000 증가**

	명수	×개수	×금액	×1/n	＝누적액	비용
X1	100	200	300	1/3	2,000,000	2,000,000
X2	100	150	300	2/3	3,000,000	1,000,000
X3	100	0	300	3/3	0	**(3,000,000)**

최종적으로 가득조건을 달성하지 못하였으므로 기존에 인식한 주식선택권을 전부 환입하면서, 비용을 감소시킨다. 비용이 3,000,000 감소하므로 당기순이익은 3,000,000 증가한다.

19. ⑤
수익-상품권

상품권 1매당 상황별 수익 인식 금액

사용 시	만기 경과 시(1년 경과 시)	의무 소멸 시(2년 경과 시)
액면금액－반환금액	액면금액×10%＝1,000	액면금액×90%＝9,000

	X1년	X2년
X1년 발행분	42매 사용 / 8매 만기 경과 42×10,000－31,000 ＋8매×1,000＝397,000	5매 상환 / 3매 소멸 3매×9,000＝27,000
X2년 발행분		90매 사용 / 10매 만기 경과 90×10,000－77,000 ＋10매×1,000＝833,000
수익 계	397,000	**860,000**

회계처리

(1) X1년 발행분

X1.1.1	현금	500,000	부채	500,000
X1년중	부채	420,000	현금	31,000
			수익	389,000
X1.12.31	부채	8,000	수익	8,000
X2년중	부채	45,000	현금	45,000
X2.12.31	부채	27,000	**수익**	**27,000**

2023년 CPA 회계학 정답 및 해설 | **417**

(2) X2년 발행분

X2.1.1	현금	1,000,000	부채	1,000,000
X2년중	부채	900,000	현금	77,000
			수익	**823,000**
X2.12.31	부채	10,000	**수익**	**10,000**

20. ⑤
계약변경

(1) 개별 판매가격을 반영하는 경우 (별도계약으로)

구분	기존	잔여	추가
수량	50개	70개	30개
단가	@1,000	@1,000	@800

　X1년 수익: 90개×@1,000＋20개×@800＝**106,000**

(2) 개별 판매가격을 반영하지 않은 경우 (기존계약을 종료하고 새로운 계약을 체결한 것처럼)

구분	기존	잔여	추가
수량	50개	70개	30개
단가	@1,000	(70개×@1,000＋30개×@800)/100개＝@940	

　X1년 수익: 50개×@1,000＋60개×@940＝**106,400**

21. ②
리스의 변경

(1) X1년초 리스부채: 2,000,000×2.577＝5,154,000
(2) X1년초 사용권자산: 5,154,000＋246,000＝5,400,000
(3) X3년초 리스부채 증가액: ②－①＝3,437,514
① 재측정 전: (5,154,000×1.08－2,000,000)×1.08－2,000,000＝1,851,626
② 재측정 후: 2,000,000×0.9091＋2,200,000×0.8264＋2,200,000×0.7513＝5,289,140
　－매수선택권 평가에 변동이 있으므로 수정 할인율로 리스부채를 재측정한다.

(4) X3년초 사용권자산: 1,800,000＋3,437,514＝5,237,514
① 재측정 전 사용권자산: 5,400,000×1/3＝1,800,000

(5) X3년말 사용권자산: 5,237,514×2/3＝**3,491,676 (단수차이)**

X3년도 회계처리

X3.1.1	사용권자산	3,437,514	리스부채	3,437,514
X3.12.31	이자비용	528,914	현금	2,000,000
	리스부채	1,471,086		
	감가상각비	1,745,838	사용권자산	1,745,838

22. ①
정기리스료의산정

(1) 취득원가
　취득원가＋리스개설직접원가＝PV(정기리스료＋추정 잔존가치)
　취득원가＋300,000＝3,000,000×2.4868＋10,000,000×0.7513＝14,973,400
　→ 취득원가＝**14,673,400**

(2) 회수 시 손실금액: 추정 잔존가치−MAX[실제 잔존가치, 보증액]

    =10,000,000−MAX[5,000,000, 7,000,000]=**3,000,000**

    − 실제 잔존가치가 5,000,000이지만, 리스이용자가 7,000,000을 보증하므로 손실은 3,000,000이다.

회수 시 회계처리

X3.12.31	현금	2,000,000	리스채권	10,000,000
	기계설비	5,000,000		
	손실	**3,000,000**		

23. ④
법인세회계
-일반형

(1) X1년 말 이연법인세자산(부채): 이연법인세자산 1,600, 이연법인세부채 600

	X1(30%)	X2(30%)	X3~(25%)
EBT			
감가상각비	6,000	(2,000)	(4,000)
FVPL 금융자산	(2,000)	2,000	
법인세부담액		**(600)** 600	**(1,000)**

X2년 법인세비용을 물었으므로, X2년 초(=X1년 말) 이연법인세자산, 부채를 계산해야 한다. X1년 말 당기법인세부채는 구할 필요가 없다.

차감할 일시적차이가 사용될 수 있는 과세소득의 발생가능성은 매우 높으므로, 이연법인세자산을 전부 인식한다.

(2) X2년 법인세 분석

	X2(30%)	X3~(25%)
EBT	600,000	
감가상각비	(2,000)	(4,000)
FVPL 금융자산	2,000	
제품보증충당부채	3,000	(3,000)
미수이자	(4,000)	4,000
과세소득	599,000	(7,000) 4,000
법인세부담액	**179,700**	**(1,750)** 1,000

미수이자는 X2년에 '손입 △유보' 세무조정이 발생하므로, X3년에 '익입 유보' 세무조정으로 추인된다.

X2년 법인세 회계처리

1. 기초 제거	이연법인세부채	600	이연법인세자산	1,600
2. 기말 계상	이연법인세자산	1,750	이연법인세부채	1,000
3. 당기 부채&비용	법인세비용	**179,950**	당기법인세부채	179,700

24. ④
희석 EPS

(1) n=34,200

	1.1	7.1	10.1	계
무상증자 가중평균	30,000 ×1.1 ×12/12	2,000 ×1.1 ×6/12	400 ×3/12	
	33,000	1,100	100	34,200

- 무상증자율: 3,200주/32,000주=10%
- 전환사채 전환 시 발행주식 수: 1,000,000/500×20%=400주

(2) 우선주 배당금: 20,000주×5,000×5%=5,000,000

(3) 잠재적 보통주가 EPS에 미치는 영향

	분자	분모	EPS	희석여부
기본	10,260,000	34,200	300	
전환사채	171,000×0.8=136,800	1,900[1]	72	O
	10,396,800	36,100	**288**	

[1]1,000,000/500×(80%+20%×9/12)=1,900주
- 2,000주 중 80%는 전환되지 않았으므로 전부 더하고, 20%는 10.1에 전환되었으므로 1.1에 전환되었다고 가정하고 9/12를 곱한 금액을 더한다.

25. ④
영업활동 현금흐름
-간접법

영업CF	=	NI	−	비영업 손익	−	△영업 자산	+	△영업 부채
1,884,900		1,793,800		77,000 감가상각비		38,000 매출채권 (15,000) 재고자산		(8,000) 매입채무 (2,500) 미지급이자 3,000 당기법인세부채 (1,400) 이연법인세부채

이자지급과 법인세납부를 영업활동으로 분류하므로, 이자비용과 법인세비용은 부인하지 않으며, 미지급이자와 법인세부채의 증감은 반영한다.

26. ②
단계적 취득

영업권: (1)−(2)=**270,000**
(1) 이전대가: 150주×1,200+200,000+800,000=1,180,000
(2) ㈜민국의 순자산 공정가치

유동자산	200,000
유형자산	1,280,000
부채	(600,000)
상표권	30,000
계	910,000

합병 직접 비용은 당기비용 처리하며, 집합적 노동력은 식별가능한 취득 자산으로 보지 않는다.

27. ⑤
기존 관계

당기순이익에 미치는 영향: 70,000 감소

용역수수료	(30,000)
유지원가	(20,000)
정산손실	(20,000)
계	**(70,000)**

기존 관계가 비계약적(원고와 피고)이므로 취득자는 기존 관계를 공정가치로 인식한다. 취득자는 사업결합 이전에 부채를 인식하지 않았으므로 부채를 인식하면서 정산손실을 당기비용으로 인식한다.

취득일 회계처리

FVOCI	30,000	OCI	30,000
비용(정산손실)	**20,000**	기존 부채	20,000
유동자산	200,000	부채	600,000
유형자산	1,280,000	FVOCI	180,000
상표권	30,000	현금	200,000
기존 부채	20,000	자본금	500,000
영업권	250,000	주발초	300,000
주발초	10,000	현금	60,000
비용(용역수수료)	**30,000**		
비용(팀유지원가)	**20,000**		

28. ④
지분법-현물출자로 유의적인 영향력을 획득하는 경우

(1) FV−BV: 없음

(2) 이전대가: 토지의 공정가치−현금 수령액=20,000
  − 상업적 실질이 결여되어 있지 않으므로, 즉 있으므로 토지를 공정가치로 평가하며, 현금 수령액을 차감한다.

(3) 영업권 상당액: 20,000−50,000×30%=5,000 (염가매수차익 없음)

(4) 내부거래
① 유형자산처분이익: 공정가치−장부금액=30,000−20,000=10,000
② 내부거래(하향 거래) 미실현이익: 처분이익×(공정가치−현금 수령액)/공정가치
  =10,000×20,000/30,000=6,667

(5) 지분법이익

조정 전 NI	10,000
내부거래	(6,667)
조정 후 NI	3,333
×R	×30%
지분법이익	1,000

(6) X1년도 당기순이익: 유형자산처분이익＋지분법이익=10,000＋1,000=**11,000 증가**

> **참고** 상업적 실질이 결여된 경우
(1) 유형자산처분이익: 0
(2) 지분법이익: 10,000×30%＝3,000

> **회계처리**
(1) 상업적 실질이 있는 경우

X1.1.1	관계기업투자주식	20,000	토지	20,000
	현금	10,000	**유형자산처분이익**	**10,000**
X1.12.31	관계기업투자주식	1,000	**지분법이익**	**1,000**

X1년 말 관계기업투자주식 장부금액: 21,000

(2) 상업적 실질이 결여된 경우

X1.1.1	관계기업투자주식	10,000	토지	20,000
	현금	10,000		
X1.12.31	관계기업투자주식	3,000	지분법이익	3,000

X1년 말 관계기업투자주식 장부금액: 13,000

29. ③
지분법 말문제

유의적인 영향력을 상실하지 않는 범위 내에서 관계기업에 대한 보유지분의 변동은 **손익**거래로 회계처리한다. 지배력을 상실하지 않는 범위 내에서 종속기업에 대한 보유지분의 변동은 자본거래로 회계처리하는 것과 다르니, 주의하자.

30. ⑤
연결NI, 지배NI,
비지배NI

1. FV−BV 차이: 없음

2. 영업권: 이전대가를 제시하지 않아서 구할 수 없음

3. 내부거래

	X2	X3
하향 (기계)	(20,000) 4,000	4,000

4. 당기순이익 조정

X3	지배	종속	계
조정 전	20,000	10,000	
내부거래	4,000		
FV 차이			
−손상			
−배당			
조정 후	24,000	10,000	34,000
지배(60%)	24,000	6,000	**30,000**
비지배(40%)		4,000	4,000

→ 지배NI: 30,000

1. FV－BV 차이

	FV－BV	X1
토지	30,000×0.8＝24,000	－

2. 영업권: 150,000－(150,000＋24,000)×75%＝**19,500**

3. 내부거래

	X1
상향 (재고)	(10,000)×0.8 5,000×0.8
계	(4,000)

4. 당기순이익 조정

X1	지배	종속	계
조정 전 내부거래 FV 차이 －손상 －배당		30,000 (4,000)	
조정 후		26,000	
지배(75%)		19,500	
비지배(25%)		**6,500**	

→ 비지배NI: 6,500

사업결합에서 사업을 취득하기로 하는 확정계약은 위험회피대상항목이 될 수 **없다**. 다만, 외화위험에 대하여는 위험회피대상항목으로 지정할 수 **있다**.

	계약일	손익	12.31	손익	만기	누적액
대상: 예상판매	13,000	－500	12,500	－2,000	10,500	－2,500
수단: 선도매도	(12,000)	700	(11,300)	800	(10,500)	1,500
효과적(OCI) 비효과적(PL)		①500 ❶200		③1,000 ❸－200		②1,500 ❷0

문제에서 선도매도인지, 선도매입인지 언급이 없다. ㈜대한은 판매를 예상하고 있는데, 판매가격 하락을 우려하고 있다. 따라서 고정적인 현금을 확보하기 위해서는 선도매도 계약을 체결해야 한다. 선도매도를 체결하면 향후 현물가격의 변동과 관계없이 고정된 가격에 판매할 수 있다.

현금 수령액	10,500
선도계약평가손실(비효과적)	(200)
OCI 재분류조정	1,500
매출원가	(10,000)
계	1,800
×거래규모	×100개
X2년 당기순이익	**180,000 증가**

회계처리

12.1	—회계처리 없음— (선도는 계약 시 현금 유출입이 없으므로.)			
12.31	선도계약	70,000	OCI	50,000
			PL	20,000
3.31	선도계약	80,000	OCI	100,000
	PL	**20,000**		
3.31	현금	150,000	선도계약	150,000
	현금	1,050,000	**매출**	**1,200,000**
	OCI	150,000		
	매출원가	**1,000,000**	재고자산	1,000,000

35. ③
해외사업장순투자 위험회피

보고기업의 해외사업장에 대한 순투자의 일부인 화폐성항목에서 생기는 외환차이는 보고기업의 별도재무제표나 해외사업장의 개별재무제표에서 당기손익으로 적절하게 인식한다. 그러나 **보고기업과 해외사업장을 포함하는 재무제표에서는 이러한 외환차이를 처음부터 기타포괄손익으로 인식**하고 관련 순투자의 처분 시점에 자본에서 당기손익으로 재분류한다.

36. ⑤
충당부채의 평가

보험회계처리지침에 따르면, 보험충당부채 평가 시 관련법령에 의한 적립금과 준비금 산정방식이 보험금 예상지급액 산정방식과 유사한 경우 그 적립금과 준비금을 보험충당부채로 본다. 다만, 미경과보험료적립금은 **기타부채**로 표시한다.

37. ①
지자체 회계기준에 관한 규칙

순자산변동표 상 순자산의 증가사항은 **회계 간의 재산 이관, 물품 소관의 전환, 양여 · 기부 등으로 생긴 자산증가**를 말한다.

38. ③
재무제표의 작성 원칙

비망계정은 재정상태표의 자산 또는 부채항목으로 표시하지 아니한다.

39. ③
자산의 평가

차이: **10,000**
(1) A부처(BTO): 0
   BTO 방식으로 자산을 취득하는 경우에는 취득 당시의 공정가액을 취득원가로 한다. 해당 자산에 대한 사용수익권은 자산의 감소로 처리한다.

도로와 건물 (자산)	10,000	사용수익권 (자산의 차감)	10,000

(2) B부처(BTL): 10,000

BTL 방식으로 자산을 취득하는 경우 민간투자비를 자산의 취득원가로 계상하고, 향후 지급할 임대료의 현재가치를 부채로 인식한다. 즉, 명칭은 임대료이지만 BTL을 실질적으로 장기할부로 건물을 취득한 거래로 간주하여 향후 지급할 임대료의 현재가치로 자산의 취득원가를 인식하는 것이다.

도로와 건물 (자산)	10,000	미지급임대료 (부채)	10,000

40. ②
순자산변동표

1. 재정운영표

	A부처(일반회계)	대한민국 정부
프로그램총원가 (−) 프로그램수익	(10,000)	
프로그램순원가 (+) 관리운영비 (+) 비배분비용 (−) 비배분수익	(10,000) 20,000 2,000	
재정운영순원가 (−) 비교환수익	12,000 −	12,000 (15,000)
재정운영결과	**12,000**	**(3,000)**

보전비: 법령 등에 따라 지출에 대한 의무가 존재하여 발생하는 비용 중 하나로, 보상비, 배상비, 포상금 등을 말한다. 보전비는 프로그램총원가, 관리운영비, 비배분비용 등에 포함될 수 있다.

2. A부처의 순자산변동표

	기본순자산	적립금 및 잉여금	순자산조정	순자산 계
재정운영결과 재원의 조달 재원의 이전		(12,000) 35,000 (15,000)		
기말		**8,000**		

(1) 재정운영결과

재정운영결과가 양수이므로 순자산은 감소한다.

(2) 재원의 조달: 15,000(부담금수익)+20,000(인건비)=35,000

- 부담금수익: A부처는 일반회계이므로, 비교환수익은 재정운영표가 아닌 순자산변동표에 재원의 조달란에 적힌다.
- 인건비: 인건비를 집행하기 위해서는 국고금회계로부터 대체 받았을 것이므로 재원의 조달에 포함시킨다. 인건비는 예산 편성을 통해 국고금회계로부터 대체 받아서 지출하지만, 보전비는 국고금회계로부터 대체 받지 않고 지출한다. 수험생이 알 수 없는 내용이었다.
- 토지 취득: 현금이 토지로 바뀐 것이므로 순자산에 미치는 영향이 없다.

(3) 재원의 이전: 15,000(부담금수익)
 - 부담금수익: 부담금수익을 국고금회계에 대체하였을 것이므로 재원의 이전에 포함시킨다.

3. 순자산에 미치는 영향
(1) A부처: 8,000 증가
(2) 정부: 3,000 증가
 - 재정운영결과가 음수이므로 순자산은 증가한다.

41. ③
상호배부법

	A	B	C	D
배부 전	220,000	180,000	161,250	40,000
		0.4	0.4	0.2
A	(387,500)	155,000	155,000	77,500
		0.5	0.25	0.25
B	167,500	(335,000)	83,750	83,750
배부 후	—	—	**400,000**	201,250

(1) 보조부문의 제조간접원가
  A: 2,200시간×100=220,000
  B: 9,000kW×20=180,000

(2) 연립방정식 풀이
  220,000−A+0.5B=0
  180,000+0.4A−B=0
  → A=387,500, B=335,000

계산기 사용법
A−0.5B=220,000
−0.4A+B=180,000

1×1 M+ 0.5×0.4 M− 1×220,000= 180,000×0.5= GT÷MR=
계산기를 위 순서대로 누르면 387,500이 나올텐데, 이것이 A이다.

(4) C부문에서 배분할 총 제조간접원가=400,000

(5) 갑의 단위당 원가: 10,000(기초원가)+400,000/50단위=**18,000**

42. ②
정상원가계산

	가산		차감		
원재료	기초 매입액	—	기말		⌐ DM 50,000
가공원가	DL OH	50,000 30,000			⌐ 당기총제조원가
재공품	기초	—	기말	28,000	⌐ 당기제품제조원가
제품	기초	—	기말	**2,000**	⌐ 매출원가 100,000

X3년에 설립되었으므로 기초 재고는 없다.

(1) 기말 재공품원가

	재공품
DM	10,000
DL	8,000/80%=10,000
OH	8,000
계	28,000

　매출원가 조정법을 적용하고 있으므로 재공품원가는 배부차이 조정 전, 후 금액이 같다.

(2) 기말 제품원가
　DM+DL+OH=기말 재공품원가+기말 제품원가+매출원가
　50,000+50,000+30,000=28,000+기말 제품원가+100,000
　→ 기말 제품원가=**2,000**
　－ OH에 실제 발생액을 대입했으므로 매출원가도 배부차이 조정 후 금액인 100,000이 와야 한다.

　참고　배부차이
예정 배부액: 실제 DL×80%=50,000×80%=40,000
배부차이: 배부액－실제 OH=40,000－30,000=10,000 과대배부

43. ②
공손

	재공품(FIFO)		완성품환산량	
			재료원가	가공원가
기초 15,000 (1)(0.4)	완성 70,000			
	⟨ 15,000 (0)(0.6)		－	9,000
	55,000* (1)(1)		55,000	55,000
	공손 10,000			
	⟨ 정상 6,000 (1)(0.2)		6,000	1,200
	비정상 4,000 (1)(0.2)		4,000	800
착수 70,000	기말 5,000* (1)(0.8)		5,000	4,000
			70,000	70,000
			@2	@3

정상공손수량: (55,000+5,000)×10%=6,000개
－ '당월 생산착수완성품'은 말 그대로 당월에 착수하여 완성된 제품을 말한다. 따라서 완성품은 기초 재공품까지 포함한 70,000개이다.

완환량 단위당 원가
－ 재료원가: 140,000/70,000=@2
－ 가공원가: 210,000/70,000=@3

정상공손원가: 6,000×@2+1,200×@3=**15,600**

44. ④
이익 차이 조정

(1) 초변동원가계산과 변동원가계산의 영업이익 차이 조정

초변동원가계산		400,000
＋기말　　　　변동	200단위×1,800＝	360,000
－기초　　　가공원가		－
＝변동원가계산		760,000

→ 단위당 DL＋단위당 변동OH＝1,800

DL＋변동OH＝1,800×500개＝900,000

(2) 초변동원가계산 하의 손익계산서

매출액	300개×@10,000＝	3,000,000
DM	DM 총액×300개/500개＝	(3/5DM)
재료처리량 공헌이익		3,000,000－3/5DM
DL＋변동OH		(900,000)
고정OH		(고정OH)
판관비		(200,000)
영업이익	1,900,000－3/5DM－고정OH－	400,000

→ 3/5DM＋고정OH＝1,500,000 … ①

(3) 총제조원가
총제조원가＝DM＋DL＋변동OH＋고정OH＝DM＋900,000＋고정OH＝3,000,000
→ DM＋고정OH＝2,100,000 … ②

①과 ②를 이용하면 DM＝**1,500,000**

45. ①
투자중심점의
성과평가

공헌이익	(550－200)×2,000단위＝	700,000
고정원가		(400,000)
영업이익		300,000

(1) RI＝영업이익－투자액×최저필수수익률
＝300,000－1,000,000×15%＝**150,000**

(2) EVA＝영업이익×(1－법인세율)－투하자본×가중평균자본비용
＝300,000×(1－40%)－1,000,000×10%＝**80,000**

46. ①
전부원가계산
하에서 CVP분석

(1) 단위당 공헌이익: 10,000－3,000－2,500－2,000＝2,500

(2) 단위당 고정OH: 2,000,000/4,000단위＝500
① 생산량: 4,000단위
기초＋생산－판매＝기말: 600＋생산－4,200＝400

(3) 단위당 매출총이익: (1)－(2)＝2,000

(4) 전부원가계산에 의한 손익분기점
: 고정판관비/단위당 매출총이익=3,000,000/2,000=**1,500단위**

47. ①
외부대체

증분수익	132,000		
－S2 변동원가 감소		40,000	=40,000×50%
－S2 고정원가 감소		20,000	
－S1 변동원가 감소		52,000	=260,000×80/400
－임대수익		20,000	
증분비용	(131,200)		
－S2 외부구입 비용		131,200	=328단위×@400
증분이익	**800**		

(1) S1 변동원가 감소

S2를 폐쇄하면 S2가 소비하는 S1의 용역 80단위를 덜 생산해도 되므로 S1의 변동원가가 감소한다.

(2) S2 외부구입량=400－40－160×80/400=328단위

S2를 폐쇄하면 S2의 자가소비용역 40단위는 외부 구입할 필요가 없다.

또한, S2가 소비하는 S1의 용역 80단위를 덜 생산해도 되므로 S1 또한 S2의 용역을 덜 소비해도 된다.

따라서 S1이 소비하던 S2의 용역 160단위 중 80/400만큼 덜 소비한다.

48. ⑤
완전정보의 기대
가치

① 기존정보하의 기대가치: 160,000 (X)

선택＼상황	500 (0.4)	600 (0.3)	700 (0.3)	기존정보하의 기대가치
500	150,000	150,000	150,000	150,000
600	130,000	180,000	180,000	**160,000**
700	110,000	160,000	210,000	155,000

② 기존정보하에서 생산량이 **600개**인 대안 선택 (X)

③ 완전정보하의 기대가치: 150,000×0.4＋180,000×0.3＋210,000×0.3=**177,000** (X)

④ 완전정보의 기대가치: 177,000－160,000=**17,000** (X)

⑤ 600개를 선택했는데 실제로 500개가 판매되면 예측오차의 원가: 150,000－130,000=20,000 (O)

49. ④
변동제조간접원
가 차이분석

AQ×AP			AQ×SP		SQ×SP
=①412,500	소비차이 37,500 불리	③7,500×④50 =②375,000		⑧능률차이 25,000 유리	⑥8,000×⑤50 =⑦400,000

① 변동OH 실제 발생액: 500,000/400×6×55=412,500

③ AQ(실제 기계작업준비시간)=500,000/400×6=7,500

⑥ SQ(실제 생산량에 허용된 기계작업준비시간)=500,000/250×4=8,000

50. ③
종합예산 말문제

참여예산제도는 **예산슬랙(예산여유)이** 발생할 가능성이 높다.

1.	②	6.	③	11.	①	16.	④	21.	④	26.	⑤	31.	①	36.	④	41.	④	46.	②
2.	①	7.	①	12.	⑤	17.	②	22.	①	27.	②	32.	③	37.	②	42.	⑤	47.	⑤
3.	③	8.	④	13.	④	18.	⑤	23.	①	28.	④	33.	②	38.	⑤	43.	③	48.	③
4.	③	9.	②	14.	②	19.	③	24.	②	29.	①	34.	⑤	39.	④	44.	①	49.	③
5.	⑤	10.	④	15.	③	20.	⑤	25.	①	30.	③	35.	⑤	40.	③	45.	④	50.	①

01. ②
재무제표 표시

기업이 상당 기간 계속 사업이익을 보고하였고, 보고기간말 현재 경영에 필요한 재무자원을 확보하고 있는 경우에는 자세한 분석이 없이도 계속기업을 전제로 한 회계처리가 적절하다는 결론을 내릴 수 있다.

02. ①
저가법

이동평균법 풀이에 시간이 너무 많이 걸리므로 실전에서는 풀지 않았어야 하는 문제이다.

(1) 장부상 기말 재고
계속기록법과 평균법을 적용하고 있으므로 이동평균법으로 기말 재고자산을 계산해야 한다.

일자	적요	수량	단가	금액	잔액	잔량
1월 1일	기초재고	100	300	30,000	30,000	100
5월 1일	매입	200	400	80,000	110,000	300
6월 1일	매입	200	300	60,000	170,000	500
8월 1일	매출	(200)		(68,000)	102,000	300
9월 1일	매입	100	200	20,000	122,000	400
10월 1일	매출	(200)		(61,000)	61,000	200
12월 15일	매입	100	200	20,000	**81,000**	**300**

BQ: 300개, BP: 81,000/300=@270

(2) 기말 평가충당금: 21,000

BQ × BP	300개×@270=81,000
감모손실	
AQ × BP	300개×@270=81,000
평가충당금	(21,000)
AQ × 저가	300개×@200=60,000

(3) 평가손실: 21,000−0=**21,000**
— 기초 평가충당금이 없으므로 기말 평가충당금이 곧 평가손실이 된다.

03. ③
기말 재고자산에
포함될 항목

	회사	정답	조정
실사 금액			1,500,000
(1) 수탁품	재고 O	재고 X	(80,000)
(2) 장기할부판매	재고 X	재고 X	–
(3) 위탁판매	재고 X	재고 O	80,000
(4) 선적지인도조건 매입	재고 X	재고 O	100,000
(5) 재구매조건부 판매	재고 X	재고 O	50,000
실제 금액			**1,650,000**

(1) 수탁품: 수탁품은 수탁자의 재고이므로 회사의 재고가 아니지만 실사금액에 포함되어 있으므로 차감한다.
(2) 장기할부판매: 판매 시 회사의 재고가 아니며, 재고가 창고에도 없으므로 조정사항은 없다.
(5) 재구매조건부 판매: 약정금액 재구매 약정을 체결하였으므로 재고자산에 포함한다.

04. ③
중간재무보고

특정 중간기간에 보고된 추정금액이 최종 중간기간에 중요하게 변동하였지만 최종 중간기간에 대하여 별도의 재무보고를 하지 않는 경우, 추정의 변동 내용과 금액을 해당 회계연도의 연차재무제표에 **주석으로 공시하여야 한다.**

05. ⑤
정부보조금

(1) 정부보조금: $400,000 \times (8\% - 3\%) \times 3.3121 = 66,242$

(2) 기계장치 장부금액: $(400,000 - 66,242) \times 3/4 = 250,319$ (≒250,309, 단수차이)
　　원가차감법을 적용하고, 정액법이므로 취득원가 순액을 이용하여 간편법으로 계산해도 된다.
　　잔존가치가 0이므로 취득원가 순액에 3/4를 곱하면 장부금액을 구할 수 있다.

06. ③
교환

〈상황 1 – 상업적 실질이 있는 경우〉

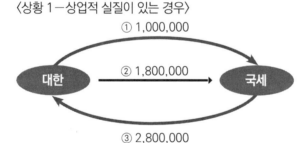

① 상업적 실질이 있으므로, 대한이 제공하는 자산의 FV인 1,000,000을 먼저 쓴다.
② 대한이 기계장치에 추가로 현금 1,800,000을 지급하였으므로 화살표를 민국 쪽으로 그린다.
③ 대한이 총 2,800,000을 주었으므로 민국으로부터 받는 신자산의 취득원가도 2,800,000이다.

〈상황 2 – 상업적 실질이 결여된 경우〉

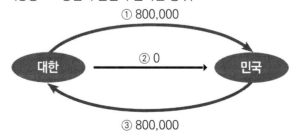

① 상업적 실질이 없으므로, 대한이 제공하는 자산의 BV인 800,000(=2,000,000−1,200,000)을 먼저 쓴다.

② 현금 수수액은 없다.

③ 대한이 총 800,000을 주었으므로 민국으로부터 받는 신자산의 취득원가도 800,000이다.

참고 대한의 유형자산처분손익

상황 1: 구 자산 FV−BV=1,000,000−800,000=200,000 이익
상황 2: 0 (상업적 실질 결여)

07. ①
차입원가 자본화

```
X1                              12.31
7.1    1,500,000×6/12        =750,000
7.1    (200,000)×6/12        =(100,000)
10.1   3,000,000×3/12        =750,000
                             1,400,000


특정   2,500,000×6/12        =1,250,000    (5%)    →62,500
일시   (300,000)×3/12        =(75,000)     (4%)    →(3,000)
일반   (1,400,000           −1,175,000)    (6%)    →13,500      (한도: 240,000)
                                                    73,000


R      =240,000/4,000,000=6%
일반   2,000,000×12/12       =2,000,000    (4%)    →80,000
일반   4,000,000×6/12        =2,000,000    (8%)    →160,000
계                           4,000,000             240,000
```

08. ④
무형자산의 상각

X3년도 당기순이익: −175,000(무형자산상각비)−1,281,250(손상차손)=**(−)1,456,250 감소**

```
X2.10.1    3,500,000      n=20, s=0, 정액
           ↓(43,750)
X2         3,456,250      n=19.75, s=0, 정액
           ↓(175,000)
X3         3,281,250    —(−)1,281,250→    2,000,000
```

신기술이 X2.10.1부터 사용가능하였으므로 이 날부터 상각을 시작한다.

09. ②
채무상품
회계처리

처분손익: 610,000−963,311×(1+6%×9/12)×60%=**6,004 이익**

	유효이자(6%)	액면이자(4%)	상각액	BV
X0				946,520
X1	56,791	40,000	16,791	963,311
X2.10.1	43,349	30,000	13,349	976,660

X1초 현재가치: 1,000,000×0.8396＋40,000×2.6730＝946,520
X1말 장부금액: 946,520×1.06－40,000＝963,311
≒1,000,000×0.8900＋40,000×1.8334＝963,336
　－ 회사는 채권을 X1.4.1에 취득하였지만, 사채의 발행일은 X1.1.1이므로 X1초의 현재가치에서부터 상각하면 된다. 이때, 취득일인 4.1의 유효이자율인 6%를 이용하여 현재가치를 구하고, 유효이자율 상각을 해야 한다.

10. ④
조건변경

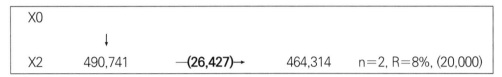

Step 1. 조건 변경 시점까지 상각하기
X2말 조건 변경 전 PV: (500,000＋30,000)/1.08＝490,741

Step 2. 조건 변경 후의 현금흐름을 '역사적' 이자율로 할인하기
X2말 조건 변경 후 PV: 500,000×0.8573＋20,000×1.7832＝464,314

Step 3. 조건 변경이 실질적인지 판단하기
제거조건(＝실질적 조건)을 충족하지 않는다고 문제에서 제시하였다.

Step 4. 채권, 채무 금액 조정하기 & 이자수익 인식하기
조건 변경이 실질적이지 않으므로 역사적 이자율로 변경손익을 인식한다.
(1) 조건변경손익: 464,314－490,741＝**(－)26,427 손실** (단수차이)
　－ ㈜대한은 채권자로, 자산이 감소하는 것이므로 손실이 계상된다.

11. ①
조건변경

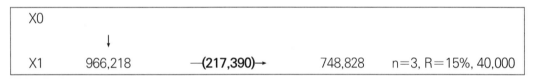

Step 1. 조건 변경 시점까지 상각하기
문제에서 조건 변경 전 X1말 장부금액을 966,218로 제시해주었다.

Step 2. 조건 변경 후의 현금흐름을 '역사적' 이자율로 현재가치하기
X1말 조건 변경 후 PV: 1,000,000×0.7118＋40,000×2.4018＝807,872

Step 3. 조건 변경이 실질적인지 판단하기
966,218×0.9＝869,596〉807,872 (실질적)

Step 4. 채권, 채무 금액 조정하기 & 이자수익 인식하기
조건 변경이 실질적이므로 현행 이자율로 다시 할인한다.
(1) 조건변경이익: 966,218－748,828＝**217,390**
　－ X1말 조건 변경 후 PV(현행 이자율－15%): 1,000,000×0.6575＋40,000×2.2832＝748,828
　－ ㈜대한은 채무자로, 부채가 감소하는 것이므로 이익이 계상된다.

12. ⑤
금융부채

	유효이자(9%)	액면이자(6%)	상각액	BV
X0				4,692,100
X1	422,289	300,000	122,289	4,814,389
X2	433,295			

X1초 사채의 발행금액: $5,000,000 \times 0.7938 + 300,000 \times 2.5770 - 50,000 = 4,692,100$
X1년 말 상각액: $4,814,389 - 4,692,100 = 122,289$
– 문제에서 X1년 말 장부금액을 제시하였으므로, 기초 장부금액(=발행금액)에서 차감하면 상각액을 구할 수 있다.

X1년도 유효이자: 액면이자+상각액 $= 300,000 + 122,289 = 422,289$

사채발행비를 고려한 유효이자율: $422,289/4,692,100 = 9\%$
X2년도 이자비용: $4,814,389 \times 9\% = \textbf{433,295}$

13. ④
전환사채

전환 시 자본 증가액: 전환 시 사채 장부금액×전환율 $= 1,002,356 \times 40\% = \textbf{400,942 (단수차이)}$
– X1말 사채 장부금액: $1,086,000 \times 0.8573 + 40,000 \times 1.7832 = 1,002,356$
– 할증금이 $86,000(=1,000,000 \times 8.6\%)$ 있으므로 이를 포함하여 장부금액을 계산해야 한다.

14. ②
전환사채의 조기
상환

(1) 상환시점(X3년초) 사채 BV: $(1,086,000 + 40,000)/1.08 \times 60\% = 625,556$
  – 전환을 고려하지 않고 X2말 장부금액을 바로 구한 뒤, 전환율 40%를 고려하여 마지막에 60%를 곱해도 된다.

(2) 상환시점 사채의 FV $= (1,086,000 + 40,000)/1.1 \times 60\% = 614,182$
  – 공정가치는 현행이자율(10%)로 할인해야 한다.

(3) 사채상환손익(PL): $625,556 - 614,182 = \textbf{11,374 이익 (단수차이)}$

15. ③
종업원급여

CI(총포괄이익): NI+OCI $= (-)652,400 + 12,400 = \textbf{(−)640,000 감소}$
(1) NI에 미치는 영향: 652,400 감소
(2) OCI에 미치는 영향: 12,400 증가

	비용	자산	부채	OCI
기초		460,000	500,000	
이자(6%)	2,400	27,600	30,000	
지급		(40,000)	(40,000)	
적립		380,000		
당기	650,000		650,000	
재측정 전	**652,400**	827,600	1,140,000	
재측정		22,400	10,000	**12,400**
재측정 후		850,000	1,150,000	

기초 자산, 부채: 문제에서 X2년도 총포괄이익을 물었으므로 X1년말 자산, 부채를 기초 자리에 대입하

면 된다. 확정급여채무의 장부금액이 기초 부채가 되며, X1년말에 사외적립자산에 출연한 금액이 기초 자산이 된다. X1년말 확정급여채무의 현재가치와 사외적립자산의 공정가치가 제시되지 않았으므로 이 금액들을 사용하면 된다.

간편법 CI＝기초 순부채－기말 순부채－출연액
: (500,000－460,000)－(1,150,000－850,000)－380,000＝(－)640,000

16. ④
기본 EPS

(1) n＝8,295

	1.1	3.1	7.1	10.1	계
무상증자 가중평균	6,400 ×1.05 ×12/12	1,600 ×1.05 ×10/12	250 ×6/12	200 ×3/12	
	6,720	1,400	125	50	8,295

기초유통보통주식수: 7,000－600(자기주식)＝6,400주

유상증자로 보는 주식 수: 2,000×2,000/2,500＝1,600주
무상증자로 보는 주식 수: 2,000－1,600＝400주
무상증자율＝400/(6,400＋1,600)＝5%

전환사채 전환으로 발행하는 보통주식수: 500,000/500×25%＝250주

전환우선주 전환으로 발행하는 보통주식수: 600주/3주＝200주
－ 전환우선주 3주당 보통주 1주로 전환된다.

(2) 우선주 배당금: (900주－600주)×@200×20%＝12,000
  기중 전환된 전환우선주에 대해서는 우선주배당금을 지급하지 않는다.

(3) EPS: (2,334,600－12,000)/8,295＝**280**

17. ②
주식기준보상
말문제

굉장히 지엽적인 문제였다.
부여한 지분상품의 공정가치에 기초하여 거래를 측정하는 때에는, 시장가격을 구할 수 있다면 **시장가격을 기초로 하되** 지분상품의 부여조건을 고려하여 측정기준일 현재 공정가치를 측정한다. 만일 **시장가격을 구할 수 없다면 가치평가기법을 사용**하여 부여한 지분상품의 공정가치를 추정한다. 시장가격과 가치평가기법 중 한 가지를 '선택'하는 것이 아니다.

18. ⑤
운용리스
회계처리

1. ㈜대한리스의 X1년도 당기순이익: (1)－(2)＝**3,800,000 증가**
(1) 리스료수익: (6,000,000＋8,000,000＋10,000,000)/3＝8,000,000
(2) 감가상각비: 40,000,000/10＋600,000/3＝4,200,000

2. ㈜민국의 X1년도 당기순이익: (1)＋(2)＝**8,512,077 감소**
(1) 이자비용: 20,351,800×8%＝1,628,144
  － X1년초 리스부채: 6,000,000×0.9259＋8,000,000×0.8573＋10,000,000×0.7938
        ＝20,351,800

(2) 감가상각비: 20,651,800/3＝6,883,933
　　－ X1년초 사용권자산: 20,351,800＋300,000＝20,651,800

회계처리

(1) ㈜대한리스

X1.1.1	기계장치	40,000,000	현금	40,000,000
	운용리스자산	40,600,000	기계장치	40,000,000
			현금	600,000
X1.12.31	현금	6,000,000	**리스료수익**	**8,000,000**
	미수리스료	2,000,000		
	감가상각비	**4,200,000**	운용리스자산	4,200,000

(2) ㈜민국

리스계약이 운용리스로 분류되더라도, 리스이용자는 금융리스와 똑같이 회계처리를 한다.

X1.1.1	사용권자산	20,651,800	리스부채	20,351,800
			현금	300,000
X1.12.31	**감가상각비**	**6,883,933**	사용권자산	6,883,933
	이자비용	**1,628,144**	현금	6,000,000
	리스부채	4,371,856		

19. ③
판매형리스

당기순이익에 미치는 영향: 25,789－1,000＋15,095＝**39,884 증가**

(1) 매출총이익＝PV(정기리스료＋행사가격)－BV
　　＝50,000×2.4019＋8,000×0.7118－100,000＝25,789
　　－ 이자율: 12%. 12%의 현가계수인 2.4019과 0.7118을 사용한다.
　　－ 리스자산을 반환하는 것이 아니라 매수할 것이 상당히 확실하므로, 행사가격인 8,000을 현재가치한다.

(2) 판관비: ㈜대한이 지출한 수수료 1,000을 판관비로 비용처리한다.

(3) 이자수익: 매출채권×이자율
　　＝125,789×12%＝15,095
　　－매출채권＝50,000×2.4019＋8,000×0.7118＝125,789

회계처리

X1초	매출채권	125,789	매출액	**125,789**
	매출원가	**100,000**	재고자산	100,000
	판관비	**1,000**	현금	1,000
X1말	현금	50,000	이자수익	**15,095**
			매출채권	34,905

－ 매출액이 한도인 130,000을 초과하지 않았다.

20. ⑤
수익 말문제

먼저 **기간에 걸쳐 이행되는 수행의무인지를 판단하고, 이에 해당하지 않는다면 그 수행의무는 한 시점에 이행하는 수행의무로 본다.**

21. ④
본인-대리인

1. 제품 A
(1) ㈜대한
① ~200개: 대한은 본인
대한이 200개에 대해서는 판매를 보장하고, 재판매 여부에 관계없이 매입대금을 지급하므로 재고위험은 대한에게 있는 것이며, 대한이 본인이다.
② 200개 초과분: 대한은 대리인
대한이 모두 조건 없이 민국에게 반환할 수 있으므로 재고위험은 민국에게 있는 것이며, 대한은 대리인이다.

(2) 단위당 수익

	㈜민국의 수익	㈜대한의 수익
대한이 본인인 경우	1,350	1,500(본인)
대한이 대리인인 경우	1,500(본인)	150(대리인)

대한이나 민국이 본인인 경우 총액인 단위당 ₩1,500씩 수익을 인식한다. 반면, 대한이 대리인인 경우 순액으로 수익을 인식해야 하므로, 대한은 판매수수료 ₩150을 수익으로 인식한다.
대한이 본인인 경우 민국은 ₩1,500 중 ₩150의 판매수수료를 차감한 ₩1,350을 수령하므로 단위당 ₩1,350의 수익을 인식한다. 이 경우 일반적인 상거래라고 생각하면 된다. 민국이 1,350에 파는 제품을 대한이 취득하여 1,500에 판매하는 것이다.

2. 제품 B
(1) 본인−민국, 대리인−대한
대한의 보장 판매 수량 없이 모두 민국에게 반환할 수 있으므로 재고위험은 민국에게 있는 것이며, 가격 결정권이 민국에게 있으므로, 민국이 본인이다.
(2) 대한: 80개×50(대리인)
대한은 보장 판매 수량이 없으므로 판매량 80개에 대해 수익을 인식하며, 대리인이므로 판매수수료 50이 단위당 수익이 된다.
(3) 민국: 80개×1,000(본인)
민국도 보장 판매 수량이 없으므로 판매량 80개에 대해 수익을 인식하며, 본인이므로 고객에게 판매한 단위당 판매가격 1,000이 단위당 수익이 된다.

3. 총 수익

	㈜민국	㈜대한
제품 A	200개×@1,350=270,000	150개×@1,500(본인)=225,000
제품 B	80개×@1,000(본인)=80,000	80개×@50(대리인)=4,000
수익 계	**350,000**	**229,000**

22. ①
고객에게 지급할 대가

(상황 1)
㈜대한이 고객인 ㈜민국에게 지급한 대가 50,000은 고객으로부터 받은 청소용역에 대한 대가이긴 하지만 공정가치인 40,000을 초과하므로 공정가치 초과분(50,000−40,000)을 리베이트로 보고 수익에서 차감

한다.

수익 = 600,000 − (50,000 − 40,000) = **590,000**

(상황 2)

고객에게서 받은 재화나 용역의 공정가치를 합리적으로 추정할 수 없으므로, 고객에게 지급할 대가 전액을 거래가격에서 차감하여 회계처리한다.

수익 = 600,000 − 50,000 = **550,000**

23. ①
법인세 말문제

전환사채의 자본요소(전환권대가)에 대한 법인세효과는 전환권대가에서 감소시킨다. 따라서 자본요소의 장부금액에 직접 반영한다는 표현이 맞는 말이다.

② 과세대상수익의 수준에 따라 적용되는 세율이 다른 경우에는 일시적차이가 소멸될 것으로 예상되는 기간의 과세소득(세무상결손금)에 적용될 것으로 기대되는 **평균**세율을 사용하여 이연법인세 자산과 부채를 측정한다.

③ 법인세비용차감전순이익과 과세소득 간의 차이에는 일시적차이 뿐만 아니라 영구적차이도 포함된다.

④ 유형자산의 재평가잉여금과 관련된 법인세효과는 이연법인세**부채**로 인식한다. '손입 △유보' 세무조정으로 인해 이연법인세'부채'가 발생한다.

⑤ 이연법인세 자산과 부채는 **할인하지 아니한다.**

24. ②
오류수정

	X1	X2
X1	(10,000)	10,000
	기초 이잉	NI
	기말 이잉	

기초 이잉: 10,000 감소
기말 이잉: 불변

	20X1년 말	20X2년 말
수정 전 이익잉여금	150,000+60,000=210,000	210,000+130,000=340,000
오류 수정으로 인한 증감	(10,000)	−
수정 후 이익잉여금	**200,000**	**340,000**

별해

20X1년 초 이익잉여금	150,000
20X1년 NI	60,000 − 10,000 = 50,000
20X1년 말 이익잉여금	**200,000**
20X2년 NI	130,000 + 10,000 = 140,000
20X2년 말 이익잉여금	**340,000**

25. ①
영업활동 현금흐름
-직접법

	현금흐름	=	영업 손익	−	△영업 자산	+	△영업 부채
고객	730,000		200,000 외환차익 (20,000) 손상차손 **525,000** **매출액**		35,000 매출채권		(10,000) 손실충당금
공급자	(580,000)		300,000 외환차익 (15,000) 감모손실 **(855,000)** **매출원가**		(30,000) 재고자산		20,000 매입채무

26. ⑤
사업결합 말문제

사업결합에서 인식한 우발부채는 기준서 제1037호(중급회계에서 배운 충당부채 내용)의 요구사항을 적용하지 않는다. 제1037호와 달리 유출가능성이 높지 않더라도 취득자는 사업결합으로 인수한 우발부채를 인식한다.

27. ②
현금창출단위

	토지	건물	기계장치	영업권	계
손상 전 BV	5,000	8,000	2,000	3,000	18,000
손상	②0	③(800)	④(700)	①(3,000)	(4,500)
X1말 BV	5,000	7,200	⑤**1,300**	0	13,500
한도		7,200			

(1) 영업권: 22,000(이전대가)−19,000(순자산 FV)＝3,000
(2) 토지: 순공정가치가 이미 장부금액보다 크므로 손상차손을 배분하지 않는다.
(3) 건물 및 기계장치
   : 토지에 손상차손을 배분하지 않았으므로, 건물과 기계장치의 장부금액에 비례하여 남은 손상차손 1,500을 배분해야 한다.
   이 경우 건물은 1,200(＝8,000×1,500/10,000)의 손상차손을 배부받고, 건물은 6,800(＝8,000−1,200)이 된다. 하지만 건물의 회수가능액은 7,200(＝MAX[6,800, 7,200])이므로 7,200까지만 손상차손을 인식하고, 나머지 손상차손은 기계장치에 배분해야 한다.

28. ④
연결-비지배지분

1. FV−BV

	FV−BV	X1	X2
상품	10,000	(10,000)	
기계장치	40,000	(5,000)	(5,000)

29. ①
연결-지배NI

2. 영업권: 140,000−(150,000＋50,000)×60%＝20,000

3. 내부거래

	X1	X2
하향 (제품)	(10,000) 5,000	5,000

　ー 차입 거래는 미실현손익이 없으므로 생략한다.

4. 당기순이익 조정

X1	지배	종속	계
조정 전	80,000	30,000	
내부거래	(5,000)		
FV 차이		(15,000)	
ー손상			
ー배당			
조정 후	75,000	15,000	90,000
지배(60%)	75,000	9,000	84,000
비지배(40%)		6,000	6,000

X2	지배	종속	계
조정 전	100,000	50,000	
내부거래	5,000		
FV 차이		(5,000)	
ー손상			
ー배당			
조정 후	105,000	45,000	150,000
지배(60%)	105,000	27,000	**132,000**
비지배(40%)		18,000	18,000

5. X1말 비지배지분: 취득일 종속기업 순자산 $FV \times (1-R) + \Sigma$비지배NI
$$= 200,000 \times 40\% + 6,000 = \mathbf{86,000}$$

30. ③
연결의 중단

현금	①200,000	종속기업 순자산	②300,000
비지배지분	②60,000	영업권	②40,000
관계기업투자주식	③120,000		
OCI	④0	⑤종속기업투자처분이익 (PL)	⑤**40,000**

1. 현금 수령액: 200,000

2. 종속기업의 순자산, 영업권, 비지배지분 제거
(1) 지배력을 상실한 날의 종속기업 순자산 장부금액
　: 250,000(X1년초 순자산 FV)＋20,000(X1년 NI)＋30,000(X2년 NI)＝300,000
(2) 영업권: 240,000－250,000×80%＝40,000

(3) 비지배지분: 250,000×20%＋(20,000＋30,000)×20%＝60,000
  − 비지배지분의 평가방법에 대한 언급이 없고 비지배지분의 공정가치가 제시되지 않았으므로, 비지배지분의 영업권은 없다고 본다.

3. 잔여 주식 공정가치 평가: 120,000

4. 종속기업에 관하여 OCI로 인식한 금액은 재분류조정 or 이잉 직접 대체: 없음

5. 대차차액은 PL로 인식
  처분손익: 200,000＋60,000＋120,000−300,000−40,000＝**40,000 이익**

31. ①
지분법

1. FV−BV: 없음

2. 영업권 상당액: 60,000−200,000×20%＝20,000 (염가매수차익 없음)

3. 내부거래

	X1
하향 (제품)	(5,000)
	3,000

내부거래 제품 판매비율: 1−10,000/25,000＝60%

4. 지분법이익

X1	관계
조정 전	28,000
내부거래	(2,000)
FV 차이	─
조정 후	26,000
투자(20%)	5,200
＋염가매수차익	─
지분법이익	**5,200**

참고 X1년말 관계기업투자주식 장부금액

X1	관계
취득원가	60,000
Σ지분법이익	5,200
Σ지분법자본변동	1,000
− Σ배당액×R	─
관투	66,200

−지분법자본변동: 5,000×20%＝1,000

32. ③
표시통화로의 환산

1. X1년 총포괄이익: 550,000 + 250,000 = **800,000**

X1년 말 B/S	
① 자산－부채: 기말환율 ＝$(3,000－1,500)×1,200(X1말)=1,800,000	② 자본: 자본 증가 시점의 환율 －자본금: 증자일의 환율 ＝$1,000×1,000(X1초)=1,000,000 －이익잉여금: NI가 집계된 연도의 평균환율 ＝($2,500－$2,000)×1,100=550,000 ③ OCI: 대차차액 ＝1,800,000－1,000,000－550,000=250,000

2. X2년 총포괄이익: (1)+(2)=**70,000**
(1) NI: ($3,000－$2,800)×1,150=230,000
(2) OCI: X2말 OCI－X1말 OCI=90,000－250,000=(－)160,000

X2년 말 B/S	
① 자산－부채: 기말환율 ＝$(4,000－2,300)×1,100(X2말)=1,870,000	② 자본: 자본 증가 시점의 환율 －자본금: 증자일의 환율 ＝$1,000×1,000(X1초)=1,000,000 －이익잉여금: NI가 집계된 연도의 평균환율 ＝550,000+230,000=780,000 ③ OCI: 대차차액 ＝1,870,000－1,000,000－780,000=90,000

33. ②
기능통화로의 환산

토지는 비화폐성 항목이므로, **원화 금액만 계산해서 원래 하던 대로 회계처리**하면 된다. 원가모형을 적용하면 취득원가 그대로 두고, 공정가치모형을 적용하면 기말에 공정가치로 평가해야 한다.

1. 토지의 유형자산처분손익＝처분가액－처분 시점의 장부금액
(1) 원가모형: €1,700×@1,550－€1,500×@1,600＝**235,000 이익**
(2) 재평가모형: €1,700×@1,550－€1,900×@1,500＝**(－)215,000 손실**

회계처리

(1) 원가모형

X1.10.1	토지	2,400,000	현금	2,400,000
X1.12.31	－회계처리 없음－			
X2.6.30	현금	2,635,000	토지 유형자산처분이익	2,400,000 **235,000**

(2) 재평가모형

X1.10.1	토지	2,400,000	현금	2,400,000
X1.12.31	토지	450,000	재평가잉여금	450,000
X2.6.30	현금 유형자산처분손실	2,635,000 **215,000**	토지	2,850,000

34. ⑤
위험회피회계 말문제

위험회피대상항목과 위험회피수단 사이의 경제적 관계가 더 이상 존재하지 않거나 신용위험의 효과가 경제

적 관계에서 비롯된 가치 변동보다 지배적이 되기 시작한다면 **위험회피관계 전체를 중단한다.**

35. ⑤
스왑 위험회피

스왑의 가치를 문제에서 제시하지 않아 우리가 구해야 하므로, 굉장히 까다로운 문제였다.

가치변동표

	X0		X1		X2		X3
고정차입금	(500,000)	−9,430	(509,430)	−279	(509,709)	+9,709	(500,000)
스왑	0	+9,430	9,430	+279	9,709	−9,709	0
변동차입금	(500,000)		(500,000)		(500,000)		(500,000)

←5%　　　｜　대한　｜　　←3%−
　　　　　　　　　　　　　−L%→　｜　　　　　｜

스왑 후 금리:　　L+2%

(1) 고정차입금의 가치
① X1년 말: $25,000/1.04+525,000/1.04^2=509,430$
② X2년 말: $525,000/1.03=509,709$
　　고정차입금은 이자율이 연 5%로 고정이다. 액면금액이 500,000이므로 매년 지급할 이자는 25,000
　　이다. 고정금리에 대응되는 변동금리는 '기준금리＋2%'이다. X1년초 고정이자 5%는 기준금리에 ㈜
　　대한의 신용스프레드 2%가 가산되어 결정된 것이기 때문이다. 따라서 고정차입금을 X1년 말에는
　　4%(＝2%＋2%)로 할인하고, X2년 말에는 3%(＝1%＋2%)로 할인한다.

(2) 스왑의 가치
　　원래는 스왑의 가치를 문제에서 제시하고 고정차입금의 가치를 우리가 구해야 하나, 문제에서 스왑의
　　가치를 제시하지 않았으므로 고정차입금의 가치를 이용하여 스왑의 가치를 간접적으로 구했다. 고정차
　　입금과 스왑의 가치 합계는 변동차입금의 가치인 액면금액과 같아야 하므로, 이 관계를 이용하면 스왑
　　의 가치를 구할 수 있다.

(3) 답
　　차입금평가손익: 500,000−509,430=**(−)9,430 손실**
　　이자율스왑평가손익: **9,430 이익**

회계처리

X1초	현금	500,000	차입금	500,000
	이자비용	25,000	현금	25,000
X1말	**PL**	**9,430**	차입금	9,430
	스왑	9,430	**PL**	**9,430**
	이자비용	20,000	현금	20,000
X2말	PL	279	차입금	279
	스왑	279	PL	279
	이자비용	15,000	현금	15,000
X3말	차입금	9,709	PL	9,709
	PL	9,709	스왑	9,709
	차입금	500,000	현금	500,000

36. ④
국가회계법

국회의 사무총장, 법원행정처장, 헌법재판소의 사무처장 및 중앙선거관리위원회의 사무총장은 회계연도마

다 예비금사용명세서를 작성하여 다음 연도 2월 말일까지 **기획재정부장관**에게 제출하여야 한다. 제출 대상이 잘못되었다.

37. ②
원가계산에 관한
지침

사업형 회계의 비교환수익은 재정운영표의 '비교환수익 등'으로 표시하고, **행정**형 회계의 비교환수익은 순자산변동표의 '재원의조달및이전'으로 표시한다.

38. ⑤
융자보조원가충
당금

② 20X1년 말 재정상태표 상 융자보조원가충당금: 융자금 원금－회수가능액의 현재가치
= 10,000－7,858 = 2,142 (O)
－ 회수가능액의 현재가치: 2,246×1.8334＋(2,246－674)×2.673×0.89 = 7,858
⑤ 20X2년 말 재정상태표 상 순융자금(회수가능액의 현재가치)
: 2,246×0.9434＋(2,246－674)×2.673×0.9434 = **6,083** (X)

39. ④
국가회계기준과
지자체회계기준
비교

지방자치단체는 회계 간의 재산 이관이나 물품 소관의 전환으로 취득한 자산을 직전 회계실체의 장부가액을 취득원가로 한다. 국가는 올바른 설명이다.

40. ③
지방자치단체
원가계산준칙

목적세나 과징금, 부담금을 특정 사업의 재원에 충당하기 위하여 징수하는 경우에는 **자체조달수익**에 포함한다.

41. ④
제조원가의 흐름

(1) 노무원가

	현금흐름	=	손익	－	△자산	+	△부채
노무원가	(3,700)		(4,000) 노무원가				300 미지급노무원가

DL(생산직 종업원 임금): 4,000×80% = 3,200
간접노무원가: 4,000×20% = 800
－ 노무원가는 공장에서 발생한 것이므로, 생산직 종업원 임금(DL)을 제외한 임금은 간접노무원가(OH)에 해당한다.

(2) 재료원가
DM: 기초원가－DL = 5,700－3,200 = 2,500
총 재료원가: 4,000－1,400 = 2,600 (기초재고는 없음)
－ 일반적으로 '기초 재료＋매입액－기말 재고 = DM'으로 가정하나, 이 경우 문제에서 제시한 기초원가와 모순이 생기므로 간접재료원가가 있다고 보아야 한다.
간접재료원가: 총 재료원가－DM = 2,600－2,500 = 100

(3) 제조간접원가
OH: 간접재료원가＋간접노무원가＋제조경비 = 100＋800＋2,100 = **3,000**

42. ⑤
ABC 말문제

전수조사에 의한 품질검사는 **단위수준활동(unit level activities)**으로 분류된다.

43. ②
정상원가계산

	가산		차감		
원재료	기초 매입액	— 40,000	기말	10,000	⌐ DM 30,000
가공원가	DL OH	20,000 8,000			⌐ 당기총제조원가
재공품	기초	—	기말	9,000	⌐ 당기제품제조원가
제품	기초	—	기말	4,000	⌐ 매출원가 **45,000**

— 기초재고자산은 없다.

(1) DL: 30,000×40%/60%＝20,000

(2) 기말 재공품원가: 9,000

	재공품
DM	4,500
DL	1,500/50%＝3,000
OH	1,500
계	9,000

DM: 30,000−25,500＝4,500
OH: 매출원가 조정법을 적용하므로 재공품원가의 OH는 예정배부액(1,500)으로 표시된다.

(3) 매출원가: 배부차이는 전액 매출원가에서 조정하므로, OH 자리에 실제 발생액을 대입하면 매출원가는 배부차이 조정 후 금액이 계산된다.

44. ①
공손

재공품(FIFO)		완성품환산량	
		재료원가	가공원가
기초 2,000 (1)(0.7)	완성 8,000		
	〈 2,000* (0)(0.3)	—	600
	6,000* (1)(1)	6,000	6,000
	공손 1,000 (1)(0.8)		
	〈 정상 800	800	640
	비정상 200	200	160
착수 10,000	기말 3,000 (1)(0.4)	3,000	1,200
		10,000	8,600
		@200	@100

(1) 전체 공손수량: 기초＋착수−완성−기말
＝2,000＋10,000−8,000−3,000＝1,000개

(2) 정상공손수량: 8,000×10%=800개
　　　－ 당기 중 검사를 **통과한** 물량: 2,000+6,000=8,000

(3) 비정상공손수량: 1,000개−800개=200개

(4) 완환량 단위당 원가
　　　－ 재료원가: 2,000,000/10,000=**200**
　　　－ 가공원가: 860,000/8,600=**100**

45. ④
공손

(1) 정상공손원가: 800×200+640×100=224,000

(2) 완성품원가: 6,000×200+6,600×100+(70,000+86,000)+224,000=2,240,000
　　　－ 합격품이 완성품밖에 없으므로 정상공손원가는 전부 완성품에 배부된다.

(3) 완성품 단위당 원가: 2,240,000/8,000단위=**280**

46. ②
균등이익률법

	매출액	제조원가	결합원가
X	6,000단위×@50=300,000	300,000×80%=240,000	240,000−30,000=**210,000**
Y	10,000단위×@20=200,000	200,000×80%=160,000	160,000−20,000=**140,000**
계	500,000	400,000	350,000

회사 전체의 매출원가율: (350,000+30,000+20,000)/500,000=80%

47. ⑤
변동원가계산과
전부원가계산의
영업이익 차이 조
정

1. 연도별 기말 재고
　X1년: 2,000−1,600=400단위
　X2년: 400+2,800−3,000=200단위

2. X1년 영업이익 차이 조정

변동원가계산		16,000
＋기말 　고정OH －기초	400단위×@20=	8,000
		－
＝전부원가계산		24,000

　고정OH 배부율: 8,000/400=20

3. X2년 영업이익 차이 조정

변동원가계산		40,000
＋기말 　고정OH －기초	200단위×@30=	6,000
	400단위×@20=	(8,000)
＝전부원가계산		**38,000**

　고정OH 배부율: 84,000/2,800=30

48. ③
복수제품 CVP
분석

(1) 제품별 공헌이익률
   A: 40/100＝40%
   B: 75/150＝50%
   C: 70/100＝70%

(2) 제품별 매출액 (매출액 구성비율)
   A: 2,500×100＝250,000 (20%)
   B: 5,000×150＝750,000 (60%)
   C: 2,500×100＝250,000 (20%)

(3) 기업 전체의 공헌이익률: 40%×20%＋50%×60%＋70%×20%＝52%

(4) 기업 전체의 고정원가: 650,000－130,000＝520,000
   기업 전체의 공헌이익: (250,000＋750,000＋250,000)×52%＝650,000
   기업 전체의 영업이익: 650,000/5＝130,000

(5) 손익분기점 매출액
   기업 전체: 520,000/52%＝1,000,000
   제품 C: 1,000,000×20%(C의 매출액 구성비율)＝**200,000**

48. ③
특별주문

	A필터	B필터
단위당 기계시간(＝변동OH/40)	80/40＝2시간	160/40＝4시간
단위당 판매가격	840	1,280
단위당 변동원가	(520)	(800)
단위당 공헌이익	320	480
단위당 기계시간	÷2시간	÷4시간
기계시간당 공헌이익	160(1순위)	120(2순위)
생산량	2,500단위(5,000시간)	1,500단위(6,000시간)

특별주문 수락 시 기계시간: 5,000시간＋6,000시간＋500단위×4시간＝13,000시간
→ 1,000기계시간을 감소시켜야 함, 생산순위에 따라 B필터의 생산량을 250단위(＝1,000/4) 감소시켜야 함.

특별주문의 공헌이익	(판매가격－800)×500단위
기회비용	250단위×480＝120,000
증분이익	500×판매가격－520,000＝180,000

→ 판매가격＝**1,400**

50. ①
매출차이분석

AQ × AP	매출가격차이	AQ × SP
=1,560,000	**60,000 유**	30,000×50 =1,500,000

실제시장규모 ×실제시장점유율 ×단위당 예산공헌이익	시장점유율 차이	실제시장규모 ×예산시장점유율 ×단위당 예산공헌이익	시장규모 차이	예산시장규모 ×예산시장점유율 ×단위당 예산공헌이익
30,000×20 =600,000	**200,000 불**	400,000×10%×20 =800,000	**300,000 유**	250,000×10%×20 =500,000
	└	매출수량차이	┘	

— 단위당 예산공헌이익: 500,000/25,000단위＝20
— 제품이 하나이므로 가중평균할 필요 없이 단위당 예산공헌이익을 대입하면 된다.

1.	⑤	6.	③	11.	②	16.	③	21.	③	26.	⑤	31.	①	36.	⑤	41.	②	46.	①
2.	②	7.	⑤	12.	②	17.	⑤	22.	④	27.	②	32.	③	37.	②	42.	④	47.	②
3.	④	8.	②	13.	④	18.	①	23.	④	28.	①	33.	③	38.	②	43.	⑤	48.	③
4.	④	9.	①	14.	⑤	19.	④	24.	②	29.	①	34.	④	39.	⑤	44.	③	49.	④
5.	①	10.	④	15.	③	20.	①	25.	③	30.	②	35.	②	40.	①	45.	⑤	50.	⑤

01. ⑤
개념체계-측정

이행가치는 부채가 이전되거나 협상으로 결제될 때보다는 특히 이행될 경우에 예측가치를 가질 수 있다.

02. ②
교환

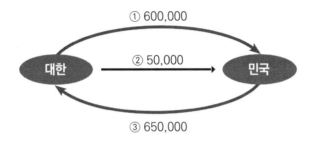

문제에서 대한의 공정가치가 민국의 공정가치보다 명백하다고 가정했으므로, 대한의 공정가치에 현금 지급액을 가산하여 민국으로부터 취득한 신자산의 취득원가를 구해야 한다. 그런데 문제에서 대한의 공정가치를 제시해주지 않았다. 대신, 대한이 인식한 처분손실을 제시하였으므로 처분손실에서 역산하여 대한의 FV를 구한 뒤, 민국으로부터 취득한 자산의 취득원가를 계산해야 한다.

처분손익＝대한의 FV－700,000(대한의 BV)＝(－)100,000 손실
→ 대한의 FV＝600,000
대한이 취득한 자산의 취득원가＝600,000＋50,000＝650,000

총 취득원가: 650,000＋50,000＋50,000＝750,000
－ 설치장소 준비원가와 설치원가는 취득원가 가산항목이다.

X1년 감가비: (750,000－50,000)/5＝**140,000**

03. ④
재평가모형

X2년 총비용: 400,000(감가비)＋140,000(손상차손)＝**540,000**

X0	2,000,000	n＝5, s＝200,000, 정액			
↓ (360,000)					
X1	1,640,000	－⊕ 160,000→	1,800,000	n＝4, s＝200,000, 정액	
			↓ (400,000)		
X2			1,400,000	－⊖ 160,000→	1,100,000
				(－) 140,000	

X2말	감가상각비	400,000	차량운반구	400,000
	재평가잉여금	160,000	차량운반구	100,000
	PL(손상차손)	140,000	손상차손누계액	200,000

04. ④
차입원가 자본화

X1년도 차입원가 자본화액: $2,333,000-(500,000+600,000+1,200,000)=33,000$

```
X1                          12.31
7.1   500,000×6/12        =250,000
10.1  600,000×3/12        =150,000
12.1  1,200,000×1/12      =100,000
                           ─────────
                           500,000


특정   800,000×6/12       =400,000      (5%)    →20,000
일시   (400,000)×3/12     =(100,000)    (3%)    →(3,000)
일반   (500,000           −300,000)     (8%)    →16,000
                                                ─────────
                                                33,000
```

05. ①
재고자산 말문제

재고자산의 지역별 위치나 과세방식이 다르다는 이유만으로 동일한 재고자산에 다른 단위원가 결정방법을 적용하는 것이 **정당화될 수는 없다.**

06. ③
금융자산 재분류

X3년 당기손익: $(-)2,000+5,000+1,000=$**4,000 증가**

(1) 재분류 시 평가손익: $45,000-(50,000-3,000)=(-)2,000$ 손실
 − 재분류 시 평가손익은 손실충당금을 차감한 순액 기준으로 계산한다.

(2) 이자수익: $50,000×10\%=5,000$
 − 재분류 후 FVPL이므로 액면이자만 이자수익으로 인식한다.

(3) X3년말 평가손익: $46,000-45,000=1,000$ 이익

회계처리

X1.1.1	AC	50,000	현금	50,000
X1.12.31	현금	5,000	이자수익	5,000
X2.12.31	현금	5,000	이자수익	5,000
	손상차손	3,000	손실충당금	3,000
X3.1.1 (재분류일)	FVPL	45,000	AC	50,000
	손실충당금	3,000		
	PL	**2,000**		
X3.12.31	현금	5,000	**이자수익**	**5,000**
	FVPL	1,000	**PL**	**1,000**

사채를 액면금액으로 취득했으므로, 유효이자율은 액면이자율과 같은 10%이다.

07. ⑤
채무상품 회계처리

X0	95,198	n=3, r=12%, (10,000)			
	↓ 11,424				
X1	96,622	—⊝3,205→ ←⊕3,205—		93,417	
	↓ 11,595				
X2	98,217	—⊕882→ ←⊝882—		99,099	
	↺ 882				
	99,099				

① 자본은 '자산−부채'이므로 자산에 비례한다. AC로 분류하는 경우 기말 금융자산은 96,622이지만, FVOCI로 분류하는 경우 공정가치인 93,417이므로 AC로 분류할 때 자본총액이 더 크다. (O)
② X1년도 이자수익: 95,198×12%=11,424 (O)
③ AC로 분류하든, FVOCI로 분류하든 당기손익은 일치한다. 계산해서 판단하는 문장이 아니다. (O)
④ X2년말 OCI 잔액: 882 (O)
 − X1년에 인식한 OCI 3,205는 취소를 통해 제거하므로 X2년에 인식한 OCI가 곧 잔액이 된다.
⑤ AC로 분류하든, FVOCI로 분류하든 당기손익은 일치한다. 따라서 처분손익도 일치한다. (X)

08. ②
생물자산

당기순이익에 미치는 영향: −50,000+300,000+500,000−300,000=**450,000**

(차)	생물자산 **평가손실(PL)**	950,000 **50,000**	(대)	현금	1,000,000
(차)	수확물	300,000	(대)	**평가이익(PL)**	**300,000**
(차)	재고자산	300,000	(대)	수확물	300,000
(차)	현금	500,000	(대)	**매출**	**500,000**
(차)	**매출원가**	**300,000**	(대)	재고자산	300,000

기말 생물자산평가손익: 20마리×100,000−(10마리×105,000+10마리×95,000)=0

09. ①
무형자산 말문제

무형자산을 사용하거나 재배치하는 데 발생하는 원가는 비용 처리한다.

10. ④
권면상 발행일과 실제 발행일이 다른 경우

현금 수령액=사채의 기초 BV×(1+유효R×경과 월수/12)

(1) A(유효R=8%)
 1.1 BV: 3,000,000×0.7938+180,000×2.5770=2,845,260
 현금 수령액=2,845,260×(1+8%×2/12)=2,883,197

(2) B(유효R=7%)
 1.1 BV: 3,000,000×0.8163+180,000×2.6243=2,921,274
 현금 수령액=2,921,274×(1+7%×2/12)=2,955,356

 → A가 B보다 수취하는 금액이 72,159(=2,955,356−2,883,197)만큼 적다.

A와 B 모두 구해야 되기 때문에 시간이 많이 소요되는 문제이다. 실전에서는 넘긴 후 시간이 남으면 마지막에 풀었어야 한다. 시간이 부족했다면 최소한 ③번과 ④번 중에서 찍었어야 한다. A가 B보다 유효이자율이 높기 때문에 현금 수령액은 적기 때문이다.

11. ②
사채의 기중 상환

사채상환손익=사채의 기초 BV×(1+유효R×경과 월수/12)−상환금액
=2,944,311×(1+8%×3/12)×30%−915,000=**(−)14,041 손실** (단수차이)

− X3년 초 BV: (2,845,260×1.08−180,000)×1.08−180,000=2,944,311
− 30%를 상환하였으므로 상환 시점 총부채에 30%를 곱해야 한다.

빠른풀이 X3년 초 BV 구하기
(3,000,000+180,000)/1.08=2,944,444
− X1년초 BV에서 2번 상각하는 것보다, X3년말의 현금흐름을 1번 할인하는 것이 더 편하다. 이 금액으로 계산하면 손실이 14,000(=2,944,444×(1+8%×3/12)×30%−915,000)으로 계산되는데 이 금액이 정확한 금액이고, 정답인 14,030은 단수차이가 있는 금액이다. 객관식이기 때문에 가장 가까운 금액을 답으로 하면 된다.

참고 유효이자율 상각표

	유효이자(8%)	액면이자(6%)	BV
X0			2,845,260
X1.3.1	37,937		
X1	227,621	180,000	2,892,881
X2	231,430	180,000	2,944,311

11번 문제의 (A) 현금수령액: 2,845,260+37,937=2,883,197

12. ②
종업원급여-기초에 자산인식상한효과가 존재하는 경우

OCI에 미치는 영향: (8,000)+(6,800)=**14,800 감소**

	비용	자산	상한효과	부채	OCI
기초		1,100,000	(40,000)	1,000,000	
이자(8%)	(4,800)	88,000	(3,200)	80,000	
당기	900,000			900,000	
지급		(100,000)		(100,000)	
적립		1,000,000			
재측정 전	895,200	2,088,000	(43,200)	1,880,000	
재측정		212,000		220,000	(8,000)
재측정 후		2,300,000	(43,200)	2,100,000	(8,000)
상한효과			(6,800)		(6,800)
인식 후		2,300,000	(50,000)	2,100,000	**(14,800)**

자산인식상한효과
− 기초: 1,100,000−1,000,000−60,000=40,000
− 기말: 2,300,000−2,100,000−150,000=50,000
기초 상한효과에 이자비용을 반영한 상한효과가 43,2000이므로 추가로 6,800을 늘려야 한다.

13. ④

현금결제형 주식
기준보상을 주식
결제형으로 변경
하는 경우

	명수	×개수	×금액	×1/n	=누적액	비용
X1	30	30	100	1/5	18,000	18,000
X2	30	30	③130	2/5	②46,800	①28,800

① X2년 비용은 문제에서 제시한 28,800이다.

② X1년 말 누적액에 X2년 비용을 가산하면 X2년 말 누적액은 46,800이다.

③ X2년 말에 주식선택권을 부여하였으므로, X2년 말 주식선택권의 단위당 공정가치로 평가해야 하는데, 누적액에서 역산하면 130이다. 1/n 자리에 2/5를 대입해야 함을 주의하자.

회계처리

X1.12.31	주식보상비용	18,000	장기미지급비용	18,000
X2.12.31	장기미지급비용	18,000	주식선택권	46,800
	주식보상비용	28,800		

14. ⑤

리스 말문제

리스이용자는 하나 이상의 기초자산 사용권이 추가되어 리스의 범위가 넓어지고, 개별 가격에 적절히 상응하여 리스대가가 증액된 경우에 리스변경을 별도 리스로 회계처리한다. 두 가지 조건을 모두 충족하는 경우에만 별도 리스로 회계처리한다.

15. ③

금융리스 회계처리

(1) X1년 초 리스부채: $3,000,000 \times 2.5770 = 7,731,000$
  - 매수선택권을 행사하지 않을 것이라고 판단하였으므로, 리스료만 할인한 금액이다.

(2) X1년초 사용권자산: 7,731,000
  - 리스개설직접원가에 대한 언급이 없다.

(3) X2년말 리스부채 증가액: ②−①=404,412
① 재측정 전 리스부채: $(7,731,000 \times 1.08 - 3,000,000) \times 1.08 - 3,000,000 = 2,777,438$
② 재측정 후 리스부채: $(3,000,000 + 500,000) \times 0.9091 = 3,181,850$
  - 매수선택권 평가에 변동이 있으므로 수정 할인율로 리스부채를 재측정한다.

(4) X2년말 사용권자산: $7,731,000 \times 1/3 + 404,412 = 2,981,412$

(5) X3년도 감가상각비: $(2,981,412 - 0)/2 = \mathbf{1,490,706}$
  - 매수선택권을 행사할 것이 확실하다고 판단을 변경하였으므로 사용권자산의 내용연수는 4년이며, X3년 초 잔존내용연수는 2년(=4년−2년)이다.

회계처리

X1.1.1	사용권자산	7,731,000	리스부채	7,731,000
X1.12.31	감가상각비	2,577,000	사용권자산	2,577,000
	이자비용	618,480	현금	3,000,000
	리스부채	2,381,520		
X2.12.31	감가상각비	2,577,000	사용권자산	2,577,000
	이자비용	427,958	현금	3,000,000
	리스부채	2,572,042		
	사용권자산	404,412	리스부채	404,412
X3.12.31	**감가상각비**	**1,490,706**	사용권자산	**1,490,706**
	이자비용	318,185	현금	3,500,000
	리스부채	3,181,815		
	기계장치	1,490,706	사용권자산	1,490,706

16. ③
희석 EPS

(1) n−205,000

	1,1	10.1	계
가중평균	200,000	20,000	
	×12/12	×3/12	
	200,000	5,000	205,000

주식매입권은 행사가격을 납입하고 주식을 발행받으므로 신주인수권(콜옵션)에 해당한다.

(2) 잠재적 보통주가 EPS에 미치는 영향

	분자	분모	EPS	희석여부
기본	205,000,000	205,000	1,000	
신주인수권	0	5,000[1]	0	O
	205,000,000	210,000	**976**	

[1](30,000−20,000×3/12)×(25,000−20,000)/25,000=5,000
− 희석 EPS 계산 시 신주인수권은 30,000개 전부 1.1에 행사되었다고 가정한다. 이 중 20,000개는 10.1 에 행사되었으므로, 3개월치는 n에 이미 포함되어 있다. 따라서 3/12를 곱한 금액을 차감하고, 행사가 격 및 시장가격을 고려한다.

17. ⑤
상환우선주

상환금액: 200주×@600=120,000
배당금: 200주×@500×3%=3,000

발행금액: 120,000×0.89+3,000×1.8334=112,300
− 상환우선주는 의무적으로 상환해야 하며, 우선주가 누적적(배당이 지급되지 않는 경우 가산하여 지급)이 므로 배당액은 발행금액에 포함되며, 배당 지급 시 이자비용으로 처리한다.

X1년도 이자비용: 112,300×6%=**6,738**

X1초	현금	112,300	부채	112,300
X1말	**이자비용**	**6,738**	부채	3,738
			현금	3,000

18. ①
보증

총 수익: 462,500＋12,500＝**475,000**
X1년 말 부채 잔액: 37,500－12,500＝**25,000**

매출 시	현금	500,000	**매출**	**462,500**
			계약부채	37,500
보증 시	계약부채	12,500	**(보증) 매출**	**12,500**
	비용	10,000	현금	10,000

용역 유형의 보증이므로 보증에 대해 거래가격을 배분한 뒤, 보증 시에 매출로 인식한다.

계약부채: 500,000×39,000/(481,000＋39,000)＝37,500
－ 총 판매대가를 개별 판매가격의 비율대로 안분한다.
매출: 500,000－37,500＝462,500
계약부채 환입액(＝보증 매출): 37,500×10,000/30,000＝12,500
－ 총 예상 보증비 중 투입된 보증비의 비율만큼 계약부채를 수익으로 인식한다.

19. ④
재매입약정

X1.12.1	현금	1,000,000	부채	1,000,000
X1.12.31	이자비용	25,000	부채	25,000
X2.3.31	이자비용	**75,000**	부채	75,000
X2.3.31	부채	1,100,000	매출	**1,100,000**
	매출원가	**500,000**	재고자산	500,000

1. 연도별 이자비용
(1) X1년: (1,100,000－1,000,000)×1/4＝25,000
(2) X2년: (1,100,000－1,000,000)×3/4＝75,000
X1.12.1~X2.3.31까지 4달간 차입한 것으로 보아, 100,000의 이자비용을 월할계산한다.

2. X2년 당기순이익에 미치는 영향
: 1,100,000(매출)－500,000(매출원가)－75,000(이자비용)＝**525,000 증가**

20. ①
수익 말문제

고객이란 기업의 통상적인 활동의 산출물을 대가와 교환하여 획득하기로 그 기업과 계약한 당사자를 말한다. 계약상대방이 기업의 산출물을 획득하기 위해서가 아니라 활동이나 과정에 참여하기 위해 계약하였고, 그 계약 당사자들이 그 활동이나 과정에서 생기는 위험과 효익을 공유한다면, 그 계약상대방은 고객이 아니다. 유형자산의 처분 시 계약상대방도 기업의 산출물을 취득하기 때문에 수익 기준서에서 정의하고 있는 고객에 해당한다. (X)

	X1(20%)	X2~(20%)
EBT	500,000	
접대비	20,000	
재고자산	5,000	(5,000)
자처익	10,000*	
FVOCI 유보	20,000	(20,000)
FVOCI OCI	(20,000)*	
토지 유보	(20,000)	20,000
토지 OCI	20,000*	
과세소득	535,000	(25,000) 20,000
법인세부담액	107,000	(5,000) 4,000

(1) 기초 이연법인세: 0 (전기이월 일시적차이는 없다고 가정)

(2) 기말 이연법인세
   − 자산: 25,000×20%＝5,000 (일시적 차이에 사용될 수 있는 과세소득의 발생가능성은 높음)
   − 부채: 20,000×20%＝4,000

(3) 법인세비용: 106,000−2,000+4,000−4,000＝**104,000**

1. 기초 제거	이연법인세부채	—	이연법인세자산	—
2. 기말 계상	이연법인세자산	5,000	이연법인세부채	4,000
3. 당기 부채&비용	법인세비용	**106,000**	당기법인세부채	107,000
4. 기타 세무조정	자기주식처분이익	2,000	법인세비용	**2,000**
	법인세비용	**4,000**	OCI(FVOCI 평가손실)	4,000
	OCI(재평가잉여금)	4,000	법인세비용	**4,000**

(4) 법인세비용 상계액
   − 자기주식처분이익: 10,000×20%＝2,000
   − FVOCI 금융자산 평가손실(OCI): (20,000)×20%＝(4,000)
   − 재평가잉여금(OCI): 20,000×20%＝4,000

자처익과 재평가잉여금 둘 다 이익이므로 기중에 대변에 계상했을 것이다. 따라서 법인세비용과 상계 시 차변에 계상하면서 법인세비용을 줄여야 한다. 반대로, 금융자산 평가손실은 기중에 차변에 계상했을 것이므로 상계 시 대변에 계상하면서 법인세비용을 늘린다.

22. ④
오류수정

	X1	X2	X3
재고자산	~~20,000~~	~~(20,000)~~ (30,000)	30,000 (35,000)
보험료		15,000	(15,000)
기계장치	50,000		
감누	(10,000)	(10,000)	(10,000)
	기초 이잉 15,000		**NI (30,000)**
	기말 이잉 (15,000)		

1. 보험료
   X3년도 비용이므로 X2년에는 비용을 부인한 뒤, X3년도에 비용을 인식한다.

2. 기계장치
   자산화할 지출을 비용화하였으므로 비용을 부인한 뒤, 잔존내용연수 5년에 나누어 비용으로 인식한다. 문제에서 'X3년 말 현재 잔존내용연수가 2년이다.'라고 제시해주었는데, 상각을 X1년초부터 해야 하므로 잔존내용연수는 5년(2＋3)이다.

> **참고** X3년 말 기계장치 수정분개
> 재고자산과 보험료를 제외한 '기계장치의' 수정분개만 표시하면 다음과 같다.

기계장치	①	50,000	감누	②	30,000
감가상각비	③	10,000	이익잉여금	④	30,000

23. ④
매각예정비유동
자산과 중단영업

비유동자산이 매각예정으로 분류되거나 매각예정으로 분류된 처분자산집단의 일부이면 그 자산은 감가상각(또는 상각)하지 아니한다. **매각예정으로 분류된 처분자산집단의 부채와 관련된 이자와 기타 비용은 계속해서 인식한다.**

24. ③
영업활동 현금흐름-이자 지급액

	현금흐름	=	영업 손익	−	△영업 자산	+	△영업 부채
이자 지급액	**(44,200)**		(48,191) 이자비용		2,349 A 사할차 상각액		5,000 미지급이자 (3,358) B 사할증차 상각액

추가발행·상환·출자전환 및 차입금의 신규차입이 없었으므로, 사채의 장부금액(순액) 변화는 전부 사할(증)차 상각으로 인한 것으로 보아야 한다.

25. ③
사업결합

영업권: (1)−(2)＝**280,000**
(1) 이전대가: 1,600주/2×@1,400＋60,000(조건부대가)＝1,180,000
　－ ㈜민국의 합병 전 보통주식수: 자본금/액면가＝160,000/100＝1,600주

(2) ㈜민국의 순자산 공정가치:

50,000＋200,000＋800,000＋290,000－80,000－450,000＋90,000(프로젝트)＝900,000

26. ⑤
조건부대가

(1) 조건부대가의 변동

취득일 이후에 발생한 사실로 인한 변동이므로, 영업권을 수정하지 않고 공정가치 변동을 당기손익으로 인식한다.

(2) 잠정금액

측정기간(X2.7.1) 이내에 잠정금액이 확정되었으므로, 소급법을 적용하여 영업권을 수정한다.

(3) 영업권: 280,000(추가자료 반영 전)－100,000＝**180,000**

피취득자의 순자산이 100,000 증가했으므로 영업권은 100,000 감소한다.

(4) 유형자산(순액): 900,000×3.5/5＝**630,000**

취득일 현재 잔존내용연수가 5년이므로, X1.7.1~X2.12.31까지 1.5년을 잔존가치 없이 정액법으로 상각하면 공정가치의 3.5/5가 남는다.

27. ②
지분법 말문제

관계기업 투자가 공동기업 투자로 되거나 공동기업 투자가 관계기업 투자로 되는 경우, 기업은 **지분법을 계속 적용하며 잔여 보유 지분을 재측정하지 않는다.**

28. ①
지분법-관계기업
투자주식

1. FV－BV

	FV－BV	X1
토지	50,000	(50,000)
재고자산	50,000	(40,000)

재고자산 판매비율: 1－36,000/180,000＝80%

2. 영업권 상당액: 600,000－(2,000,000＋100,000)×20%＝180,000 (염가매수차익 없음)

3. 내부거래: 없음

4. 지분법이익

X1	관계
조정 전	300,000
내부거래	－
FV 차이	(90,000)
조정 후	210,000
투자(20%)	42,000
＋염가매수차익	－
지분법이익	42,000

5. X1년말 관계기업투자주식 장부금액

X1	관계
취득원가	600,000
Σ지분법이익	42,000
Σ지분법자본변동	−
− Σ배당액×R	(20,000)
관투	**622,000**

29. ①
연결-비지배지분

1. FV−BV

	FV−BV	X1	X2
토지	5,000		(5,000)
차량운반구	3,000	(1,000)	(1,000)

2. 영업권: $35,000-(40,000+8,000)\times60\%=6,200$

3. 내부거래: 없음

4. 당기순이익 조정

X1	지배	종속	계
조정 전	?	17,500	
내부거래			
FV 차이		(1,000)	
−손상			
−배당			
조정 후	?	16,500	?
지배(60%)	?	9,900	?
비지배(40%)		6,600	6,600

X2	지배	종속	계
조정 전	?	24,000	
내부거래			
FV 차이		(6,000)	
−손상			
−배당			
조정 후	?	18,000	?
지배(60%)	?	10,800	?
비지배(40%)		7,200	**7,200**

5. X2말 비지배지분
: $(40,000+8,000)\times40\%+6,600+7,200=$ **33,000**

30. ②
연결 말문제

① 투자자가 피투자자 의결권의 과반수를 보유하더라도 피투자자를 지배하지 못할 수 있다. (X)

③ 투자자가 투자기업으로 분류된다면 연결재무제표를 작성하지 않는다. (X)

④ 방어권만 갖는 경우 힘을 가질 수 없다. (X)

⑤ 별도재무제표에서 **관계기업에 대한 투자지분은 지분법으로 표시할 수 있다.** (X)

31. ①
연결-영업권

1. FV−BV: 없음

2. 영업권: $300,000-(460,000-60,000)\times60\%=60,000$
   − 재무상태표는 언급이 없더라도 '기말' 금액을 표시한다. ㈜민국의 자본은 X1년말에 460,000이므로, X1년초 자본은 X1년도 당기순이익을 차감한 400,000이다. 자본에 변동을 가져오는 요소는 당기순이익 이외에도 자본거래가 있지만, 자본거래가 제시되지 않았으므로 당기순이익에 의해서만 자본이 증가했다고 본다.

32. ③
연결-연결NI

3. 내부거래

	X1	X2
하향 (재고)	(20,000) 12,000	8,000
상향 (토지)		(15,000)

4. 당기순이익 조정

X1	지배	종속	계
조정 전	90,000	60,000	
내부거래	(8,000)		
FV 차이			
−손상			
−배당			
조정 후	82,000	60,000	142,000
지배(60%)	82,000	36,000	118,000
비지배(40%)		24,000	24,000

X2	지배	종속	계
조정 전	120,000	70,000	
내부거래	8,000	(15,000)	
FV 차이			
−손상			
−배당			
조정 후	128,000	55,000	**183,000**
지배(60%)	128,000	33,000	161,000
비지배(40%)		22,000	22,000

5. X1년 말 연결재무상태표 상 자산총액: 2,650,000(단순합)−8,000(내부거래)+60,000(영업권)−300,000(종속기업투자)=**2,402,000**

X1년 말 연결조정분개

투자-자본 상계 제거	자본금	250,000	종속기업투자주식	300,000
	이익잉여금	150,000	비지배지분	160,000
	영업권	60,000		
내부거래 제거	매출	100,000	매출원가	80,000
			재고자산	20,000
	재고자산	12,000	매출원가	12,000
비지배지분	이익잉여금	18,000	비지배지분	18,000

33. ③
기능통화로의 환산

(1) 재고자산(비화폐성-저가 평가)
  취득원가: ￥500×10.3=5,150
  NRV: ￥450×10.4=4,680
  저가: min[5,150, 4,680]=4,680
  평가손실(PL): 5,150-4,680=470

(2) 투자부동산(비화폐성-공정가치모형)
  취득원가: ￥2,000×10=20,000
  FV: ￥2,200×10.4=22,880
  평가이익: 22,880-20,000=2,880

(3) X1년 당기순이익: 20,400-470+2,880=**22,810**

34. ④
보유자산에 대한 공정가치위험회피

〈환율변동표〉

	계약일	손익	기말	손익	만기
옥수수	550,000	−40,000	510,000	−40,000	470,000
선도매도	(520,000)	+40,000	(480,000)	+10,000	(470,000)

X2년도 당기순이익에 미치는 영향: (−)40,000+10,000=**(−)30,000**

10.1			−회계처리 없음−		
12.31	평가손실(PL)	40,000	옥수수		40,000
	선도계약	40,000	평가이익(PL)		40,000
3.1	**평가손실(PL)**	**40,000**	옥수수		40,000
	선도계약	10,000	**평가이익(PL)**		**10,000**
	현금	50,000	선도계약		50,000

35. ②
환율변동효과 말문제

외화는 **기능통화 이외의 통화**이다.

36. ⑤
국가회계기준에 관한 규칙

연금 회계처리지침에 따르면, **연금추정지급액**이란 재정상태표일 현재의 연금가입자에게 근무용역에 대한 대가로, 장래 예상퇴직시점에 지급하여야 할 금액으로 예상퇴직시점의 장래 추정보수와 전체추정근무기간 등 보험수리적 가정을 반영하여 산정한 것을 말한다.

37. ②
자산과 부채의 평가

화폐성 외화자산과 화폐성 외화부채의 평가에 따라 발생하는 환율변동효과는 외화평가손실 또는 외화평가 이익의 과목으로 하여 **재정운영순원가**에 반영한다.

38. ②
지방회계법

지방자치단체의 출납은 회계연도가 끝나는 날 폐쇄한다. 다만, 해당 회계연도의 예산에 포함된 경우로서 법에 정해진 경우에는 다음 회계연도 **1월 20일**까지 수입 또는 지출 처리를 할 수 있다.

39. ⑤
자산의 평가

무형자산 회계처리지침에 따르면, 무형자산의 취득원가는 취득을 위하여 제공한 자산의 공정가액과 취득부대비용을 포함한다. 다만, **무형자산을 취득하는 기간 동안 발생한 금융비용은 당기 이자비용으로 인식한다.**

40. ①
지자체의 재정운영표

사업총원가	500,000
(−) 사업수익	(220,000)
사업순원가	280,000
(+) 관리운영비	200,000
(+) 비배분비용	60,000
(−) 비배분수익	−
재정운영순원가	**540,000**
(−) (일반)수익	(540,000)
재정운영결과	**0**

(1) 사업수익: 200,000＋20,000＝220,000
　　－ 사업관련 보조금은 사업수익에 포함한다.

(2) 외화환산이익
　　지자체회계에서 사업과 관련이 없는 비화폐성 외화자산은 해당 자산을 취득할 당시의 적절한 환율로 평가한 가액을 재정상태표 가액(20,000)으로 한다. 거래일의 환율로 평가하므로, 기말에 외화환산이익이 발생하지 않는다.

(3) (일반)수익: 500,000(지방세수익)＋40,000(기부금수익)＝540,000
　　－ 회계 간의 재산이관은 비용에 포함하지 아니한다.

41. ②
제조원가의 흐름

		가산		차감		
원재료	기초	23,000	기말	12,000		
	매입액	55,000				⌐ DM 66,000
가공원가	DL OH	64,000				⌐ 당기총제조원가
재공품	기초	30,000	기말	45,000		⌐ 당기제품제조원가 115,000
제품	기초	13,000	기말	28,000		⌐ 매출원가 100,000

당기제품제조원가－매출원가＝**15,000**

42. ④
정상개별원가계산

(1) 배부차이: $76,000-82,000=6,000$ 과소배부

예정 배부율: $80,000/4,000$기계시간$=20/$기계시간

예정 배부액: $20\times3,800$시간$=76,000$

(2) 총원가기준 비례배부법

	#101(매출원가)	#102(제품)	#103(재공품)	계
DM	27,000	28,000	5,000	60,000
DL	25,000	26,000	13,000	64,000
OH(=기계시간×20)	28,000	36,000	12,000	76,000
조정 전	80,000	90,000	30,000	200,000
배부차이	2,400	2,700	900	6,000
조정 후	82,400	92,700	30,900	206,000

(3) 매출총이익: $120,000-82,400=$**37,600**

43. ⑤
종합원가계산

1. 평균법 적용

			완성품환산량	
	재공품(평균법)		재료원가	가공원가
기초 2,000 (1)(0.6)	완성 8,000 (1)(1)		8,000	8,000
착수 10,000	기말 4,000 (1)(0.5)		4,000	2,000
			12,000	①10,000
			@127	@89

완환량 단위당 원가

ㅡ 재료원가: $(24,000+1,500,000)/12,000=127$

ㅡ 가공원가: $(10,000+880,000)/10,000=89$

완성품원가: $8,000\times(127+89)=1,728,000$

기말재공품원가: $4,000\times127+2,000\times89=686,000$ (② O)

2. 선입선출법 적용

			완성품환산량	
	재공품(FIFO)		재료원가	가공원가
기초 2,000 (1)(0.6)	완성 8,000			
	〈 2,000 (0)(0.4)		ㅡ	800
	6,000 (1)(1)		6,000	6,000
착수 10,000	기말 4,000 (1)(0.5)		4,000	2,000
			10,000	8,800
			@150	@100

완환량 단위당 원가
- 재료원가: 1,500,000/10,000=150
- 가공원가: 880,000/8,800=100

완성품원가: 6,000×150+6,800×100+(24,000+10,000)=1,614,000 (③ O)
- 완성품원가는 선입선출법으로 계산한 값이 평균법으로 계산한 값보다 **작다.** (⑤ X)

44. ③
CVP분석 말문제

손익분기점 상태에서는 법인세가 없으므로 법인세율이 인상되더라도 손익분기 매출액은 불변이다.

45. ⑤
변동원가계산과
전부원가계산의
비교

① 1차년도 기초 재고와 3차년도 기말 재고가 없으므로 전부원가계산과 변동원가계산에 따른 누적영업손익은 동일하다. (O)
② 3차년도 변동원가계산에 따른 영업이익
  : (30−10−4)×50,000단위−(400,000+100,000)=300,000 (O)
③ 고정OH가 있으므로 2차년도의 경우 전부원가계산에 의한 기말제품 원가가 변동원가계산에 의한 기말제품 원가보다 크다. (O)
  - 참고로, 1차년도와 3차년도는 기말 재고가 0이므로 원가가 같다.
④ 변동원가계산에서 고정원가는 모두 당기비용으로 처리한다. (O)
⑤ 3차년도 전부원가계산에 의한 매출원가
  : 50,000단위×@10+400,000×30,000/50,000+400,000=**1,140,000** (X)

46. ①
고정제조간접원
가 차이분석

고정OH	실제 발생액	예산차이	예산액	조업도차이	SQ × SP
1월			예산액	1,000 불리	예산액−1,000
2월			예산액	500 유리	예산액+500

월별 표준원가 배부액(SQ × SP)
- 1월: 예산액/기준조업도×1,500=예산액−1,000
- 2월: 예산액/기준조업도×2,000=예산액+500
→ (예산액−1,000)×2,000/1,500=예산액+500, 예산액=5,500

1월 SQ×SP: 1,500단위×SP=5,500−1,000=4,500
→ SP=**3**
- SQ는 원래 '실제 생산량×단위당 표준투입량'인데 고정OH의 배부기준은 제품 생산량이라는 가정이 있으므로 실제 생산량이 SQ가 된다.

47. ②
불확실성하의
의사결정

보험사는 우승하면 10억원의 경품을 대신 지급하므로, '우승확률×10억>1억'인 경우 보험에 가입한다.
→ '우승확률>**10%**'인 경우 보험에 가입한다.

48. ③
종합예산

1. 월별 매출원가
(1) 3월: 6,000,000×70%=4,200,000
(2) 4월: 7,000,000×70%=4,900,000

2. 재고비율을 10%로 유지하는 경우

제품(3월)	
기초 420,000	판매 4,200,000
생산 4,270,000	기말 490,000

제품(4월)	
기초	판매 4,900,000
생산	기말

(1) 월별 기말 재고액

    2월: $4,200,000 \times 10\% = 420,000$
    3월: $4,900,000 \times 10\% = 490,000$

(2) 3월 예상 매입액: $4,200,000 + 490,000 - 420,000 = 4,270,000$

3. 재고비율을 20%로 유지하는 경우

제품(3월)	
기초 840,000	판매 4,200,000
생산 4,340,000	기말 980,000

제품(4월)	
기초	판매 4,900,000
생산	기말

(1) 월별 기말 재고액

    2월: $4,200,000 \times 20\% = 840,000$
    3월: $4,900,000 \times 20\% = 980,000$

(2) 3월 예상 매입액: $4,200,000 + 980,000 - 840,000 = 4,340,000$

4. 예상 매입액 차이: $4,340,000 - 4,270,000 = \mathbf{70,000}$

49. ④
외부대체

외부구입비용	(구입가격 × 10,000개)
변동원가 감소	1,330,000
고정원가 감소	−
공헌이익 증가	240,000
증분이익	(구입가격 × 10,000개) + 1,570,000 = 0

(1) 변동원가 감소: $(38+35+20+40) \times 10,000$개 $= 1,330,000$
    − 외부구입 시 감독관 급여는 회피 가능하므로 변동원가 감소분에 포함시켰다.
    − 전용제조장비는 다른 용도로 사용하거나 외부 매각이 불가능하므로 외부구입 시에도 감가상각비를 회피할 수 없다.

(2) 단위당 외부구입비용
    '증분이익 = 0'이므로 구입가격은 $1,570,000/10,000$개 $= \mathbf{157}$이다.

50. ⑤
전략적 원가관리
말문제

적시생산시스템은 다른 생산시스템보다 안전재고의 수준을 **낮게** 설정한다.

1.	⑤	6.	①	11.	②	16.	⑤	21.	②	26.	④	31.	⑤	36.	②	41.	①	46.	⑤
2.	②	7.	①	12.	④	17.	③	22.	③	27.	⑤	32.	③	37.	②	42.	④	47.	①
3.	③	8.	⑤	13.	①	18.	①	23.	①	28.	①	33.	⑤	38.	①	43.	⑤	48.	③
4.	②	9.	④	14.	③	19.	⑤	24.	④	29.	②	34.	③	39.	③	44.	③	49.	②
5.	④	10.	⑤	15.	④	20.	②	25.	③	30.	④	35.	①	40.	④	45.	④	50.	②

01. ⑤
저가법

1. 상품별 저가

A: min[500, 600−20]=500

B: min[300, 280]=280

C: min[200, 180]=180

D: min[250, 300−20]=250

E: min[300, 290]=290

 − B, C, E는 확정판매계약이 되어 있으므로 계약가격이 NRV가 된다. 계약가격과 BP 중 작은 금액이 저기이며, 계약가격을 바로 저가로 쓰지 않도록 주의하자.

2. 기말 평가충당금(=평가손실): 4,000＋3,200＋500=**7,700**

 − 기초 평가충당금은 없다고 했으므로 기말 평가충당금이 곧 당기 평가손실이 된다.

	A	B	C	D	E
BQ × BP					
AQ × BP	300개 × @500 = 150,000	200개 × @300 = 60,000	160개 × @200 = 32,000	150개 × @250 = 37,500	50개 × @300 = 15,000
평가충당금	−	(4,000)	(3,200)	−	(500)
AQ × 저가	300개 × @500 = 150,000	200개 × @280 = 56,000	160개 × @180 = 28,800	150개 × @250 = 37,500	50개 × @290 = 14,500

문제에서 '평가와 관련된 회계처리가 당기순이익에 미치는 영향'을 물었기 때문에 평가충당금을 구해야 한다. 문제에서 감모는 발생하지 않았다고 가정했으므로 문제에 제시된 수량은 BQ이자 AQ이다. 따라서 위 표의 첫 번째 줄은 생략하고 두 번째, 세 번째 줄을 구한 뒤 차이를 계산한다.

02. ②
투자부동산 말문제

지엽적인 문제였다. ①, ③, ⑤를 제외한 나머지 두 선지 중에서 찍는 것이 최선이었다.

② 계획된 사용수준에 도달하기 전에 발생하는 부동산의 운영손실은 투자부동산의 원가에 **포함하지 아니한다.** 건설이 시작되기 전에 건설용지를 주차장 용도로 사용함에 따라 획득된 수익을 토지의 취득원가에 포함시키지 않고, 당기손익으로 인식하는 것과 같은 논리이다.

03. ③
차입원가 자본화

전기 이전에 자본화한 차입원가는 연평균 지출액 계산 시 포함하지 않으므로 X1년 자본화 차입원가는 계산할 필요가 없다.

```
X2                              10.31
전기      600,000×10/12        =500,000
1.1       300,000×10/12        =250,000
10.1      120,000×1/12          =10,000
                                760,000

특정      240,000×10/12        =200,000    (4%)    →8,000
일반      (760,000             −200,000)   (6%)    →33,600      (한도: 10,800)
                                                  18,800

R       =10,800/180,000=6%
B        240,000×6/12          =120,000    (4%)    →4,800
C        60,000×12/12          =60,000     (10%)   →6,000
계                              180,000             10,800
```

04. ②
유형자산 재평가 모형

PL에 미치는 영향: (−)531,250(감가비)−68,000(재평가손실)=**(−)599,250 감소**

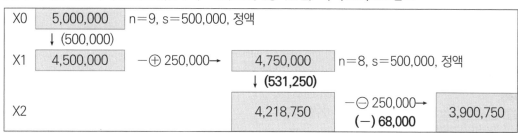

```
X0   5,000,000   n=9, s=500,000, 정액
     ↓ (500,000)
X1   4,500,000   −⊕250,000→   4,750,000   n=8, s=500,000, 정액
                              ↓ (531,250)
X2                            4,218,750   −⊖250,000→   3,900,750
                                          (−) 68,000
```

05. ④
복구충당부채

X1년 당기비용: 562,500(감가비)+27,320(이자비용)=**589,820**

(1) X1년 감가비: (4,546,400−46,400)/4×6/12=562,500
   복구충당부채: 800,000×0.6830=546,400
   축사의 취득원가: 4,000,000+546,400=4,546,400

(2) X1년 이자비용: 546,400×10%×6/12=27,320
   − 7.1에 취득하였기 때문에 감가비와 이자비용의 월할상각에 유의하자.

06. ①
유형자산 원가모형

X2년 당기순이익에 미치는 영향
: (−)20,000(수익적지출)−72,000(감가비)+112,000(환입)=**20,000 증가**

```
X0   600,000   n=6, s=0, 정액
     ↓ (100,000)
X1   500,000   −(140,000)→   360,000   n=5, s=0, 정액
     ↓ (100,000)             ↓ (72,000)
X2   400,000(한도)   ←112,000—   288,000
```

X1말 회수가능액＝MAX[순공정가치, 사용가치]＝360,000
(1) 순공정가치＝공정가치－처분부대원가＝370,000－10,000＝360,000
(2) 사용가치＝80,000×3.9927＝319,416
　　－ X2년 말부터 내용연수 종료 시점인 X6년 말까지 5회의 현금유입이 발생하므로 5기간 연금현가계수를 사용한다.

07. ①
판매 후 리스

현금	650,000	자산	500,000
사용권자산	457,421	리스부채	598,905
처분이익 8,516			

Step 1. 현금: 판매가(650,000) 유입, 자산 BV(500,000) 제거

Step 2. 리스부채: PV(정기리스료)＝150,000×3.9927＝598,905

Step 3. 사용권자산

$$\text{사용권자산}＝BV×\frac{\text{리스부채}＋(FV－\text{판매가})}{FV}＝500,000×\frac{598,905＋(600,000－650,000)}{600,000}$$
$$＝457,421$$

Step 4. 처분손익(PL): 650,000＋457,421－500,000－598,905＝**8,516 이익**

08. ⑤
정기리스료의 산정

고정리스료×3.3121＋100,000×0.7350＝1,000,000
→ 고정리스료＝**279,732**

09. ④
전환사채의
조기상환

(1) 상환시점 사채의 BV＝3,000,000×0.7972＋300,000×1.6901＝2,898,630
(2) 상환시점 사채의 FV＝3,000,000×0.7561＋300,000×1.6257＝2,756,010
　　－ 공정가치는 현행이자율(15%)로 할인해야 한다.
(3) 사채상환손익(PL): 2,898,630－2,756,010＝**142,620 이익** (단수차이)

참고 상환 시 회계처리

사채	2,898,630	현금	①2,756,010
		PL	②**142,620**
전환권대가	144,030	현금	③343,990
자본요소	④199,960		

(1) 발행가액 분석
　부채　　3,000,000×0.7118＋300,000×2.4019　＝①2,855,970
　자본　　　　　　　　　　　　　　　　　　　③144,030
　계　　　　　　　　　　　　　　　　　　　　②3,000,000

(2) 상환시점 사채의 BV: 2,855,970×1.12－300,000＝2,898,686

10. ⑤
전환사채의 유도
전환

조건변경손실
(1) A: 9,000주×@200=**1,800,000**
  − 전환 주식 수: 3,000,000/1,000×3=9,000주

(2) B: 600주×@700=**420,000**
  원래 조건 하에서는 9,000주로 전환할 수 있으나, 조건 변경 시 9,600주로 전환할 수 있다.
  − 조건 변경으로 더 주는 주식 수: 3,000,000/1,000×(3.2−3)=600주

11. ②
희석 EPS

(1) n=12,392

	1.1	3.1	7.1	10.1	계
유상증자 가중평균	10,000 ×1.04 ×12/12	2,500 ×1.04 ×10/12	(500) ×6/12	300 ×3/12	
	10,400	2,167	(250)	75	12,392

유상증자로 보는 주식 수=3,000×2,500/3,000=2,500주
무상증자로 보는 주식 수=3,000−2,500=500주
무상증자율: 500/(10,000+2,500)=0.04

(2) 잠재적 보통주가 EPS에 미치는 영향

	분자	분모	EPS	희석여부
기본 BW	4,000,000 0	12,392 750	323 0	 O
	4,000,000	13,142	**304**	

① 분자 조정사항: 상환할증금 미지급조건이므로 분자에서 조정할 금액은 없다.
② 분모 조정사항: 1,000,000/500×(800−500)/800=750
  − 행사가: 사채 액면 ₩500당 보통주 1주를 지급하고, 행사비율이 사채액면금액의 100%이므로, 보통주 1주를 인수하기 위한 행사가는 500×100%=500이다.

12. ④
FVOCI 금융자
산의 신용손상

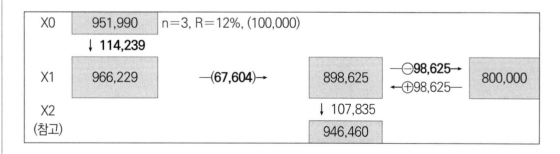

(1) X1년 PL: 114,239(이자수익)−67,604(손상차손)=**46,635 증가** (단수차이)
  X1초 PV: 1,000,000×0.7118+100,000×2.4019=951,990
  X1년 손상차손=40,000×1.6901=67,604
  − X2년말부터 2년간 40,000씩 못받게 되었으므로 연금현가계수를 곱하면 손상차손을 구할 수 있다.

(2) X1년 OCI: 800,000 − 898,625 = **(−)98,625 감소** (단수차이)

> **참고** 회계처리

X1.1.1		FVOCI	951,990	현금	951,990
X1.12.31−상각		현금 FVOCI	100,000 14,239	이자수익	114,239
X1.12.31−손상		PL	67,604	FVOCI	67,604
X1.12.31−평가		OCI	98,625	FVOCI	98,625
X2.1.1−취소		FVOCI	98,625	OCI	98,625
X2.12.31−상각		현금 FVOCI	60,000 47,835	이자수익	107,835

X2년에는 X1년말 평가 회계처리를 취소한 뒤, 유효이자율 상각부터 진행하면 된다. X2년말부터는 40,000씩 못받으므로 현금으로 수취하는 이자는 60,000이다.

13. ①
FVOCI 금융자산 회계처리

X2년도 OCI: 18,019 − 28,137 = **(−)10,118 감소**
X3년도 PL(처분손익): 950,000 − 963,615 = **(−)13,615 감소**

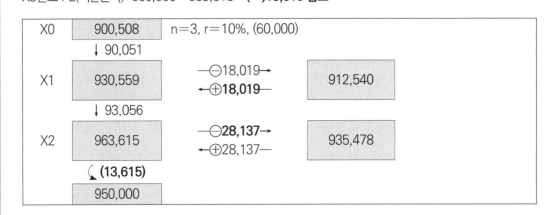

14. ③
금융자산의 제거

금융자산 전체가 제거 조건을 충족하는 양도로 금융자산을 양도하고, 수수료를 대가로 해당 양도자산의 관리용역을 제공하기로 한다면 관리용역제공계약과 관련하여 **자산이나 부채를 인식한다.**

15. ④
종업원급여 말문제

재분류조정 대상이 아닌 기타포괄손익은 이익잉여금으로 대체할 수 있다. 재측정요소는 재분류조정 대상이 아니므로 자본 내에서 (이익잉여금으로) 대체할 수 있다.

16. ⑤
법인세 말문제

상계 권리를 갖고 있고 'and' 의도가 있어야 상계한다. 'or' 이 아니다.

17. ③
충당부채 말문제

자원의 유출가능성은 높으나 신뢰성 있는 추정이 불가능하므로 우발부채로 공시하는 것이 맞다.
① 정기적인 수선 및 검사원가는 충당부채로 인식하지 않는다.
②, ④ 자원이 유출될 가능성이 '높기' 때문에 (유출 가능성)유출되지 않을 가능성) 우발부채가 아닌 충당부채로 인식해야 한다.
⑤ 과거 사건이 발생하지 않았다. 자산의 예상처분손익은 우발자산으로 인식하지 않는다.

18. ①
이익잉여금의
처분

X1말 미처분이잉		250,000
X1년 처분 (X2년 3월)	현금배당	(100,000)
	주식배당	(20,000)
	사업확장적립금 적립	(25,000)
	이익준비금 적립	(10,000)
X2 전기이월 미처분이잉		95,000
X2년 NI		**545,000**
X2말 미처분이잉		640,000
X2년 처분 (X3년 2월)	현금배당	(200,000)
	이익준비금 적립	(20,000)
X2 차기이월 미처분이잉		420,000

19. ⑤
고객충성제도

Step 1. 계약부채
: 200,000×18,000/(200,000＋18,000)＝16,514

Step 2. 매출＝현금 수령액－계약부채
: 200,000－16,514＝183,486

Step 3. X1년 포인트 매출＝X1년 포인트 매출 누적액＝**0**
X1년 중 교환된 포인트는 없기 때문에 X1년 포인트 매출은 없다.

Step 4. X2년 포인트 매출＝X2년 포인트 매출 누적액－X1년 포인트 매출 누적액
X2년 포인트 매출 누적액: 16,514×10,000/18,000＝9,174
X2년 포인트 매출: 9,174－0＝9,174

회계처리

X1년 매출 시	현금	200,000	계약부채	16,514
			매출	**183,486**
X1년 말	－회계처리 없음－			
X2년 말	계약부채	9,174	매출	**9,174**

20. ②
재매입 약정

총 수익: (1)＋(2)＝9,000
(1) 수익: 0
　콜옵션을 회사가 보유하고 있으므로 옵션의 행사 가능성은 검토할 필요 없이, 재매입가격이 당초 판매
　가격보다 높기 때문에 이를 금융약정(차입거래)로 본다. 따라서 현금 수령액을 수익이 아닌 차입금으로
　인식한다.

회계처리

X1.12.1	현금	10,000	차입금	10,000

참고 X1년도 이자비용: (120−100)×100개/2＝1,000

회사는 차입금에 대한 이자비용을 인식할 것이다. 문제에서 비용은 묻지 않았으므로 답과는 무관하다. 12월 1일부터 2월 1일까지 2달간 월할상각하여 X1년과 X2년에 나누어 비용으로 인식한다.

(2) 수익: 90개×@100＝9,000

변동대가 추정치의 제약이 있는 경우 '유의적인 부분을 되돌리지 않을 가능성이 매우 높은 정도까지만' 수익으로 인식한다. 따라서 기댓값인 90개에 대해서는 수익을 인식한다. 문제에서 '순이익'을 물은 것이 아니라, '수익'을 물었기 때문에 원가는 차감하지 않는다.

회계처리

X1.12.26	현금	10,000	환불부채	1,000
			매출	9,000
	회수권	800	재고자산	8,000
	매출원가	7,200		

회수원가가 중요하지 않기 때문에 회수권은 재고자산 개당 80씩 온전히 인식한다.

21. ②
수익 말문제

① 계약 '개시' 시점과 같은 기준으로 배분하므로 계약 개시 '후의' 개별 판매가격 변동은 반영하지 않는다.
③ 비현금대가는 공정가치로 측정한다.
④ 변동대가는 상황에 따라 기댓값이나 가능성이 가장 높은 금액으로 측정한다.
⑤ 판매비로 처리하는 것이 아니라, 거래가격에서 차감한다.

22. ③
주식기준보상
말문제

현금결제형 주식기준보상거래에서 부채는 부여일과 부채가 결제될 때까지 매 보고기간 말과 결제일에 주가차액보상권의 공정가치로 측정한다.

23. ①
감가상각자산의
오류수정

	X1	X2
유형자산	(500,000)	
감누	50,000	50,000
	기초 이잉 (450,000)	NI 50,000
	기말 이잉 **(400,000)**	

X2년 말 순자산에 미치는 효과는 X2년 말 자본(＝기말 이잉)에 미치는 영향과 일치하므로 **400,000 감소**이다. 건물은 500,000 감소하면서, 감누는 100,000 감소한다.

1. 지출 시점: 자산화 검토

회사는 수리비를 장부금액에 가산하였으나, 비용처리하는 것이 타당하므로 X1년도에 비용 500,000을 인식하면서 유형자산을 줄인다.

2. 매년 말: 감가상각하기

회사는 500,000을 장부금액에 가산한 뒤, 10년 정액법이므로 매년 500,000/10＝50,000씩 감가상각을 추가로 인식했을 것이다. 따라서 매년 50,000씩 감가상각비를 부인한다.

X2년도 수정분개

감가상각누계액	② 100,000	건물	① 500,000
이익잉여금	④ 450,000	감가상각비	③ 50,000

24. ④
영업활동 현금흐름
-간접법

영업CF	=	NI	−	비영업 손익	−	△영업 자산	+	△영업 부채
600,200		427,200[1]		62,000 감가비		10,000 사할차 상각액 102,000 매출채권 (68,000) 재고자산		57,000 매입채무 (12,000) 미지급이자 22,000 당기법인세부채

[1]NI: 534,000(EBT)−106,800(법인세비용)=427,200

(1) NI: 영업활동현금흐름은 NI에서 출발해야 하므로 EBT에서 법인세비용을 차감해서 NI를 계산한다.

(2) 사할차 상각액
   사할차는 영업자산으로 보는데, 영업자산이 감소하므로 양수로 적는다.

(3) 미지급이자, 당기법인세부채
   문제에서 '이자지급 및 법인세납부는 영업활동현금흐름으로 분류'한다고 가정했으므로, 미지급이자와
   당기법인세부채는 영업 부채로 본다. 따라서 부채의 증감을 그대로 반영한다.

25. ③
사업결합

(1) 순자산 BV: 260,000

(2) 순자산 FV−BV: 10,000+30,000−10,000+10,000−10,000=30,000
① 건물 평가차액: 60,000−50,000=10,000
② 사용권자산 평가차액: 120,000−90,000=30,000
   − 사용권자산: 110,000(리스부채) +10,000(유리한 금액)=120,000
③ 리스부채 평가차액: 110,000−100,000=10,000
④ 재취득한 권리: 40,000−30,000=10,000
   − 잔여계약기간에 기초하여 평가한다.
⑤ 우발부채: 10,000

(3) 순자산 공정가치: 260,000+30,000=290,000

(4) 영업권: 350,000−290,000=**60,000**

26. ④
잠정금액

취득일이 X1년 7월 1일이고, X2년 5월 1일에 잠정금액을 수정하려고 하므로 1년 이내이다. 따라서 잠정금액을 수정할 수 있다.

X2.6.30 건물(순액): (200,000+70,000)×3/4=**202,500**
− 대한이 민국을 흡수합병하였으므로 두 회사는 하나가 되었다. '대한'의 B/S상 건물을 물었기 때문에 합병 전 대한의 B/S상 건물 200,000까지 고려해주어야 한다.
무형자산 순액: (90,000+20,000)×4/5+40,000×1/2=**108,000**

— 대한의 무형자산 90,000에 민국의 무형자산 중 상표권을 제외한 20,000(=50,000−30,000)은 내용연수 5년으로 상각하고, 상표권은 잔여계약기간 2년으로 상각한다.

참고 잠정금액 수정 시 영업권
: 60,000(수정 전 영업권)−10,000(잠정금액으로 인한 건물 평가증)=50,000

27. ⑤
지분법 말문제

해외사업장환산차이는 재분류 조정 대상이므로, 지분법 중단 시 당기손익으로 재분류한다.
① 관투는 자산이기 때문에 음수가 될 수 없다.
② 피투자자의 순자산 변동 중 OCI는 투자자의 당기순손익(PL)이 아닌 **OCI(관계기업자본변동)**로 인식한다. 또한, 피투자자에게서 지급받은 배당은 투자자의 당기순손익이 아닌 관투의 감소로 인식한다.
③ 지분법을 중단하는 경우 FVPL 혹은 FVOCI 금융자산으로 분류하며, 공정가치로 평가한다. 이때, 공정가치 평가손익은 '계정이 무엇이든 상관없이' **PL**로 인식한다.
④ 내부거래가 손상차손의 증거를 제공하는 경우 상향거래라면 자신의 몫을 인식하지만, 하향거래라면 **모두** 인식한다.

28. ①
지분법이익

1. FV−BV

	FV−BV	X1
재고자산	50,000	(50,000)
건물	100,000	(20,000)

2. 영업권 상당액: 400,000−(1,300,000+150,000)×30%=(−)35,000 (염가매수차익)

3. 내부거래: 없음

4. 지분법이익

X1	관계
조정 전	150,000
내부거래	—
FV 차이	(70,000)
조정 후	80,000
투자(30%)	24,000
＋염가매수차익	35,000
지분법이익	**59,000**

1. FV-BV

	FV-BV	X1
토지	50,000	(50,000)

X1년 중에 외부로 매각하였으므로 공정가치 차액을 전부 X1년에 제거한다. 연결 전과 후의 차이를 조정하는 것이므로, 연결 전에 처분이익을 얼마 인식했는지는 중요하지 않다.

2. 영업권: 문제에 이전대가가 제시되지 않았으므로 생략

3. 내부거래

	X1	X2
하향 (재고)	(12,000) 9,600	2,400
상향 (기계)		(20,000) 1,250[1]

[1]20,000/4×3/12=1,250

4. 당기순이익 조정

X1	지배	종속	계
조정 전	300,000	80,000	
내부거래	(2,400)		
FV 차이		(50,000)	
－손상			
－배당			
조정 후	297,600	30,000	327,600
지배(80%)	297,600	24,000	**321,600**
비지배(20%)		6,000	**6,000**

X2	지배	종속	계
조정 전	400,000	100,000	
내부거래	2,400	(18,750)	
FV 차이			
－손상			
－배당	(8,000)		
조정 후	394,400	81,250	475,650
지배(80%)	394,400	65,000	459,400
비지배(20%)		16,250	**16,250**

참고 비지배지분
X1말: (400,000+50,000)×20%+6,000=96,000
X2말: (400,000+50,000)×20%+6,000+16,250-2,000(배당)=110,250

X1년 말 비지배지분: (250,000＋100,000)×20%＝70,000
유상증자 후 비지배지분의 지분율: (200＋100)/(1,000＋200)＝25%
－ 유상증자 전 총 발행주식 수는 1,000주였는데, 200주를 발행하였다. 유상증자를 하는 200주 중 100주
　를 ㈜지배가 인수하였으므로 나머지 100주는 비지배지분이 인수한다.

유상증자 후 X2년 초 비지배지분: (350,000＋200주×@1,000)×25%＝137,500
X2년 비지배 NI: 150,000×25%＝37,500
X2년 말 비지배지분: 137,500＋37,500＝**175,000**

X2년도 연결조정분개

자본금	100,000	종속기업투자	100,000
주식발행초과금	100,000	비지배지분	67,500
		자본요소	32,500
이익잉여금	37,500	비지배지분	37,500

유상증자 시 비지배지분 증가액: 550,000×25%－350,000×20%＝67,500

1. FV－BV

	FV－BV	X1	X2
재고	10,000	(10,000)	
건물	20,000	(4,000)	(4,000)
계	30,000	(14,000)	(4,000)

2. 비지배지분의 영업권: 70,000－(200,000＋30,000)×30%＝1,000
　－ 비지배지분을 공정가치로 측정하므로 비지배지분도 영업권을 계상한다.

참고 영업권: 49,000(지배)＋1,000(비지배)＝50,000
지배기업지분 영업권: 210,000－(200,000＋30,000)×70%＝49,000

3. 내부거래: 없음

4. 당기순이익 조정

X1	지배	종속	계
조정 전	?	40,000	
내부거래			
FV 차이		(14,000)	
－손상			
－배당			
조정 후	?	26,000	?
지배(70%)		18,200	?
비지배(30%)		7,800	7,800

→ 비지배NI＝7,800

5. X1말 비지배지분
(1) 취득일 종속기업 순자산 FV×(1−R)+Σ비지배NI+**비지배지분의 영업권**
=230,000×30%+7,800+1,000=**77,800**

(2) 취득일의 비지배지분 FV+Σ비지배NI
=70,000+7,800=**77,800**

33. ⑤
재무제표의 표시
통화로의 환산

X2년 말 B/S	
① 자산−부채: 기말환율 =$(3,000−1,500)×1,000(X2말)=1,500,000	② 자본: 자본 증가 시점의 환율 −자본금: 증자일의 환율 =$1,000×800(X1초)=800,000 −이익잉여금: NI가 집계된 연도의 평균환율 =1,500,000−800,000−100,000=600,000 ③ OCI: 대차차액 =100,000 (문제 제시)

OCI가 100,000이므로 X2말 이잉은 600,000이다.
X2말 이잉=X1말 이잉+X2년도 NI=X1말 이잉+$300×900(X2)=600,000
→ X1말 이잉=**330,000**

34. ③
위험회피회계
말문제

① 현금흐름위험회피에서 위험회피수단의 손익은 **효과적인 부분은 기타포괄손익으로**, 비효과적인 부분은 **당기손익**으로 인식한다.
② 위험회피의 지정 및 철회를 하기 위해서는 엄격한 조건을 모두 충족시켜야 한다.
④ 해외사업장순투자의 위험회피는 **현금흐름위험회피**와 유사하게 회계처리한다.
⑤ '고정금리→변동금리' 스왑은 **공정가치위험회피** 유형에 해당한다.

35. ①
현금흐름위험
회피

환율변동표

	계약일	손익	12.31	손익	만기	누적액
대상: 예상매입	(190,000)	−5,000	(195,000)	−25,000	(220,000)	−30,000
수단: 선도매입	200,000	+10,000	210,000	+10,000	220,000	+20,000
효과적(OCI) 비효과적(PL)		①5,000 ❶5,000		③15,000 ❸−5,000		②20,000 ❷0

X2년도 PL: −5,000×10온스=**(−)50,000**
문제에서 선도계약이 매입인지, 매도인지 제시하지 않았지만, 금을 예상매입하는 상황이므로, 매입 시 지출하는 현금을 고정시키기 위하여 선도매입을 체결하였다는 것을 유추할 수 있다.

참고 회계처리

10.1	−회계처리 없음− (선도는 계약 시 현금 유출입이 없으므로.)				
12.31	선도계약	100,000	OCI	50,000	
			PL	50,000	
3.31	선도계약	100,000	OCI	150,000	
	PL	**50,000**			
3.31	현금	200,000	선도계약	200,000	
	OCI	200,000	현금	2,200,000	
	금	2,000,000			

금 취득원가: 220,000(현물환율)×10온스−200,000＝2,000,000

36. ②
자산의 평가

무형자산은 **정액법**에 따라 해당 자산을 사용할 수 있는 시점부터 합리적인 기간 동안 상각한다. 정액법이 아닌 다른 방법으로 상각할 수 없다.

37. ②
부채의 평가

비화폐성 외화자산과 비화폐성 외회부채에서 발생한 손익을 조정항목에 반영하는 경우에는 그 손익에 포함된 환율변동효과도 해당 **조정항목에 반영**하고, 재정운영순원가에 반영하는 경우에는 그 손익에 포함된 환율변동효과도 해당 재정운영순원가에 반영한다.

38. ①
자산과 부채의
평가

현재가치 가액은 해당 채권·채무로 미래에 받거나 지급할 총금액을 해당 거래의 유효이자율(유효이자율을 확인하기 어려운 경우에는 유사한 조건의 **국채** 유통수익률을 말한다)로 할인한 가액으로 한다.

39. ③
국가회계법

국가의 결산보고서는 결산 개요, 세입세출결산(중앙관서결산보고서 및 국가결산보고서의 경우에는 기금의 수입지출결산을 포함하고, 기금결산보고서의 경우에는 기금의 수입지출결산을 말한다), 재무제표, **성과보고서**로 구성된다. 국세징수활동표는 결산보고서가 아니라 필수보충정보에 해당한다.

40. ④
재정운영표

	중앙부처 A 일반회계	대한민국 정부
프로그램순원가	20,000	
(＋) 관리운영비		
(＋) 비배분비용	3,000	
(−) 비배분수익	(6,000)	
재정운영순원가	17,000	17,000
(−) 비교환수익		(6,000)
재정운영결과	**17,000**	**11,000**

(1) 손익 구분
　자산감액손실: 비배분비용
　단기투자증권 평가이익: 순자산조정(재정운영표에 표시 X)
　이자수익: 비배분수익
　부담금수익, 제재금수익: 비교환수익
　− 부담금수익은 청구권이 확정될 때 인식하므로 4,000을 인식한다.

(2) 일반회계

일반회계는 재정운영결과 계산 시 비교환수익을 차감하지 않는다.

(3) 정부

정부의 재정운영표에는 행정형회계의 비교환수익도 표시된다.

41. ①
종합원가계산

		완성품환산량	
재공품(FIFO)		재료원가	가공원가
기초 1,800 (1)(0.9)	완성 13,800		
	⟨ 1,800 (0)(0.1)	—	180
	12,000 (1)(1)	12,000	12,000
착수 15,000	기말 3,000 (1)(0.3)	3,000	900
		15,000	13,080
		@28	@45

(1) 완환량 단위당 원가
- 재료원가: 420,000/15,000=28
- 가공원가: 588,600/13,080=45

(2) 완성품원가(=당기제품제조원가): 매출원가+기말제품재고−기초제품재고
= 1,070,000+38,700−84,600=1,024,100

(3) 완성품원가: 12,000×@28+(180+12,000)×@45+기초 재공품=1,024,100
→ 기초 재공품=**140,000**

별해 제조원가의 흐름

	가산		차감		
원재료	기초 매입액		기말		˩ DM 420,000
가공원가	DL OH	588,600			
재공품	기초	**140,000**	기말	124,500[1]	˩ 당기제품제조원가
제품	기초	84,600	기말	38,700	˩ 매출원가 1,070,000

[1]기말재공품원가: 3,000×@28+900×@45=124,500
기초재공품원가: 1,070,000−(420,000+588,600+84,600)+(124,500+38,700)=140,000

42. ④
활동기준원가
계산

1. 활동기준원가계산
(1) 활동별 배부율

재료이동	1,512,000/630회=2,400/회
조립작업	7,000,000/1,400시간=5,000/시간
도색작업	7,200,000/9,000시간=800/시간
품질검사	8,000,000/(X+Y)

(2) 제조간접원가 배부

	제품 A	제품 B
재료이동	2,400×400회=960,000	2,400×230회=552,000
조립작업	5,000×600시간=3,000,000	5,000×800시간=4,000,000
도색작업	800×3,000시간=2,400,000	800×6,000시간=4,800,000
품질검사	8,000,000×X/(X+Y)	8,000,000×Y/(X+Y)
합계	8,000,000×X/(X+Y)+6,360,000	8,000,000×Y/(X+Y)+9,352,000

2. 생산량 기준 배부

	제품 A	제품 B
합계	23,712,000×X/(X+Y)	

3. 배부액 차이

8,000,000×X/(X+Y)+6,360,000−23,712,000×X/(X+Y)=(−)3,460,000

→ 15,712,000×X/(X+Y)=9,820,000, X/(X+Y)=0.625

4. 활동기준원가계산으로 제품 B에 배부될 제조간접원가

: 8,000,000×0.375+9,352,000=**12,352,000**

− Y/(X+Y)=1−X/(X+Y)=1−0.625=0.375

43. ⑤
고정제조간접원
가 차이분석

	AQ × AP		AQ × SP		SQ × SP
DM(구입)	3,100kg×60 =186,000	①가격차이 31,000 불	3,100kg×50 =155,000		
DM(사용)			2,900kg×50 =145,000	②수량차이 5,000 유	3,000kg×50 =150,000
변동OH	8,000×470 =3,760,000	③소비차이 240,000 유	8,000×500 =4,000,000	④능률차이 500,000 불	7,000×500 =3,500,000
고정OH	820,000	예산차이 120,000 불	700,000	⑤**조업도차이** **175,000 유**	7,000×125 =875,000

(1) SQ

DM: 1,000개×3kg=3,000kg

OH: 1,000개×7시간=7,000시간

(2) 고정OH의 SP: 700,000/5,600=125

− 기준조업도: 800개×7시간=5,600시간

44. ③
변동원가계산
말문제

① 초변동원가계산은 생산량 증가 시 이익이 감소하므로, 경영자의 생산과잉을 더 잘 방지하는 것은 초변동원가계산이다. (X)

② 변동원가계산은 전환원가(가공원가)를 제품원가로 처리한다. (X)

③ 기초재고는 없는데, 기말재고는 있는 상황이다. 따라서 전부원가계산상의 당기 영업이익보다 초변동원가계산상의 당기 영업이익이 더 작다. (O)

④ 외부이용자를 위한 재무제표에 이용되는 것은 전부원가계산이다. (X)

⑤ 제품의 재고물량이 늘어나더라도 단위당 고정제조간접원가가 작아지면 변동원가계산의 영업이익이 전부원가계산의 영업이익보다 클 수 있다. (X)

45. ④
원가추정

① R^2는 추정된 회귀분석의 설명력을 나타내는 것으로 **1에 가까울수록** 높은 설명력을 가진다. 1보다 클 수는 없다. (X)

② t값은 일반적으로 2보다 큰 경우, 유의도는 0.05보다 작은 경우 분석결과 값을 신뢰할 수 있는 것으로 본다. 따라서 제시된 t값은 3, 4로 2보다 크고, 유의도는 0.01로 0.05보다 작으므로, 분석결과 값을 **신뢰할 수 있다.** (X)

— 본 선지는 재무관리 내용을 출제한 것이므로 재무관리 교재를 참고하자.

③ 700−526(단위당 변동제조원가)−10(단위당 변동판관비)=**164** (X)

④ 296,000+526×2,000개=1,348,000 (O)

⑤ **생산량이 가장 많은 4월과 적은 7월**의 중략된 제조원가자료를 사용하면 고저점법을 통해 더 정확한 원가를 추정할 수 있다. (X)

46. ⑤
원가추정

(1) 고저점법에 의한 원가함수 추정
단위당 변동원가: (1,427,600−850,400)/(2,130−1,020)=520
고정원가: 850,400−1,020×520=320,000

(2) 제조원가가 같아지는 생산량
520X+320,000=526X+296,000
→ X=**4,000개**

47. ①
균등이익률법

회사 전체의 매출원가율: (220,000+80,000)/400,000=①75%

	매출액	제조원가	결합원가
A	96,000	96,000×75%=②72,000	
B		138,000	138,000
C+		300,000−72,000−138,000 =③90,000	90,000−80,000(추가가공원가) =④**10,000**
계	400,000	300,000	220,000

48. ③
상호배부법

	전력	수선	절단	조립
배부 전		0.2	0.5	0.3
전력	(A)	0.2A	0.5A	0.3A
	0.4		0.4	0.2
수선	0.4B	(B)	0.4B	0.2B
배부 후	—	—	7,400	4,200

$0.5A + 0.4B = 7,400$

$0.3A + 0.2B = 4,200$

$\rightarrow A = 10,000,\ B = 6,000$

전력부문 부문원가: $10,000 - 6,000 \times 0.4 = 7,600$

	전력	수선	절단	조립
배부 전	**7,600**	4,000		
		0.2	0.5	0.3
전력	(10,000)	2,000	5,000	3,000
	0.4		0.4	0.2
수선	2,400	(6,000)	2,400	1,200
배부 후	—	—	7,400	4,200

49. ②
품질원가

품질원가: $7,700 \times 1.5 + 13,400 + 13,500 \times 0.8 + 34,000 \times 0.9 = \textbf{66,350}$

통제원가			
예방원가: 7,700		평가원가: 13,400	
교육훈련비	5,400	품질검사	3,200
협력업체 조달 비용	2,300	완성품검사	10,200
실패원가			
내부실패원가: 13,500		외부실패원가: 34,000	
불량품 폐기	6,100	제품보증수리원가	24,700
불량품 재작업	7,400	기회원가	9,300

50. ②
공손

재공품(FIFO)

기초 800 (1)(0.7)	완성 5,680
	⟨ 800* (0)(0.3)
	4,880* (1)(1)
	공손 340 (1)(0.8)
	⟨ 정상 284
	비정상 **56**
착수 6,420	기말 1,200 (1)(0.4)

정상공손수량: $(800 + 4,880) \times 5\% = 284$

1.	④	6.	①	11.	②	16.	⑤	21.	⑤	26.	①	31.	③	36.	⑤	41.	⑤	46.	④
2.	③	7.	⑤	12.	③	17.	⑤	22.	③	27.	①	32.	④	37.	③	42.	②	47.	①
3.	④	8.	⑤	13.	②	18.	②	23.	③	28.	②	33.	④	38.	②	43.	②	48.	⑤
4.	③	9.	③	14.	①	19.	①	24.	②	29.	①	34.	③	39.	④	44.	⑤	49.	⑤
5.	③	10.	④	15.	④	20.	④	25.	①	30.	②	35.	②	40.	⑤	45.	①	50.	②

01. ④
개념체계

보강적 질적특성을 적용하는 것은 어떤 규정된 순서를 따르지 않는 반복적인 과정이다.

02. ③
영업에서 창출된
현금

영창현	=	EBT	−	비영업 손익	−	△영업 자산	+	△영업 부채
100,000		97,000		2,000 감가비 (1,000) 유형자산처분이익 5,000 이자비용 (1,500) 배당금수익		(3,000) 재고자산 (2,500) 매출채권		4,000 매입채무

03. ④
정책변경-투자부
동산 평가모형 변
경

	20X1년	20X2년
감가비 부인 평가손익 인식	100,000 (50,000)	(70,000)
	X1말 이잉: 50,000 증가	NI: 70,000 감소
	x2말 이잉: 20,000 감소	

(1) 감가상각비: (1,000,000−0)/10=100,000

(2) 공정가치 평가손익
　X1년: 950,000−1,000,000=(−)50,000 손실
　X2년: 880,000−950,000=(−)70,000 손실

① X2말 투부 잔액: 880,000
② X2년 평가손익: 70,000 손실
③ X1말 투부 잔액: 950,000 (소급 적용)
④ 소급 적용하므로 공정가치모형을 적용하며, 감가상각비는 표시되지 않는다. (X)
⑤ X1말 이잉: 300,000+100,000(감가비 부인)−50,000(평가손실 인식)=350,000
　− 이익잉여금은 NI의 누적액이다. X1년 NI가 50,000 증가하므로 이잉도 50,000 증가한다.

04. ③

기업이 결제방식을 선택할 수 있는 경우

A: 현금결제형

	명수	×개수	×금액	×1/n	=누적액	비용
X1		1,000	520	1/2	260,000	**260,000**

현금결제형 가정 시 매년 말 공정가치로 평가해야 하므로 520으로 평가한다.

B: 주식결제형

	명수	×개수	×금액	×1/n	=누적액	비용
X1		1,200	400	1/2	240,000	**240,000**

주식결제형 가정 시 부여일의 공정가치로 평가해야 하므로 400으로 평가한다.

현금결제 시 주식 수(1,000주)와 주식결제 시 주식 수(1,200주)가 다르므로 유의하자.

05. ③

기말 재고자산에 포함될 항목

	회사	정답	조정
실사 금액			2,000,000
(1) 선적지인도조건 매입	재고 X	재고 O	250,000
(2) 수탁재고	재고 O	재고 X	(110,000)
(3) 재구매 조건부 판매	재고 X	재고 O	80,000
(4) 적송품	재고 X	재고 O	100,000
(5) 시송품	재고 X	재고 O	200,000
실제 금액			**2,520,000**

(1) 선적지인도조건 매입: 기말 현재 재고가 운송 중이므로 회사의 재고에 포함되어야 하나, 실사금액에 포함되어 있지 않으므로 가산해야 한다.

(2) 수탁재고: ㈜대한이 아닌 ㈜부산의 재고이므로 재고자산에 포함되면 안 된다.
  150,000−40,000=110,000

(3) 재구매 조건부 판매: 약정금액 재구매 약정을 체결하였으므로 재고자산에 포함한다.

(4) 적송품: 500,000×(1−80%)=100,000

(5) 시송품: 10개를 고객에게 전달하여 이 중 6개만 매입 의사를 표시하였으므로, 4개는 재고자산에 가산해야 한다. 50,000×4개=200,000

06. ①

조별 저가법

1. 항목별기준

재고자산

기초(순액)	855,000	**매출원가**	**7,549,000**
		기타비용	—
매입	7,500,000	기말(순액)	806,000
계	8,355,000	계	8,355,000

감모손실과 평가손실을 매출원가에 포함하므로 기타비용은 없다.

기말 재고(순액): 77,000+190,000+224,000+315,000=806,000

	A1	A2	B1	B2
BQ × BP	120개×@800 =96,000	200개×@1,000 =200,000	300개×@900 =270,000	350개×@1,050 =367,500
감모손실				
AQ × BP	110개×@800 =88,000	200개×@1,000 =200,000	280개×@900 =252,000	300개×@1,050 =315,000
평가충당금				
AQ × 저가	110개×@700 =77,000	200개×@950 =190,000	280개×@800 =224,000	300개×@1,050 =315,000

2. 조별기준

재고자산

기초(순액)	855,000	매출원가	7,521,000
		기타비용	—
매입	7,500,000	기말(순액)	834,000
계	8,355,000	계	8,355,000

기말 재고(순액): 267,000＋567,000＝834,000

	A	B
BQ × BP	120개×@800＋200개×@1,000 =296,000	300개×@900＋350개×@1,050 =637,500
감모손실		
AQ × BP	110개×@800＋200개×@1,000 =288,000	280개×@900＋300개×@1,050 =567,000
평가충당금		
AQ × 저가	min[288,000, 110개×@700＋200개 ×@950]=267,000	min[567,000, 280개×@800＋300개 ×@1,150]=567,000

별해 조별 매출원가＝항목별 매출원가－기말 재고 증가분
＝7,549,000－280개×(900－800)＝7,521,000

07. ⑤
유형자산 재평가
모형

연도별 자본 증감액
X1년: －110,000(감가비)＋20,000(재평가잉여금)＝**90,000 감소**
X2년: －115,000(감가비)－20,000(재평가잉여금)－10,000(재평가손실)＝**145,000 감소**

X0	600,000	n=5, s=50,000, 정액		
	↓ (110,000)			
X1	490,000	－⊕ 20,000→	510,000	n=4, s=50,000, 정액
			↓ (115,000)	
X2			395,000	－⊖ 20,000→ (－) 10,000 → 365,000

별해 자본 증감액＝기말 자산－기초 자산
X1년: 510,000－600,000＝**90,000 감소**
X2년: 365,000－510,000＝**145,000 감소**

08. ⑤
차입원가 자본화

```
X1                              12.31
1.1     3,000,000×12/12    ＝3,000,000
7.1     5,000,000×6/12     ＝2,500,000
10.1    4,000,000×3/12     ＝1,000,000
                            ─────────
                            6,500,000


특정    4,000,000×12/12    ＝4,000,000    (8%)    →320,000
일시    (1,000,000)×6/12   ＝(500,000)    (5%)    →(25,000)
일반    (6,500,000          －3,500,000)   (8%)    →240,000      (한도: 960,000)
                                                   ────────
                                                   535,000


R     ＝960,000/12,000,000＝8%
B     6,000,000×12/12      ＝6,000,000    (10%)   →600,000
C     8,000,000×9/12       ＝6,000,000    (6%)    →360,000
계                          12,000,000            960,000
```

09. ③
유형자산
원가모형

X2년말 손상차손누계액: 14,000＋12,500＝**26,500**

```
X0    80,000      n=5, s=0, 정액
      ↓ (16,000)
X1    64,000    —(14,000)→    50,000     n=6, s=5,000, 정액
                              ↓ (7,500)
X2                            42,500    —(12,500)→    30,000
```

10. ④
내부적으로 창출
한 무형자산

교육훈련비는 무형자산의 원가에 포함하지 않고, 당기비용으로 인식한다.

11. ②
자본거래가 자본
에 미치는 영향

자기주식처분손익을 계산할 필요 없이, 현금 유출입만 계산하면 된다.

기초 자본		9,500,000
3.1	60×6,000	＝(360,000)
5.10	20×7,500	＝150,000
7.25	10×5,000	＝50,000
9.15	20×4,500	＝90,000
NI		300,000
기말 자본		9,730,000

자기주식의 무상취득: 무상으로 취득한 자기주식은 0으로 계상한다. 따라서 자기주식을 무상으로 취득하는 경우 회계처리는 없으며, 자본에 미치는 영향은 없다.

12. ③
조건 변경

X0	925,376	n=3, R=10%, (70,000)	
	↓ 92,538		
X1	947,914		
	↓ 94,791		
X2	972,705	—(97,065)→	875,640

Step 1. 조건 변경 시점까지 상각하기
X1초 PV: 1,000,000×0.7513+70,000×2.4868=925,376
X2말 PV: (925,376×1.1−70,000)×1.1−70,000=972,705
≒(1,000,000+70,000)/1.1=972,727

Step 2. 조건 변경 후의 현금흐름을 '역사적' 이자율로 현재가치하기
X3초 조건 변경 후 PV: 1,000,000×0.7513+50,000×2.4868=875,640

Step 3. 조건 변경이 실질적인지 판단하기
원래는 실질적 조건 변경을 판단해야 하나, 문제에서 제거조건을 충족하지 않았다고 가정했으므로 판단을 생략한다.

Step 4. 채권, 채무 금액 조정하기 & 이자수익 인식하기
조건 변경이 실질적이지 않으므로, 역사적 이자율(10%)을 그대로 사용한다.
(1) 조건변경손익: 875,640−972,705=**(−)97,065 손실**
   − ㈜대한은 채권자로, 자산이 감소하는 것이므로 손실이 계상된다.

13. ②
금융자산의 손상

X2년 손상차손환입: 60,000×1.7355=**104,130** (단수차이)
   − X2년말 현재 앞으로 2년간 60,000(=210,000−150,000)씩 더 받을 수 있게 되었으므로 60,000에 연금현가계수를 곱한 금액만큼 환입을 인식하면 된다. 손상차손환입을 물었기 때문에 X1년초부터 상각할 필요 없이, 계산 한 번에 답을 구할 수 있는 문제였다.

참고

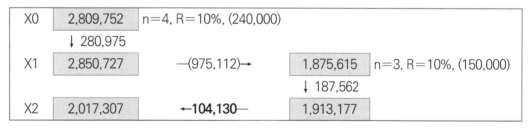

X0	2,809,752	n=4, R=10%, (240,000)		
	↓ 280,975			
X1	2,850,727	—(975,112)→	1,875,615	n=3, R=10%, (150,000)
			↓ 187,562	
X2	2,017,307	←104,130—	1,913,177	

X1초 PV: 3,000,000×0.6830+240,000×3.1698=2,809,752
X1말 상각후원가: 2,809,752×1.1−240,000=2,850,727
X1년 손상차손: (3,000,000−2,000,000)×0.7513+(240,000−150,000)×2.4868=975,112
X1말 BV: 2,850,727−975,112=1,875,615

X2말 상각후원가: $1,875,615 \times 1.1 - 150,000 = 1,913,177$

X2말 BV: $1,913,177 + 104,130 = 2,017,307$

14. ①

금융상품 말문제

FVOCI에서 AC로 재분류하는 경우 취소를 통해 OCI만 제거하고, 기존 유효이자율 상각표를 이용한다. 따라서 '최초 인식시점부터 상각후원가로 측정했던 것처럼' 측정한다는 표현은 맞는 설명이다.

② 발생 가능성이 높은 신용손실의 보상을 보증하면서 매도한 것은 위험과 보상의 대부분을 **보유**하는 경우이다.

③ FVOCI 금융자산을 FVPL 금융자산으로 재분류하는 경우 OCI를 **재분류 조정**한다.

④ 공정가치로 재매입할 수 있다면 위험과 보상의 대부분을 **이전**하는 경우이다.

⑤ 정한 가격으로 재매입하는 거래는 위험과 보상의 대부분을 **보유**하는 경우이다.

15. ④

신주인수권부사채

액면사채	$1,000,000 \times 0.7118 + 100,000 \times 2.4019$	=①951,990
할증금	0	=②0
자본		④**48,010**
발행가액 계		③1,000,000

① 자본요소: 48,010 (X)

② X2년도 이자비용: $(951,990 \times 1.12 - 100,000) \times 0.12 = 115,947$ (X)

③ X2년말 BW 장부금액: $(951,990 \times 1.12 - 100,000) \times 1.12 - 100,000 = 982,176$ (X)

④ 신주인수권 행사로 증가하는 주발초

: (행사가 + 할증금 BV + 신주인수권대가 - 주당 액면가 × 총 전환 가능 주식 수) × 행사율

= (50주 × 20,000 + 0 + 48,010 - 50주 × 5,000) × 40% = 319,204 (O)

— 사채 액면 20,000당 1주를 인수할 수 있으므로 총 50주(= 1,000,000/20,000)를 인수할 수 있으며, 행사금액은 20,000이다. 할증금이 없으므로 할증금은 고려할 필요 없다.

⑤ X3년도 이자비용: $982,176 \times 0.12 = 117,861$ (X)

— 할증금이 없으므로 할증금을 고려할 필요 없이, 기존 사채의 이자비용 계산 식을 이용한다. BW는 CB와 달리 행사를 하더라도 사채가 감소하지 않는다는 것을 주의하자.

회계처리

X1초	현금	1,000,000	BW	951,990
			대가	48,010
X1말	이자비용	114,239	현금	100,000
			BW	14,239 ⌋ 966,229
X2말	이자비용	115,947	현금	100,000
			BW	15,947 ⌋ 982,176
X3초	현금	400,000	자본금	100,000
	대가	19,204	주발초	319,204
X3말	이자비용	117,861	현금	100,000
			BW	17,861 ⌋ 1,000,037
X3말	BW	1,000,037[1]	현금	1,000,037

[1] 만기 상환액: 단수차이이다. 1,000,000을 의미한다.

16. ⑤
법인세회계
말문제

기타포괄손익으로 발생한 이연법인세효과는 **기타포괄손익**으로 인식한다.
① 미래 과세소득의 발생가능성이 높은 경우(＝자산성이 있는 경우) 그 범위 내에서 이연법인세자산을 인식한다.
② 선수수익을 예로 들면, 회계상으로는 부채로 보지만, 세법상으로는 부채로 보지 않는다. 또한, 미래에 회계상으로 선수수익을 제거하면서 수익을 인식하더라도 이를 세법상으로 수익으로 보지 않는다. 따라서 부채의 세무기준액은 장부금액에서 미래에 세무상 공제될 금액을 차감한 금액이다. '세무상 공제될 금액'이라는 표현은 '손入' 세무조정을 통해 과세소득에서 차감할 금액을 뜻한다.
③ 이연법인세자산은 일시적차이의 변동이 없더라도 재검토로 인해 변경될 수 있다.
④ 누진세율이 적용되는 경우 '평균'세율로 이연법인세자산, 부채를 계산한다.

17. ⑤
종업원급여

(A) 사외적립자산 공정가치: **1,500,000**
(B) NI에 미치는 영향: **314,000 감소**

	비용	자산	부채	OCI
기초		1,000,000	1,200,000	
이자(7%)	14,000	70,000	84,000	
당기	300,000		300,000	
지급		(150,000)	(150,000)	
적립		200,000		
재측정 전	314,000	1,120,000	1,434,000	
재측정		380,000	466,000	(86,000)
재측정 후		1,500,000	1,900,000	
순자산			400,000	

X2년말 확정급여부채: 1,434,000＋466,000＝1,900,000
X2년말 사외적립자산: 1,900,000－400,000＝1,500,000

18. ②
주당이익 말문제

기업이 공개매수 방식으로 우선주를 재매입할 때 우선주 주주에게 지급한 **대가의 공정가치가 우선주의 장부금액을 초과하는 부분**은 지배기업의 보통주에 귀속되는 당기순손익을 계산할 때 차감한다.
③, ④번은 지엽적인 문장이므로 넘어가자. 맞는 문장이다.

19. ①
유효이자율 상각

	유효이자(14%)	액면이자	상각액	BV
X0				
X1	148,420	120,000	28,420	
X2	152,400	120,000	32,400	

X2년도 상각액: 152,400－120,000＝32,400
X1년도 상각액: 148,420－120,000＝28,420
32,400/28,420＝1＋유효R
→ 유효R＝14%

20. ④
충당부채

가	90,000
나	–
계	**90,000**

가. 20X1년 12월 31일 현재 굴착장치는 건설되었으나 석유는 채굴되지 않은 상태이다. 따라서 20X1년 12월 31일 현재 유정 굴착장치 제거와 그 장치의 건설로 말미암은 손상의 원상 복구에 관련된 원가 (최종 원가의 90%)의 최선의 추정치인 ₩90,000은 충당부채로 인식하며, 석유 채굴로 생기는 나머지 10%의 원가에 대한 최선의 추정치인 ₩10,000은 충당부채로 인식하지 않는다.

나. 충당부채를 인식하지 아니한다. 기업에 책임이 있는지 밝혀지지 않을 가능성이 높으므로, 경제적 효익이 있는 자원의 유출 가능성이 높지 않기 때문이다.

21. ⑤
수익 말문제

① 수행의무에는 사업 관행, 공개한 경영방침 등으로 인해 고객이 갖는 정당한 기대도 포함된다.
② 준비활동은 수행의무에 포함되지 않는다.
③ 변동대가 추정치의 제약을 받는 금액은 거래가격에 포함하지 않는다.
④ 제삼자를 대신해서 회수한 금액은 거래가격에서 제외한다.

22. ③
계약변경

②, ③ 계약 당사자들끼리 계약변경 범위나 가격(또는 둘 다)에 다툼이 있거나, **당사자들이 계약 범위의 변경을 승인하였지만 아직 이에 상응하는 가격 변경을 결정하지 않았더라도, 계약변경은 존재할 수 있다.**

23. ③
계약자산, 계약부채, 수취채권

정답: 수취채권 700(A), 계약자산 400(B), 계약부채 1,000(A)

(1) 제품A

X1.11.30	수취채권	1,000	계약부채	1,000
	현금	300	수취채권	300
X2.1.15	현금	700	수취채권	700
X2.1.31	계약부채	1,000	수익	1,000

X1.11.30: 현금을 지급해야 하는 약정일이므로 현금을 받았건, 받지 않았건 수취채권 1,000을 계상한다. 이 중 300은 현금을 받았으므로 수취채권을 제거한다.
X2.1.15: 현금을 수령하였으므로 수취채권을 제거한다.
X2.1.31: 제품을 이전하였으므로 계약부채를 제거하고 수익을 인식한다.

(2) 제품B, C

X1.11.30	계약자산(B)	400	수익	400
X2.1.31	수취채권	400	계약자산(B)	400
	수취채권	600	수익(C)	600

X1.11.30: 제품 B를 이전하였으므로 수익을 인식한다. 하지만 제품 C를 이전해야 대가를 수취할 권리가 생기므로 수취채권이 아닌 계약자산을 계상한다.
X2.1.31: 제품 C를 이전했으므로 B와 C에 대한 대가를 받을 수 있는 권리가 생겼다. B에 대해 인식한 계약자산을 수취채권으로 대체하고, C에 대해서도 수취채권을 인식한다.

24. ②
리스 말문제

① 리스기간이 12개월을 **초과**하고 기초자산이 소액이 아닌 모든 리스에 대하여 리스이용자가 자산과 부채를 인식하여야 한다.
③ 기초자산이 소액인지는 **절대적** 기준에 따라 평가한다.
④ 단기리스에 대한 선택은 사용권이 관련되어 있는 **기초자산의 유형별**로 한다.
⑤ 소액 기초자산 리스에 대한 선택은 **리스별**로 할 수 있다.

25. ①
금융리스
회계처리

X1년도 PL에 미치는 영향
(1) 대한리스: **131,853 증가** (이자수익)
(2) 민국: 131,853(이자비용)＋334,633(감가비)＝**466,486 감소**

		제공자(대한리스)			이용자(민국)			
X1초	리스채권	1,318,530	리스자산	1,288,530	사용권자산	1,338,530	리스부채¹	1,318,530
			현금	30,000			현금	20,000
X1말	현금	500,000	이자수익	**131,853**	이자비용	**131,853**	현금	500,000
			리스채권	368,147	리스부채	368,147		
					감가상각비²	**334,633**	사용권자산	334,633

¹리스부채: 500,000×2.4868＋100,000×0.7513＝1,318,530＝리스채권
²감가상각비: (1,338,530－0)/4＝334,633
－ 자산이 반환되지 않으므로 리스기간인 3년이 아닌 자산의 내용연수인 4년으로 상각한다.

26. ①
사업결합 말문제

사업이 되기 위해서 산출물의 생산을 반드시 요구하지 않는다.
⑤ 취득자는 때로 대가를 이전하지 않고 피취득자에 대한 지배력을 획득한다. 다음과 같은 경우 등이 있다.
(1) 기존 투자자(취득자)가 지배력을 획득할 수 있도록, 피취득자가 충분한 수량의 자기주식을 다시 사는 경우
(2) 피취득자 의결권의 과반수를 보유하고 있는 취득자가 피취득자를 지배하는 것을 막고 있던 소수거부권이 소멸한 경우
(3) 취득자와 피취득자가 계약만으로 사업결합하기로 약정한 경우

27. ①
사업결합이 아닌
자산집단 취득

(가) 사업결합: 50,000(염가매수차익)－18,000(감가상각비)＝**32,000 증가**

구분	취득원가	감가상각비
토지	220,000	－
건물	200,000	200,000/10×6/12＝10,000
기계장치	80,000	80,000/5×6/12＝8,000
계	500,000	18,000

회계처리

20X1.7.1	토지	220,000	현금	450,000
	건물	200,000	**염가매수차익**	**50,000**
	기계장치	80,000		
20X1.12.31	**감가상각비**	**10,000**	건물	10,000
	감가상각비	**8,000**	기계장치	8,000

사업결합 시에는 피취득자의 자산, 부채를 공정가치로 평가한 뒤 영업권이나 염가매수차익을 인식한다.

(나) 자산집단 취득: **16,200 감소** (감가상각비)

구분	취득원가	감가상각비
토지	450,000×220,000/500,000=198,000	—
건물	450,000×200,000/500,000=180,000	180,000/10×6/12=9,000
기계장치	450,000×80,000/500,000=72,000	72,000/5×6/12=7,200
계	450,000	16,200

회계처리

20X1.7.1	토지	198,000	현금	450,000
	건물	180,000		
	기계장치	72,000		
20X1.12.31	**감가상각비**	**9,000**	건물	9,000
	감가상각비	**7,200**	기계장치	7,200

자산집단 취득 시에는 일괄취득으로 보아 일괄구입가격을 공정가치 비율로 안분하며, 영업권이나 염가매수차익이 발생하지 않는다.

28. ② 연결 말문제

지분법을 적용하는 경우에는 배당금을 관투에서 차감하지만, 나머지 경우에는 배당금을 당기손익으로 인식한다. 문제에서 '별도재무제표'에 대한 설명을 물었는데, 별도재무제표에서는 내부거래를 제거하기 전이므로 배당금수익을 있는 그대로 당기손익으로 인식한다.

29. ① 관계기업투자주식

1. FV−BV: 없음

2. 영업권 상당액: 350,000−1,200,000×30%=(−)10,000 (염가매수차익)

30. ② 지분법이익

3. 내부거래

	X1	X2
재고 (하향)	(5,000)	3,500
	1,500	

당기 중 25,000 매입 후 기말에 17,500이 계상되어 있으므로 기중에 30%가 팔린 것이다. 미실현이익 5,000 중 30%인 1,500을 환입한다. ㈜민국은 매입한 재고자산을 X2년 중에 모두 판매하였으므로 X2년에 미실현이익 3,500을 전부 환입한다.

4. 지분법이익

	X1	X2
조정 전	100,000	(100,000)
내부거래	(3,500)	3,500
FV 차이	—	—
조정 후	96,500	(96,500)
투자(30%)	28,950	(28,950)
＋염가매수차익	10,000	—
지분법이익	38,950	(28,950)

X1년 지분법이익＝38,950
X2년 지분법손실＝**(−)28,950**

5. 관계기업투자주식 장부금액

	X1	X2
기초	350,000	403,950
＋지분법이익	38,950	(28,950)
＋지분법자본변동	15,000	33,000
－배당액×R	－	(3,000)
＝기말	403,950	405,000

X1년말 관계기업투자주식 장부금액: **403,950**
X2년말 관계기업투자주식 장부금액: 405,000

31. ③
연결-기타포괄손
익이 있는 경우

1. FV－BV: 없음

2. 영업권: 1,200,000－(1,500,000)×80%＝0

32. ④
연결-기타포괄손
익이 있는 경우

3. 내부거래

	X1	X2
재고 (하향)	(16,000)	
	8,000	8,000
재고 (상향)	(10,000)	
	7,000	3,000
재고 (하향)		(30,000)
		18,000
재고 (상향)		(20,000)
		15,000
토지 (하향)	(20,000)	**20,000(OCI)**

참고 ▶ 토지의 재평가 분석
연결 전 종속기업의 재평가잉여금: 120,000－110,000＝10,000
연결 후 종속기업의 재평가잉여금: 120,000－90,000＝30,000
OCI 차이: 30,000－10,000＝20,000

재평가잉여금의 차이 20,000을 추가로 인식한다. 이는 X1년도에 인식한 미실현이익 20,000과 일치한다. 내부거래로 인한 처분이익을 부인하기 때문에 별도재무제표와 연결재무제표 사이의 토지의 금액에 차이가 있었지만, 공정가치 평가를 통해 차이가 사라졌기 때문에 미실현손익을 전부 제거하면 된다.

4. 당기순이익 조정

X1	지배	종속	계
조정 전	300,000	80,000	
내부거래	(28,000)	(3,000)	
FV 차이			
염가매수차익			
─손상			
─배당			
조정 후	272,000	77,000	349,000
지배(80%)	272,000	61,600	333,600
비지배(20%)		15,400	15,400

X1년 말 비지배지분 잔액: 1,500,000×20%＋15,400＝**315,400**

X2	지배	종속	계
조정 전	200,000	100,000	
내부거래	(4,000)	(2,000)	
FV 차이			
염가매수차익			
─손상			
─배당			
조정 후	196,000	98,000	294,000
지배(80%)	196,000	78,400	**274,400**
비지배(20%)		19,600	**19,600**

─ 위 손익변동표는 'NI'를 조정하는 것이기 때문에 X2년도 내부거래에서 조정한 OCI 20,000는 반영하지 않는다.

X2년 지배NI: **274,400**, 비지배NI: **19,600**

33. ④
모자손

1. 소유구조 요약
   대한 ─(80%)➔ 민국 ─(60%)➔ 만세

2. FV─BV: 없음

3. 내부거래

	X1
기계 (대한)	(20,000)
	2,000
재고 (민국)	(30,000)
	18,000

기계장치 미실현손익 환입액＝(170,000－150,000)/5×6/12＝2,000
─ 기계장치를 7.1에 처분하였으므로 월할상각에 주의하자.

4. 손익 조정표

NI	모	자	손	계
조정전 내부거래 FV	100,000 (18,000)	80,000 (12,000)	50,000	
조정후 NI	82,000	68,000	50,000	200,000
지배	82,000	68,000×0.8	50,000×0.48	160,400
비지배		68,000×0.2	50,000×0.52	**39,600**

손회사 손익 중 지배 NI에 포함될 비율: 0.8×0.6(간접 보유)=0.48
손회사 손익 중 비지배 NI에 포함될 비율: 1−0.48=0.52
X1년 비지배NI=200,000−160,400=**39,600**

참고 영업권과 비지배지분
(1) 영업권: 450,000−420,000×80%+200,000−300,000×60%=134,000
(2) X1년 말 비지배지분: 420,000×20%+300,000×40%+39,600=243,600
  − NI 계산 시와 달리 영업권과 비지배지분 계산 시에는 대한의 민국에 대한 지분율 80%를 곱하지 않고 민국의 만세에 대한 지분율 60%를 바로 쓴다.

34. ③
해외사업장에
대한 연결

(1) 기말 영업권: ￥8,000×10.2=**81,600**
  영업권(￥): ￥80,000−￥90,000×80%=￥8,000

(2) 기말 비지배지분: 180,000+20,200+3,800=**204,000**
  X1.1.1 비지배지분: ￥90,000×20%×10=180,000
  X1년 비지배 NI: ￥10,000×10.1×20%=20,200
  X1년 비지배 OCI: ₩19,000×20%=3,800

35. ②
위험회피회계
말문제

지분법적용투자주식과 연결대상 종속기업에 대한 투자주식은 공정가치위험회피의 위험회피대상항목이 될 수 없다.
③ 해외사업장순투자의 위험회피는 현금흐름위험회피와 같으므로, 효과적인 부분은 OCI로, 비효과적인 부분은 PL로 인식한다.

36. ⑤
자산과 부채의
평가

장기연불조건의 거래, 장기금전대차거래 또는 이와 유사한 거래에서 발생하는 채권·채무로서 명목가액과 현재가치의 차이가 중요한 경우에는 **현재가치**로 평가한다.

37. ③
자산과 부채의
평가

국가의 재정운영표는 재정운영결과가 아니라 재정운영순원가를 중앙관서별로 구분하여 표시한다.

38. ②
국가회계기준과
지자체회계기준
비교

사용수익권은 **자산의 차감**으로 표시한다.

예산회계와 재무회계의 차이에 대한 명세서는 **필수보충정보**로 공시한다.

(1) 재정운영표

프로그램총원가	35,000
(−) 프로그램수익	(15,000)
프로그램순원가	20,000
(+) 관리운영비	10,000
(+) 비배분비용	6,000
(−) 비배분수익	(8,000)
재정운영순원가	①28,000
(−) 비교환수익	−
재정운영결과	②28,000

행정형 회계에 해당하는 '일반회계'이므로 비교환수익은 재정운영표가 아닌 순자산변동표상 재원의 조달 및 이전란에 적는다.

(2) 재원의 조달 및 이전

제재금수익	3,000
국고수입	14,000
부담금수익	9,000
국고이전지출	(2,000)
계	③24,000

비교환수익과 국고금회계와의 거래(국고수입, 국고이전지출)는 재원의 조달 및 이전란에 표시된다.

(3) 순자산변동표

	기본순자산	적립금 및 잉여금	순자산조정	순자산 계
기초	2,000	7,000	1,000	10,000
재정운영결과		(28,000)		(28,000)
재원의 조달 및 이전		24,000		24,000
파생상품평가손실			(4,000)	(4,000)
기말	2,000	④3,000	(3,000)	⑤2,000

기말순자산은 2,000이다.

(1) 배부차이

예정 배부액: 기본원가×40%=(1,500+1,000)×40%=1,000

배부차이: 1,000−1,250=250 과소배부

(2) 배부차이 조정 (원가요소비례법)

	#102(매출원가)	#103(제품)	#101(매출원가)
기초	6,000	5,250	7,500
기본원가	1,500	1,000	
OH	600	400	
조정 전	8,100	6,650	7,500
배부차이	150	100	
조정 후	8,250	6,750	7,500

#101: #101은 기초제품으로, 작년에 완성이 되었다. 당기에 발생한 OH는 #101에 배부되지 않았으므로, #101에 배부차이가 존재하지 않는다. 따라서 당기에는 #101에 배부차이를 조정하지 않는다. (작년에 배부차이 조정을 완료했을 것이다.)

#102: $250 \times 600/1,000 = 150$

#103: $250 \times 400/1,000 = 100$

(3) 매출총이익: 매출액 − 매출원가 = $(8,300 + 10,000) - (8,250 + 7,500) = $ **2,550**

42. ②
부산물

	순실현가능가치	결합원가	제조원가
A	100단위 × @200 = 20,000	16,000	
B	280단위 × @150 + 20단위 × @20 − 12,400 = 30,000	24,000	24,000 + 12,400 − 400 = **36,000**
계	50,000	40,000	

부산물의 순실현가능가치(= 결합원가 배분액): 20×20단위 = 400

− 제품 B에 배부된 24,000 중 400은 부산물에 배부되므로 제품 C의 제조원가에서 400을 차감한다.

43. ④
변동원가계산과
전부원가계산의
영업이익 차이
조정

(1) 단위당 제조원가

X1년: 17,600/80단위 = 220

X2년: (22,400 − 220 × 20단위)/(110단위 − 20단위) = 200

− 선입선출법을 가정하였으므로 X2년에 팔린 110단위 중 20단위는 X1년에 생산된 제품이다. 따라서 X2년 매출원가 중 X1년 생산된 제품원가를 제외하고 단위당 제조원가를 계산하였다.

(2) 고정제조간접원가: 12,000

두 기간의 단위당 변동제조원가가 동일한데도 단위당 제조원가가 차이가 나는 것은 생산량이 달라서 단위당 고정제조간접원가가 다르기 때문이다. 고정제조간접원가를 x라고 가정하면 다음과 같은 식이 성립한다.

$x/100$단위 − $x/120$단위 = 220 − 200 = 20

→ $x = 12,000$

(3) 단위당 고정제조간접원가

X1년: 12,000/100단위 = 120

X2년: 12,000/120단위 = 100

(4) 변동원가계산에 의한 영업이익: 3,800

변동원가계산		**3,800**
＋기말	30단위×100＝	3,000
고정OH		
－기초	20단위×120＝	(2,400)
＝전부원가계산		4,400

X2년 기말 제품수량: 100－80＋120－110＝30단위

---

44. ⑤
표준종합원가
계산

	재공품(평균법)		완성품환산량	
			재료원가	가공원가
기초 300 (1)(0.5)	완성 2,000			
	〈	300* (0)(0.5)		
		1,700* (1)(1)		
	공손 100 (1)(0.6)			
	〈	정상 50	50	30
		비정상 50		
착수	기말 500* (1)(0.8)		500	400
			@20	@30

정상공손수량: (300＋1,700＋500)×2%＝50개

정상공손원가: 50×@20＋30×@30＝1,900
완성품원가: 2,000개×(@20＋@30)＋1,900×2,000/2,500＝**101,520**
기말재공품원가: 500×@20＋400×@30＋1,900×500/2,500＝**22,380**

---

45. ①
변동제조간접원
가 차이분석

	AQ × AP		AQ × SP		SQ × SP
변동작업 준비원가	＝1,100	소비차이 **220 유리**	44×30 ＝1,320	능률차이 **330 유리**	55×30 ＝1,650

AQ: 11,000/200단위×0.8＝44시간
SQ: 11,000/200단위×1＝55시간
SP: 1,500/(10,000/200×1)＝30

---

46. ④
특별주문

(1) 단위당 변동제조원가: 12＋5＋5＝22

(2) 기존 판매 500단위 감소 시 증분이익

특별주문의 공헌이익	(30－22－2×50%)×1,000단위	＝7,000
기회비용	(40－22－2)×500단위	＝(8,000)
증분이익		(1,000)

예상수요량이 9,500단위인데 연간 최대생산능력이 10,000단위이므로 특별주문 1,000단위를 수락하면 기존 판매를 500단위 감소시켜야 한다.

(3) ㈜만세로부터 제품 구입 시 증분이익
: $(30-22-2\times50\%)\times500단위+(30-25-2\times50\%)\times500단위=5,500$
기존 판매 500단위를 감소시키지 않고, ㈜만세로부터 구입할 경우 증분이익은 위와 같다. ㈜만세로부터 제품을 구입하더라도 판매비가 달라진다는 언급이 없으므로 똑같이 변동판매비 1을 차감하였다.
기존 판매를 감소시키는 것보다, ㈜만세로부터 제품을 구입하여 판매하는 것이 더 이익이므로 예산영업이익은 **5,500 증가**한다. (판매가격인 30이 '외부 구입원가＋변동판매비'인 26보다 크므로 ㈜만세로부터 제품을 구입하여 판매하는 것이 더 이익이다.)

47. ①
내부대체

(1) 특수부품S 교체 전 제품별 생산량

	제품X	제품Y
단위당 판매가격	40	7
단위당 변동원가	(15)	(4)
단위당 공헌이익	25	3
단위당 기계시간	÷1시간	÷0.2시간
기계시간당 공헌이익	25(1순위)	15(2순위)
생산량	20,000단위(20,000시간)	25,000단위(5,000시간)

(2) 제품Y의 생산량 감소량: 3,000시간÷0.2시간＝15,000단위
  － 특수부품S 교체 시 기계시간당 공헌이익이 작은 제품Y의 생산량을 감소시킨다.
  － 제품X에 추가로 투입되는 기계시간: 3,000단위×1시간＝3,000시간

(3) 특수부품S 교체 시 증분이익

특수부품S 구입비용 감소	3,000단위×@40＝120,000
제품X 변동제조원가 증가	3,000단위×@15＝(45,000)
제품Y 공헌이익 감소	15,000단위×@3＝(45,000)
증분이익	**30,000 증가**

48. ⑤
내부대체

단위당 최소판매가격: 변동원가＋기회비용/판매량＝15＋45,000/3,000단위＝**30**
－ 기회비용: 제품Y 공헌이익 감소분＝15,000단위×@3＝45,000

49. ⑤
제약이론

(1) 공정별 최대 생산능력
  A: 15단위×2,000시간＝30,000시간
  B: 10단위×2,000시간＝20,000시간
  → 병목공정: 공정B

(2) 불량품으로 인한 영업이익 감소분: 100단위×@50＝**5,000**
  공정B에서 불량품이 생산되었는데 공정B가 병목공정이므로 공정B에서 추가로 생산할 수 없다. 따라서 매출액을 포기해야 하므로 불량품 수량에 단위당 판매가격을 곱하여 영업이익 감소분을 구할 수 있다.

50. ②

불확실성하의 의
사결정

(1) 인터넷 광고를 하지 않을 경우 기대영업이익

: $(50-20-5) \times (1,200+1,800)/2 - 20,000 - 10,000 = 7,500$

(2) 인터넷 광고를 할 경우 기대영업이익

: $(50-20-5) \times (1,500+2,000)/2 - 20,000 - 10,000 - 5,000 = 8,750$

(3) 기대영업이익 증가: $8,750 - 7,500 = \mathbf{1,250}$ **증가**